一問一答シリーズ

一問一答
国際的な子の連れ去りへの制度的対応
ハーグ条約及び関連法規の解説

法務省大臣官房審議官
金子　修
編集代表

在トルコ共和国大使館公使
（前外務省国際法局社会条約官）
勝亦孝彦

法務省民事局参事官
堂薗幹一郎

外務省国際法局社会条約官
中田昌宏

外務省領事局海外邦人安全課長
（前外務省領事局ハーグ条約室長）
西岡達史

最高裁判所事務総局民事局第一課長
福田千惠子

外務省領事局ハーグ条約室長
孫崎　馨
編著

最高裁判所事務総局家庭局第二課長
和波宏典

商事法務

●はしがき

　我が国は「国際的な子の奪取の民事上の側面に関する条約」(以下「条約」といいます)の91番目の締約国となりました。平成26年4月1日に条約が我が国との関係で効力を発し、同日から条約を実施するための国内法である「国際的な子の奪取の民事上の側面に関する条約の実施に関する法律」(平成25年法律第48号)(以下「実施法」といいます)が施行されています。

　この条約は、国境を越えた子の不法な連れ去り等をめぐる紛争を解決するための国際的な枠組みとして、締約国間で協力し、子を常居所地国である締約国に返還するための手続等を定めたものです。条約においては、各締約国は、その協力の窓口として中央当局を置くこととされており、また、子の返還のための手続を整備することとされているため、この条約の要請に従い、中央当局を定め、その役割や具体的な活動を定める部分と子の返還手続を定める部分からなる実施法を定めました。我が国においては、中央当局は外務大臣とされ、子の返還のための手続は裁判手続によることとされたため、条約を実施するための実施法も、大きく分けると、中央当局の役割部分と子の返還のための裁判手続の部分からなっています。なお、中央当局の役割部分については、「国際的な子の奪取の民事上の側面に関する条約の実施に関する法律に基づく子の住所等及び社会的背景に関する情報の提供の求めに関する政令」(平成26年政令第11号)や「国際的な子の奪取の民事上の側面に関する条約の実施に関する法律に基づく外務大臣に対する援助申請に関する省令」(平成26年外務省令第1号)、「国際的な子の奪取の民事上の側面に関する条約の実施に関する法律第5条第3項の規定に基づき外務大臣が都道府県警察に求める措置に関する省令」(平成26年外務省令第2号)が定められています。また、裁判手続の細目については、「国際的な子の奪取の民事上の側面に関する条約の実施に関する法律による子の返還に関する事件の手続等に関する規則」(平成25年最高裁判所規則第5号)が制定されています。

　このように、条約の実施上の関連法令としては、条約及び実施法に加え、上記の各政省令及び最高裁判所規則がありますが、本書は、これらについて、立案等に携わった外務省、法務省、最高裁判所事務総局の関係者が解説したものです。条約を実施することは、我が国にとって初めての経験になり

ますから、運用に携わる関係者にとって、関連法令の趣旨と内容を十分に理解することが出発点になると考えられます。これらの所管は分かれていますが、運用に携わる方々にとっては、これらの解説がコンパクトに1冊にまとめられていることが便宜であろうと思います。本書は、このような観点から上記の三者が集まって1つの解説書にまとめたものです。もっとも、本書中、意見または評価にわたる部分は、執筆者らの個人的な見解であることをお断りしておきます。

　実施法や最高裁判所規則は、法制審議会ハーグ条約（子の返還手続関係）部会の部会長及び家庭規則制定諮問委員会の委員長を務められた中央大学高橋宏志教授、外務省における懇談会の座長を務められた成蹊大学小早川光郎教授を始め、多くの方々の多大なご尽力によって制定されました。この場を借りて改めて厚く御礼申し上げます。また、本書の刊行に当たって大変お世話になった株式会社商事法務の岩佐智樹氏に心より感謝申し上げます。

　条約の枠組みと実施法の内容には、子の利益とは何か、子を申立人ではなく子の常居所地国に返還することの手続法上の意味、子の監護についての紛争を最終的に判断する本案の裁判との関係、子の返還拒否事由の審理方法、子の返還を命ずる裁判の執行方法等、多くのかつて例のない視点や仕組みが取り入れられており、今後理論上・実務上検討すべき対象としても意義があると思います。この解説書が、条約の運用上の指針として、また、今後の更なる検討の出発点またはきっかけとしてお役に立つことができれば立案に携わった我々にとってこれ以上の喜びはありません。

　平成27年9月

　　　　　　　　　　　　　　　　　　編著者を代表して
　　　　　　　　　　　　　　　　　　法務省大臣官房審議官　　金子　修

●凡　例

1　法令の略称は，次のとおりです。

条約	国際的な子の奪取の民事上の側面に関する条約（CONVENTION ON THE CIVIL ASPECTS OF INTERNATIONAL CHILD ABDUCTION）
実施法	国際的な子の奪取の民事上の側面に関する条約の実施に関する法律（平成25年法律第48号）
情報提供の求めに関する政令	国際的な子の奪取の民事上の側面に関する条約の実施に関する法律に基づく子の住所等及び社会的背景に関する情報の提供の求めに関する政令（平成26年政令第11号）
援助申請に関する省令	国際的な子の奪取の民事上の側面に関する条約の実施に関する法律に基づく外務大臣に対する援助申請に関する省令（平成26年外務省令第1号）
都道府県警察に求める措置に関する省令	国際的な子の奪取の民事上の側面に関する条約の実施に関する法律第5条第3項の規定に基づき外務大臣が都道府県警察に求める措置に関する省令（平成26年外務省令第2号）
規則	国際的な子の奪取の民事上の側面に関する条約の実施に関する法律による子の返還に関する事件の手続等に関する規則（平成25年最高裁判所規則第5号）
民法	民法（明治29年法律第89号）
民事訴訟法	民事訴訟法（平成8年法律第109号）
民事訴訟規則	民事訴訟規則（平成8年最高裁判所規則第5号）
人事訴訟法	人事訴訟法（平成15年法律第109号）
家事事件手続法	家事事件手続法（平成23年法律第52号）
家事事件手続規則	家事事件手続規則（平成24年最高裁判所規則第8号）
民事執行法	民事執行法（昭和54年法律第4号）
民事執行規則	民事執行規則（昭和54年最高裁判所規則第5号）

iv 凡 例

裁判所法	裁判所法（昭和22年法律第59号）
執行官法	執行官法（昭和41年法律第111号）
民訴費用法	民事訴訟費用等に関する法律（昭和46年法律第40号）
児童福祉法	児童福祉法（昭和22年法律第164号）
児童虐待防止法	児童虐待の防止等に関する法律（平成12年法律第82号）
総合法律支援法	総合法律支援法（平成16年法律第74号）
行政手続法	行政手続法（平成5年法律第88号）
行政不服審査法	行政不服審査法（昭和37年法律第160号）
行政事件訴訟法	行政事件訴訟法（昭和37年法律第139号）
法の適用に関する通則法	法の適用に関する通則法（平成18年法律第78号）

2　本書中、単に「第○○条」とあるときは、実施法の条文を表しています。

一問一答　国際的な子の連れ去りへの制度的対応
――ハーグ条約及び関連法規の解説

もくじ

第1編　条約の締結及び実施法の成立に至る経緯等

- Q1　条約は、どのようなことを目的に、何を定めているのですか。　2
- Q2　実施法は、何を定めているのですか。　3
- Q3　日本が条約を締結する意義は、どのようなものですか。　5
- Q4　条約締結の承認及び実施法の施行に至る経緯は、どのようなものですか。　6
- Q5　法制審議会及び懇談会における議論の状況は、どのようなものですか。　9
- Q6　条約の承認案及び実施法案の国会における審議の状況は、どのようなものですか。　12
- Q7　日本が条約を締結するに当たって懸念されていたことは、どのようなことですか。その懸念は解消されたのですか。　14

第2編　条約と実施法の概要

第1章　条約の概要

- Q8　条約の作成の経緯は、どのようなものですか。　18
- Q9　条約を作成したハーグ国際私法会議とは、どのようなものですか。　19
- Q10　条約上、子の返還が原則とされているのは、なぜですか。　21
- Q11　条約の締約国が負う義務は、どのようなものですか。　22

第2章　条約及び実施法における基本的な概念

- Q12　子の返還の前提となる「不法な連れ去り又は不法な留置」とは、どのようなものですか。日本人同士の間で行われた場合も、条約の対象となりますか。　23
- Q13　条約及び実施法の「常居所」とは、どのようなものですか。なぜ「住所」ではなく「常居所」という概念が用いられているのですか。　26
- Q14　条約及び実施法上の「監護の権利」とは、どのようなものですか。これは、日本の民法上の「親権」と同じ意味ですか。　27

Q15 条約における「接触の権利」とは、どのようなものですか。また、実施法において「接触の権利」という用語を用いていないのはなぜですか。　29

Q16 条約における「締約国」及び実施法における「条約締約国」は、それぞれどのような意味で用いられていますか。　30

Q17 条約及び実施法において、「常居所を有していた国」又は「常居所地国」はどのような意味で使われていますか。　32

第3章　条約及び実施法の基本的な枠組み

Q18 子を不法に日本に連れ去られた場合には、外国にいる親は、子を連れ戻すためにどのような手続をとることができますか。また、その場合の手続の流れはどのようになりますか。　33

Q19 子を不法に日本から連れ去られた場合には、日本にいる親は子を連れ戻すためにどのような手続をとることができますか。その場合に、日本の中央当局はどのような協力をすることが予定されていますか。　36

Q20 実施法は、実施法の施行前にされた不法な連れ去りや不法な留置にも適用されますか。　38

Q21 どのような場合に、条約に定められている接触の権利に関する援助の手続を利用することができるのですか。それは、子の連れ去り又は留置があった場合に限られるのですか。　39

Q22 日本にいる子との面会を拒まれている場合には、外国にいる親は、子と面会するためにどのような手続をとることができますか。また、その場合の手続の流れはどのようになりますか。　40

Q23 外国にいる子との面会を拒まれている場合には、日本にいる親は、子と面会するためにどのような手続をとることができますか。その場合に、日本の中央当局はどのような協力をすることができますか。　43

Q24 実施法では、子の利益について、どのような配慮がされていますか。　45

Q25 実施法及びその運用において、配偶者等からの暴力（DV）の被害者の保護についてどのような配慮がされていますか。　47

Q26 実施法では、児童虐待の防止及びその被害者の保護についてどのような配慮がされていますか。　50

Q27 実施法では、子の連れ去り事案の友好的な解決のためにどのような工夫がされていますか。　52

第3編　中央当局による援助

第1章　中央当局の役割等

Q28　「中央当局」とは、どのようなものですか。　56

Q29　日本の中央当局を外務大臣（外務省）とした理由は何ですか。　57

Q30　条約上、中央当局のとるべき措置について、どのように定められていますか。また、日本の中央当局は具体的にどのような措置をとることとしていますか。　58

Q31　中央当局が行う援助の概要は、どのようなものですか。　62

Q32　中央当局に援助を求めずに、条約締約国の裁判所に対して直接返還の申立てや面会交流に関する申立てをすることは可能ですか。　64

Q33　条約では、中央当局への申請手続において使用される言語について、どのように定められているのでしょうか。　65

Q34　条約実施に当たっての在外公館の役割は、どのようなものですか。　66

第2章　外国返還援助

Q35　外国返還援助の申請は、どのように行うのですか。　68

Q36　外国返還援助の申請は、どのような場合に却下されるのですか。　70

Q37　外国返還援助の申請の対象となっている子が日本にいないことが判明した場合には、どのような措置がとられるのですか。　74

Q38　中央当局は、不法に日本に連れ去られた子の返還に関し、具体的にどのような措置をとるのですか。　75

Q39　中央当局は、どのように子の所在を特定するのですか。　78

Q40　中央当局から、子の所在を特定するための情報の提供を求められた者は、どのような対応をする必要があるのですか。　80

Q41　中央当局は、子の所在を特定するために得た情報を、誰に対し、どのような場合に提供することができるのですか。　81

Q42　中央当局は、子の返還等を合意により実現するために、どのような措置をとるのですか。　84

Q43　中央当局は、外国返還援助の申請の対象となっている子が虐待を受けているおそれがある場合には、どのような措置をとるのですか。　85

第3章　日本国返還援助

Q44　日本国返還援助の申請は、どのように行うのですか。　87

Q45　日本国返還援助の申請は、どのような場合に却下されるのですか。　89

Q46　中央当局は、不法に日本から連れ去られた子の返還に関し、具体的にどのような措置をとるのですか。　93

Q47　子の社会的背景に関する情報の提供とは、どのようなものですか。中央当局から子の社会的背景に関する情報の提供を求められた者は、どのような対応をする必要があるのですか。　94

第4章　日本国面会交流援助

Q48　日本国面会交流援助の申請は、どのように行うのですか。　96

Q49　日本国面会交流援助の申請は、どのような場合に却下されるのですか。　98

Q50　中央当局は、日本にいる子との面会交流に関し、具体的にどのような措置をとるのですか。　102

第5章　外国面会交流援助

Q51　外国面会交流援助の申請は、どのように行うのですか。　105

Q52　外国面会交流援助の申請は、どのような場合に却下されますか。　107

Q53　中央当局は、日本以外の条約締約国にいる子との面会交流に関し、具体的にどのような措置をとるのですか。　111

第4編　子の返還に関する事件の手続

第1章　子の返還申立事件の概要

Q54　子の返還を求めて裁判所に申立てをする場合の手続の流れは、どのようなものですか。　114

Q55　実施法に基づく子の返還に関する事件の手続を行うために、中央当局と裁判所は、どのような連携をすることになるのですか。　118

Q56　子の返還の申立てをしようとする者は、子を自己に引き渡すよう求めることはできないのですか。　120

Q57　子の返還申立事件においては、子の父母のうちどちらが親権者・監護者と

して相当であるかについて判断されないのですか。　121

Q58　条約上、子の返還のための手続を迅速に行うことが求められているのは、なぜですか。各国における実情はどのようなものですか。　122

Q59　子の返還の申立てをすることができるのは、どのような者ですか。　124

Q60　子の返還は、どのような者に対して求めることができますか。　125

第2章　子の返還事由と子の返還拒否事由

Q61　裁判所は、どのような場合に子を返還することを命ずることになるのですか。　126

Q62　裁判所は、どのような場合に子を返還しないという判断をすることになるのですか。　129

Q63　子の返還拒否事由に関する諸外国の立法例は、どのようになっていますか。　131

Q64　子の返還拒否事由がある場合であっても、「一切の事情を考慮して常居所地国に子を返還することが子の利益に資すると認めるとき」は子の返還を命ずることができることとしたのは、なぜですか。また、これに該当する場合としては、どのような場合が考えられますか。　132

Q65　第28条第1項第1号の子の返還拒否事由は、どのようなものですか。同号の「子が新しい環境に適応している」か否かは、どのように判断されるのですか。　134

Q66　第28条第1項第2号の子の返還拒否事由は、どのようなものですか。同号の申立人が「子に対して現実に監護の権利を行使していなかった」場合や「当該連れ去り又は留置がなければ申立人が子に対して現実に監護の権利を行使していたと認められる場合」とは、どのような場合ですか。　136

Q67　第28条第1項第3号の子の返還拒否事由は、どのようなものですか。同号の子の連れ去りや留置に対して「同意」又は「承諾」した場合とは、どのような場合ですか。　138

Q68　第28条第1項第4号の子の返還拒否事由は、どのようなものですか。同号の「子の心身に害悪を及ぼすことその他子を耐え難い状況に置くこととなる重大な危険」の有無は、どのように判断されるのですか。　139

Q69　第28条第2項第1号から第3号までの事情を独立した子の返還拒否事由とはせずに考慮事情としたのは、なぜですか。　141

Q70　第28条第2項第1号の「身体に対する暴力その他の心身に有害な影響を

及ぼす言動」とは、どのようなものですか。 145

Q71 第28条第2項第2号の「相手方が申立人から子に心理的外傷を与えることとなる暴力等を受けるおそれ」とは、どのようなものですか。 146

Q72 第28条第2項第3号の「申立人又は相手方が常居所地国において子を監護することが困難な事情」とは、どのようなものですか。 148

Q73 第28条第2項の「その他の一切の事情」とは、どのようなものですか。 150

Q74 第28条第1項第5号の子の返還拒否事由は、どのようなものですか。子が何歳に達していれば第28条第1項第5号の「子の意見を考慮することが適当である場合」に当たることになるのですか。 152

Q75 第28条第1項第6号の子の返還拒否事由は、どのようなものですか。第28条第1項第6号の「日本国における人権及び基本的自由の保護に関する基本原則により認められないものである」場合とは、どのような場合ですか。 154

Q76 子の返還申立事件の相手方が申立人からの暴力（DV）の被害を受けて子を日本に連れ帰った場合には、子は常居所地国に返還されないのですか。 155

Q77 子の返還申立事件の相手方が常居所地国において刑事訴追されている場合には、子は常居所地国に返還されないのですか。 157

Q78 第28条第3項の趣旨は、どのようなものですか。 158

第3章　子の返還申立事件の手続

第1節　総則

Q79 実施法の施行に合わせて施行された「国際的な子の奪取の民事上の側面に関する条約の実施に関する法律による子の返還に関する事件の手続等に関する規則」とはどのようなものですか。 160

Q80 返還を求められている子は、子の返還申立事件の手続にどのように関与することになるのですか。 162

Q81 子の返還を申し立てようとする者は、どの裁判所に申立てをすればよいですか。 164

Q82 子の返還を申し立てることができる裁判所を東京家庭裁判所と大阪家庭裁判所の2庁に限ったのは、なぜですか。 166

Q83 移送及び自庁処理についての規律は、どのようになっていますか。 169

もくじ　xi

Q84　当事者能力及び手続行為能力についての規律は、どのようになっていますか。　171

Q85　子の返還申立事件における参加の制度について説明してください。　173

Q86　裁判長が未成年者等について弁護士を手続代理人に選任することを命じ、又は職権で弁護士を手続代理人に選任することができるものとしたのは、なぜですか。また、弁護士が手続代理人に選任された場合には、その報酬は誰が負担するのですか。　177

Q87　手続費用を各自の負担としたのはなぜですか。　179

Q88　経済的な理由で裁判費用を負担することができない当事者については、どのような配慮がされていますか。　181

Q89　子の返還申立事件の手続を非公開としたのはなぜですか。　183

Q90　子の返還申立事件の記録の閲覧等に関する規律の概要を説明してください。　185

Q91　子の返還申立事件の記録の閲覧等の規律において、子の住所等に関する情報はどのように扱われていますか。また、その趣旨は何ですか。　187

Q92　当事者がした子の返還申立事件の記録の閲覧等の許可の申立てについて、裁判所が許可をしないことができるのは、どのような場合ですか。　191

Q93　子の返還申立事件の途中で当事者が手続を続行することができなくなった場合には、その手続はどのようになりますか。　193

【第2節　第一審裁判所における子の返還申立事件の手続】

Q94　子の返還申立事件の申立書には何を記載しなければならないのですか。　197

Q95　申立書の記載事項のほか、申立ての方式等に関する規律は、どのようになっていますか。　201

Q96　申立ての変更は、どのような場合に行われるのですか。　203

Q97　子の返還申立書の写しの送付を公示送達の方法によってはすることができないとされているのはなぜですか。　204

Q98　子の返還申立書の写しの送付をすることができない場合には、家庭裁判所は、どのような対応をすることになるのですか。　206

Q99　子の返還を求められた当事者は、申立書に対応する書面としてどのような書面を裁判所に提出しなければならないのですか。　207

Q100　第一審裁判所における子の返還申立事件では、当事者の手続保障について、どのような配慮がされていますか。　210

- Q101 裁判所から遠隔の地に居住する当事者に対しては、どのような配慮をすることが考えられますか。　213
- Q102 子の返還申立事件の手続における子の返還事由及び子の返還拒否事由に係る裁判資料の収集につき、当事者及び裁判所はどのような役割が期待されていますか。　214
- Q103 子の返還申立事件の手続では、裁判資料は日本語で記載されたものを提出しなければならないのですか。外国語で記載された資料を翻訳して提出する場合には、その費用は誰の負担になりますか。　216
- Q104 当事者又は返還を求められている子が日本語に通じない場合には、どのようにしてこれらの者から事情を聴取するのですか。　218
- Q105 子の返還申立事件の手続において、家庭裁判所調査官はどのような場面で、どのように関与することが想定されているのですか。　219
- Q106 子の返還申立事件における裁判資料の収集の方法としての調査の嘱託等においては、具体的にどのような調査を嘱託し、又は報告を求めることが想定されているのですか。　220
- Q107 申立人の相手方に対する暴力（DV）が疑われる事案において相手方の陳述を聴取する場合には、どのような方法で行うのですか。　222
- Q108 子の返還申立事件の証拠調べ手続において、当事者が正当な理由なく出頭せず、又は陳述や文書の提出を拒むなどした場合には、どのような取扱いがされるのですか。　224
- Q109 実施法において、子の連れ去り又は留置が不法なものであったことを証する文書を常居所地国で得ることができる場合には、家庭裁判所は申立人に対しその文書の提出を求めることができるとされたのは、なぜですか。　225
- Q110 子の返還を命ずる決定又は子の返還の申立てを却下する決定は、だれに対して、どのような方法で告知されますか。　226
- Q111 子に対して子の返還申立事件の終局決定の告知をしないのは、どのような場合ですか。　227
- Q112 子の返還を命ずる決定又は子の返還の申立てを却下する決定は、いつから効力が発生することになりますか。　229
- Q113 中間決定とは、どのようなものですか。中間決定がされるのは、どのような場合ですか。　230

第3節　裁判によらない子の返還申立事件の終了

- Q114 裁判によらないで子の返還申立事件が終了するのは、どのような場合です

か。　231
Q115　子の返還申立手続において、どのような場合に付調停や和解が利用されるのでしょうか。　233
Q116　子の返還申立事件において、どのような事項について和解をすることができるのですか。同事件において、離婚について和解をすることはできるのですか。　235
Q117　子の返還申立事件を家事調停に付することに関する規律は、どのようなものですか。　236

第4節　不服申立て等

Q118　子の返還申立事件においてされる裁判に対しては、どのような不服申立てをすることができますか。　239
Q119　子の返還を命ずる終局決定について子に即時抗告権を認めたのはなぜですか。　241
Q120　抗告状には何を記載しなければならないのですか。　242
Q121　抗告人以外の原審における当事者は、抗告審の裁判所に対してどのような書面を提出することになるのですか。　243
Q122　終局決定に対する即時抗告の抗告審に関する手続において、当事者及び手続に参加した子の手続保障に関する規律は、どのようになっていますか。　244
Q123　子の返還を命ずる終局決定を変更する制度はどのようなものですか。この制度は再審とは異なるのですか。　246
Q124　終局決定の変更の要件である「事情の変更によりその決定を維持することを不当と認めるに至ったとき」に該当する場合としては、どのようなものが想定されていますか。　248

第4章　義務の履行状況の調査及び履行の勧告

Q125　子の返還を命ずる裁判がされた後、自発的な返還を促すための制度として、どのようなものがありますか。　249

第5章　出国禁止命令

Q126　子の返還申立事件の裁判が係属している間に、子が日本国外に出国してしまうことを防止するために、実施法ではどのような対応がとられていますか。　251

Q127 子の返還申立事件の当事者自身の出国や子の自発的な出国を禁止せず、子を出国させる行為のみを禁止の対象としたのは、なぜですか。 252

Q128 子を出国させてはならないことを命ずる裁判と旅券の提出を命ずる裁判との関係は、どのようなものですか。 253

Q129 出国禁止命令の申立てから発令までの手続の流れは、どのようなものですか。 255

Q130 子の返還申立事件の当事者以外の者に対して出国禁止命令を申し立てることはできないのですか。 258

Q131 出国禁止命令の申立書には何を記載しなければならないのですか。 259

Q132 「子を日本国外に出国させるおそれがあるとき」とは、どのような場合ですか。 261

Q133 出国禁止命令の実効性はどのように担保されているのですか。 262

Q134 子の返還の申立てについての終局決定の確定によって出国禁止命令が効力を失うものとされているのは、なぜですか。 263

Q135 出国禁止命令の申立ての取下げに関する規律は、どのようになっていますか。 264

Q136 出国禁止命令の取消しに関する規律は、どのようになっていますか。 266

Q137 旅券を中央当局である外務大臣に保管させることとしたのは、なぜですか。 267

Q138 面会交流についての家事調停及び家事審判の手続において、出国禁止命令の制度を設けなかったのは、なぜですか。 268

第6章 子の返還の執行手続

Q139 子の返還を命じられた者(債務者)が子の返還に応じない場合に対応するため、実施法ではどのような規律が設けられていますか。 269

Q140 子の返還の強制執行の手続の流れは、どのようなものですか。 270

Q141 子の返還を命ずる裁判が確定した後強制執行までの間に子が16歳になった場合にも、強制執行をすることができるのですか。 273

Q142 子の返還の代替執行は、国内で行われている子の引渡しの強制執行とは異なるのですか。 274

Q143 子の返還の代替執行の前に間接強制を行わなければならないとしているのは、なぜですか。 276

もくじ xv

Q144 子の返還の代替執行の実施者は、どのように指定されるのですか。 277
Q145 返還実施者の指定に不服がある場合には、不服を申し立てることはできますか。 279
Q146 子の返還を命じられた者（債務者）や子の所在が分からない場合には、債権者はどのような方法でこれを知ることができますか。 280
Q147 「債務者による子の監護を解く」とは、どのようなことをいうのですか。 282
Q148 子の返還の代替執行において、執行官はどのような行為をすることができるのですか。 283
Q149 債務者による子の監護を解くために必要な行為を、原則として「債務者の占有する場所」において実施することとしているのは、なぜですか。 285
Q150 債務者による子の監護を解くために必要な行為を、「子が債務者と共にいる場合」に限ってすることができることとしているのは、なぜですか。 286
Q151 執行官が債務者による子の監護を解くことができなかった場合には、子の返還の強制執行の手続はどうなるのですか。 287
Q152 子の返還の代替執行において、返還実施者はどのような行為をすることができるのですか。 288
Q153 中央当局は、子の返還の代替執行の場面でどのような協力をするのですか。 290
Q154 子の返還の強制執行に係る事件の記録の閲覧等について、子の返還申立事件の記録の閲覧等の規定を準用しているのはなぜですか。 291

第5編　面会交流についての家事調停及び家事審判の手続等

Q155 実施法には、子の返還を求める場合と異なり、面会交流を求める場合の詳細な手続規定がないのは、なぜですか。 294
Q156 面会交流についての家事審判事件の手続等に関する特則としては、どのようなものがありますか。 295

第6編　雑則

Q157 子の返還申立事件の審理期間としては、どの程度の期間が想定されているのですか。審理期間が長引いた場合はどうなりますか。 302
Q158 子の返還申立事件が係属している場合には、親権者の指定等いわゆる本案

についての裁判をしてはならないこととされているのはなぜですか。また、この場合には、本案についての手続の流れはどのようになりますか。　304

Q159　第153条において、総合法律支援法の適用に関する特例が設けられたのは、なぜですか。　306

Q160　日本から他の条約締約国へ子が連れ去られた場合に、同国において子の返還や面会交流を求めるときも、法テラスの民事法律扶助制度を利用することができるのですか。　307

第7編　その他の条約の規定

Q161　実施法の施行前に不法な連れ去りがされ、又は不法な留置が開始された事件については、どのような解決が図られるのですか。　310

Q162　条約は、締約国が特定の親権制度を採用することを前提にしているのですか。　311

Q163　国内の子の連れ去りの事案も、条約と同様の枠組みで解決されることになるのですか。　312

Q164　常居所地国が地域ごとに異なる法制を有する国である場合には、監護の権利の根拠となる法令は、どの地域のものを問題とするのですか。　313

Q165　国内で地域ごとに異なる法制を有する場合には、国内の法制の異なる地域への連れ去りも条約の対象となるのですか。　314

Q166　日本が条約を締結したことにより、日本と全ての締約国との間で条約が効力を有することになったのですか。　315

Q167　条約上、手数料の徴収が禁止されている趣旨は、どのようなものですか。また、条約には例外が認められているようですが、その内容はどのようなものですか。　317

Q168　日本は条約を締結するに当たり、条約上の規定の適用を排除する「留保」を付したそうですが、それは具体的にはどのような内容ですか。　318

Q169　条約上、この条約から脱退すること（廃棄すること）はできるのですか。　320

第8編　関係法律等の整備

Q170　実施法の施行に伴う関係法律等の整備の概要は、どのようなものですか。　322

資料1　国際的な子の奪取の民事上の側面に関する条約の締結に向けた準備について　326

資料2　「国際的な子の奪取の民事上の側面に関する条約（仮称）」を実施するための子の返還手続等の整備に関する要綱　328

資料3　「国際的な子の奪取の民事上の側面に関する条約（仮称）」（ハーグ条約）を実施するための中央当局の在り方論点まとめ　370

資料4　国際的な子の奪取の民事上の側面に関する条約　394

資料5　CONVENTION ON THE CIVIL ASPECTS OF INTERNATIONAL CHILD ABDUCTION　405

資料6　国際的な子の奪取の民事上の側面に関する条約の実施に関する法律　418

資料7　国際的な子の奪取の民事上の側面に関する条約の実施に関する法律に基づく子の住所等及び社会的背景に関する情報の提供の求めに関する政令　474

資料8　国際的な子の奪取の民事上の側面に関する条約の実施に関する法律に基づく外務大臣に対する援助申請に関する省令　476

資料9　国際的な子の奪取の民事上の側面に関する条約の実施に関する法律第五条第三項の規定に基づき外務大臣が都道府県警察に求める措置に関する省令　508

資料10　国際的な子の奪取の民事上の側面に関する条約の実施に関する法律による子の返還に関する事件の手続等に関する規則　509

事項索引　536
条文索引　540

●執筆者一覧（五十音順。肩書きは、平成27年2月時点のもの）

[編集代表]
金子　　修　　法務省大臣官房審議官
[編著者]
勝亦　孝彦　　在トルコ共和国大使館公使（前外務省国際法局社会条約官）
堂薗幹一郎　　法務省民事局参事官
中田　昌宏　　外務省国際法局社会条約官
西岡　達史　　外務省領事局海外邦人安全課長（前外務省領事局ハーグ条約室長）
福田千恵子　　最高裁判所事務総局民事局第一課長
孫崎　　馨　　外務省領事局ハーグ条約室長
和波　宏典　　最高裁判所事務総局家庭局第二課長
[著者]
飯山　　桃　　外務省領事局ハーグ条約室ハーグ条約専門員（国際家事紛争分野）
池田　美穂　　外務省総合外交政策局課長補佐
石井　賢輔　　内閣府国際平和協力本部事務局参事官補佐（前外務省領事局ハーグ条約室課長補佐）
今井　康彰　　横浜地方検察庁検事（前法務省民事局付）
今村　伸介　　最高裁判所事務総局民事局第三課執行制度係調査員
大塚　竜郎　　法務省民事局付
越智　寛子　　最高裁判所事務総局家庭局第二課専門職
柿原　基男　　外務省欧州局中・東欧課首席事務官（前外務省領事局ハーグ条約室首席事務官）
梶原　　徹　　国際連合教育科学文化機関日本政府代表部一等書記官（前外務省総合外交政策局ハーグ条約室課長補佐）
河野　　巧　　外務省領事局ハーグ条約室課長補佐
國澤　枝未　　最高裁判所事務総局家庭局第二課専門職
熊倉　秀行　　最高裁判所事務総局家庭局第二課課長補佐
河野　一郎　　東京地方裁判所判事補（前外務省国際法局国際法課課長補佐）
小暮　康高　　外務省総合外交政策局人権人道課事務官（前外務省総合外交政策局ハーグ条約室事務官）
佐藤　彩香　　内閣官房情報通信技術（IT）総合戦略室参事官補佐兼法務省民事局付

島田　聡子	在アメリカ合衆国大使館外交官補（前外務省総合外交政策局ハーグ条約室事務官）
大工原　彩	外務省国際法局社会条約官室事務官
田口　圭子	外務省領事局ハーグ条約室ハーグ条約専門員（児童心理分野）
竹田　聡	外務省領事局ハーグ条約室課長補佐
田村　太郎	東京地方検察庁検事（前法務省司法法制部付）
坪田　哲哉	外務省国際協力局専門機関室首席事務官（前外務省国際法局社会条約官室課長補佐）
鶴田　美和	外務省総合外交政策局海上安全保障政策室事務官（前外務省総合外交政策局ハーグ条約室事務官）
寺尾　長	外務省欧州局ロシア課課長補佐（前外務省総合外交政策局ハーグ条約室課長補佐）
飛澤　幸二	最高裁判所事務総局家庭局第二課家事法規・事件係長
波多野綾子	元外務省総合外交政策局ハーグ条約室ハーグ条約調査員
人見　愛	外務省領事局ハーグ条約室課長補佐兼法務省民事局付
古屋　友一	法務省民事局民事法制管理官付法制第二係長
前小屋千絵	外務省領事局ハーグ条約室ハーグ条約専門員（DV分野）
眞下真由美	在チェコ日本国大使館二等書記官（前外務省領事局ハーグ条約室事務官）
増田智恵子	外務省軍縮不拡散・科学部軍備管理軍縮課事務官（前外務省総合外交政策局ハーグ条約室事務官）
美坂　基彦	外務省領事局ハーグ条約室ハーグ条約調査員
三田健太郎	法務省民事局付兼外務省国際法局国際法課課長補佐
峰野　哲	横浜地方裁判所民事訟廷庶務係長（前最高裁判所事務総局家庭局第二課家事法規・事件係長）
宮木　恭子	法務省司法法制部付
三宅知三郎	大阪地方裁判所判事（前最高裁判所事務総局家庭局付）
向井　宣人	最高裁判所事務総局民事局付
村井壯太郎	最高裁判所事務総局家庭局付
矢野　進一	内閣官房領土・主権対策企画調整室参事官補佐（前外務省領事局政策課課長補佐）
山崎　雄大	外務省領事局ハーグ条約室課長補佐兼法務省民事局付
山﨑　友里	外務省領事局ハーグ条約室事務官兼入国審査官
渡辺　諭	法務省民事局付

第1編

条約の締結及び実施法の成立に至る経緯等

Q1 条約は、どのようなことを目的に、何を定めているのですか。

A 条約は、①いずれかの締約国に不法に連れ去られ、又はいずれかの締約国において不法に留置されている子の迅速な返還を確保すること（条約第1条a）及び②一の締約国の法令に基づく監護の権利及び接触の権利が他の締約国において効果的に尊重されることを確保すること（条約第1条b）を目的として、子の迅速な返還又は接触の権利を確保するため、締約国がすべき協力及びそのための中央当局の役割等について定めています。

より具体的には、次のとおりです。

(1) まず、条約は、一方の親による子の不法な連れ去りは子の利益に反するとともに、子の監護に関する紛争は子が元々居住していた国（条約では「常居所地国」といいます）で解決されるのが望ましいとの認識の下、一方の親の都合によって国境を越えて不法に連れ去られ、又は留置されている子を元々居住していた国（常居所地国）に返還するための国際的な協力の枠組みを定めています。

(2) また、条約は、一方の親と外国に所在する子が接触することができなくなっている場合には、当該親と子との面会その他の交流（以下「面会交流」といいます）を実現することが子の利益になるとの考え方の下、親と子が面会交流をすることができるよう、「接触の権利」について規定し、それを確保するために締約国が協力することも定めています。

(3) さらに、条約は、(1)及び(2)の内容を実現するため、締約国によって指定された「中央当局」と呼ばれる機関が果たすべき役割等についても定めています。

Q2 実施法は、何を定めているのですか。

1 実施法の制定

条約は、子の連れ去りをめぐる事案を解決するための国際的な協力の枠組みを定めるものですが（Q1参照）、その実施のために締約国内でどのような手続を定めるかについては具体的な規定を置いておらず、それぞれの締約国に委ねています。そのため、日本では、条約を締結するに当たり、条約を実施するために必要となる手続等を規定する国内法として、実施法を制定しました（実施法の制定に至る経緯については、Q3からQ6まで参照）。

このように、条約は、全ての国にとって共通のものですが、実施法は、日本が条約を実施するに当たって必要な手続等を定めた日本独自のものです（他の締約国が条約を実施するに当たり必要と認める手続等の規定は、他の締約国が独自に定めています）。もちろん、条約を実施するための法律なので、条約に反する内容を定めることはできず、条約の趣旨に沿ったものである必要があります。

2 実施法の内容

実施法は、目的（第1条）や定義（第2条）について定める総則（第1章）があるのに続き、大きく分けて、①子の返還及び面会交流に関する中央当局の援助について定める部分（第2章）と、②子の返還に関する事件の手続等について定める部分（第3章から第7章まで）から構成されています。

(1) 子の返還及び面会交流に関する中央当局の援助について定める部分においては、援助を行う中央当局を外務大臣と定めるほか（第3条）、中央当局の援助の申請方法（第4条、第11条、第16条、第21条）、援助として中央当局が行う子の住所等の特定のための情報の取扱い（第5条）等を定めています。

(2) 子の返還に関する事件の手続等について定める部分においては、日本にいる子を日本から子の常居所地国に返還するための裁判手続等を定めています[注]。ここでは、まず、子の返還事由及び子の返還拒否事由のそれぞれについて、条約に則した要件を定めています（第27条、第28条）。そして、

子の返還申立事件の管轄裁判所を東京家庭裁判所及び大阪家庭裁判所に集中し（第32条）、非公開で審理を行うこととするほか（第60条）、子の返還申立事件の審理や裁判等に関する所要の手続規定（第70条以下）を設けています。さらに、子の返還を命ずる裁判の実効性を担保する観点から、子の返還申立事件の裁判手続中に子を出国させることを禁じる制度（第122条以下）を設けるとともに、子の返還の強制執行について民事執行法の特則（第134条以下）を設けています。また、子の返還申立事件に係る家事調停の手続や面会交流についての家事調停及び家事審判の手続に関して家事事件手続法の特則（第144条以下）等も設けています。

（注）日本から連れ去られた子を日本に連れ戻すための手続は、現在子がいる他の締約国の法律において定められることになります。

Q3 日本が条約を締結する意義は、どのようなものですか。

A 国境を越えた人の往来が飛躍的に増える中、日本人の国際結婚及びその破綻が増加（平成23年の国際結婚は約2万6000件、国際離婚は約1万7000件です）し、日本への子の連れ去り事案や日本からの子の連れ去り事案が発生するなど諸外国との間で子の連れ去り等をめぐる問題が表面化するようになりました。日本が条約を締結していない状況においては、日本から外国に子を連れ去られた親は、自力で子を連れ去った親と子の居所を探し出し、その国の法律に従って子の返還を求めるなどしなければなりませんでした。また、外国で離婚し生活している親が、子と共に日本へ一時帰国しようとする場合には、当該外国の裁判所の許可を要するなど出国の制限が課されることがありますが、日本が条約を締結しておらず、日本への一時帰国の後に当該外国に戻ることについての法的な担保がないことを理由に、当該外国からの一時帰国が許可されないといった問題も発生していました。

しかしながら、日本が条約を締結することで、日本と他の条約締約国の間で発生した子の不法な連れ去り等をめぐる問題は、国際的なルールである条約に従って解決が図られるようになりました。例えば、日本から他の条約締約国へ子を連れ去られた場合には、返還援助申請等の窓口となる「中央当局」による支援を受けつつ、条約に基づいた返還手続をとることができるようになりました。

また、日本が条約を締結していないことを理由とする上記のような子を伴う出国の制限が緩和されることも期待されます。

さらに、一方の親の監護の権利を侵害するような態様で子を不法に連れ去った場合には、原則として子を元の居住国に返還しなくてはならないという条約の考え方が広く周知されることにより、不法な子の連れ去り等を未然に防止するという効果を期待することができます。

> **Q4** 条約締結の承認及び実施法の施行に至る経緯は、どのようなものですか。

A

1 条約締結に向けた背景事情

　国境を越えた人の往来が飛躍的に増える中、日本人の国際結婚及びその破綻が増加（平成23年の国際結婚は約2万6000件、国際離婚は約1万7000件です）し、日本への子の連れ去り事案や日本からの子の連れ去り事案が発生するなど諸外国との間で子の連れ去り等をめぐる問題が表面化するようになりました。また、条約の締約国は平成23年1月時点で84か国に上り、条約は既に国際的なルールとして定着している状況にありました。そのため、日本は、条約を早期に締結し、国際的なルールに則って不法な連れ去り等から子の利益を保護する必要がありました。

2 条約締結に向けた閣議了解まで

　このような背景事情を受けて、政府においては、平成23年1月から4月までの間、合計7回にわたり、関係する府省庁の副大臣出席の下、「ハーグ条約に係る副大臣会議」（以下「副大臣会議」といいます）が開催されました。副大臣会議においては、条約の構造や考え方を踏まえつつ、諸外国における条約の運用や子の返還に関する事件の裁判例等について意見交換を行いながら問題点を整理し、日本が条約を締結するとした場合の措置等について検討がされました。なお、その過程で条約の締結に賛成、反対の双方の立場の方々からもヒアリングが行われました。

　その後、副大臣会議での検討を受けて、平成23年5月19日に関係閣僚会議が開催され、日本として条約を締結するとの方針のほか、中央当局を外務省に設置することなど、条約実施に関する法律案作成の際の了解事項が取りまとめられました（巻末資料1参照）。これを受けて、平成23年5月20日の閣議で、条約の締結に向けた準備を進めることとし、条約を実施するために必要となる法律案を作成すること、法律案の作成に当たっては関係閣僚会議で了承された法律案作成の際の了解事項に基づくこととすることが了解されました。

3 法制審議会及び懇談会

以上のように、政府として条約を実施するために必要となる法律案を作成することとなったことから、法務省及び外務省において、法律案作成のための基本的な検討に入りました。

まず、法務省においては、子の返還のための裁判手続等を検討するために、平成23年7月から法制審議会に置かれた「ハーグ条約（子の返還手続関係）部会」において調査審議が開始され、平成24年2月7日、「「国際的な子の奪取の民事上の側面に関する条約（仮称）」を実施するための子の返還手続等の整備に関する要綱」が答申されました（巻末資料2参照）。また、中央当局を担うことになった外務省においては、中央当局の任務、権限等を検討するため、平成23年7月から「ハーグ条約の中央当局の在り方に関する懇談会」において所要の議論が行われ、平成24年1月19日、中央当局の在り方についての論点が取りまとめられました（巻末資料3参照。法制審議会及び懇談会における議論の状況については、Q5参照）。

以上の検討結果を踏まえ、法務省及び外務省において条約を実施するための法律案（実施法の法律案）を立案しました。

4 国会における審議

条約の承認案及び実施法の法律案は、平成24年3月9日の閣議決定を経て第180回国会に提出され、第181回国会において継続審議となりましたが、同年11月の衆議院の解散に伴い廃案となりました。そして、平成25年3月15日の閣議決定を経て第183回国会に再度提出され、条約の承認案については同年5月22日に承認され、実施法の法律案については同年6月12日に可決されました（国会における審議の状況については、Q6参照）。

5 実施法の施行まで

その後、中央当局の権限等の関係では、①情報提供の求めに関する政令、②援助申請に関する省令、③都道府県警察に求める措置に関する省令がそれぞれ制定され、子の返還に関する事件の手続等の細目については、④国際的な子の奪取の民事上の側面に関する条約の実施に関する法律による子の返還に関する事件の手続等に関する規則（平成25年最高裁判所規則第5号）が制

定されました。

　このような準備を経て、日本は、平成26年1月24日、条約に署名をし、受諾書をオランダ外務省に寄託しました。これにより、同年4月1日から日本において条約が発効するとともに、実施法並びに上記の政省令及び最高裁判所規則が施行されることとなりました。

Q5 法制審議会及び懇談会における議論の状況は、どのようなものですか。

A

1 法制審議会について

(1) 政府として条約を実施するために必要となる法律案を作成することとなったことから（Q4の2参照）、法務省においては、平成23年6月6日、法制審議会に「「国際的な子の奪取の民事上の側面に関する条約（仮称）」を締結するに当たって、同条約を実施するための子の返還手続等を整備する必要があると思われるので、その要綱を示されたい。」との諮問が行われ（諮問第93号）、法制審議会に「ハーグ条約（子の返還手続関係）部会」（以下「法制審議会の部会」といいます）が置かれました。

法制審議会の部会は、高橋宏志・中央大学大学院教授（肩書は当時）が部会長を務め、家族法、民事手続法又は国際私法等の法分野に精通した学者、弁護士、裁判官、行政官等により構成され、平成23年7月から平成24年1月までの間に合計12回にわたって開催され、子の返還手続の在り方について、諸外国の法制の調査等も踏まえて調査審議を行いました。

(2) 法制審議会の部会では、次の事項を含む様々な論点について議論がされました。

① 管轄裁判所の集中
② 子の返還事由・子の返還拒否事由
③ 友好的な解決を実現するための方策
④ 子の出国防止のための措置
⑤ 強制執行の在り方

特に大きく議論されたのは、①管轄裁判所の集中、②子の返還事由・子の返還拒否事由及び⑤強制執行の在り方です。①管轄裁判所の集中に関しては、東京家庭裁判所のみとする案、大阪家庭裁判所を加えて2庁とする案及び高等裁判所の所在地にある8庁の家庭裁判所に管轄を認める案等について審議されました。また、②子の返還事由・子の返還拒否事由に関しては、条約上の要件を明確にするための工夫や、配偶者等からの暴力（DV）や児童虐待の被害者への配慮をめぐって議論がされました。さらに、⑤強制執行の在り方に関しては、間接強制のほかにより強力な手段を設けることができる

かをめぐって様々な議論がされました。

（3）平成23年9月には、第1回から第3回までの法制審議会の部会の議論をまとめた「「国際的な子の奪取の民事上の側面に関する条約（仮称）」を実施するための子の返還手続等の整備に関する中間取りまとめ」が作成され、同月末から同年10月末までの1か月間、パブリックコメントの手続に付されました。また、有識者（子の連れ去りをめぐる紛争や配偶者等からの暴力（DV）による被害者の保護に関心のある弁護士及び面会交流の相談等を含む離婚後の子をめぐる問題等を取り扱う公益社団法人の理事）から意見を聴取するためのヒアリングを行うなど、外部からの意見も踏まえた調査審議がされました。

法制審議会の部会では、これらの調査審議を経て、平成24年1月23日、第12回会議において、「「国際的な子の奪取の民事上の側面に関する条約（仮称）」を実施するための子の返還手続等の整備に関する要綱案」が取りまとめられました。同要綱案は、平成24年2月7日、法制審議会第166回会議において、全会一致で原案どおり採択され、直ちに法務大臣に答申することとされ、同日、「「国際的な子の奪取の民事上の側面に関する条約（仮称）」を実施するための子の返還手続等の整備に関する要綱」として当時の小川敏夫法務大臣に答申されました（巻末資料2参照）。

2 懇談会について

（1）外務省は、中央当局の在り方に関する部分について透明性を確保した議論を行うことが重要であるとの考え方に基づき、平成23年7月に「ハーグ条約の中央当局の在り方に関する懇談会」（以下「懇談会」といいます）を設置し、議論を開始しました。

懇談会は、小早川光郎・成蹊大学法科大学院教授（肩書は当時）が座長を務め、学者、弁護士、関係府省庁（内閣府、警察庁、総務省、法務省、外務省、文部科学省、厚生労働省）等の関係者が出席し、平成23年12月までの間に合計5回開催されました。

（2）懇談会では、主に次に挙げる論点について議論がされました。
① 中央当局の任務を効果的に実施する上で中央当局に必要な知見や権限は何か、また、国内の関係機関とどのような連携の在り方が考えられる

か。
② 子の所在を特定するために行政機関や地方自治体等から得られる情報を活用することを認めるか、その場合には個人情報保護の観点からどのような問題が生じ得るか。
③ 子に対する更なる害悪の防止措置として国内においてとるべき措置は何か、また、利害関係者に対する不利益の防止措置として国内においてとるべき措置は何か。
④ 子の任意の返還又は問題の友好的解決を促進するためにどのような方策が考えられるか。
⑤ 外国の中央当局から子の社会的背景に関する情報の提供を求められた場合には、どのような情報を収集して当該外国当局に提供すべきか、その場合には個人情報保護の観点からどのような問題が生じ得るか。
⑥ 日本の裁判所の決定に従い子が外国に返還されるに際し、また、子が外国に返還された後、中央当局等はどのような対応をとることが適当か。
⑦ 接触の権利の享受又は行使を促進するために、中央当局はどのような措置を講ずるべきか。
⑧ 中央当局による申請の不受理や中央当局がとった措置の結果（子の所在を特定することができなかった等）に関し、当事者からの不服申立てを認めるか。

(3) 平成23年9月には、懇談会での議論を受け、外務省総合外交政策局子の親権問題担当室（現在の外務省領事局ハーグ条約室）が中間案を取りまとめ、これについて同月末から同年10月末までの1か月間、パブリックコメントの手続に付しました。また、有識者（子の連れ去りをめぐる紛争や配偶者等からの暴力（DV）による被害者の保護に関心のある弁護士ら）から意見を聴取するためのヒアリングを行うなど、外部からの意見も踏まえた議論がされました。

外務省では、これらの議論を経て、平成24年1月19日、中央当局の在り方についての論点が取りまとめられました（巻末資料3参照）。

Q6 条約の承認案及び実施法案の国会における審議の状況は、どのようなものですか。

A

1 条約の承認案について

条約の承認案は、衆議院においては、平成25年4月4日の衆議院本会議で趣旨説明及び質疑が行われ、同日、衆議院外務委員会に付託されました。同委員会においては、同月5日に趣旨説明、同月19日に質疑が行われ、同日に全会一致により承認すべきものと議決されました。その後、同月23日の衆議院本会議において、全会一致で承認の議決が行われ、同日、参議院に送付されました。

参議院においては、同年5月15日に参議院外交防衛委員会に付託され、同委員会においては、同月16日に趣旨説明、同月21日に質疑が行われ、同日に全会一致により承認すべきものと議決されました。その後、同月22日の参議院本会議において、全会一致で承認の議決が行われました。

これらの国会における審議においては、条約締結の意義や締結に至る経緯、条約の中央当局となる外務省や在外公館の役割とその強化、条約上の子の返還拒否事由や条約の運用における配偶者等からの暴力（DV）の被害者への配慮及び支援、条約発効前の子の連れ去り事案への対応等について、質疑が行われました。

2 実施法案について

実施法案は、平成25年4月4日の衆議院本会議で趣旨説明及び質疑が行われ、同日、衆議院法務委員会に付託されました。同委員会においては、同月10日に趣旨説明、同月12日、同月24日及び同月26日に政府に対する質疑、同月19日に参考人に対する質疑[注1]が行われ、同月26日に全会一致で原案どおり可決すべきものとされました。なお、同委員会においては、「政府は、本法の施行後、当分の間、一年ごとに、国境を越えた子の連れ去り事案の実態及び本法の運用実態を調査、検証し、その内容を国会に報告するとともに公表すること。また、本法の施行後三年を目途として、本法の施行の状況について検討を加え、その結果に基づいて必要な措置を講ずること。」との附帯決議がされています。その後、同年5月9日に衆議院本会議

において、全会一致で可決され、同日、参議院に送付されました。

　参議院においては、同月31日に参議院法務委員会に付託され、同委員会においては、同年6月4日に趣旨説明、同月6日及び同月11日に政府に対する質疑、同月6日に参考人に対する質疑(注2)が行われ、同月11日に全会一致で原案どおり可決すべきものとされました。なお、同委員会においても、衆議院法務委員会と同じ内容の附帯決議がされています。その後、同月12日の参議院本会議において全会一致で可決され、法律として成立し、同月19日に平成25年法律第48号として公布されました。

　これらの国会における審議においては、子の返還拒否事由の解釈(特に、配偶者等からの暴力(DV)との関係)、子の返還の代替執行における子の利益への配慮、条約締結に伴う国内法制の在り方(離婚後の共同親権制度の是非、子の引渡しの強制執行等)、家庭裁判所における親権者の指定等の運用の在り方等について、質疑が行われました。

　(注1)　参考人として意見聴取したのは、中央大学大学院教授高橋宏志、弁護士長谷川京子、那須塩原市副市長渡邉泰之、特定非営利活動法人全国女性シェルターネット理事大津恵子及び中央大学大学院教授棚瀬孝雄の各氏(いずれも肩書は当時)です。
　(注2)　参考人として意見聴取したのは、東京大学大学院教授早川眞一郎、弁護士磯谷文明、弁護士吉田容子及び一般社団法人レフト・ビハインド・ペアレンツ・ジャパン代表理事明尾雅子の各氏(いずれも肩書は当時)です。

> **Q7** 日本が条約を締結するに当たって懸念されていたことは、どのようなことですか。その懸念は解消されたのですか。

A 日本が条約を締結するに当たっては、いくつかの懸念を指摘する意見がありましたが、これらの懸念については、次に説明するように、条約の趣旨の理解、実施法の規律の工夫、条約及び実施法の適正な運用に向けた取組等を通じて解消されているものと考えられます。

1 条約は日本の価値観等になじまないのではないか。

　国内では、親の監護者としての適格性を問うことなく、とりあえず子が元々生活していた国に戻すことが子の利益にかなうという条約の基本的な立場が、日本の習慣、文化、価値観等になじまず、日本の家族の在り方を壊すとの懸念を指摘する意見がありました。

　しかしながら、条約は、特定の国や地域の習慣、文化、価値観等に立脚するものではなく、それぞれの国における親の子に対する監護権の在り方等の家族の法制について何ら決定するものでもありません。条約は、子が一方の親の都合によって国境を越えて不法に連れ去られ、又は留置されるということは、他方の親との接触が切断され、異なる言語又は異なる文化環境での生活を余儀なくされるなどの有害な影響を子に与えるとの考え方を前提としていますが、このような考え方は、日本を含め、国際社会で共有されているものです。実際に、平成27年3月現在、欧米のみならず、中南米やアジア諸国を含む93か国が条約を締結しており、この条約は国際的ルールとして定着しています。

2 外国からの圧力に押されて条約を締結するのではないか。

　米国を始めとした諸外国から日本に対して条約締結の申入れがあったことから、日本は外国からの圧力に押されて条約を締結するのではないかとの懸念を指摘する意見がありました。しかしながら、国境を越えた不法な子の連れ去り等による一番の被害者は子自身であり、国際的なルールに則って子の利益を保護するためには、早期に条約を締結することが日本にとって重要なことでした。また、日本人の国際結婚及び国際離婚が増加するに伴って、外

国から日本への不法な子の連れ去り事案のみならず、逆に日本から外国への不法な子の連れ去り事案も多く見られるようになってきており、日本人が当事者となっている子の不法な連れ去り等をめぐる問題に早急に取り組むという観点からも、条約の早期締結は日本人の利益にかなうものと考えられました。

3 条約を締結すると、いかなる事情があっても子を返還しなければならず、子や配偶者等からの暴力（DV）の被害者にとって不当な結果になるのではないか。

条約を締結すると、外国で配偶者等からの暴力（DV）の被害を受けて子と共に逃げ帰ってきたといった事情があっても、必ず子を返還しなければならなくなり、子や配偶者等からの暴力（DV）の被害者にとって不当な結果になるのではないかとの懸念を指摘する意見がありました。

しかしながら、条約を締結すれば必ず子を返還しなければならなくなるということはありません。すなわち、まず、条約上、他方の親の監護の権利を侵害する連れ去り（「不法な連れ去り」）等でない限り、条約に定める返還の対象とはなりません。また、外国で配偶者等からの暴力（DV）の被害を受けたといった事情については、子の返還拒否事由（第28条第1項第4号、同条第2項第2号、第3号）の有無の判断において考慮されることになりますので（Q76参照）、「不法な連れ去り」等であっても、子の返還が認められない場合があります。

さらに、在外公館や中央当局では、配偶者等からの暴力（DV）の被害者への支援体制を整備するなどの対応がとられています（Q34参照）。

4 当事者の経済的な負担が大きいのではないか。

子を連れ帰った当事者の中には、経済的な余裕がなく、弁護士費用等の裁判費用を捻出することが困難な者がいるのではないかとの懸念を指摘する意見がありました。

この問題は、民事事件や家事事件一般に当てはまるものですが、子の返還申立事件の当事者についても、他の民事事件等と同様に、手続上の救助の制度（第59条）や総合法律支援法による民事法律扶助制度を利用することが

できるようにしており（Q88 参照）、経済的な負担にも配慮されています。

第2編

条約と実施法の概要

第1章 条約の概要

Q8 条約の作成の経緯は、どのようなものですか。

A 第二次世界大戦後、人々の国際的な移動が盛んになり、それに伴って、国際結婚が増加しました。そして、国際結婚の増加により、不和になった夫婦の間で、一方の親による国境を越えた子の連れ去り等に起因する子の監護に関する紛争も増加していきましたが、こうした紛争を解決するための国際的なルールはありませんでした。

1970年代になると、上記のような紛争を解決するための国際的なルールを確立する必要性が国際的に広く認識されるようになり、子の利益を最優先にすべきとの考え方に立って国際的なルールを構築することの重要性が指摘されるようになりました。

こうした動きを受け、1979年にハーグ国際私法会議（各国の国際私法規則の統一を図るための研究及び条約の作成を行う政府間機関。Q9参照）が特別委員会を開催し、条約の素案が作成されました。そして、1980年10月に開催されたハーグ国際私法会議第14回会期において、この素案に基づいて審議が行われた結果、条約が採択され、1983年に発効しました。

Q9 条約を作成したハーグ国際私法会議とは、どのようなものですか。

A ハーグ国際私法会議は、国際私法の規則の漸進的統一を目的とする政府間の組織であって、上記目的のための条約等の作成がその主な事業となっています。

ハーグ国際私法会議は、1893年にオランダ政府の提唱によって発足しました。当初は13か国が参加するにすぎませんでしたが、2014年の構成国は77か国及び1機関(注)となっています。

1951年に開催された第7回会期において、ハーグ国際私法会議の規程が作成されました。これによって同会議の恒久的性格が確認され、その経常的事務を行うための常設事務局が設けられました。

日本は、1904年に開催された第4回会期以来、各会期に代表を送り、また、条約案の起草等のため各国の専門家によって構成される特別委員会にもほぼ毎回代表が出席しています。そのほか、常設事務局の要請に基づき、随時各種の案件について意見を述べ、国内の法規や慣行等につき情報の提供を行っています。

ハーグ国際私法会議は、第二次世界大戦前においては、6の条約を作成したにすぎませんでしたが、戦後においては、2015年1月1日までの間に作成された条約は36に上り、そのうち25が既に発効しています。

(注) アルバニア、アルゼンチン、オーストラリア、オーストリア、アゼルバイジャン、ベラルーシ、ベルギー、ボスニア・ヘルツェゴビナ、ブラジル、ブルガリア、ブルキナファソ、カナダ、チリ、中国、コスタリカ、クロアチア、キプロス、チェコ、デンマーク、エクアドル、エジプト、エストニア、フィンランド、フランス、ジョージア、ドイツ、ギリシャ、ハンガリー、アイスランド、インド、アイルランド、イスラエル、イタリア、日本、ヨルダン、韓国、ラトビア、リトアニア、ルクセンブルク、マレーシア、マルタ、モーリシャス、メキシコ、モナコ、モンテネグロ、モロッコ、オランダ、ニュージーランド、ノルウェー、パナマ、パラグアイ、ペルー、フィリピン、ポーランド、ポルトガル、ルーマニア、ロシア、セルビア、シンガポール、スロバキア、スロベニア、南アフリカ、スペイン、スリランカ、スリナム、スウェーデン、スイス、マケドニア旧ユーゴスラビア、チュニジア、トルコ、ウクライナ、英国、米国、ウルグアイ、ベネズエラ、ベトナ

ム及びザンビアの 77 か国並びに EU

Q10 条約上、子の返還が原則とされているのは、なぜですか。

A 条約は、前文において「子の利益が最も重要であることを深く確信し」と規定されているとおり、子の利益に資することを目的とするものですが、「子の利益」の考え方については一定の方向性を示しており、国境を越えた子の不法な連れ去り又は留置があった場合には、原則として子を子が元々居住していた国（常居所地国）に返還することが子の利益に資するという理念を基本としています。

条約がこのような理念を基本としている理由としては、次の2点を挙げることができます。

1点目としては、子は、一方の親の都合によって国境を越えて不法に連れ去られ、又は留置されることにより、異なる言語又は異なる文化環境での生活を余儀なくされるなどの有害な影響を受けると認識されていることが挙げられます。このため、このような事態が生じた場合には子を常居所地国に返還し原状回復を行うことを原則としているものです（Q1参照）。

2点目としては、子の監護に関する紛争（本案の紛争）は常居所地国、すなわち子が慣れ親しんできた生活環境がある国で解決するのが望ましいと考えられるという点が挙げられます。子の監護に関する事件については、子の常居所地国（又は住所地国）に国際裁判管轄を認めるのが世界的な趨勢ですが、上記のような国際的なルールを定めることによって、子の不法な連れ去り等による国際裁判管轄の不正取得が防止されることにもなるものと考えられます。

Q11 条約の締約国が負う義務は、どのようなものですか。

A 条約は、締約国が負う一般的な義務として、①条約の目的の実現を確保するための全ての適当な措置の実施及び②迅速性の確保を挙げています（条約第2条）。

1 全ての適当な措置の実施

条約においては、「締約国は、自国の領域内においてこの条約の目的の実現を確保するため、全ての適当な措置をとる。」こととされています（条約第2条前段）。これは、各締約国に対し、不法に連れ去られ、又は留置されている子の迅速な返還並びに監護の権利及び接触の権利の効果的な尊重という条約の目的が達成されるように、その締約国が実施することが可能な全ての適当な措置をとることを求めているものです。もっとも、このための具体的な手続等については各国の制度に委ねられていますし、一定の結果を達成することが義務付けられているものではありません。

2 迅速性の確保

条約においては、「締約国は、利用可能な手続のうち最も迅速なものを用いる」こととされており、「迅速性」が重視されています（条約第2条後段）。これは、不法な連れ去り又は留置によって生ずる有害な影響（Q10参照）から子を保護するため、不法な連れ去り又は留置がされた状態をできるだけ早く解消させることが望ましいと考えられるからです。これに加え、条約では不法な連れ去り又は留置が行われた子を原則として常居所地国に返還することとされていますが（Q10参照）、不法な連れ去り又は留置から時間が経過するほど子が新たな状況に適応するなど状況が固定化し、返還が実現した際の子への影響が大きくなると考えられるので、このような影響によって子の利益が害されることを防ぐため、できるだけ早く子の返還を実現するための措置をとることが要請されているものと考えられます。

第2章 条約及び実施法における基本的な概念

Q12 子の返還の前提となる「不法な連れ去り又は不法な留置」とは、どのようなものですか。日本人同士の間で行われた場合も、条約の対象となりますか。

A 条約及び実施法は、「不法な連れ去り又は不法な留置」がされた場合において、子をその常居所地国に返還することを目的としており、「不法な連れ去り又は不法な留置」がされたことが条約及び実施法に基づく子の返還の基本的な前提となっています。そこで、まず、これらの概念について説明します。

1 「連れ去り」及び「不法な連れ去り」

条約には「連れ去り」の定義規定は置かれていませんが、子が常居所地国から他の国へ移動することが子の返還の前提となっていることからすると、条約上の「連れ去り」とは、子を常居所地国から離脱させることを目的としてその国から出国させることを意味するものと解されます。この意味を明らかにするために、実施法では、「連れ去り」を「子をその常居所を有する国から離脱させることを目的として当該子を当該国から出国させることをいう。」と定義しています（第2条第3号）。なお、「離脱させることを目的として」と規定したのは、単なる一時的な旅行等を「連れ去り」から除外することを意図したものであり、客観的にみて、子を常居所地国の生活環境から離脱させたと評価することができるような場合でなければ、「連れ去り」には該当しません。

また、条約には「連れ去り」が「不法」となる場合が具体的に規定されていますので（条約第3条第1項）、これを受けて、実施法では、「不法な連れ去り」を「常居所地国の法令によれば監護の権利を有する者の当該権利を侵害する連れ去りであって、当該連れ去りの時に当該権利が現実に行使されて

いたもの又は当該連れ去りがなければ当該権利が現実に行使されていたと認められるもの」と定義しています（第2条第6号）。具体的には、子の監護権者が実際に子の日常的な世話をしていたにもかかわらず、連れ去りによって、その子の世話をすることができなくなった場合や、連れ去りの当時は実際に子を監護していなかったものの、子の監護権者が裁判等によって変更され、近い将来、これに基づき実際に子を監護することが確実であったという状況において、現在の監護者が子を連れ去った場合などが挙げられます。

2 「留置」及び「不法な留置」

条約には「留置」の定義規定は置かれていませんが、子が常居所地国から他の国へ移動することが子の返還の前提となっていることからすると、条約上の「留置」とは、子が常居所地国から出国した後において、その子の常居所地国への渡航が妨げられている状態を意味するものと解されます。この意味を明らかにするために、実施法では、「留置」を「子が常居所を有する国からの当該子の出国の後において、当該子の当該国への渡航が妨げられていることをいう」と定義しています（第2条第4号）。具体的には、子を常居所地国から出国させた者が子を帰国させるための措置を講じない場合などが挙げられます。

また、条約には「留置」が「不法」となる場合が具体的に規定されていますので（条約第3条第1項）、これを受けて、実施法では、「不法な留置」を「常居所地国の法令によれば監護の権利を有する者の当該権利を侵害する留置であって、当該留置の開始の時に当該権利が現実に行使されていたもの又は当該留置がなければ当該権利が現実に行使されていたと認められるものをいう」と定義しています（第2条第7号）。具体的には、両親が共同で監護の権利を有し、現に共同で子の日常的な世話をしていた場合において、一方の親が特定の日までに子を常居所地国に帰国させる前提で他方の親と子の一時的出国を容認したにすぎないのに、出国後、同日を経過しても他方の親が子を常居所地国に帰国させない場合などが挙げられます。

3 日本人同士の間で行われた不法な連れ去り又は不法な留置

条約は、子が国境を越えて不法に連れ去られ、又は不法に留置された場合

に、子を常居所地国に返還することを目的とするものであり、親や子の国籍は問題とされません。

　したがって、不法な連れ去り又は不法な留置が日本人の親同士の間で行われた場合であっても、それが条約の締約国の間で国境を越えて行われた事案であれば、条約の対象となります。

Q13

条約及び実施法の「常居所」とは、どのようなものですか。なぜ「住所」ではなく「常居所」という概念が用いられているのですか。

A

「常居所」（habitual residence）は、ハーグ国際私法会議において創出された事実上の概念であり、人が常時居住する場所で、単なる居所と異なり、相当長期間にわたって居住する場所をいうものと解されています。「常居所」の認定は、居住年数、居住目的、居住状況等諸要素を総合的に勘案して、個別具体的にされることとなります。

条約においては、「常居所」を有していた国からの子の連れ去り等があった場合に、「常居所」を有していた国へ子を返還することが定められており、そこでは、「住所」（address）ではなく、「常居所」の概念が用いられています（条約前文、条約第3条、条約第4条等）。実施法も、これを受けて、条約と同じ意味で、「常居所」という概念を用いています。

「住所」は、法律上の概念であり、人の私法的生活関係の本拠又は法によってそれを擬制される場所をいうものと解されていますので、国によって「住所」をどのように決めるかの基準は異なっていますし、国によっては法律で「住所」を定める制度がない国もあります。そこで、条約では、国によって異なる「住所」という法律上の概念を用いることによって生ずる混乱を避けるために、それとは別の「常居所」という事実上の概念が用いられており、実施法においても、条約と同じ概念を示すものとして「常居所」という概念を用いています（もっとも、実際には「常居所」と「住所」は重なる場合が多いものと考えられます）。

Q14 条約及び実施法上の「監護の権利」とは、どのようなものですか。これは、日本の民法上の「親権」と同じ意味ですか。

A 条約及び実施法上の「監護の権利」の意義、「監護の権利」と日本の民法上の「親権」との関係は、次のとおりです。

1 「監護の権利」の意義

子の連れ去り又は留置が不法とされるためには「監護の権利」が侵害されていることが要件となります（条約第3条）。条約上、「「監護の権利」には、子の監護に関する権利、特に、子の居所を決定する権利を含む」と規定されていますので（条約第5条a）、「監護の権利」の存否を判断するのに、子の居所を決定する権利を有しているかどうかが重要な判断要素となることは明らかですが、そのほかに一般的な定義規定等は置かれていません。一般的には、「監護の権利」とは、子の身上監護に関する権限を意味すると考えられており、具体的には、子に対する日常的な世話や教育、居所の決定等に関する権限はこれに含まれますが、子の財産に関する管理権はこれに含まれないと解されています。また、面会交流をすることができるだけでは、「監護の権利」を有することにはならないと考えられています。

実施法においても、条約第5条aと同義のものとして「監護の権利」という用語を用いています（第2条第6号、第7号等）。

なお、子の返還申立事件においては、常居所地国において子の監護の権利を有していたことが子の返還事由の前提とされていますが（第27条第3号）、この要件を満たすか否かについては、常居所地国の法令（国際私法を含みます）を基準に判断されることになります。

2 日本の民法上の「親権」との関係

日本の民法においては、親権は一般に子の身上監護権と子の財産の管理権からなるものと理解されています。そして、前者については、「親権を行う者は、子の利益のために子の監護及び教育をする権利を有し、義務を負う。」と規定した上で（民法第820条）、その具体的内容として、居所の指定等に関する規定を置いています（民法821条から第824条まで）。したがって、一

般的には、条約における「監護の権利」は、日本の民法上の身上監護権に近いものと考えられ、親権者は、原則として、条約上の監護の権利を有する者に該当すると考えられます（日本の民法上の「親権」は、上記のとおり、子の財産の管理権を含む概念なので、条約における「監護の権利」よりも広い概念ということになります）。

Q15 条約における「接触の権利」とは、どのようなものですか。また、実施法において「接触の権利」という用語を用いていないのはなぜですか。

A 条約の前文及び第1条から明らかなように、「接触の権利」の確保は、条約の重要な目的の1つであると考えられます。条約上、「「接触の権利」には、一定の期間子をその常居所以外の場所に連れて行く権利を含む。」と規定されていますが（条約第5条b）、「接触」の具体的な内容を定めた規定はありません。しかし、この規定及び他の締約国における解釈・運用等を踏まえると、「接触」には、子と直接面会することに加え、手紙や電話等の媒体を通じて子と相互に連絡することが含まれると考えられます。

「接触の権利」の有無は、子の常居所地国の法令に基づいて判断されることになりますが、一般的には、その性質上、父母のいずれか一方で「監護の権利」を有しない親に認められるものと考えられています。

ところで、実施法においては、「接触の権利」という用語を用いていません。それは、条約が規定する「接触」を上記のように考えると、日本の民法第766条第1項に規定する「面会及びその他の交流」と同義であると解することができることになりますが、そのように解することができるにもかかわらず、日本の法令において用いられていない「接触の権利」という用語を用いることとすると、その意味内容が「面会及びその他の交流」とは別の意味であると理解されるおそれがあるからです。このような点を考慮し、実施法においては、「接触の権利」ではなく、「面会その他の交流」の用語を用いています（第5条第4項第1号等参照）。

Q16 条約における「締約国」及び実施法における「条約締約国」は、それぞれどのような意味で用いられていますか。

A 条約における「締約国」及び実施法における「条約締約国」の意味は、次のとおりです。

1 条約における「締約国」

条約において、「締約国」とは、①ハーグ国際私法会議の第14回会期の構成国であって条約に署名し、かつ、条約を批准、受諾又は承認した国及び②条約に加入したその他の国の意味で用いられています（条約第37条、条約第38条）(注)。

（注）日本は、条約が採択されたハーグ国際私法会議第14回会期（昭和55年10月6日から25日まで開催）の構成国であり、平成26年1月24日、オランダにおいて署名を行った上で、受諾書をオランダ外務省に寄託しましたので、条約における「締約国」となりました。

2 実施法における「条約締約国」

条約の規定を受けて、実施法においては、日本からみた締約国という意味で、「条約締約国」を「日本国及び日本国との間で条約が効力を有している条約の締約国（当該締約国が条約第39条第1項又は第40条第1項の規定による宣言をしている場合にあっては、当該宣言により条約が適用される当該締約国の領域の一部又は領域内の地域）」（第2条第1号）(注)と定義しています。

実施法において、このように条約締約国について定義規定を置いている理由は、次のとおりです。

すなわち、条約第38条には、「加入は、加入国とその加入を受け入れる旨を宣言した締約国との間においてのみ効力を有する。いずれかの国の加入の後この条約を批准し、受諾し、又は承認する構成国は、その旨の宣言を行わなければならない。」と規定されていますので、日本の条約締結前に条約に加入している国及び日本の条約締結後に条約に加入する国については、日本が当該国の加入を受け入れる旨の宣言をしない限り、当該国は、条約におけ

る「締約国」ではあるものの、日本との間では条約が効力を生じない（すなわち、実施法上の「条約締約国」ではない）こととなります。このように、実施法の適用の対象となるのはあくまで日本との間で条約が効力を有している締約国との間で生ずる事案のみであることを明確にするため、そのような締約国を「条約締約国」と規定しています。

　（注）条約の適用地域について
　条約では、署名、批准、受諾、承認又は加入の際に、自国の領域の全部又は一部にのみ条約を適用することを宣言することができ（条約第39条第1項）、また、異なる法制が適用される二以上の地域をその領域内に有する場合にはその一又は二以上の地域についてのみ条約を適用することを宣言することができる（条約第40条第1項）こととされています。例えば、締約国のうち、中国は、英国からの返還の日以降香港特別行政区について、また、ポルトガルからの返還の日以降マカオ特別行政区について、それぞれ条約を適用する旨を宣言しています。また、デンマークは、フェロー諸島及びグリーンランドについては条約を適用しない旨を宣言しています。これらの締約国に関しては、上記の宣言において特定された地域（中国については香港及びマカオ、デンマークについてはフェロー諸島及びグリーンランド以外の領域）についてのみ条約が適用され、当該地域からの連れ去り等の事案のみが条約に基づく援助の対象となります（例えば、中国本土やグリーンランドからの連れ去り等の事案は、条約に基づく援助の対象とはなりません。条約第35条第2項）。

Q17 条約及び実施法において、「常居所を有していた国」又は「常居所地国」はどのような意味で使われていますか。

A 条約及び実施法に基づく子の返還は、子が「常居所を有していた国」への返還であり、監護の権利を侵害された者への返還ではありません。このように、条約及び実施法上「常居所を有していた国」又は「常居所地国」は、極めて基本的かつ重要な概念です。

そして、「常居所を有していた国」又は「常居所地国」とは、連れ去り又は留置の開始直前に子が「常居所」を有していた国（当該国が締約国であり、かつ、条約第39条第1項又は第40条第1項の規定による宣言をしている場合にあっては、当該宣言により条約が適用される当該国の領域の一部又は領域内の地域）をいいます。

なお、「常居所」（habitual residence）の意義及びその認定については、Q13参照。

第3章 条約及び実施法の基本的な枠組み

Q18 子を不法に日本に連れ去られた場合には、外国にいる親は、子を連れ戻すためにどのような手続をとることができますか。また、その場合の手続の流れはどのようになりますか。

A 子を不法に日本に連れ去られた場合には、外国にいる親は、日本又は日本以外の条約締約国の中央当局に対し、常居所地国への子の返還を実現するための援助（これを実施法上「外国返還援助」といいます）の申請をすることができます（第4条第1項。Q35参照）。また、子を監護している者に対し、常居所地国に子を返還することを命ずるよう日本の家庭裁判所に申し立てることができます（第26条。Q54参照）。

外国返還援助の流れ及び日本の家庭裁判所における子の返還の裁判手続の流れは、次のとおりです。

1 外国返還援助の流れ

(1) 外国返還援助の申請と決定

外国にいる親は、日本の中央当局に対し、外国返還援助の申請をすることができます（第4条第1項）。外国返還援助の申請は、子の常居所地国などの日本以外の条約締約国を経由してすることもできます（第4条第4項）[注1]。

申請を受け付けた日本の中央当局は、申請を却下する場合（第7条第1項）及び子が日本以外の条約締約国に所在していることが明らかである場合（第8条第1項）[注2]を除いて、外国返還援助の決定をします（第6条第1項）。

(2) 子及び子と同居している者の所在特定

外国返還援助の申請を受けた中央当局は、子及び子と同居している者の氏名及び所在が不明な場合には、国の行政機関や地方公共団体等の協力を得て、これらの特定をするために必要な措置をとります（第5条。Q39、Q40参照）。

(3) 中央当局による援助

中央当局は、外国返還援助の決定をし、子の所在等を特定することができた場合には、必要に応じて以下の①から⑥までの措置をとります。いかなる措置が必要であるかは事案に応じて異なり、申請者や子が置かれている状況、申請者や子と同居している者の意向や子の利益等を踏まえて決められることになります（Q38参照）。

① 当事者間の協議による解決の促進
② 法律専門家、法律扶助制度等の紹介
③ 裁判手続の紹介、裁判所に提出する証拠書類等の翻訳支援（Q103参照）、裁判所からの調査嘱託に対する回答（Q106参照）
④ 子に対する更なる害悪の防止（子の虐待に係る通告、旅券提出命令に伴う旅券の保管（Q137参照））
⑤ 子の安全な返還に向けた支援
⑥ 子の常居所地国の中央当局等との連絡

（注1）子の常居所地国などの日本以外の条約締約国の中央当局が申請を受けた場合において、子が日本に現に所在すると信ずるに足りる理由があるときは、当該条約締約国の中央当局は、当該申請を日本の中央当局に直接かつ遅滞なく移送することとされています（条約第9条）。

（注2）子が日本以外の条約締約国（申請者の住所又は居所のある条約締約国を除く）に所在していることが明らかな場合には、日本の中央当局は、外国返還援助申請に係る書類の写しを子が所在している条約締約国の中央当局に遅滞なく送付することとされています（第8条第1項）。

2 裁判手続の流れ^(注)

中央当局の援助等によっても、子が任意に返還されない場合には、家庭裁判所に対し、子の返還の申立てをすることができます（第26条）。なお、中央当局への援助申請をせずに家庭裁判所に申立てをすることも可能ですが、子の所在がわからない場合や中央当局による援助（翻訳支援や子の安全な返還に向けた支援等）を希望する場合等には、まず中央当局に援助申請をすることが考えられます。

子の返還の裁判においては、子の返還事由（第27条）及び子の返還拒否

事由（第28条）の存否を中心に審理及び判断がされます。また、任意による返還の実現が望ましいという観点から、子の返還の申立てがされた後も、調停（第144条）や和解（第100条）によって合意の形成が試みられることもあります。

　裁判所により子の返還が命じられた場合は、基本的には命令に応じて任意に履行されることが想定されますが、任意の履行がされないときには、①間接強制、②子の返還の代替執行という強制執行（第134条以下）の方法によって、子の返還の実現を求めることも可能です。

　（注）詳細については、Q54参照。

> **Q19** 子を不法に日本から連れ去られた場合には、日本にいる親は子を連れ戻すためにどのような手続をとることができますか。その場合に、日本の中央当局はどのような協力をすることが予定されていますか。

A 　子を不法に日本から連れ去られた場合には、日本にいる親は、日本又は子が所在している条約締約国の中央当局に対し、日本への子の返還を実現するための援助（これを実施法上「日本国返還援助」といいます）の申請をすることができます（第11条第1項、条約第8条。Q44参照）。また、日本にいる親は、子が所在する国の裁判所等に対して直接子の返還の申立てをすることもできます（条約第29条。Q32参照）。ただし、各条約締約国は、各々の国内法令等に基づいて手続を定めているので、日本以外の条約締約国の中央当局又は裁判所に対して直接申立てをする場合の手続の詳細は、条約締約国ごとに異なります。

このうち、日本の中央当局による援助の概要は、次のとおりです。

1　申請書等の送付

子を不法に連れ去られた親が日本の中央当局に対して日本国返還援助の申請をした場合において、日本の中央当局が日本国返還援助の決定（第12条第1項）をしたときは、日本の中央当局は、その決定後、申請者から提出された申請書及び添付された書類の写しを申請に係る子が所在している条約締約国の中央当局に遅滞なく送付し、その旨を申請者に通知します（第12条第2項、第14条）。

2　その他の措置

1のほか、日本の中央当局は、必要に応じて、日本への子の返還に関する事件が日本以外の条約締約国の裁判所等に係属しており、当該条約締約国の中央当局から子の日本国内における心身、養育及び就学の状況その他の生活及び取り巻く環境の状況に関する情報の提供を求められた場合には、当事者が同意している等の条件を満たす限り、日本における国の行政機関や地方公共団体等の協力を得て、これらの情報を当該条約締約国の中央当局に提供し

ます（第12条第3項第1号、第15条第1項。Q47参照）。また、子が所在している条約締約国の中央当局と連絡をとり（第12条第3項第2号）、手続が円滑に進むよう支援します。

Q20 実施法は、実施法の施行前にされた不法な連れ去りや不法な留置にも適用されますか。

A 条約は、当該締約国について条約の効力が生じた後に行われた不法な連れ去り又は不法な留置についてのみ適用されることとしており（条約第35条第1項）、条約の遡及適用は禁止されています。これに対応して、実施法においても、実施法の施行前にされた不法な連れ去り又は実施法の施行前に開始された不法な留置(注)には実施法を適用しない旨を定めています（附則第2条）。

不法な連れ去りがされた時点は、常居所地国から子を出国させた時点であるため、不法な連れ去りが先行する事案では、出国の時点と実施法の施行時との先後関係によって実施法が適用されるか否かが決まることとなり、出国の時点が実施法の施行前であれば、実施法は適用されないことになります。

他方、留置は一定の継続的状態を示す概念ですが（第2条第4号）、不法な留置の開始時は、留置によって監護の権利の侵害が生ずるに至った最初の時点であり、その時点が実施法の施行前であれば、実施法は適用されないことになります。このように、不法な留置の開始時は、客観的に定まるものであって、当事者がそれ以外の時点を任意に選択して、これを不法な留置の開始時と主張することはできません。

なお、実施法の施行前に不法な連れ去りがされ、又は不法な留置が開始された場合の解決については、Q161参照。

(注) 不法な連れ去り又は不法な留置の意義については、Q12参照。

Q21 どのような場合に、条約に定められている接触の権利に関する援助の手続を利用することができるのですか。それは、子の連れ去り又は留置があった場合に限られるのですか。

A 条約では、接触の権利の効果的な尊重という目的を実現するため、子と接触し得ない状態にある親が、接触の権利について内容を定め、又はその効果的な行使を確保するように取り計らうことを求める申請を子の常居所地国の中央当局又は他の締約国の中央当局に対してすることができることが定められています（条約第21条第1項）。

また、条約第1条 b が、一の締約国の法令に基づく接触の権利が他の締約国において効果的に尊重されることを確保することを目的の1つに掲げていることや、条約第7条第1項が、条約の目的を達成するために締約国の中央当局が互いに協力する旨を定めていることからすると、条約に定められている接触の権利に関する援助の申請をすることができるのは、あくまで締約国の間で国境を越えて子と接触し得ない状態が生じている場合であって、子及び子と接触し得ない状態にある親の双方が一の締約国の国内に居住している場合（いわゆる国内事案）は含まれないと解されます。

なお、条約上、接触の権利に関する援助の手続の申請の要件として、子の連れ去り又は留置(注)があったことを前提としている規定はありません。したがって、例えば、協議離婚の後、一方の親と子が外国に転居し、他方の親が当該外国を定期的に訪れて子に会っていたが、その後外国に転居した一方の親が他方の親と子との面会を拒むようになったというような事案も対象となります。また、日本における条約の発効前から親が子と接触できない状態にあったとしても、条約の発効後には、条約に定められている接触の権利に関する援助の手続を利用することができます。

（注）連れ去り又は留置の意義については、Q12参照。

Q22
日本にいる子との面会を拒まれている場合には、外国にいる親は、子と面会するためにどのような手続をとることができますか。また、その場合の手続の流れはどのようになりますか。

A 日本にいる子との面会を希望する親は、日本の中央当局に対し、子との面会交流を実現するための援助（これを実施法上「日本国面会交流援助」といいます）の申請をすることができるほか（第16条。Q48参照）、日本の家庭裁判所に対して、子との面会交流の定めをすることを求める家事調停又は家事審判の申立てをすることができます（家事事件手続法第255条、同法第49条）。

それぞれの手続の流れは、次のとおりです。

1 日本国面会交流援助の流れ
(1) 日本国面会交流援助の申請と決定

外国にいる親は、日本の中央当局に対し、日本国面会交流援助の申請をすることができます（第16条第1項）。日本国面会交流援助の申請は、申請者が居住する国など日本以外の条約締約国を経由してすることもできます（第16条第4項）。

申請を受け付けた日本の中央当局は、申請を却下する場合（第18条第1項）及び子が日本以外の条約締約国に所在していることが明らかであって、当該条約締約国に日本国面会交流援助申請の書類の写しを送付した場合（第19条第1項）を除いて、日本国面会交流援助の決定をします（第17条第1項）。

(2) 子及び子と同居している者の所在特定

日本国面会交流援助の申請を受けた中央当局は、子及び子と同居している者の氏名及び所在が不明な場合には、国の行政機関や地方公共団体等の協力を得て、これらの特定をするために必要な措置をとります（第20条、第5条。Q39、Q40参照）。

(3) 中央当局による援助

中央当局は、日本国面会交流援助の決定をした後、必要に応じて以下の①

から⑥までの措置をとります。いかなる措置が必要であるかは事案に応じて異なり、申請者や子が置かれている状況、申請者や子と同居している者の意向や子の利益等を踏まえて決められることになります（Q50 参照）。

① 当事者間の協議による解決の促進
② 法律専門家、法律扶助制度等の紹介
③ 裁判手続の紹介、裁判所に提出する証拠書類等の翻訳支援（Q103 参照）
④ 面会交流の実現に向けた支援
⑤ 子に対する更なる害悪の防止（子の虐待に係る通告）
⑥ 他の条約締約国の中央当局との必要な連絡

2 家事調停又は家事審判の流れ

当事者間の協議により面会交流の定めをすることができない場合には、外国にいる親は、家庭裁判所に対して、子との面会交流の定めをすることを求める家事調停（注1）又は家事審判（注2）の申立てをすることができます。日本国面会交流援助の決定を受けている者であっても、面会交流についての家事調停事件及び家事審判事件の手続については、管轄の特則や記録の閲覧等の特則等があるほかは、原則として日本国内における家事調停事件及び家事審判事件の手続に則って行われます（Q156 参照）。

（注1）家事調停は、通常、裁判官1名と民間の良識ある人から選ばれた家事調停委員2名以上で組織された調停委員会（家事事件手続法第248条第1項）による、当事者間の合意の形成に向けた調整を行うもので、その手続は非公開で行われます（家事事件手続法第33条）。調停委員会は、当事者双方に事情を尋ねたり、意見を聴いたりして、双方が納得の上で問題を解決できるように、中立・公正な立場から、助言やあっせんをします。家事調停の手続では、原則として当事者の出頭が必要となります（家事事件手続法第258条第1項、同法第51条）。また、必要に応じて、家庭裁判所調査官が事実の調査を行うことなどもあります（家事事件手続法第261条第2項）。

（注2）家事審判は、法律で定められた事項（面会交流を含みます）について家庭裁判所による終局的な判断をする裁判を行うもので、その手続は非公開で行われます（家事事件手続法第33条）。面会交流の定めをすることを求める家事調停が合意に至らず、調停が不成立となった場合には、家事審判の手続に移行しますが（家事事件手続法第272条第4

項）、家事調停を経ずに家事審判を申し立てることもできます。ただし、子との面会交流の在り方については、本来は当事者間の話合いによって合意の上で決めることが望ましいといえますので、当初から家事審判が申し立てられた場合であっても、裁判所の判断によって家事調停に付されることがあります（家事事件手続法第274条第1項）。

Q23 外国にいる子との面会を拒まれている場合には、日本にいる親は、子と面会するためにどのような手続をとることができますか。その場合に、日本の中央当局はどのような協力をすることができますか。

A 日本以外の条約締約国にいる子との面会交流を希望する親は、日本又は日本以外の条約締約国（通常は子が常居所を有する条約締約国）の中央当局に対し、子との面会交流を実現するための援助（これを実施法上「外国面会交流援助」といいます）の申請をすることができます（第21条第1項、条約第21条。Q51参照）。また、日本にいる親は、子が所在する国の裁判所等に対して直接子との面会交流に関する申立てをすることもできます（条約第29条。Q32参照）。ただし、各条約締約国は、各々の国内法令等に基づいて手続を定めていますので、日本以外の条約締約国の中央当局又は裁判所に対して直接申立てをする場合の手続の詳細は、条約締約国ごとに異なります。

このうち、日本の中央当局による援助の概要は、次のとおりです。

1 申請書等の送付

外国にいる子との面会を拒まれている親が日本の中央当局に対して外国面会交流援助の申請をした場合において、日本の中央当局が外国面会交流援助の決定（第22条第1項）をしたときは、日本の中央当局は、申請者から提出された申請書及び添付された書類の写しを申請に係る子が所在している条約締約国の中央当局に遅滞なく送付し、その旨を申請者に通知します（第22条第2項、第24条）。

2 その他の措置

1のほか、日本の中央当局は、必要に応じて、子との面会交流に関する事件が日本以外の条約締約国の裁判所等に係属しており、当該条約締約国の中央当局から子の日本国内における心身、養育及び就学の状況その他の生活及び取り巻く環境の状況に関する情報の提供を求められた場合には、当事者が同意している等の条件を満たす限り、日本における国の行政機関や地方公共

団体等の協力を得て、これらの情報を当該条約締約国の中央当局に提供します（第22条第3項第1号、第15条第1項。Q47参照）。また、子が所在している条約締約国の中央当局と連絡をとり（第22条第3項第2号）、手続が円滑に進むよう支援します。

Q24 実施法では、子の利益について、どのような配慮がされていますか。

A 条約の実施に当たって、最も直接的かつ重大な影響を受けるのは子です。条約は、不法に連れ去られた子を常居所地国に返還し、その国において子の監護に関する紛争を解決することが子の利益にかなうという考え方に立っていますので、その実施に当たっても子の利益に配慮することが条約の趣旨に合致します（Q10参照）。

そこで、実施法では、まず、第1条において、「この法律は、……もって子の利益に資することを目的とする」と規定し、実施法の最終的な目的が子の利益の保護にあることを明確にしていますが、この点は、実施法上の各規定の解釈をするに当たっても、その指針となるべきものといえます。

以下に挙げるのは、子の利益の保護を図るために実施法において定められている様々な配慮です。

1 所在特定のために提供された情報の保護

中央当局は、必要と認めるときは、関係機関や団体に対し、子の所在の特定のための情報の提供を求めることができますが（第5条第1項）、提供された情報については、裁判所が子の返還のための裁判手続を行うために住所が必要な場合等限定された場合を除いて、開示してはならないこととしています（第5条第4項）。これにより、子及び子と同居している者の個人情報が厳格に管理される仕組みとなっています（Q41参照）。また、裁判所に対して提供された情報についても、原則として、閲覧等の許可がされないこととしています（第62条第4項本文、第133条、第143条、第149条。Q91の1、Q154、Q156の3参照）。

2 子の返還手続における配慮
(1) 子の返還事由及び子の返還拒否事由

条約は、子の監護に関する紛争については、子がかねてより生活していた常居所地国で解決するのが望ましいとの考え方の下、子が常居所地国から連れ去られるなどした場合については、原則として、子を常居所地国に返還す

ることとしつつ、他方で、子の利益の観点から、子の返還を拒否することができる事由を規定しています。実施法においても、このような条約の趣旨に則した子の返還事由及び子の返還拒否事由を規定することによって、子の利益の実現を図っています（第27条、第28条。Q61、Q62参照）。

  (2) **子の返還申立事件における子の関与**

 返還を求められている子は、子の返還申立事件の手続に参加することができ（第48条）、子の返還を命ずる終局決定に対して即時抗告を申し立てることができます（第101条第2項。Q80参照）。また、裁判所は、子の返還申立事件の手続において、子の意思を把握するように努め、終局決定をする際には、子の年齢及び発達の程度に応じて、その意思を考慮しなければならないこととしています（第88条。Q80参照）。

  (3) **強制執行**

 実施法は、子の返還を命ずる終局決定が確定した後に子の返還の強制執行をする場合において、まず子に対する心理的負担が少ない間接強制の方法を前置することとし（第136条）、間接強制が奏功しない場合にされる子の返還の代替執行においても、子に対する威力の行使を禁止し、子以外の者に対する威力の行使も、子の心身に有害な影響を及ぼすおそれがある場合にはこれを禁止し（第140条第5項）、中央当局においてしかるべき者を子の返還の代替執行に立ち会わせ子の利益に配慮させることができるようにする（第142条）など、子の利益が害されることがないように、細やかな配慮をしています。

Q25 実施法及びその運用において、配偶者等からの暴力(DV)の被害者の保護についてどのような配慮がされていますか。

A

1 配偶者等からの暴力(DV)の被害者の保護の必要性

条約の対象となる子の連れ去り等の中には、一方配偶者から他方配偶者への暴力に起因する事案が含まれることがありますので、配偶者等からの暴力(DV)の被害者を保護する必要がありますし、この点については条約の締結に当たっての懸念の1つとされていました(Q7参照)。配偶者等からの暴力(DV)の被害者の保護についての実施法及びその運用上の配慮としては、次のものが挙げられます。

2 実施法における対応

実施法においては、配偶者等からの暴力(DV)の被害者の保護に配慮し、子の返還拒否事由に関する規律及び被害者の住所等の情報の保護に関する規律等を設けています。

(1) 子の返還拒否事由

子の返還申立事件の相手方が、申立人からの暴力(DV)の被害を受け、これを回避するために子を日本に連れ帰ったという事情は、それだけで直ちに子の返還拒否事由に該当するものではありませんが、第28条第1項第4号に規定する子の返還拒否事由(「常居所地国に子を返還することによって、子の心身に害悪を及ぼすことその他子を耐え難い状況に置くこととなる重大な危険があること」)の有無の判断において考慮されることになります(詳細については、Q76参照)(注)。

(2) 被害者の住所等の情報の保護

外国返還援助申請又は日本国面会交流援助申請の申請者からの暴力(DV)が認められるような場合においては、申請者に子や子と同居している者の住所又は居所を明かすことによってこれらの者の生命及び身体を危険にさらすことにもなりかねません。そのため、実施法では、①中央当局は、子や子と同居している者の住所又は居所を特定するために関係機関から収集した情報については、原則として、第三者に提供することができないこととするとともに(第5条第4項。詳細についてはQ41参照)、②裁判所は、子の返還申立

事件等の手続において、その記録中にある中央当局から提供を受けた相手方又は子の住所又は居所が記載され、又は記録された部分（住所等表示部分）については、原則として記録の閲覧等の許可をしないものとすることにより（第62条第4項本文、第133条、第143条、第149条。詳細についてはQ91の1、Q154、Q156の3参照）、情報を厳格に管理する仕組みを設けています。

　（注）配偶者等からの暴力（DV）が子の返還拒否事由の判断に当たって考慮されるとしても、実際には、被害者にはそれを裏付ける資料を裁判所に提出することが困難な場合があり、結局は、子の返還拒否事由が認定されず、子と共に常居所地国に帰らざるを得ないこととなり、被害者の保護にはならないと指摘されることも考えられます。この点については、当事者が自ら保持する資料を提出したり、次に記載するように、在外公館から資料を入手した上で、その資料を提出したりすることが可能です。また、裁判所の調査嘱託を受けた日本の中央当局が、子の常居所地国の中央当局に対して、子の社会的背景に関する情報の提供を求めることも考えられます（ただし、求めた情報が提供されるかどうか、また、提供される情報の内容や提供にかかる時間等については、各国の中央当局によって異なると考えられます。）（Q76（注）、Q106参照）。

3　在外公館や中央当局の支援体制の整備

　上記のような実施法の運用に当たっては、在外公館（Q34参照）や中央当局における配偶者等からの暴力（DV）の被害者への支援が重要であると考えられます。そのため、次のような支援体制の整備が進められています。

(1)　在外公館

　在外公館においては、配偶者等からの暴力（DV）の被害者への支援、緊急用シェルターの運営、カウンセリング、法律相談又は裁判支援等を行っている現地の関係団体及び専門家等と連携するなどして在留邦人への支援を強化しています。また、在外公館が、配偶者等からの暴力（DV）等の家族問題に関し自ら相談を受けた際に作成した相談記録については、被害者本人からの請求があれば、被害者本人に当該記録の写しを提供しています。

(2)　中央当局

　国内における対応として、中央当局は、子や子と同居している者の住所又は居所に関する情報の管理に細心の注意を払うとともに、配偶者等からの暴力（DV）の被害者が適切な支援を受けられるよう、必要に応じ、被害者に

対し相談機関の紹介等を含む支援に関する情報を提供することとしています。
　また、中央当局では、配偶者等からの暴力（DV）の専門家を採用し、専門的な知見を活用していく体制を整えています。

Q26 実施法では、児童虐待の防止及びその被害者の保護についてどのような配慮がされていますか。

A 条約は、子の利益の観点から子の返還を確保するための各種の措置について規定していますが、児童虐待は、このような条約の趣旨に反する行為といえます。そこで、実施法においても、児童虐待に対して適切に対応することができるようにしています。

実施法における児童虐待の防止及びその被害者の保護についての配慮としては、中央当局による通告の制度、子の返還拒否事由に関する規定及び子の住所等の情報の保護に関する規律等が挙げられます。

1 中央当局による通告

中央当局は、外国返還援助又は日本国面会交流援助の申請に係る子が、日本国内で虐待を受けているおそれがあると信ずるに足りる相当な理由がある場合には、市町村、都道府県の設置する福祉事務所又は児童相談所に対し通告を行うこととされています（第10条）。この通告により児童虐待防止法第6条第1項の通告を行った場合と同様の効果がもたらされ、児童虐待の防止及び保護のための適切な措置がとられるようにしています。

また、中央当局においても児童心理の専門家を採用し、児童虐待防止に関する専門的な知見を活用していく体制を整えています。

（参考）児童虐待防止法
（児童虐待に係る通告）
第6条 児童虐待を受けたと思われる児童を発見した者は、速やかに、これを市町村、都道府県の設置する福祉事務所若しくは児童相談所又は児童委員を介して市町村、都道府県の設置する福祉事務所若しくは児童相談所に通告しなければならない。
2・3 略

2 子の返還拒否事由

返還を求められている子が常居所地国で申立人から虐待を受けていたような場合には、その事実が子の返還拒否事由の判断において考慮されるよう実施法において配慮がされています。すなわち、条約は、子が心身に害悪を受

け、又は他の耐え難い状況に置かれることとなる重大な危険がある場合には返還を拒否することができる旨規定しており、実施法もこれに則した子の返還拒否事由を定めていますが（第28条第1項第4号）、返還すると子が常居所地国で申立人から虐待を受けるおそれがある場合は、子が心身に害悪を受ける典型例といえます。そこで、第28条第1項第4号に規定される子の返還拒否事由の判断においては、「常居所地国において子が申立人から身体に対する暴力その他の心身に有害な影響を及ぼす言動を受けるおそれの有無」（第28条第2項第1号）を考慮すべきことを明記し、児童虐待の被害者の保護に配慮しています。

3 子の住所等の情報の保護

外国返還援助申請又は日本国面会交流援助申請の申請者による虐待が認められるような場合においては、申請者に子の住所又は居所を明かすことによって子の生命及び身体を危険にさらすことにもなりかねません。そのため、実施法では、①中央当局は、子の住所又は居所を特定するために関係機関から収集した情報については、原則として、第三者に提供することができないこととするとともに（第5条第4項。詳細についてはQ41参照）、②裁判所は、子の返還申立事件の手続等において、その記録中にある中央当局から提供を受けた子の住所又は居所が記載され、又は記録された部分（住所等表示部分）については、原則として記録の閲覧等の許可をしないものとすることにより（第62条第4項本文、第133条、第143条、第149条。詳細についてはQ91の1、Q154、Q156の3参照）、情報を厳格に管理する仕組みを設けています。

Q27 実施法では、子の連れ去り事案の友好的な解決のためにどのような工夫がされていますか。

A

1 友好的な解決の必要性

子の連れ去りをめぐる問題は、単に子がその常居所地国に返還されれば解決されるというわけではなく、子が常居所地国に戻るにしても、戻らないにしても、将来に向けて子の監護についての取決めをしなければならないので、子の親同士が子の監護について話合いができる環境が整っていることが子の利益の観点から望ましいものといえます。そうすると、子の連れ去りをめぐる問題の解決方法としては、裁判所の子の返還を命ずる終局決定により強制的に子が返還されるという方法よりも、当事者が協議により自主的に解決する方がより子の利益にかなうものといえます。

以上のような観点から、実施法では、友好的な解決に資する次のような制度を用意しています。

2 中央当局による協議のあっせん

条約は、子の任意の返還を確保し、又は問題の友好的な解決をもたらすために、全ての適当な措置をとることを締約国の中央当局の義務とし（条約第7条第2項c）、これを受けて実施法は、日本の中央当局である外務大臣は、外国返還援助決定をした場合には、申請に係る子についての子の返還又は申請者との面会交流を、申請者と申請に係る子を監護している者との合意により実現するため、これらの者の間の協議のあっせんその他の必要な措置をとることができることとしています（第9条）。

具体的には、日本の中央当局は、国内の裁判外紛争解決（ADR）機関に、実施法の対象となる紛争に係るあっせん仲裁事業を委託し、当事者に対し、日本における裁判外のあっせん仲裁制度について説明するとともに、当事者から希望があった場合には、当該裁判外紛争解決（ADR）機関を紹介しています（Q42参照）。

3 子の返還に関する事件の手続等

中央当局による協議のあっせん等による任意の返還が確保されない場合等

には、裁判所に子の返還の申立てを行うことが想定されていますが、子の返還申立事件の手続においても、子の利益のために友好的な解決を模索することが条約の理念にかなうといえます。このような観点から、実施法においても、子の返還のための手続について、当事者間の話合いによる自発的な解決を図ることができるよう調停及び和解の手続を設けています（第144条以下、第100条。Q115参照）。

さらに、上記のように、子の利益の観点から任意の返還が望ましいとする条約の考え方に照らすと、子の返還を命ずる終局決定がされた後も、できる限り友好的な方法で返還を実現するのが望ましいといえます。そこで、実施法では、義務の履行状況の調査及び勧告に関する制度（第121条）を設けるとともに、強制執行の場面においても間接強制の方法を前置することとしています（第136条。Q125参照）。

第3編

中央当局による援助

第1章 中央当局の役割等

Q28 「中央当局」とは、どのようなものですか。

A 「中央当局」は、各締約国において、子の迅速な返還を確保すること、監護の権利及び接触の権利が他の締約国において効果的に尊重されることを確保することといった条約の目的の実現を担う中心的な存在で、条約第6条が各締約国に対して設置を義務付けているものです。中央当局をどの機関とするかは各締約国の判断に委ねられています。日本では、中央当局は外務大臣とすることとしていますが（Q29参照）、締約国によっては、日本の法務省に当たる省庁としているところや文部科学省に当たる省庁としているところもあります(注)。

条約は、中央当局の義務として、中央当局自身がとるべき措置に加えて、条約の目的を達成するために他の締約国の中央当局と協力すること及び国内の権限のある当局の間の協力を促進することも定めています（条約第7条第1項）。

（注）主な締約国の中央当局
米国：国務省
英国：司法省
フランス：司法省
ドイツ：司法省
イタリア：司法省
カナダ：法務省及び外務貿易省
ロシア：教育科学省

Q29 日本の中央当局を外務大臣(外務省)とした理由は何ですか。

A 中央当局は、条約を円滑に実施する上で鍵となる重要な機関であり、日本においてどこに設置すべきかは各国の例(主な締約国の中央当局については、Q28(注)参照)も参考にしつつ慎重に検討を行いました。

中央当局の業務を実施するに当たっては、他の締約国の中央当局や外国人申請者との間で緊密に連絡・調整を行いながら、個々の援助要請に対応する必要があります。また、在外公館を通じて、現地の関係機関と連携しつつ、条約に基づく手続に関与する邦人に対して必要な支援・保護を行う体制を構築する必要もあります。

こうした中央当局の業務を円滑に遂行することができるようにするため、日本においては、中央当局を外務大臣とした上で、外務省領事局ハーグ条約室がその実務を担うこととなりました。

このように、日本では、中央当局である外務大臣(外務省)を中心にしつつ、法務省を始めとする関係府省庁、裁判所、弁護士会等の民間団体が緊密に連携をとりながら、条約の運用に当たっていくことになります。

Q30 条約上、中央当局のとるべき措置について、どのように定められていますか。また、日本の中央当局は具体的にどのような措置をとることとしていますか。

A 中央当局は、次の1から9までの事項を目的として、直接に又は仲介者^(注)を通じて、全ての適当な措置をとることが求められています（条約第7条第2項）。なお、各中央当局が具体的にどのような措置をとるかについては、各締約国の裁量に委ねられています。

（注）仲介者とは、主に国内の関係機関等（行政機関、司法機関、地方公共団体等）を指します。

1 子の所在の特定

中央当局は、不法に連れ去られ、又は留置されている子の所在を特定するために全ての適当な措置をとることとされています（条約第7条第2項a）。なお、日本の中央当局による子の所在特定については、Q39参照。

2 子に対する更なる害悪・利害関係者に対する不利益の防止

中央当局は、子に対する更なる害悪又は利害関係者に対する不利益を防止するために全ての適当な暫定措置をとることとされています（条約第7条第2項b）。具体的には、子を監護している者が申請者からの追跡や接触から逃れるために子を連れて更に所在を転々とする再連れ去りや子を監護している者による子への虐待や暴力などを防止することが求められていると考えられます。

日本の中央当局による措置としては、子の再連れ去りを抑止するために子又は子の監護者が居所変更をする際の届出を事実上求めるとともに、裁判所が子の出国禁止命令に伴い子の旅券を外務大臣に提出することを命じた場合には、当該旅券の提出を受け、これを保管します（第131条第1項。Q137参照）。また、子に対する更なる害悪を防止するため、市町村、都道府県の設置する福祉事務所又は児童相談所に対する子の虐待の通告（第10条。Q26の1参照）があります。

3　任意の返還の確保・問題の友好的な解決の促進

中央当局は、子の任意の返還を確保し、又は問題の友好的な解決をもたらすことを目的とした全ての適当な措置をとることとされています（条約第7条第2項c）。

日本の中央当局による措置としては、中央当局が委託している裁判外紛争解決（ADR）機関や面会交流支援機関の紹介を行うこと等があります（Q38参照）。

4　子の社会的背景に関する情報の交換

中央当局は、望ましい場合には、締約国の中央当局間で、子の社会的背景に関する情報の交換をすることを目的とした全ての適当な措置をとることとされています（条約第7条第2項d）。裁判所等において子の返還の可否を検討する上で、常居所地国における子の養育等に係る情報が必要な場合がありますが、このような情報を裁判所や当事者（特に、子を他の締約国に連れ去った親）が常居所地国から入手することが困難な場合があるので、中央当局間でこのような情報を交換する制度が設けられています。条約には「社会的背景に関する情報」の定義は置かれておらず、個々の事案により様々なものが含まれるものと考えられますが、例えば、常居所地国における子の就学情報や親からの暴力に関する情報などがこれに該当するものと考えられます。なお、締約国からの全ての要請に対応することが義務付けられているものではなく、子の社会的背景に関する情報の交換のための作業によって子の返還手続に遅延が生じないようにする必要があると考えられます。

日本の中央当局による措置としては、子の日本への返還に関する事件又は子との面会交流に関する事件が係属している日本以外の条約締約国の裁判所等から依頼を受けた当該条約締約国の中央当局から子の社会的背景に関する情報の提供を求められた場合において、当事者の同意があり、かつ、情報の目的外利用のおそれがないときは、当該中央当局に提供するために、日本における国の行政機関の長、地方公共団体の長、その他の執行機関等に子の社会的背景に関する情報の提供を求めることができることとしています（第15条第1項、第25条。Q47参照）。

5 自国の法令に関する情報提供

　中央当局は、条約の適用に関連する自国の法令に関する一般的な情報を提供するための全ての適当な措置をとることとされています（条約第7条第2項e）。もっとも、中央当局は、国内法令に関する説明を行えば足り、具体的事案に則した相談等に応じることまでが求められているものではないと考えられます。

　日本の中央当局による措置としては、外務省のホームページにおいて日本語及び英語により条約及び実施法に関する一般的な情報を提供することや当事者からの照会に対応すること等があります。

6 手続の開始に関する便宜の供与

　中央当局は、①子の返還を得るための司法上若しくは行政上の手続を自らが開始するか、又は当該手続の開始について便宜を与えること、②適当な場合には接触の権利について内容を定め、又は効果的な行使を確保するように取り計らうことを目的とした全ての適当な措置をとることとされています（条約第7条第2項f）。なお、条約の文言から明らかなとおり、接触の権利についての措置は、一律に行うことが義務付けられているものではありません。

　日本の中央当局が行う①の措置としては、当事者自らが司法上の手続を開始することができるように必要な情報提供を行うことや裁判所に提出する証拠書類等の翻訳支援（Q103参照）等が挙げられます。なお、日本では中央当局が自ら司法上の手続を開始することとはしていません（Q59参照）。

　日本の中央当局が行う②の措置としては、裁判所において面会交流の定めをすること等を求める家事調停や家事審判の制度に関する説明をしたり、中央当局が委託している裁判外紛争解決（ADR）機関の紹介等をしたりすることが挙げられます（Q50参照）。

7 法律に関する援助及び助言の提供

　中央当局は、状況により必要とされる場合には、法律に関する援助及び助言を提供し、又はこれらの提供について便宜を与えることを目的とした全ての適当な措置をとることとされています（条約第7条第2項g）。なお、法律に関する援助及び助言については、国によってその制度や実際に援助等を受

けるための要件等が異なることが許容されているものと解されますし、中央当局が具体的な事案に応じた援助や助言をしたり、協議のあっせんなどの仲介を行ったりすることを義務付けているものではないと解されます。

日本の中央当局による措置としては、申請者又は子の同居者等が法律専門家の紹介や弁護士費用等の立替えを希望する場合には、日本弁護士連合会による弁護士紹介制度や総合法律支援法に基づく日本司法支援センター（愛称「法テラス」）による民事法律扶助制度を紹介すること等があります（Q38、Q50参照）。

8 子の安全な返還の確保のための措置

中央当局は、子が安全に帰国[注]するために、必要かつ適当な行政上の措置をとることとされています（条約第7条第2項h）。

日本の中央当局による措置としては、子の出国予定の確認や子の返還の代替執行に関し、立会いその他必要な協力をするほか（第142条）、返還後の現地における生活支援及び福祉等のサービス並びに必要に応じて配偶者等からの暴力（DV）その他に関する各種保護機関に関する情報の提供や査証取得等に係る側面支援、子の返還後の在外公館における相談対応等があります（在外公館の役割については、Q34参照）。

（注）子の安全な帰国とは、子の返還が合意により実現するものであるか、条約第12条の規定に基づいて司法当局又は行政当局によって子の返還が命ぜられたものであるかにかかわらないものと解されます。

9 条約の実施に関する相互通報・条約の適用に対する障害の除去

中央当局は、この条約の実施に関する情報を常に相互に通報し、及びこの条約の適用に対する障害を可能な限り除去することを目的とした全ての適当な措置をとることとされています（条約第7条第2項i）。

日本の中央当局による措置としては、中央当局間で日常的に緊密に連絡をとったり、締約国会議等を通じて条約実施に関する情報交換を行ったりすることや、条約の実施に当たって障害となるものを特定し、必要に応じて関係行政機関に働きかけること等があります。

Q31 中央当局が行う援助の概要は、どのようなものですか。

A 条約上の目的を実現するため、中央当局は様々な措置をとることとされています（Q30参照）。ここでは、このような措置のうち、子の返還及び子との面会交流に関し中央当局が行う具体的な援助とその内容について概略を説明します。

中央当局が行うこのような援助には、大別すると次の4つがあります。

① 日本に所在する子の日本以外の条約締約国への返還を実現するための援助（以下「外国返還援助」といいます。詳細はQ38参照）

② 日本以外の条約締約国に所在する子の日本への返還を実現するための援助（以下「日本国返還援助」といいます。詳細はQ46参照）

③ 日本に所在する子との面会交流を実現するための援助（以下「日本国面会交流援助」といいます。詳細はQ50参照）

④ 日本以外の条約締約国に所在する子との面会交流を実現するための援助（以下「外国面会交流援助」といいます。詳細はQ53参照）

これらについては、返還又は面会交流を求められている子が日本国内に所在している場合（外国返還援助の場合及び日本国面会交流援助の場合）と、日本以外の条約締約国に所在している場合（日本国返還援助の場合及び外国面会交流援助の場合）で大きく異なります。

1 子が日本国内に所在している場合（外国返還援助及び日本国面会交流援助の申請があった場合）

中央当局は、日本以外の条約締約国の中央当局や国内の関係機関と協力し、主に以下の援助を行います（Q38、Q39、Q42、Q43、Q50参照）。

(1) 子及び子と同居している者の所在の特定

中央当局は、必要に応じて子及び子と同居している者の所在の特定を行います。

(2) 当事者間の協議による解決の促進

子及び子と同居している者の所在を特定することができた場合には、中央当局は、申請者の希望も踏まえて、子を監護している者に連絡をとり、当事

者間の協議等による解決を促進するための調整を行います。また、当事者が、中央当局が委託している裁判外紛争解決（ADR）機関の利用を希望する場合には、その費用を一定の限度額の範囲内で負担します。

(3) 法律専門家、法律扶助制度の紹介

申請者又は子を監護している者等が、法律専門家の紹介や弁護士費用の立替えを希望する場合には、日本弁護士連合会の弁護士紹介制度や総合法律支援法による民事法律扶助制度を紹介します。

(4) 子に対する更なる害悪の防止

子に対する更なる害悪又は利害関係者に対する不利益を防止するため、子が虐待を受けているおそれがあると信じるに足る相当な理由がある場合には、市町村、都道府県の設置する福祉事務所又は児童相談所への通告を行います（第10条）。

また、子の国外への連れ去りを防止するため、裁判所が子の出国禁止命令に伴い子の旅券を外務大臣に提出することを命じた場合（Q126以下参照）には、当該旅券の提供を受け、これを保管します（第131条第1項）。

2　子が日本以外の条約締約国に所在している場合（日本国返還援助及び外国面会交流援助の申請があった場合）

中央当局は、子が所在している条約締約国の中央当局や国内の関係機関と協力し、主に以下の援助を行います（Q46、Q53参照）。

(1) 子が所在している条約締約国の中央当局との連絡

中央当局は、申請書及び添付書類の写しを子が所在している条約締約国の中央当局に送付するとともに、当該条約締約国において円滑に援助が行われるよう当該条約締約国の中央当局との連絡調整を行います。

(2) 子の社会的背景情報の提供

国境を越えた子の返還、子との面会交流の実現に関する裁判においては、連れ去り前の国で子がどのような社会的背景にあったのかが重要な証拠となることがあります。このため、日本以外の条約締約国の裁判所等から依頼を受けた当該条約締約国の中央当局から求められた場合には、子の社会的背景に関する情報を提供します（第15条第1項、第25条。Q47参照）。

Q32 中央当局に援助を求めずに、条約締約国の裁判所に対して直接返還の申立てや面会交流に関する申立てをすることは可能ですか。

A 条約及び実施法は、子の返還や子との面会交流を求めようとする当事者が、中央当局への援助の申請を行うことなく、条約締約国の裁判所等に対して直接子の返還の申立てや面会交流に関する申立てをすることを排除していません（条約第29条）。したがって、当事者が、中央当局に援助を求めずに、条約締約国においてこのような事案を取り扱う裁判所又は行政機関に対して直接このような申立てをすることは可能です[注]。

（注）中央当局は、当事者が条約締約国の裁判所に対して直接申立てをする場合であっても、条約に定められている子の迅速な返還等のために必要な協力や措置をとることになります。具体的には、子の日本への返還に関する事件又は子との面会交流に関する事件が係属している日本以外の条約締約国の裁判所等から依頼を受けた当該条約締約国の中央当局に対して子の社会的背景に関する情報を提供すること（条約第13条第3項、第15条第1項、第25条）が挙げられます。

Q33 条約では、中央当局への申請手続において使用される言語について、どのように定められているのでしょうか。

A 中央当局への申請等の手続において使用される言語について、条約は、「要請を受ける国の中央当局に送付される申請、連絡その他の文書は、原語によるものとし、当該国の公用語又はこれが実現不可能な場合にはフランス語若しくは英語による翻訳を添付する。」と定めています（条約第24条第1項）。これは、中央当局に提出される申請に係る文書、中央当局間の連絡のために用いられる電子メールやファクシミリで送付される文書等について、申請者の所在する国の言語によって記載されたものに要請を受ける国の公用語による翻訳を添付することを基本としつつ、それができない場合は、フランス語又は英語の翻訳を添付することを義務付けるものです。また、条約は、締約国が留保を付することによって、自国に送付されるこれらの文書の翻訳について、英語又はフランス語のいずれかの使用を拒むことができることとしています（条約第24条第2項）。

日本は、日本の中央当局に送付される申請等に添付される翻訳について、留保を付することによりフランス語の使用を拒んでいるため（Q168参照）、日本の中央当局に対して援助申請を行う場合には、送付される文書の翻訳に使用される言語は、日本語又は英語のみとなります。

これに対して、外国に援助申請を行う場合には、当該外国の公用語又は英語若しくはフランス語（当該外国が、英語又はフランス語のいずれかの使用を留保している場合には、使用を拒んでいないいずれかの言語）の翻訳を添付することとなります。

Q34 条約実施に当たっての在外公館の役割は、どのようなものですか。

A 在外公館は、次のとおり、在留邦人に対し、子の連れ去り等をめぐる問題に関する相談に応じたり、子の返還後の支援を行ったりするなど、条約の実施に当たり重要な役割を果たすことが期待されています。

1 在留邦人からの相談対応

在外公館では、在留邦人から子の連れ去り等をめぐる問題に関する相談を受けた場合には、その国の法制度の内容、条約及び実施法の内容等について説明するとともに、必要に応じて法律専門家等を紹介します。

また、相談内容が配偶者等からの暴力（DV）や児童虐待等に関する場合には、その国の保護・救済制度を説明し、弁護士や福祉専門家、シェルターの紹介を行う等の支援を行います(注)。さらに、生命に危害が及ぶ等の緊急時には、在外公館が警察や裁判所に通報・救援要請を行うこともあります。

相談の内容は、在外公館において記録され、日本の裁判所からの調査嘱託や本人からの請求があった場合に提供されることになります。

このような支援は、条約の適用があるような事案に限らず、在外公館が従来から行っていたものですが、条約の締結によりその役割の重要性が増すものと考えられます。

（注）在外公館では、在留邦人に対して、適切な支援を実施するため、配偶者等からの暴力（DV）に関する現地の支援団体、専門家等との連携の強化に努めています。例えば、在留邦人数の多い北米の一部在外公館においては、邦人が日本語で相談することができるよう関連支援団体と業務委託契約を締結しています。

2 在留邦人への情報提供

在外公館では、子の連れ去り等の問題の発生を未然に防止するために、日本の条約締結、条約及び実施法の内容等について、各在外公館のホームページ、説明会等を通じて、在留邦人への説明・周知を行っています。

また、配偶者の同意や裁判所の許可を得ずに子の居所を移動することが犯

罪とされる国の場合には、各在外公館が作成する「安全の手引き」や、各在外公館のホームページ、メールマガジン、在留邦人との連絡会議等を通じて、在留邦人への説明・周知を行っています。

3 子の返還後の支援

　条約に基づき常居所地国に返還された子及びその子と同居する者又は常居所地国においてその子について監護の権利を有する者が日本国籍を有する場合には、邦人保護の観点から、子、子と同居する者又は子の監護の権利を有する者からの求めがあれば、常居所地国において利用することのできる支援、福祉サービス等に関する情報の提供、本案審理のために必要な弁護士等の紹介をすることとしています。また、これらの者の安全が懸念される場合には、適当な保護機関又は司法当局に通報をすることもあります。

第2章 外国返還援助

Q35 外国返還援助の申請は、どのように行うのですか。

A 外国返還援助の申請は、実施法及び援助申請に関する省令で定められている申請書及び添付書類を中央当局に郵送することによって行います(注)。

(注) 申請書の様式や提出書類の詳細については外務省ホームページ（URL：http://www.mofa.go.jp/mofaj/fp/hr_ha/page22_000943.html）に記載されています。

1 申請書

申請書には、中央当局が、申請が実施法に定められた却下要件に該当しないかどうかの確認を行うとともに、子の所在の特定等の援助を適切に行うために必要な情報として、以下の情報を記載します（第4条第2項、援助申請に関する省令第2条）。

ア （ア）申請者、（イ）申請に係る子、（ウ）子の連れ去り又は留置を行った者及び（エ）子と同居していると思料される者の氏名、生年月日、連絡先その他の人定情報

イ 申請者が子の常居所地国の法令に基づいて子についての監護の権利を有し、かつ、当該監護の権利が侵害されていることを明らかにするために必要な事項

ウ その他、関連する係争中の民事手続及び関連する刑事訴追の有無等についての情報や、中央当局への要望等

なお、日本以外の条約締約国の中央当局を経由して申請を行う場合には、当該条約締約国が指定する様式を用いることも可能です。

2　添付書類

申請書に記載された事項を明らかにし、又は補足するため以下の書類を添付します（第4条第3項、援助申請に関する省令第3条）。

ア　申請者の本人確認書類の写し

イ　（ア）申請に係る子、（イ）子の連れ去り又は留置を行った者及び（ウ）子と同居していると思料される者の旅券又は身分証明書等の写し及び写真

ウ　申請に係る子の常居所地国に当該子が常居所を有していたことを明らかにする書類の写し

エ　申請者が申請に係る子についての監護の権利を有している根拠となる当該子の常居所地国の法令の関係条文

オ　申請者が申請に係る子についての監護の権利を有していることを証明する書類

カ　申請に係る子についての監護の権利が当該子の連れ去り又は留置により侵害されていることを明らかにする書類

Q36 外国返還援助の申請は、どのような場合に却下されるのですか。

A 外国返還援助の申請は、行政手続法又は実施法の規定に基づき却下されることがあります(注)。

(注) 外国返還援助決定（第6条第1項）及び外国返還援助申請の却下（第7条第1項）は、外務大臣が行う行政処分であり、当該処分に対して不服のある者は、行政不服審査法に基づく異議申立てをすることができます（行政不服審査法第4条第1項、同法第6条）。また、当該処分の取消しを求めるにつき法律上の利益を有する者は、裁判所に対して処分の取消しの訴えを提起することができます（行政事件訴訟法第3条第2項、同法第9条第1項）。

1 行政手続法に基づく却下

外国返還援助の申請書の記載事項に不備がある場合、申請書に必要な書類が添付されていない場合等、申請の形式上の要件に適合しない場合には、行政手続法第7条に基づく手続を経た上で申請が却下されます。

(参考) 行政手続法
（申請に対する審査、応答）
第7条　行政庁は、申請がその事務所に到達したときは遅滞なく当該申請の審査を開始しなければならず、かつ、申請書の記載事項に不備がないこと、申請書に必要な書類が添付されていること、申請をすることができる期間内にされたものであることその他の法令に定められた申請の形式上の要件に適合しない申請については、速やかに、申請をした者（以下「申請者」という。）に対し相当の期間を定めて当該申請の補正を求め、又は当該申請により求められた許認可等を拒否しなければならない。

2 実施法に基づく却下

条約は、申請が条約に定める要件を満たしていないこと又は申請に十分な根拠がないことが明白である場合には、中央当局は、当該申請を受理する義務を負わないとしていますが（条約第27条）、これは、そのような場合にまで中央当局に申請を受理させることは相当ではないとの考え方に基づくものです。実施法においても、次のとおり、一定の事由に該当することが明白で

ある場合には外国返還援助申請を却下することとしています（第7条第1項）(注1)。

(1) 外国返還援助申請において返還を求められている子が16歳に達していること（第7条第1項第1号）

条約は、子が16歳に達した場合には適用されないため（条約第4条）、子が16歳に達している場合には、実施法に基づき子の返還を実現するための援助を求める余地がありません。したがって、子が16歳に達している場合には、外国返還援助申請は却下されることになります。

(2) 申請に係る子が日本国内に所在していないことが明らかであり、かつ、申請に係る子が所在している国又は地域が明らかでないこと（第7条第1項第2号）

条約は、いずれかの締約国に不法に連れ去られ、又はいずれかの締約国において不法に留置されている子の迅速な返還を確保することを目的としていることから明らかなとおり（条約第1条a）、子の所在する国が締約国である場合にのみ適用されます。また、日本国内に子が所在していないことが明らかな場合でも、他の条約締約国に所在していることが明らかであれば、その条約締約国の中央当局に申請書等の写しを送付することとなりますが（第8条第1項。Q37参照）、子が日本国内に所在していないことが明らかであり、かつ、所在している国又は地域が明らかでない場合には、こうした措置をとることもできません。したがって、このような場合には、外国返還援助申請は却下されることになります。

もっとも、日本国内に所在していないことが明らかであることが却下の要件とされているため、申請に係る子の所在国が全く分からない状態になっても、日本国内に所在していないことが明らかでない限りは、中央当局は申請を却下せずに子の所在の調査を続けることになります。

(3) 申請に係る子が条約締約国以外の国又は地域に所在していることが明らかであること（第7条第1項第3号）

上記のとおり、条約は、子の所在する国が締約国である場合にのみ適用され、子が締約国以外の国又は地域に所在している場合には適用されません。したがって、このようなことが明らかな場合には、外国返還援助申請は却下されることになります。

(4)　申請に係る子の所在地及び申請者の住所又は居所（申請者が法人その他の団体である場合にあっては、事務所の所在地）が同一の条約締約国内にあることが明らかであること（第7条第1項第4号）

　条約は、子が常居所を有していた国への当該子の迅速な返還を確保するためのものですから（条約前文）、子と申請者がそれぞれ異なる締約国にいる場合を前提としており、子と申請者が同一の締約国にいる場合には適用されないものと考えられます。したがって、子の所在地及び申請者の住所又は居所が同一の条約締約国内にあることが明らかな場合には、外国返還援助申請は却下されることになります。

(5)　申請に係る子の連れ去りの時又は留置の開始の時に、申請に係る子の常居所地国が条約締約国でなかったこと（第7条第1項第5号）

　条約は、子の常居所地国が子の連れ去りの時又は留置の開始の時に締約国ではなかった場合には適用されません（条約第4条、条約第35条第1項）。したがって、申請に係る子の連れ去りの時又は留置の開始の時に、申請に係る子の常居所地国が条約締約国でなかった場合には、申請時に子の常居所地国が条約締約国であったとしても、外国返還援助申請は却下されることになります(注2)。

(6)　申請に係る子の常居所地国の法令に基づき申請者が申請に係る子についての監護の権利を有していないことが明らかであり、又は申請に係る子の連れ去り若しくは留置により当該監護の権利が侵害されていないことが明らかであること（第7条第1項第6号）

　条約上、子の返還を実現するための援助を求めることができるのは、申請者が子の常居所地国の法令に基づき監護の権利を有している場合です（条約第3条第1項、条約第8条第1項）。また、条約は、不法な連れ去り又は不法な留置がされた場合における子の返還を目的としているところ、連れ去り又は留置が不法とされるのは、監護の権利を侵害している場合です（条約第3条第1項）。したがって、これらいずれかの場合に当たらないことが明らかなときは、外国返還援助申請は却下されることになります。

　（注1）もっとも、却下事由のうち、①外国返還援助申請において返還を求められている子が16歳に達していること（第7条第1項第1号）、②申請に係る子の連れ去りの時又

は留置の開始の時に、申請に係る子の常居所地国が条約締約国でなかったこと（第7条第1項第5号）については、他の却下事由とは異なり、その該当性を明確に判断することができるため、あえて明白性を求めることとはしていません。

（注2）日本における条約の発効前に申請に係る子の不法な連れ去りがされ又は不法な留置が開始された場合、当該子の連れ去りの時又は留置の開始の時の常居所地国は条約締約国（第2条第1号）でなかったといえます。したがって、日本における条約の発効前にされた不法な連れ去り又は不法な留置に係る外国返還援助申請は却下されることになります。

Q37　外国返還援助の申請の対象となっている子が日本にいないことが判明した場合には、どのような措置がとられるのですか。

A

1　外国返還援助申請の移送

条約においては、子が現に所在する締約国において援助が行われるようにするため、申請を受領した中央当局は、子が他の締約国に所在すると信ずるに足りる理由がある場合には、当該申請を当該他の締約国の中央当局に直接かつ遅滞なく移送することとされています（条約第9条）。

これを受けて、実施法では、外国返還援助申請の対象となっている子が日本以外の条約締約国に所在していることが明らかであり、かつ、当該子の所在地及び申請者の住所又は居所が同一の条約締約国内にあることが明らかでないときは、申請書等の写しを当該条約締約国の中央当局に遅滞なく送付しなければならないこととしています（第8条第1項）。

また、申請書等の写しを当該条約締約国の中央当局に送付した場合には、その旨を申請者に通知することとしています（第8条第2項）。これにより、申請者は、どの条約締約国で手続が行われることになるかを知ることができます。

2　外国返還援助申請の却下

外国返還援助申請の対象である子が日本国内に所在していないことが明らかであり、かつ、子が所在している国又は地域が明らかでない場合には、外国返還援助申請は却下されます（第7条第1項第2号）。同様に、外国返還援助申請の対象である子が条約締約国以外の国又は地域に所在していることが明らかである場合にも、外国返還援助申請は却下されます（第7条第1項第3号。Q36の2(2)、(3)参照）。

Q38 中央当局は、不法に日本に連れ去られた子の返還に関し、具体的にどのような措置をとるのですか。

A 不法に日本に連れ去られた子の返還に関していかなる措置が必要であるかは事案に応じて異なり、申請者や申請に係る子が置かれている状況、申請者や申請に係る子と同居している者の意向等を踏まえ、子の利益の観点から決められることになります。

ここでは、中央当局がとる措置を概観しておきます（個別の事項についての詳細は、以下の各事項ごとに参照として掲げている他のQを参照してください）。

1 子及び子と同居している者の所在の特定

日本の中央当局は、外国返還援助申請を受け付けた場合には、必要に応じて、国の行政機関や地方公共団体等の協力を得て、返還対象となる子及び子と同居している者の氏名及び所在の特定を行います（第5条。Q39参照）。

2 当事者間の協議による解決の促進

日本の中央当局は、外国返還援助の決定をし、子及び子と同居している者の所在を特定することができた場合には、申請者の希望も踏まえて、子を監護している者に対し書簡、電子メール、電話等で連絡をとり、当事者間の協議等による解決を促進するための調整（協議のあっせん）、その他の必要な措置を行います（第9条。Q42参照）。具体的には、申請者と子を監護している者との間の連絡の仲介や中央当局が委託している裁判外紛争解決（ADR）機関の紹介を行います。なお、当事者が、中央当局が委託している裁判外紛争解決（ADR）機関の利用を希望する場合には、中央当局がその費用を一定の限度額の範囲内で負担します。

3 法律専門家、法律扶助制度等の紹介

申請者又は子と同居している者が、法律専門家の紹介や弁護士費用の立替えを希望する場合には、日本弁護士連合会による弁護士紹介制度や総合法律支援法による民事法律扶助制度を紹介します。

また、実施法その他の法令に基づく制度に関する情報を申請者に提供しま

す（第6条第2項第3号）^{（注）}。

(注) ただし、中央当局が行うのは、あくまでも法律の規定に基づく制度に関する一般的説明であり、個別事案に応じた相談は、中央当局の中立性を害するおそれがあるため行いません。

4　裁判手続の紹介、証拠書類等の翻訳支援、裁判所からの調査嘱託

　中央当局による当事者間の協議による解決の促進が奏功しない場合には、申請者が家庭裁判所に対して子の返還を求める申立てを行うことが考えられますので、中央当局は、それに向けた一般的な手続の紹介や窓口の案内をします。

　また、子の返還申立事件において裁判所に証拠書類等として外国語で記載された書類を提出する場合、当該書類の日本語への翻訳を支援します（Q103参照）。

　さらに、子の返還申立事件が係属している家庭裁判所からの嘱託を受けて、常居所地国の中央当局を通じて子の心身の状態や生活状況等について調査し（ただし、常居所地国の中央当局に対して求めた情報が提供されるかどうか、また、提供される情報の内容や提供にかかる時間等については、各国の中央当局によって異なると考えられます）、報告することがあります（第83条。Q106参照）。

5　子に対する更なる害悪の防止等

(1)　子の虐待に係る通告

　日本の中央当局は、子に対する更なる害悪又は利害関係者に対する不利益を防止するため、子が日本に所在している場合において、虐待を受けているおそれがあると信じるに足る相当な理由があるときは、市町村、都道府県の設置する福祉事務所又は児童相談所に対し、その旨を通告します（第10条。Q26の1参照）。

(2)　旅券の保管

　子の国外への連れ去りを防止するため、裁判所が子の出国禁止命令に伴い子の旅券を外務大臣に提出することを命じた場合には、当該旅券の提出を受

け、これを保管します（第131条第1項）。

6　子の安全な返還に向けた支援

　子が常居所地国に返還されることとなった場合には、中央当局は、子を安全に元の居住国に返還するための支援を行います。具体的には、子の出国予定を確認したり、子の返還の代替執行に関し、立会いその他必要な協力をしたりするほか（第142条）、返還後の現地における生活支援及び福祉等のサービス並びに必要に応じて配偶者等からの暴力（DV）その他に関する各種保護機関に関する情報の提供や査証取得等に係る側面支援、子の返還後の在外公館における相談対応等を行います。

7　日本以外の条約締約国の中央当局との連絡

　日本の中央当局は、必要に応じ、条約の実施のため日本以外の条約締約国の中央当局との連絡を行います（第6条第2項第2号）。具体的には、常居所地国の中央当局が収集することのできる子に関する情報の提供を求めたり、子の返還の実施に係る調整、子の返還が実現した後のアフターケアを依頼したりする等、円満な子の返還を実現するために必要な連絡をとることが想定されています。

Q39 中央当局は、どのように子の所在を特定するのですか。

A

1 子の所在特定の義務

中央当局には、不法に連れ去られ、又は留置されている子の所在を特定するために、直接に又は仲介者を通じて、全ての適当な措置をとる義務があります（条約第7条第2項a。Q30参照）。これを受け、実施法においては、申請に係る子及び申請に係る子と同居している者の氏名又は住所若しくは居所を特定するために、必要があれば、中央当局が関係機関に対して情報の提供を求めることができること等を規定しています（第5条第1項）。

2 情報提供を求める先

中央当局は、国の行政機関等（独立行政法人及び国立大学法人を含みます）の長、地方公共団体の長その他の執行機関に対して情報の提供を求めることができますが、そのほかにも、情報提供の求めに関する政令に定める以下の者に対しても情報の提供を求めることができます（第5条第1項、情報提供の求めに関する政令第1条）。

・学校（大学を除き、専修学校及び各種学校を含む）の設置者
・学校及び大学以外の教育施設であって、日本に居住する外国人を専ら対象とし、かつ、学校教育に類する教育を行うものの設置者
・児童福祉法第59条の2に規定する施設（認可外保育施設）の設置者
・病院又は診療所の管理者
・水道事業者
・一般電気事業者
・特定電気事業者
・電気通信事業者
・公務員の児童手当の支給に係る事務を行う者（児童手当法第17条第1項の表の下欄に掲げる者）
・配偶者からの暴力の防止及び被害者の保護等に関する法律第3条第5項に規定する民間の団体の代表者

3　情報提供を求める方法

　中央当局は、申請者から援助申請があった場合には、必要に応じ、申請者等から得た情報に基づき、国の行政機関や地方公共団体の長等上記2に挙げた者に対し、必要な情報の提供を求めることになります。

　具体的には、出入国管理に関する情報、戸籍の附票や住民票の写し、子の就学情報、社会保障給付情報等の提供を求め、これらにより得られた情報を元に更に他の機関に情報提供を求めるなどして子の所在を特定することが考えられます。

　このように、具体的な所在特定の方法は、申請者等から得られた情報の内容によって決まりますが、申請者等から得られる情報の内容は事案によって異なるため、中央当局による子の所在の特定の方法もそれに応じて変わり、一様ではありません。

　なお、中央当局が収集した情報のみでは子の所在を特定することができない場合には、都道府県警察に求める措置に関する省令で定めるところにより、都道府県警察に対して行方不明者発見活動の手続をとることを求めることができます（第5条第3項）。

Q40 中央当局から、子の所在を特定するための情報の提供を求められた者は、どのような対応をする必要があるのですか。

A 中央当局から申請に係る子又は申請に係る子と同居している者の所在を特定するために情報の提供を求められた者は、遅滞なく、当該情報を中央当局に提供するものとしています（第5条第2項）。具体的には、出入国管理に関する情報、戸籍の附票や住民票の写し、子の就学情報、社会保障給付情報等の中央当局が特定して提供を求めた情報について、該当する情報があればその情報を、該当する情報がなければその旨を書面により回答することが求められます（情報提供の求めに関する政令第2条）。

Q41 中央当局は、子の所在を特定するために得た情報を、誰に対し、どのような場合に提供することができるのですか。

A 子の連れ去り又は留置がされるに至った事情等は様々であり、例えば、外国返還援助申請又は日本国面会交流援助申請の申請者からの暴力（DV）がきっかけ又は原因・動機になっているような場合も考えられます。このような事案において、申請者に子や子と同居している者の住所又は居所を明かせば、これらの者の生命及び身体を危険にさらすことにもなりかねません。また、それ以外の場合であっても、事案によっては、申請者に子や子と同居している者の住所又は居所を明かすことによって子が申請者に連れ去られるおそれが生ずる場合もあり得ます。そのため、実施法では、中央当局は、申請に係る子及び子と同居している者の住所又は居所を特定するため、国の行政機関や地方公共団体等の関係機関から必要な情報を求めることができることとしつつも（第5条第1項）、関係機関が以上のような心配をして情報提供を躊躇するような事態が生ずることを避け、中央当局が関係機関から確実に情報提供を受けることができるようにするため、収集した情報については厳格に管理し、以下の限定された場合を除き第三者に提供することができないこととしています（第5条第4項）。

1 申請者に対する開示

子の返還の申立て等をするためには申立書に相手方の氏名を記載しなければなりません（Q94の1参照）。他方で、外国返還援助申請等の申請者に対して子と同居している者の氏名を開示するだけであれば、子の再連れ去り等につながるおそれも小さいと考えられます。

そこで、中央当局は、外国返還援助申請又は日本国面会交流援助申請の申請者が、日本の裁判所に子の返還の申立て又は子との面会交流の定め若しくはその変更を求める家事調停若しくは家事審判の申立てをするために子と同居している者の氏名の開示を求める場合には、当該氏名に限って情報の提供を行うことができることとしています（第5条第4項第1号）。

2 裁判所に対する開示

①子の返還に関する事件、②子との面会交流に関する事件、③子の返還の強制執行に関する事件、④子との面会交流の強制執行に関する事件の各手続においては、申立人（債権者）が相手方（債務者）の住所を知らない場合には、申立書に相手方（債務者）の氏名のみが記載され、その住所が記載されていないという事態も想定されます（Q94の1、Q146、Q156の3参照）。しかしながら、申立てを受けた裁判所は、手続を進めるために子や相手方（債務者）の住所又は居所を知っておく必要があります（例えば、①子の返還に関する事件及び②子との面会交流に関する事件においては、管轄裁判所を決定したり（第32条、第148条、家事事件手続法第150条第4号、同法第245条第1項）、申立書の写しを相手方に送付したりするために（第72条第1項、家事事件手続法第67条第1項、同法第256条第1項）、③子の返還の強制執行に関する事件においては、債務者を審尋したり（民事執行法第171条第3項、同法第172条第3項）、執行官が相手方（債務者）から子の監護を解いたりするために、④子との面会交流の強制執行に関する事件においては、債務者を審尋するために（民事執行法第171条第3項、同法第172条第3項）、裁判所が子や相手方（債務者）の住所又は居所を知っておく必要があります）。

そこで、中央当局は、①子の返還に関する事件、②子との面会交流に関する事件、③子の返還の強制執行に関する事件、又は④子との面会交流の強制執行に関する事件が係属している裁判所から、手続を行うために子及び子と同居している者の住所又は居所の確認を求められた場合には、当該住所又は居所をこれらの裁判所に開示することができることとするとともに（第5条第4項第2号）、裁判所は、これらの開示された情報については、原則として閲覧等の許可をしないこととし、裁判所からこれらの情報が出ることのないようにしています（第62条第4項本文、第133条、第143条、第149条）。

3 市町村等に対する通知

中央当局は、日本国内に所在する申請に係る子が虐待を受けているおそれがあると信ずるに足りる相当な理由があるときは、市町村、都道府県の設置する福祉事務所又は児童相談所（以下「市町村等」といいます）に対し、その旨を通告しなければなりませんが（第10条第1項。Q43参照）、通告を受け

た市町村等が児童虐待防止法第8条に基づき子との面接その他の措置を適切に講ずるためには、子及び子と同居していると思料される者の氏名及び住所といった情報が必要不可欠であるといえます。

そこで、中央当局は、市町村等に対して虐待を受けているおそれがある旨を通告する場合には、子及び子と同居していると思料される者の氏名及び住所又は居所を通知することができることとしています（第5条第4項第3号）。

4 都道府県警察に対する提供

中央当局は、国の行政機関や地方公共団体の長等に対して情報提供を求めて調査をしても、なお子及び子と同居している者の所在を特定することができない場合には、都道府県警察に対し、行方不明者発見活動を依頼することができますが、その際には、都道府県警察による行方不明者発見活動が正確かつ効率的に行われるため、国の行政機関や地方公共団体の長等から提供された情報を都道府県警察に対して提供することができることとしています（第5条第3項、都道府県警察に求める措置に関する省令）。

Q42 中央当局は、子の返還等を合意により実現するために、どのような措置をとるのですか。

A 外国返還援助の決定をした中央当局は、子の返還又は子との面会交流を申請者及び申請に係る子を監護している者との合意により実現するため、これらの者の間の協議のあっせんその他の必要な措置をとることができます（第9条）。

1 協議のあっせん

「協議のあっせん」とは、中央当局が、外国返還援助決定後、子の任意の返還又は問題の友好的な解決を実現するため、申請者の希望を踏まえて子を監護している者に対し書簡、電子メール、電話等で連絡をとり、当事者間の協議等による解決を促進するための調整を行うことをいいます。このような「協議のあっせん」は、裁判所によって子の返還を命ずる裁判がされた後であってもすることができます。

なお、中央当局が行う「協議のあっせん」は、あくまでも、第三者として中立的な立場で事案解決のための援助を行うことであり、一方当事者を代理することではないため、弁護士法第72条に規定する、代理、仲裁又は和解その他の法律事務に該当する行為を主体的に行うことはありません。

2 その他の必要な措置

中央当局は、当事者が子の任意の返還又は問題の友好的な解決に応じる意思を示す場合には、「その他の必要な措置」として、中央当局が委託している国内の裁判外紛争解決（ADR）機関及び面会交流支援機関を紹介することや、関係する国内法令・制度に関する情報を提供することが想定されています。

Q43 中央当局は、外国返還援助の申請の対象となっている子が虐待を受けているおそれがある場合には、どのような措置をとるのですか。

A 子を連れ去った親等による子への虐待や暴力を防止するため、外国返還援助申請の対象である子が日本で虐待を受けているおそれがあると信ずるに足りる相当な理由がある場合(注)には、中央当局は、市町村、都道府県の設置する福祉事務所又は児童相談所に対し、その旨を通告することとしています（第10条第1項）。通告を受けた市町村、福祉事務所又は児童相談所は、子との面会その他の方法により子の安全確認を行うとともに、必要に応じ児童福祉法に基づく一時保護の実施等を速やかに行うこととされています（児童虐待防止法第8条）。

（注）例えば、申請者等から子が虐待を受けているおそれがあることを示す具体的な資料等が示された場合などが考えられます。

（参考）児童虐待防止法
（通告又は送致を受けた場合の措置）
第8条　市町村又は都道府県の設置する福祉事務所が第6条第1項の規定による通告を受けたときは、市町村又は福祉事務所の長は、必要に応じ近隣住民、学校の教職員、児童福祉施設の職員その他の者の協力を得つつ、当該児童との面会その他の当該児童の安全の確認を行うための措置を講ずるとともに、必要に応じ次に掲げる措置を採るものとする。
一　児童福祉法第25条の7第1項第1号若しくは第2項第1号又は第25条の8第1号の規定により当該児童を児童相談所に送致すること。
二　当該児童のうち次条第1項の規定による出頭の求め及び調査若しくは質問、第9条第1項の規定による立入り及び調査若しくは質問又は児童福祉法第33条第1項若しくは第2項の規定による一時保護の実施が適当であると認めるものを都道府県知事又は児童相談所長へ通知すること。
2　児童相談所が第6条第1項の規定による通告又は児童福祉法第25条の7第1項第1号若しくは第2項第1号又は第25条の8第1号の規定による送致を受けたときは、児童相談所長は、必要に応じ近隣住民、学校の教職員、児童福祉施設の職員その他の者の協力を得つつ、当該児童との面会その他の当該児童の安全の確認を行うための措置を講ずるとともに、必要に応じ同法第33条第1項の規定による一時保護を行うものとする。

3　前2項の児童の安全の確認を行うための措置、児童相談所への送致又は一時保護を行う者は、速やかにこれを行うものとする。

第3章 日本国返還援助

Q44 日本国返還援助の申請は、どのように行うのですか。

A 日本国返還援助の申請は、実施法及び援助申請に関する省令で定められている申請書及び添付書類を中央当局に提出することによって行います(注)。

(注) 申請書の様式や提出書類の詳細については外務省ホームページ（URL：http://www.mofa.go.jp/mofaj/fp/hr_ha/page22_000943.html）に記載されています。

1 申請書

申請書には、中央当局が、申請が実施法に定められた却下要件に該当しないかどうかを確認するために必要な情報として、以下の情報を記載します（第11条第2項、第4条第2項、援助申請に関する省令第2条）。

ア （ア）申請者、（イ）申請に係る子、（ウ）子の連れ去り又は留置を行った者及び（エ）子と同居していると思料される者の氏名、生年月日、連絡先その他の人定情報

イ 申請者が日本の法令に基づいて子についての監護の権利を有し、かつ、当該監護の権利が侵害されていることを明らかにするために必要な事項

ウ その他、関連する係争中の民事手続及び刑事訴追の有無等についての情報

2 添付書類

申請書に記載された事項を明らかにし、又は補足するため以下の書類を添付します（第11条第2項、第4条第3項、援助申請に関する省令第3条）。

ア　申請者の本人確認書類の写し
イ　(ア) 申請に係る子、(イ) 子の連れ去り又は留置を行った者及び (ウ) 子と同居していると思料される者の旅券又は身分証明書等の写し及び写真
ウ　日本に当該子が常居所を有していたことを明らかにする書類の写し
エ　申請者が申請に係る子についての監護の権利を有している根拠となる日本の法令の関係条文
オ　申請者が申請に係る子についての監護の権利を有していることを証明する書類
カ　申請に係る子についての監護の権利が当該子の連れ去り又は留置により侵害されていることを明らかにする書類

Q45 日本国返還援助の申請は、どのような場合に却下されるのですか。

A 日本国返還援助の申請は、行政手続法又は実施法の規定に基づき却下されることがあります[注]。

(注) 日本国返還援助決定（第12条第1項）及び日本国返還援助申請の却下（第13条第1項）は、外務大臣が行う行政処分であり、当該処分に対して不服のある者は、行政不服審査法に基づく異議申立てをすることができます（行政不服審査法第4条第1項、同法第6条）。また、当該処分の取消しを求めるにつき法律上の利益を有する者は、裁判所に対して処分の取消しの訴えを提起することができます（行政事件訴訟法第3条第2項、同法第9条第1項）。

1 行政手続法に基づく却下

日本国返還援助の申請書の記載事項に不備がある場合、申請書に必要な書類が添付されていない場合等、申請の形式上の要件に適合しない場合には、行政手続法第7条に基づく手続を経た上で申請が却下されます。

（参考）行政手続法
（申請に対する審査、応答）
第7条　行政庁は、申請がその事務所に到達したときは遅滞なく当該申請の審査を開始しなければならず、かつ、申請書の記載事項に不備がないこと、申請書に必要な書類が添付されていること、申請をすることができる期間内にされたものであることその他の法令に定められた申請の形式上の要件に適合しない申請については、速やかに、申請をした者（以下「申請者」という。）に対し相当の期間を定めて当該申請の補正を求め、又は当該申請により求められた許認可等を拒否しなければならない。

2 実施法の規定に基づく却下

条約は、申請が条約に定める要件を満たしていないこと又は申請に十分な根拠がないことが明白である場合には、中央当局は、当該申請を受理する義務を負わないとしていますが（条約第27条）、これは、そのような場合にまで中央当局に申請を受理させることは相当ではないとの考え方に基づくものです。実施法においても、次のとおり、一定の事由に該当することが明白で

ある場合には日本国返還援助申請を却下することとしています（第13条第1項）[注1]。

(1) 日本国返還援助申請において返還を求められている子が16歳に達していること（第13条第1項第1号）

条約は、子が16歳に達した場合には適用されないため（条約第4条）、子が16歳に達している場合には、実施法に基づき子の返還を実現するための援助を求める余地がありません。したがって、子が16歳に達している場合には、日本国返還援助申請は却下されることになります。

(2) 申請に係る子が所在している国又は地域が明らかでないこと（第13条第1項第2号）

子が所在している国又は地域が明らかでない場合には、子が所在する国の中央当局へ申請書等の写しを送付すること等、日本の中央当局による具体的な援助を行うことができません。したがって、このような場合には、日本国返還援助申請は却下されることになります。

(3) 申請に係る子が日本又は条約締約国以外の国若しくは地域に所在していることが明らかであること（第13条第1項第3号）

条約は、いずれかの締約国に不法に連れ去られ、又はいずれかの締約国において不法に留置されている子の迅速な返還を確保することを目的としていることから明らかなとおり（条約第1条a）、子の所在する国が締約国である場合にのみ適用され、子が締約国以外の国又は地域に所在している場合には適用されません。また、子が日本に所在している場合には日本国返還援助の必要はありません。したがって、このようなことが明らかな場合には、日本国返還援助申請は却下されることになります。

(4) 申請に係る子の所在地及び申請者の住所又は居所（申請者が法人その他の団体である場合にあっては、事務所の所在地）が同一の条約締約国内にあることが明らかであること（第13条第1項第4号）

条約は、子が常居所を有していた国への当該子の迅速な返還を確保するためのものですから（条約前文）、子と申請者がそれぞれ異なる締約国にいる場合を前提としており、子と申請者が同一の締約国にいる場合には適用されないものと考えられます。したがって、子の所在地及び申請者の住所又は居所が同一の条約締約国内にあることが明らかな場合には、日本国返還援助申

請は却下されることになります。

(5) 申請に係る子の常居所地国が日本でないことが明らかであること（第13条第1項第5号）

条約は、子を常居所地国に迅速に返還することを目的としていることから、子の常居所地国が日本でない場合には、そもそも子が日本へ返還されることはありません。したがって、このようなことが明らかな場合には、日本国返還援助申請は却下されることになります。

(6) 申請に係る子の連れ去りの時又は留置の開始の時に、申請に係る子が所在していると思料される国又は地域が条約締約国でなかったこと（第13条第1項第6号）

条約は、子の常居所地国が子の連れ去りの時又は留置の開始の時に締約国ではなかった場合には適用されません（条約第4条、条約第35条第1項）。したがって、申請に係る子の連れ去りの時又は留置の開始の時に、申請に係る子が所在している国又は地域が条約締約国でなかった場合には、申請時に子の常居所地国が条約締約国であったとしても、日本国返還援助申請は却下されることになります(注2)。

(7) 日本の法令に基づき申請者が申請に係る子についての監護の権利を有していないことが明らかであり、又は申請に係る子の連れ去り若しくは留置により当該監護の権利が侵害されていないことが明らかであること（第13条第1項第7号）

条約上、子の返還を実現するための援助を求めることができるのは、申請者が子の常居所地国（日本国返還援助申請の場合は日本です）の法令に基づき監護の権利を有している場合です（条約第3条第1項、条約第8条第1項）。また、条約は、不法な連れ去り又は不法な留置がされた場合における子の返還を目的としているところ、連れ去り又は留置が不法とされるのは、監護の権利を侵害している場合に限定しています（条約第3条第1項）。したがって、これらいずれかの場合に当たらないことが明らかなときは、日本国返還援助申請は却下されることになります。

(注1) もっとも、却下事由のうち、①日本国返還援助申請において返還を求められている子が16歳に達していること（第13条第1項第1号）、②申請に係る子の連れ去りの

時又は留置の開始の時に、申請に係る子が所在していると思料される国又は地域が条約締約国でなかったこと（第13条第1項第6号）については、他の却下事由とは異なり、その該当性を明確に判断することができるため、あえて明白性を求めることとはしていません。

　（注2）日本における条約の発効前に申請に係る子の不法な連れ去りがされ又は不法な留置が開始された場合、申請に係る子が所在していると思料される国は条約締約国（第2条第1号）でなかったといえます。したがって、日本における条約の発効前にされた不法な連れ去り又は条約の発効前に開始された不法な留置に係る日本国返還援助申請は却下されることになります。

Q46 中央当局は、不法に日本から連れ去られた子の返還に関し、具体的にどのような措置をとるのですか。

A 中央当局がとる措置としては、次のものがあります。

1 子が所在している条約締約国の中央当局への申請書等の送付

中央当局は、日本国返還援助の決定（第12条第1項）をした後、申請者から提出された申請書及び添付された書類の写しを子が所在している条約締約国の中央当局に遅滞なく送付し（第12条第2項、第14条第1項）、その旨を申請者に通知します（第14条第2項）。

2 その他の措置

中央当局は、日本国返還援助の決定をした場合には、必要に応じて、条約締約国の中央当局への子の社会的背景に関する情報の提供（第12条第3項第1号、第15条）及び条約実施のための日本以外の条約締約国の中央当局との連絡（第12条第3項第2号）を行います。

(1) 子の社会的背景に関する情報の提供

条約締約国の中央当局への子の社会的背景に関する情報の提供は、子が所在している日本以外の条約締約国の裁判所等において子の返還に関する事件の手続が行われている場合において、当該裁判所等から当該条約締約国の中央当局に対して日本国内における申請に係る子の心身、養育及び就学の状況その他の生活及び取り巻く環境に関する情報提供の依頼があるときに、当該条約締約国の中央当局から日本の中央当局への情報提供の求めを受けて行われるものです（Q47参照）。

(2) 日本以外の条約締約国の中央当局との連絡

日本の中央当局は、日本以外の条約締約国の中央当局との間で、子の返還の実施に係る細かな調整等円満な子の返還を実現するために必要な連絡をとることなどが想定されています。

Q47 子の社会的背景に関する情報の提供とは、どのようなものですか。中央当局から子の社会的背景に関する情報の提供を求められた者は、どのような対応をする必要があるのですか。

A

1 子の社会的背景に関する情報の提供

国境を越えた子の返還又は子との面会交流の実現に関する裁判においては、連れ去り前の国における子の社会的背景がどのようなものであったのかが、重要な証拠となることがあります。このため、条約では、中央当局は、望ましい場合には、子の社会的背景に関する情報を交換することを目的として、全ての適当な措置をとることとされています（条約第7条第2項d）。

そこで、実施法では、日本の中央当局は、子の日本への返還に関する事件又は子との面会交流に関する事件が係属している日本以外の条約締約国の裁判所等から依頼を受けた当該条約締約国の中央当局から求められた場合には、子の社会的背景に関する情報、すなわち、子の日本国内における心身、養育及び就学の状況その他の生活及び取り巻く環境の状況に関する情報の提供を行うこととしています（第15条第1項、第25条）。

2 情報の提供を求める先

日本の中央当局は、上記の場合において、①日本以外の条約締約国の中央当局が、当該条約締約国の裁判所等の依頼を受けて子の返還に関する事件又は子との面会交流に関する事件の調査を行うために日本の中央当局に対して子の社会的背景に関する情報の提供を求めており、かつ、当該調査以外の目的のために当該情報を利用するおそれがないと認められるときであって、②当該事件の手続の当事者（子が手続の当事者である場合にあっては、当該子は除きます）が当該情報を当該中央当局に提供することに同意しているときは、国の行政機関等（独立行政法人及び国立大学法人を含みます）の長、地方公共団体の長、その他の執行機関のほか情報提供の求めに関する政令で定める以下の者に子の社会的背景に関する情報の提供を求めることができます（第15条第1項、情報提供の求めに関する政令第3条）。

・学校（大学を除き、専修学校及び各種学校を含む）の設置者

- 学校及び大学以外の教育施設であって、日本に居住する外国人を専ら対象とし、かつ、学校教育に類する教育を行うものの設置者
- 児童福祉法第59条の2に規定する施設（認可外保育施設）の設置者
- 病院又は診療所の管理者
- 配偶者からの暴力の防止及び被害者の保護等に関する法律第3条第5項に規定する民間の団体の代表者
- 児童福祉法第7条第1項に規定する児童福祉施設の長
- 警視総監又は道府県警察本部長

3　情報の提供を求められた者による対応

　子の社会的背景に関する情報の提供を求められた者は、次の①及び②の両方に該当するときは、遅滞なく、求められた情報を外務大臣に提供することとしています（第15条第2項）。
① 当該情報を事件が係属している条約締約国の中央当局に提供することによって子及び当事者の権利利益を不当に侵害するおそれがないと認めるとき（同項第1号）。
② 当該情報が、子及び当事者の知り得る状態にあり、かつ、これらの者以外の特定の個人を識別することができる情報を含まないとき（同項第2号）。

　①については、提供する情報の内容によっては、子や外国裁判所等の手続の当事者の権利利益を不当に侵害する場合があることを想定したものです。また、②については、本人が知り得ない情報を秘匿し、第三者の個人情報を保護するため、それらの情報が提供する情報に含まれないことを想定したものであり、「知り得る状態」にあるとは、当該情報を入手することについて法的障害がないことを指します。これら①及び②に該当するか否かについては、情報を保有する者において判断することが相当であると考えられますので、情報の提供を求められた者が中央当局に提供するか否かについて判断することとしています。

第4章 日本国面会交流援助

Q48 日本国面会交流援助の申請は、どのように行うのですか。

A 日本国面会交流援助の申請は、実施法及び援助申請に関する省令で定められている申請書及び添付書類を中央当局に提出することによって行います(注)。

(注)申請書の様式や、提出書類の詳細については外務省ホームページ（URL：http://www.mofa.go.jp/mofaj/fp/hr_ha/page22_000944.html）に記載されています。

1 申請書

申請書には、中央当局において申請が実施法に定められた却下要件に該当しないかどうかの確認を行うとともに、子の所在の特定等の援助を適切に行うために必要な情報として以下の情報を記載します（第16条第2項、援助申請に関する省令第4条）。

ア （ア）申請者、（イ）申請に係る子、（ウ）子との面会交流を妨げていると思料される者及び（エ）子と同居していると思料される者の氏名、生年月日、連絡先その他の人定情報

イ 申請者が、子が常居所を有していた国又は地域の法令に基づき子と面会交流をすることができ、かつ、申請者の子との面会交流が妨げられていることを明らかにするために必要な事項

ウ その他、関連する係争中の民事手続及び関連する刑事訴追の有無等についての情報や、中央当局への要望等

なお、日本以外の条約締約国の中央当局を経由して申請を行う場合には、当該条約締約国が指定する様式を用いることも可能です。

2　添付書類

申請書に記載された事項を明らかにし、又は補足するため以下の書類を添付します（第16条第3項、援助申請に関する省令第5条）。

ア　申請者の本人確認書類の写し

イ　(ア) 申請に係る子、(イ) 子との面会交流を妨げていると思料される者及び (ウ) 子と同居していると思料される者の旅券又は身分証明書等の写し及び写真

ウ　申請に係る子の常居所地国に当該子が常居所を有していたことを明らかにする書類の写し

エ　申請者が申請に係る子と面会交流をすることができたことの根拠となる子が常居所を有していた国又は地域の法令の関係条文

オ　申請者が申請に係る子と面会交流をすることができたことを証明する書類

カ　申請に係る子との面会交流が妨げられていることを明らかにする書類

Q49 日本国面会交流援助の申請は、どのような場合に却下されるのですか。

A 日本国面会交流援助の申請は、行政手続法又は実施法の規定に基づき却下されることがあります(注)。

(注) 日本国面会交流援助決定（第17条第1項）及び日本国面会交流援助申請の却下（第18条第1項）は、外務大臣が行う行政処分であり、当該処分に対して不服のある者は、行政不服審査法に基づく異議申立てをすることができます（行政不服審査法第4条第1項、同法第6条）。また、当該処分の取消しを求めるにつき法律上の利益を有する者は、裁判所に対して処分の取消しの訴えを提起することができます（行政事件訴訟法第3条第2項、同法第9条第1項）。

1　行政手続法に基づく却下

日本国面会交流援助の申請書の記載事項に不備がある場合、申請書に必要な書類が添付されていない場合等、申請の形式上の要件に適合しない場合には、行政手続法第7条に基づく手続を経た上で申請が却下されます。

（参考）行政手続法
（申請に対する審査、応答）
第7条　行政庁は、申請がその事務所に到達したときは遅滞なく当該申請の審査を開始しなければならず、かつ、申請書の記載事項に不備がないこと、申請書に必要な書類が添付されていること、申請をすることができる期間内にされたものであることその他の法令に定められた申請の形式上の要件に適合しない申請については、速やかに、申請をした者（以下「申請者」という。）に対し相当の期間を定めて当該申請の補正を求め、又は当該申請により求められた許認可等を拒否しなければならない。

2　実施法に基づく却下

条約は、申請が条約に定める要件を満たしていないこと又は申請に十分な根拠がないことが明白である場合には、中央当局は、当該申請を受理する義務を負わないとしていますが（条約第27条）、これは、そのような場合にまで中央当局に申請を受理させることは相当ではないとの考え方に基づくものです。実施法においても、次のとおり、一定の事由に該当することが明白で

ある場合には日本国面会交流援助申請を却下することとしています（第18条第1項）^(注)。

(1) 日本国面会交流援助申請において面会交流を求められている子が16歳に達していること（第18条第1項第1号）

条約は、子が16歳に達した場合には適用されないため（条約第4条）、子が16歳に達している場合には、実施法に基づき面会交流を実現するための援助を求める余地がありません。したがって、子が16歳に達している場合には、日本国面会交流援助申請は却下されることになります。

(2) 申請に係る子が日本国内に所在していないことが明らかであり、かつ、申請に係る子が所在している国又は地域が明らかではないこと（第18条第1項第2号）

条約は、一の締約国の法令に基づく接触の権利が他の締約国において効果的に尊重されることを確保することを目的としていることから明らかなとおり（条約第1条b）、子の所在する国が締約国である場合にのみ適用されます。また、日本国内に子が所在していないことが明らかな場合でも、他の条約締約国に所在していることが明らかであれば、その条約締約国の中央当局に申請書等の写しを送付することとなりますが（第19条第1項）、子が日本国内に所在していないことが明らかであり、かつ、所在している国又は地域が明らかでない場合には、こうした措置をとることもできません。したがって、このような場合には、日本国面会交流援助申請は却下されることになります。

もっとも、日本国内に所在していないことが明らかであることが却下の要件とされているため、申請に係る子の所在国が全く分からない状態になっても、日本国内に所在していないことが明らかでない限りは、中央当局は申請を却下せずに子の所在の調査を続けることになります。

(3) 申請に係る子が条約締約国以外の国又は地域に所在していることが明らかであること（第18条第1項第3号）

上記のとおり、条約は、子の所在する国が締約国である場合にのみ適用され、子が締約国以外の国又は地域に所在している場合には適用されません。したがって、このようなことが明らかな場合には、日本国面会交流援助申請は却下されることになります。

(4) 申請に係る子の所在地及び申請者の住所又は居所（申請者が法人その他の団体である場合にあっては、事務所の所在地）が同一の条約締約国内にあることが明らかであること（第18条第1項第4号）

　条約は、一の締約国の法令に基づく接触の権利が他の締約国において効果的に尊重されることを確保することを目的としていることから（条約第1条b）、子と申請者がそれぞれ異なる締約国にいる場合を前提としており、子と申請者が同一の締約国にいる場合には適用されないものと考えられます。したがって、子の所在地及び申請者の住所又は居所が同一の条約締約国内にあることが明らかな場合には、日本国面会交流援助申請は却下されることになります。

(5) 申請者が日本国内に住所若しくは居所を有していることが明らかであり、又は日本以外の条約締約国に住所若しくは居所を有していないことが明らかであること（第18条第1項第5号）

　日本国面会交流援助は、日本国内に所在している子を対象とするものであるところ、上記のとおり、条約は、子と申請者がそれぞれ異なる締約国にいることを前提としているものですから、申請者が日本国内に住所又は居所を有している場合や日本以外の条約締約国に住所又は居所を有していない場合には、日本国面会交流援助をする前提を欠くことになります。したがって、このようなことが明らかな場合には、日本国面会交流援助申請は却下されることになります。

(6) 申請者が申請に係る子と面会交流をすることができなくなる直前に申請に係る子が常居所を有していた国又は地域が条約締約国でないこと（第18条第1項第6号）

　条約は、一の締約国の法令に基づく接触の権利が他の締約国において効果的に尊重されることを確保することを目的としていることから（条約第1条b）、申請者が子と面会交流をすることができなくなる直前に子が常居所を有していた国又は地域が締約国であることを前提としており、子が常居所を有していた国又は地域が締約国でない場合には適用されないものと考えられます。したがって、申請に係る子が常居所を有していた国又は地域が条約締約国でない場合には、日本国面会交流援助申請は却下されることになります。

(7) 申請者が申請に係る子と面会交流をすることができなくなる直前に申請に係る子が常居所を有していた国若しくは地域の法令に基づき申請者が申請に係る子と面会交流をすることができないことが明らかであり、又は申請者の申請に係る子との面会交流が妨げられていないことが明らかであること（第18条第1項第7号）

　条約は、一の締約国の法令に基づく接触の権利が他の締約国において効果的に尊重されることを確保することを目的としていることから（条約第1条b）、申請者が子と面会交流をすることができなくなる直前に子が常居所を有していた国又は地域の法令上、申請者が子と面会交流することができない場合や申請者と子との面会交流が妨げられていない場合には、適用されないものと考えられます。したがって、このようなことが明らかな場合には、日本国面会交流援助申請は却下されることになります。

　（注）もっとも、却下事由のうち、①日本国面会交流援助申請において面会交流を求められている子が16歳に達していること（第18条第1項第1号）、②申請者が申請に係る子と面会交流をすることができなくなる直前に申請に係る子が常居所を有していた国又は地域が条約締約国でないこと（第18条第1項第6号）については、他の却下事由とは異なり、その該当性を明確に判断することができるため、あえて明白性を求めることとはしていません。

Q50 中央当局は、日本にいる子との面会交流に関し、具体的にどのような措置をとるのですか。

A いかなる措置が必要であるかは事案に応じて異なり、申請者や申請に係る子が置かれている状況、申請者や申請に係る子と同居している者の意向等を踏まえ、子の利益の観点から決められることになります。

ここでは、中央当局がとる措置を概観しておきます（個別の事項についての詳細は、以下の各事項ごとに参照として掲げている他の Q を参照してください）。

1 子及び子と同居している者の所在の特定

日本の中央当局は、日本国面会交流援助申請を受け付けた場合には、必要に応じて、国の行政機関や地方公共団体等の協力を得て、面会交流の対象となる子及び子と同居している者の氏名及び所在の特定を行います（第20条、第 5 条。Q39 参照）。

2 当事者間の協議による解決の促進

日本の中央当局は、日本国面会交流援助の決定をし、子及び子と同居している者の所在を特定することができた場合には、申請者の希望も踏まえて、子を監護している者に対し書簡、電子メール、電話等で連絡をとり、当事者間の協議等による解決を促進するための調整（協議のあっせん）、その他の必要な措置を行います（第17条第 2 項第 1 号、第 9 条。Q42 参照）。具体的には、申請者と子を監護している者との連絡の仲介や中央当局が委託している裁判外紛争解決（ADR）機関の紹介を行います。なお、当事者が、中央当局が委託している裁判外紛争解決（ADR）機関の利用を希望する場合には、中央当局がその費用を一定の限度額の範囲内で負担します。

3 法律専門家、法律扶助制度等の紹介

申請者又は子と同居している者が、法律専門家の紹介や弁護士費用の立替えを希望する場合には、日本弁護士連合会による弁護士紹介制度や総合法律支援法による民事法律扶助制度を紹介します。

また、子の返還又は子との面会交流の実現に関連する実施法その他の法令

に基づく制度に関する情報を申請者に提供します（第17条第2項第3号）^(注)。

（注）ただし、中央当局が行うのは、あくまでも法律の規定に基づく制度に関する一般的説明であり、個別事案に応じた相談は、中央当局の中立性を害するおそれがあるため行いません。

4　裁判手続の紹介、証拠書類等の翻訳支援

　中央当局による当事者間の協議による解決の促進が奏功しない場合には、申請者が家庭裁判所に対して子との面会交流に関する定めを行うための家事調停又は家事審判の申立てを行うことが考えられますので、中央当局は、それに向けた一般的な手続の紹介や窓口の案内をします。なお、家庭裁判所におけるこれらの手続は、裁判所の管轄や、記録の閲覧等について特則がある（第148条、第149条）ほかは、日本国内における家事事件の手続に則って行われます（Q156参照）。

　また、子との面会交流に関する定めを行うための家事調停又は家事審判の手続において裁判所に証拠書類等として外国語で記載された書類を提出する場合、中央当局は、当該書類の日本語への翻訳を支援します（Q103参照）。

5　面会交流の実現に向けた支援

　当事者間の協議又は家庭裁判所における調停若しくは審判等により子との面会交流に関する定めがされた場合には、中央当局は、その面会交流を実現するための支援を行います。具体的には、当事者の希望に合わせ、中央当局が委託している国内の面会交流支援機関^(注)を当事者に紹介します。なお、中央当局が委託している面会交流支援機関を当事者が選択した場合には、中央当局がその費用を一定の限度額の範囲内で負担します。

（注）中央当局が面会交流支援の実施を委託している外部機関であり、外務省のホームページ（URL：http://www.mofa.go.jp/mofaj/files/000033396.pdf）にリストが掲載されています。面会交流支援機関では、事前相談の実施、支援計画の作成、子の受渡しや付添い等面会交流に必要な支援を行います。

6 子に対する更なる害悪の防止等

　日本の中央当局は、子に対する更なる害悪又は利害関係者に対する不利益を防止するため、子が日本に所在している場合において、虐待を受けているおそれがあると信じるに足る相当な理由があるときは、市町村、都道府県の設置する福祉事務所又は児童相談所に対し、その旨を通告します（第20条、第10条第1項。Q26の1参照）。

7 日本以外の条約締約国の中央当局との連絡

　日本の中央当局は、必要に応じ、条約の実施のため日本以外の条約締約国の中央当局との連絡を行います（第17条第2項第2号）。具体的には、常居所地国の中央当局に対し子の社会的背景に関する情報の提供を求めたり、円満な子との面会交流を実現したりするために必要な連絡をとることが想定されています。

第5章 外国面会交流援助

Q51　外国面会交流援助の申請は、どのように行うのですか。

A　外国面会交流援助の申請は、実施法及び援助申請に関する省令で定める申請書及び添付書類を中央当局に提出することによって行います(注)。

(注) 申請書の様式や、提出書類の詳細については外務省ホームページ（URL：http://www.mofa.go.jp/mofaj/fp/hr_ha/page22_000944.html）に記載されています。

1　申請書

申請書には、中央当局において申請が実施法に定められた却下要件に該当しないかどうかの確認を行うために必要な情報として、以下の情報を記載します（第21条第2項、第16条第2項、援助申請に関する省令第4条）。

ア　(ア) 申請者、(イ) 申請に係る子、(ウ) 子との面会交流を妨げていると思料される者及び(エ) 子と同居していると思料される者の氏名、生年月日、連絡先その他の人定情報

イ　申請者が、子が常居所を有していた国又は地域の法令に基づき子と面会交流をすることができ、かつ、申請者の子との面会交流が妨げられていることを明らかにするために必要な事項

ウ　その他、関連する係争中の民事手続及び関連する刑事訴追の有無等についての情報等

2　添付書類

申請書に記載された事項を明らかにし又は補足するため以下の書類を添付します（第21条第2項、第16条第3項、援助申請に関する省令第5条）。

ア　申請者の本人確認書類の写し
イ　(ア)申請に係る子、(イ)子との面会交流を妨げていると思料される者及び(ウ)子と同居していると思料される者の旅券又は身分証明書等の写し及び写真
ウ　申請に係る子の常居所地国に当該子が常居所を有していたことを明らかにする書類の写し
エ　申請者が申請に係る子と面会交流をすることができたことの根拠となる子が常居所を有していた国又は地域の法令の関係条文
オ　申請者が申請に係る子と面会交流をすることができたことを証明する書類
カ　申請に係る子との面会交流が妨げられていることを明らかにする書類

Q52 外国面会交流援助の申請は、どのような場合に却下されますか。

A 外国面会交流援助の申請は、行政手続法又は実施法の規定に基づき却下されることがあります(注)。

(注)外国面会交流援助決定(第22条第1項)及び外国面会交流援助申請の却下(第23条第1項)は、外務大臣が行う行政処分であり、当該処分に対して不服のある者は、行政不服審査法に基づく異議申立てをすることができます(行政不服審査法第4条第1項、同法第6条)。また、当該処分の取消しを求めるにつき法律上の利益を有する者は、裁判所に対して処分の取消しの訴えを提起することができます(行政事件訴訟法第3条第2項、同法第9条第1項)。

1 行政手続法に基づく却下

外国面会交流援助の申請書の記載事項に不備がある場合、申請書に必要な書類が添付されていない場合等申請の形式上の要件に適合しない場合には、行政手続法第7条に基づく手続を経た上で申請が却下されます。

(参考)行政手続法
(申請に対する審査、応答)
第7条 行政庁は、申請がその事務所に到達したときは遅滞なく当該申請の審査を開始しなければならず、かつ、申請書の記載事項に不備がないこと、申請書に必要な書類が添付されていること、申請をすることができる期間内にされたものであることその他の法令に定められた申請の形式上の要件に適合しない申請については、速やかに、申請をした者(以下「申請者」という。)に対し相当の期間を定めて当該申請の補正を求め、又は当該申請により求められた許認可等を拒否しなければならない。

2 実施法の規定に基づく却下

条約は、申請が条約に定める要件を満たしていないこと又は申請に十分な根拠がないことが明白である場合には、中央当局は、当該申請を受理する義務を負わないとしていますが(条約第27条)、これは、そのような場合にまで中央当局に申請を受理させることは相当ではないとの考え方に基づくものです。実施法においても、次のとおり、一定の事由に該当することが明白で

ある場合には外国面会交流援助申請を却下することとしています（第23条第1項）^{（注）}。

(1) 外国面会交流援助申請において面会交流を求められている子が16歳に達していること（第23条第1項第1号）

条約は、子が16歳に達した場合には適用されないため（条約第4条）、子が16歳に達している場合には、実施法に基づき面会交流を実現するための援助を求める余地がありません。したがって、子が16歳に達している場合には、外国面会交流援助申請は却下されることになります。

(2) 申請に係る子が所在している国又は地域が明らかでないこと（第23条第1項第2号）

子の所在している国又は地域が明らかでない場合には、子が所在する国の中央当局へ申請書等の写しを送付すること等日本の中央当局による具体的な援助を行うことができません。したがって、このような場合には、外国面会交流援助申請は却下されることになります。

(3) 申請に係る子が日本又は条約締約国以外の国若しくは地域に所在していることが明らかであること（第23条第1項第3号）

条約は、一の締約国の法令に基づく接触の権利が他の締約国において効果的に尊重されることを確保することを目的としていることから明らかなとおり（条約第1条b）、子の所在する国が日本以外の締約国である場合にのみ適用され、子が日本又は締約国以外の国若しくは地域に所在している場合には適用されません。したがって、このようなことが明らかな場合には、外国面会交流援助申請は却下されることになります。

(4) 申請に係る子の所在地及び申請者の住所又は居所が同一の条約締約国内にあることが明らかであること（第23条第1項第4号）

条約は、一の締約国の法令に基づく接触の権利が他の締約国において効果的に尊重されることを確保することを目的としていることから（条約第1条b）、子と申請者がそれぞれ異なる締約国にいる場合を前提としており、子と申請者が同一の締約国にいる場合には適用されないものと考えられます。したがって、子の所在地及び申請者の住所又は居所が同一の条約締約国内にあることが明らかな場合には、外国面会交流援助申請は却下されることになります。

(5) 申請者が日本国内に住所又は居所を有していないことが明らかであること（第23条第1項第5号）

外国面会交流援助は、日本以外の条約締約国に所在している子を対象とするものですが、申請者が日本国内に住所等を有していない場合には、そもそも日本の中央当局による具体的な援助を行うことができません。したがって、このようなことが明らかな場合には、外国面会交流援助申請は却下されることになります。

(6) 申請者が申請に係る子と面会交流をすることができなくなる直前に申請に係る子が常居所を有していた国又は地域が条約締約国でないこと（第23条第1項第6号）

条約は、一の締約国の法令に基づく接触の権利が他の締約国において効果的に尊重されることを確保することを目的としていることから（条約第1条b）、申請者が子と面会交流をすることができなくなる直前に子が常居所を有していた国又は地域が締約国であることを前提としており、子が常居所を有していた国又は地域が締約国でない場合には適用されないものと考えられます。したがって、申請に係る子が常居所を有していた国又は地域が条約締約国でない場合には、外国面会交流援助申請は却下されることになります。

(7) 申請者が申請に係る子と面会交流をすることができなくなる直前に申請に係る子が常居所を有していた国若しくは地域の法令に基づき申請者が申請に係る子と面会交流をすることができないことが明らかであり、又は申請者の申請に係る子との面会交流が妨げられていないことが明らかであること（第23条第1項第7号）

条約は、一の締約国の法令に基づく接触の権利が他の締約国において効果的に尊重されることを確保することを目的としていることから（条約第1条b）、申請者が子と面会交流をすることができなくなる直前に子が常居所を有していた国又は地域の法令上、申請者が子と面会交流をすることができない場合や申請者と子との面会交流が妨げられていない場合には、適用されないものと考えられます。したがって、このようなことが明らかな場合には、外国面会交流援助申請は却下されることになります。

（注）もっとも、却下事由のうち、①外国面会交流援助申請において面会交流を求めら

れている子が 16 歳に達していること（第 23 条第 1 項第 1 号）、②申請者が申請に係る子と面会交流をすることができなくなる直前に申請に係る子が常居所を有していた国又は地域が条約締約国でないこと（第 23 条第 1 項第 6 号）については、他の却下事由とは異なり、その該当性を明確に判断することができるため、あえて明白性を求めることとはしていません。

Q53 中央当局は、日本以外の条約締約国にいる子との面会交流に関し、具体的にどのような措置をとるのですか。

A 中央当局がとる措置としては、次のものがあります。

1 子が所在している条約締約国の中央当局への申請書等の送付

中央当局は、外国面会交流援助の決定（第22条第1項）をした後、申請者から提出された申請書及び添付された書類の写しを子が所在している条約締約国の中央当局に遅滞なく送付します（第22条第2項、第24条第1項）。また、その旨を申請者に通知します（第24条第2項）。

2 その他の措置

中央当局は、外国面会交流援助の決定をした場合には、必要に応じて、条約締約国の中央当局への子の社会的背景に関する情報の提供（第22条第3項第1号、第15条）及び条約実施のための日本以外の条約締約国の中央当局との連絡（第22条第3項第2号）を行います。

(1) 子の社会的背景に関する情報の提供

条約締約国の中央当局への子の社会的背景に関する情報の提供は、子が所在している日本以外の条約締約国の裁判所等において子との面会交流に関する事件の手続が行われている場合において、当該裁判所等から当該条約締約国の中央当局に対して日本国内における申請に係る子の心身、養育及び就学などの生活環境に関する情報提供の依頼があるときに、当該条約締約国の中央当局から日本の中央当局への情報提供の求めを受けて行われるものです（Q47参照）。

(2) 日本以外の条約締約国の中央当局との連絡

日本の中央当局は、日本以外の条約締約国の中央当局との間で、子との面会交流の実施に係る細かな調整等円滑な子との面会交流を実現するために必要な連絡をとることなどが想定されています。

第4編

子の返還に関する事件の手続

第1章 子の返還申立事件の概要

Q54 子の返還を求めて裁判所に申立てをする場合の手続の流れは、どのようなものですか。

A （前注）中央当局による外国返還援助の概要については、Q18の1参照。

　他の条約締約国から日本に子を連れ去られた親は、日本の裁判所に対し、子の返還の申立てをすることができます。その場合において、子と同居している者が知れないときには、外国返還援助申請（第4条以下）をし、中央当局から子と同居している者の氏名の開示を受けることができます(注)。

　このようにして開始される実施法に基づく子の返還の申立てに係る事件（子の返還申立事件）の手続の構造と手続の流れは、次のとおりです。

　（注）もちろん、子を連れ去られた親は、子を監護している者に対し、任意に子を返還するよう求めることもできますし、中央当局に外国返還援助申請をすることなく、当初から、裁判所に対し、子の返還の申立てをすることもできます（子の連れ去り事案の友好的な解決については、Q27、Q42参照）。

1　子の返還申立事件の手続の構造

　日本への子の連れ去り又は日本における子の留置により子についての監護の権利を侵害された者は、子を監護している者に対し、常居所地国に(注)子を返還することを命ずるよう家庭裁判所に申し立てることができます（第26条）。

　子の返還申立事件の手続については、「子についての監護の権利を侵害された者」（子の返還申立事件の申立人となります。Q59参照）と「子を監護している者」（子の返還申立事件の相手方となります。Q60参照）との二当事者が対立する対審構造がとられています。これは、当該事件における裁判所の判断

に最も強い利害関係を有する者を当事者として扱うことが裁判所の公平かつ適正な審理の実現の上で相当であり、また、これらの者の手続保障に資すると考えられるためです。

また、子の返還申立事件の手続を取り扱う第一審裁判所は、家庭裁判所としています（第32条）。これは、当該事件が家庭内の紛争という性質を有することから、そのための専門性を有する家庭裁判所が事件を取り扱うことが相当であると考えられるためです。これにより、子を返還すべきか否かを判断するに当たって子の意見を聴取する際等に、心理学等の行動科学の専門知識及び技法を有する家庭裁判所調査官を活用することができるようになります（Q105参照）。

さらに、家庭裁判所の中でも、子の返還申立事件を扱う第一審裁判所は、東京家庭裁判所と大阪家庭裁判所の2庁に限定しています。これは、子の返還申立事件の適切かつ迅速な処理を実現するためには、事件処理に携わる裁判所（裁判官、裁判所書記官、家庭裁判所調査官等の裁判所の職員）が事例の集積を通じて専門的知見やノウハウを獲得、蓄積する必要がありますが、予想される子の返還申立事件の事件数からすると、管轄裁判所を集中させない限り、事件処理に関する事例の集積を通じたノウハウの獲得を図ることは困難であると考えられるためです（第32条。Q82参照）。

（注）日本への子の連れ去り又は日本における子の留置により子についての監護の権利を侵害された者は、子を監護している者に対し、直接自己に子を引き渡すよう求めることはできません（Q56参照）。

2　子の返還申立事件の審理
(1)　子の返還の申立て

子の返還の申立ては、当事者及び法定代理人、申立ての趣旨、子の返還申立事件の手続による旨、子の返還事由並びに予想される争点及び当該争点に関連する重要な事実等の所定の事項を記載した子の返還申立書を家庭裁判所に提出して行います（第70条、規則第34条。Q94参照）。

(2)　子の返還事由及び子の返還拒否事由

裁判所が子を常居所地国に返還することを命ずるためには、子の返還事由

（第27条）が認められる必要があります（Q61参照）。子の返還事由が認められる場合には、子の返還拒否事由（Q62参照）が認められない限り、裁判所は、子を常居所地国に返還することを命ずることになります。

そのため、子の返還申立事件の審理では、子の返還事由及び子の返還拒否事由の存否について審理が尽くされることになります。

(3) 裁判資料の収集

子の返還申立事件の審理において、家庭裁判所は、子の利益の観点から後見的役割を果たし、実体的な真実に合致した審理判断をするため、職権で事実の調査をして裁判資料を収集しなければなりません（第77条第1項）。もっとも、職権による裁判資料の収集にも限界があり、子の返還事由及び子の返還拒否事由を基礎づける事情について最もよく知る当事者の協力がなければ家庭裁判所が適正かつ迅速に判断をするのは困難であることに鑑み、第一次的には、子の返還事由については申立人が、子の返還拒否事由については相手方が、それぞれ資料を提出することが想定されています（第77条第2項。Q102参照）。

家庭裁判所は、事実の調査として、家庭裁判所調査官に事実の調査をさせること（第79条。Q105参照）、必要な調査を中央当局に嘱託すること（この場合には、日本の中央当局が外国の中央当局に依頼して調査を行うこともできます。Q30の4参照）、子が通っている学校、幼稚園又は保育所等に対して子の心身の状態及び生活の状況等に関して必要な報告を求めること（第83条。Q106参照）などができることとしています。

なお、子は、子の返還申立事件に当事者として関与するわけではありませんが、裁判の結果により直接かつ重大な影響を受けることに鑑み、子の手続保障の観点から、子の返還申立事件の手続に参加する機会が与えられています（第48条。Q85の3参照）。

(4) 子の返還申立事件の終了

家庭裁判所は、子の返還申立事件について審理し、裁判をするのに熟した場合は、子の返還の申立てに理由があると判断するときは子の返還を命ずる決定をし、理由があると認められないときは子の返還の申立てを却下する決定をします。これらの決定は、子の返還申立事件の手続を完結させる終局決定に当たり（第92条第1項）、原則として子の返還申立事件の当事者及び子

に告知されます（第93条第1項。Q110参照）。そして、子の返還を命ずる決定はその確定(注)により、子の返還の申立てを却下する決定は当事者への告知により、それぞれ効力が生じます（同条第2項。Q112参照）。

また、申立ての取下げ、和解、調停の成立のように裁判によらないで子の返還申立事件が終了する場合もあります（Q114参照）。

(5) 不服申立て

子の返還を命ずる決定に対しては相手方が、子の返還の申立てを却下する決定に対しては申立人が、それぞれ即時抗告をすることができます（第101条第1項）。また、子の返還を命ずる決定については、子も即時抗告をすることができます（第101条第2項。Q122参照）。

所定の事由がある場合には、特別抗告（第108条）又は許可抗告（第111条）をすることもできます（Q118参照）。

(6) 出国禁止命令

子の返還申立事件の審理の途中で子が日本から出国してしまうと、第27条第2号に規定する子の返還事由が欠け、子の返還を実現することができなくなることから、このような事態を防ぐため、家庭裁判所は、子の返還申立事件の係属中に、子を日本から出国させてはならないことを命ずることもできます（出国禁止命令。Q126参照）。

(注) 子の返還命令が確定した後の手続については、Q139以下参照。

Q55 実施法に基づく子の返還に関する事件の手続を行うために、中央当局と裁判所は、どのような連携をすることになるのですか。

A 実施法に基づく子の返還に関する事件の手続を円滑に行うためには、中央当局と裁判所が緊密な連携をすることが不可欠であると考えられます。

具体的には、以下の各場面において、中央当局と裁判所との連携が想定されています。

1 子及び子と同居している者の住所又は居所に関する情報

裁判所は、返還の対象となる子及び子と同居している者の住所又は居所が判明しない場合には、中央当局に対し、子及び子と同居している者の住所又は居所の確認を求めることができ、中央当局は、当該住所又は居所をその裁判所に開示することとしています（第5条第4項第2号。Q41の2参照）。

2 事実の調査及び証拠調べ

家庭裁判所は、子の返還申立事件の手続において、職権で事実の調査や必要と認める証拠調べをすることとしていますが（第77条第1項）、常居所地国での子の心身の状態や生活状況等について必要な事実関係(注)を調査するためには、他の条約締約国の中央当局との情報交換を行うことができる中央当局の協力を得ることが有益であると考えられます。

そこで、家庭裁判所は、中央当局に必要な調査を嘱託することができることとしています（第83条。Q106参照）。中央当局は、この嘱託を受けて、他の条約締約国の中央当局との情報交換等によって資料を収集し（Q30の4参照）、この資料を裁判所に提出することが想定されています。

(注) 常居所地国における子の心身の状態や生活状況については、例えば、子の返還拒否事由の1つである「常居所地国に子を返還することによって、子の心身に害悪を及ぼすことその他子を耐え難い状況に置くこととなる重大な危険があること」（第28条第1項第4号）の存否を判断する際に必要になるものと考えられます（Q106参照）。

3　旅券提出命令

　実施法では、旅券提出命令（Q126参照）における旅券の提出先を中央当局とし（第122条第2項）、提出後は中央当局に旅券を保管させることとしています（第131条第1項。Q137参照）。これを受けて、規則では、裁判所書記官は、出国禁止命令や旅券提出命令が効力を生じたときや失効したときは、速やかに、その旨を中央当局に通知することとし（規則第79条、規則第81条第2項）、中央当局は、旅券の提出を受けたときは、その旨を出国禁止命令をした裁判所に通知することとしています（規則第82条参照）。

4　子の返還の強制執行

　中央当局は、子の返還の代替執行に関し、立会いその他の必要な協力をすることができることとしています（第142条。Q153参照）。
　この場合の「必要な協力」としては、中央当局の職員が子を解放する場面に立ち会うことや、子の返還を命じられた者に代わって子を返還する者（返還実施者）が安全に子の返還をすることができるよう国内での移動に同行することなどが想定されており、このような協力を通じて、安全かつ円滑な執行を実現することが期待されています。

5　最高裁判所規則に基づく通知

　規則では、中央当局と裁判所との連携を図るために、子の返還の申立てがあった場合（規則第35条）のほか、前記3に記載したとおり出国禁止命令や旅券提出命令が効力を生じた場合や失効した場合、子の返還申立事件が終了した場合（規則第48条、規則第51条）、子の返還の代替執行の決定があった場合（規則第86条第1項）などには、裁判所書記官が、速やかに、その旨を中央当局に通知することとしており、解放実施の申立てがあった場合には、執行官が、速やかに、その旨を中央当局に通知することとしています（規則第86条第2項）。

Q56 子の返還の申立てをしようとする者は、子を自己に引き渡すよう求めることはできないのですか。

A 条約は、常居所地国において子の監護に関する紛争を解決することができるように、他の締約国に不法に連れ去られ、又は不法に留置されている子を当該常居所地国に返還するための手続等を定めるものです（条約前文参照）。

　条約は、子の返還を命じられた者が、誰に対し、又はどの場所に子を返還すべきかを明文で規定しているわけではありませんが、上記のような条約の趣旨に照らすと、条約上の要請としては、子の返還を命じられた者が自ら子を常居所地国に連れ帰る等の方法で常居所地国での裁判が可能となるような状態を作出することが必要であり、かつ、それで足りると考えられます。

　そこで、実施法では、子の返還申立事件の申立人は、相手方に対し、常居所地国に子を返還するよう求めることができることとしていますが、申立人に子を引き渡すよう求めることまではできないこととしています（第26条）。

Q57 子の返還申立事件においては、子の父母のうちどちらが親権者・監護者として相当であるかについて判断されないのですか。

A 子の返還申立事件においては、子の父母のうちどちらが親権者・監護者として相当であるかについて判断されることはありません。

条約は、子が国境を越えて不法に連れ去られ、又は留置された場合の子の監護をめぐる紛争については、子が元々居住していた国（常居所地国）で解決されるのが望ましいという考え方の下、子を常居所地国へ迅速に返還することを目的とするものです。したがって、どちらが子の親権者・監護者として相当であるかは、子が返還された後、常居所地国において判断されることが想定されており、裁判所が子の返還申立事件においてこの点について判断することは、条約の理念に反するものといえます。このような観点から設けられている条約第16条を担保するため、第152条本文は、親権者の指定若しくは変更又は子の監護に関する処分についての審判事件（人事訴訟法第32条第1項に規定する附帯処分についての裁判及び同条第3項の親権者の指定についての裁判に係る事件を含みます）が係属している場合において、当該審判事件が係属している裁判所に対し、当該審判事件に係る子について不法な連れ去り又は不法な留置と主張される連れ去り又は留置があったことが中央当局又は当該子についての子の返還申立事件が係属する裁判所から通知されたときは、当該審判事件が係属している裁判所は、当該審判事件について裁判をしてはならないとしています（Q158参照）。

Q58 条約上、子の返還のための手続を迅速に行うことが求められているのは、なぜですか。各国における実情はどのようなものですか。

A

1 迅速性が求められる理由

　条約上、締約国の司法当局又は行政当局は、子の返還のための手続を迅速に行うこととされています（条約第11条第1項）。これは、不法な連れ去り又は留置によって生ずる有害な影響（Q10参照）から子を保護するため、不法な連れ去り又は留置がされた状態をできるだけ早く解消させることが望ましいと考えられるからです。これに加え、条約では不法な連れ去り又は留置が行われた子を原則として常居所地国に返還することとされていますが（Q10参照）、不法な連れ去り又は留置から時間が経過するほど子が新たな状況に適応するなど状況が固定化し、返還が実現した際の子への影響が大きくなると考えられるので、このような影響によって子の利益が害されることを防ぐため、できるだけ早く子の返還を実現するための措置をとることが要請されているものと考えられます。

　締約国の司法当局又は行政当局に求められる迅速性を具体的に確保するため、条約においては、利用可能な手続のうち最も迅速なものを用いることとされていますし（条約第2条）、子の返還のための手続に関係する司法当局又は行政当局が6週間以内に当該手続に関する決定を行うことができない場合には、申請者又は要請を行った中央当局がその理由の開示を司法当局又は行政当局に求めることができることとされています（条約第11条第2項）。もっとも、このような手続があるからといって、子の返還のための手続に関係する司法当局又は行政当局が6週間以内に当該手続に関する決定を行うことが条約上義務付けられているわけではなく、事案によっては、子の返還のための手続に要する時間が6週間を超える場合もあり得ます。

2 各国における実情

　各国の実情については、2008年のハーグ国際私法会議常設事務局の統計[注]によれば、裁判所における返還手続に要した時間の平均は153日であり、必ずしも子の返還のための手続が開始してから6週間以内に決定が行わ

れているわけではありません。その理由としては、全体の事案数が増加していることのほか、子の返還拒否事由が争点になるような事案の審理には慎重な判断を要するため、時間を要する傾向があるといったことが考えられます。

（注）"A STATISTICAL ANALYSIS OF APPLICATIONS MADE IN 2008 UNDER THE *HAGUE CONVENTION OF 25 OCTOBER 1980 ON THE CIVIL ASPECTS OF INTERNATIONAL CHILD ABDUCTION*, PART I - GLOBAL REPORT"
（http://www.hcch.net/upload/wop/abduct2011pd08ae.pdf）

Q59 子の返還の申立てをすることができるのは、どのような者ですか。

A 　実施法では、子の連れ去り又は留置によって「子についての監護の権利を侵害された者」が子の返還の申立てをすることができることとしています（第26条）。

　これは、条約上、子が連れ去られ、又は留置されていることにより監護の権利が侵害されていると主張する個人、施設その他の機関が中央当局に対して子の返還を確保するために援助申請を行うことができることとされていること（条約第8条第1項参照）に対応するものであり、子の返還に最も正当な利益を有するこのような立場の者に子の返還申立事件の手続における主体的な地位を認めるのが相当であることを考慮したものです。このような法制は、多くの締約国において採用されています。監護の権利を有していればよく、親であることは必要ありませんが、多くの場合は、子を連れ去られた一方の親がこれに該当するものと考えられます。

　なお、他の締約国には、中央当局を子の返還申立事件の申立人とする法制を採用するものもありますが、日本においてこのような法制を採用すると、中央当局が子を連れ去られた一方の当事者のために他方の当事者に対して子の返還を命じることを裁判所に求めることになり、多くの場合に行政の中立性に反することになると考えられます。そのため、実施法では、中央当局を子の返還申立事件の申立人とする旨の規定を設けることはしませんでした。

Q60 子の返還は、どのような者に対して求めることができますか。

A 実施法では、子の返還は、現在「子を監護している者」に対して求めることができることとしています（第26条）。

これは、子の返還拒否事由についての主張を適切にすることができ、また、子の返還が命じられた場合に子を返還することができるのは、現に子を監護している者であることに鑑み、このような立場にある者に、子の返還申立事件の手続における主体的な地位を認めるのが相当であることを考慮したものです。

「子を監護している者」として、具体的にどのような者が該当するかについては、子をめぐる監護の状況を踏まえ、個別具体的に判断されることとなります。例えば、子の連れ去りをした親が連れ去られた子とは別居しており日常的な世話をしていない場合であっても、継続的に子との交流があり、子の祖父母等の子と同居している者と共同して子を養育していると評価するのが相当な事案においては、子の連れ去りをした親と子の祖父母のいずれもが「子を監護している者」に該当すると考えられます。他方、例えば、連れ去りをした親が連れ去られた子と完全に別居しており、両者の間に全く交流がなく、子の祖父母等の子と同居している者のみが子の養育をしている事案においては、子の連れ去りをした親は「子を監護している者」ではなく、子の祖父母のみが「子を監護している者」に該当すると考えられます。

また、子の返還申立事件の相手方となり、裁判所から子の返還を命じられた者は、実際に常居所地国に子を返還する義務を負うこととなりますので、どのような者に子を返還する義務を負わせるのが相当かという点も加味して判断する必要があると考えられます。例えば、子が児童福祉施設に入所している場合には、当該施設の長が一時的に子を監護養育している状態にありますが、当該施設の長は、法律に基づく行政的措置として子を監護しているにすぎず、子を常居所地国に返還すべき義務を負うのは相当ではないので、「子を監護している者」に該当しないものと考えられます。

第2章 子の返還事由と子の返還拒否事由

Q61 裁判所は、どのような場合に子を返還することを命ずることになるのですか。

A 裁判所は、実施法が定める子の返還事由（第27条）がいずれもあると認められる場合には、実施法が定める子の返還拒否事由（第28条）のいずれかがあると認められる場合を除き、子の返還を命じなければなりません（子の返還拒否事由については、Q62参照）。

実施法は、子の返還を命ずる裁判をするのに必要な要件として、条約に規定されている子の返還の要件に則して、次の4つの子の返還事由を定めています（第27条）。

① 子が16歳に達していないこと
② 子が日本国内に所在していること
③ 常居所地国の法令によれば、子の連れ去り又は留置が申立人の監護の権利を侵害するものであること
④ 当該連れ去りの時又は留置の開始の時に常居所地国が条約締約国であったこと

以下、順に説明します。

1 子が16歳に達していないこと（第27条第1号）

条約の適用対象となる子は、16歳に達しない子です（条約第4条後段）。これは、条約の起草過程において、16歳に達した子については、一般に、自己の居所を選択する判断能力と意思を有しているものと認められ、子の意思を尊重する観点からすれば、親の申立てに基づいて司法機関等において子の返還の当否を判断するのは相当でなく、条約の枠組みにより解決することが適切ではないとされたことによるものです[注1]。

このような条約の規定を踏まえ、実施法においても、子の返還の対象とな

る子を 16 歳未満の子に限定することとしています（第 27 条第 1 号）。同号は、子の返還を命ずる裁判の時点で、子が 16 歳に達していないことを要求するものですので、子の返還申立事件の係属中に子が 16 歳に達した場合には、裁判所は、子の返還の申立てを却下すべきこととなります(注2)。

（注1）Elisa Pérez-Vera「Explanatory Report on the 1980 Hague Child Abduction Convention」（1981 年）76 項から 78 項まで参照。
（注2）裁判所が子の返還を命ずる裁判をした段階でその子が 16 歳未満であったとしても、その後、その子が常居所地国に戻る前に 16 歳に達した場合には、その決定を債務名義として強制執行をすることもできなくなります（Q141 参照）。

2 子が日本国内に所在していること（第 27 条第 2 号）

条約は、国境を越えた子の不法な連れ去り又は留置があった場合に、常居所地国に子を返還するための手続を定めるものですが、常居所地国に子を返還するか否かの判断は子が現在所在している国において行うことが当然の前提とされています。条約第 12 条第 3 項において、子が他の国に連れ出されたと信じるに足りる理由がある場合には、当該子の返還のための手続を中止し、又は当該子の返還の申請を却下することができる旨定めているのも、このような理解を前提とするものです。

これを受けて、実施法においても、「子が日本国内に所在していること」を子の返還事由としています。なお、ここでは、子の住所又は居所が日本国内にあることまでは要求していませんので、日本国内に子の住所又は居所がない場合であっても、日本国内に子が所在している限り、子の返還の申立てをすることができます。

3 常居所地国の法令によれば、子の連れ去り又は留置が申立人の監護の権利を侵害するものであること（第 27 条第 3 号）

子の連れ去り又は留置が不法とされるためには、子の連れ去り又は留置の直前に子の常居所地国の法令に基づいて個人、施設又は他の機関が共同又は単独で有する監護の権利を侵害している場合に該当することが要件となります（条約第 3 条第 1 項 a）。これを受けて、実施法においても、「常居所地国の

法令によれば、当該連れ去り又は留置が申立人の有する子についての監護の権利を侵害するものであること」を子の返還事由としています。

「常居所地国の法令」とは、監護権の侵害の有無を判断することとなる法令を指すものであり、常居所地国の国際私法によって指定された準拠法を意味するものと考えられます。また、「常居所地国の法令」には、形式的意味の法律のみならず、法規範性が認められる限り、その国の判例や慣習法等も含まれるものと考えられます。

なお、子の連れ去り又は留置についての監護の権利を有する者による事前の同意又は事後の承諾は、子の返還拒否事由とされているため（第28条第1項第3号）、「監護の権利を侵害する」か否かを判断するに当たり、子の監護の権利を有する者による事前の同意又は事後の承諾があったか否かを考慮する必要はないと考えられます。

4 当該連れ去りの時又は留置の開始の時に、常居所地国が条約締結国であったこと（第27条第4号）

条約は、監護の権利が侵害される直前に条約締約国に常居所を有していた子について適用されますので（条約第4条前段）、実施法においても、「当該連れ去りの時又は留置の開始の時に、常居所地国が条約締約国であったこと」を子の返還事由としています。

なお、「常居所地国」は、条約締約国であれば足り、子の返還の援助申請をした中央当局がある国とは異なる国であっても差し支えないと考えられます。

Q62 裁判所は、どのような場合に子を返還しないという判断をすることになるのですか。

A 1 条約は、子が不法に連れ去られ、又は不法に留置されている場合には、原則として、常居所地国に子を返還することが子の利益に資するという考え方に立ちつつも、例外的に、子の返還を拒否することができる事由（子の返還拒否事由）を規定しています。

実施法でも、条約に則して、次の6つの子の返還拒否事由を定めています（第28条第1項各号）。詳細については、Q65以下参照。

① 子の返還の申立てが当該連れ去りの時又は当該留置の開始の時から1年を経過した後にされたものであり、かつ、子が新たな環境に適応していること（第28条第1項第1号、条約第12条第1項、第2項）

② 申立人が当該連れ去りの時又は当該留置の開始の時に子に対して現実に監護の権利を行使していなかったこと（ただし、当該連れ去り又は留置がなければ申立人が子に対して現実に監護の権利を行使していたと認められる場合を除く。第28条第1項第2号、条約第13条第1項a前段）

③ 申立人が当該連れ去りの前若しくは当該留置の開始の前にこれに同意し、又は当該連れ去りの後若しくは当該留置の開始の後にこれを承諾したこと（第28条第1項第3号、条約第13条第1項a後段）

④ 常居所地国に子を返還することによって、子の心身に害悪を及ぼすことその他子を耐え難い状況に置くこととなる重大な危険があること（第28条第1項第4号、条約第13条第1項b）

⑤ 子の年齢及び発達の程度に照らして子の意見を考慮することが適当である場合において、子が常居所地国に返還されることを拒んでいること（第28条第1項第5号、条約第13条第2項）

⑥ 常居所地国に子を返還することが日本国における人権及び基本的自由の保護に関する基本原則により認められないものであること（第28条第1項第6号、条約第20条）

2 実施法では、裁判所は、子の返還申立事件の手続における審理の結果、これらの子の返還拒否事由のいずれかがあると認めるときは、原則とし

て、子の返還を命じてはならないこととしています。もっとも、実施法では、その例外として、裁判所は、子の返還拒否事由（上記１④及び⑥の子の返還拒否事由を除く）がある場合であっても、常居所地国に子を返還することが子の利益に資すると認めるときは、その裁量で子の返還を命ずることができることとしています（第28条第１項ただし書。Q64参照）。

Q63 子の返還拒否事由に関する諸外国の立法例は、どのようになっていますか。

A 諸外国では、その国内実施法において、条約が定める子の返還拒否事由をそのまま規定している場合がほとんどです。

これに対し、スイスの国内実施法である国際的な子の奪取及び子及び成年者の保護に関するハーグ条約に関する連邦法においては、一定の場合には条約第13条第1項bの子の返還拒否事由があるものと規定している点に特徴があります(注)。

実施法において、条約第13条第1項bに相当する子の返還拒否事由の規定を立案する際には、上記のスイスの国内実施法の規定も参考にしましたが、第28条第2項の規定は、同条第1項第4号の子の返還拒否事由を判断するに当たって考慮すべき事情を記載したものであり、このような事情が認められれば直ちに子の返還拒否事由があると認められるわけではない点で上記のスイスの国内実施法とは異なります。

(注)国際的な子の奪取及び子及び成年者の保護に関するハーグ条約に関する連邦法(スイスの国内実施法)(抜粋)・仮訳
第5条　返還及び子の最善の利益
　次に掲げる場合のいずれにも該当するときは、1980年ハーグ条約第13条第1項bに定める規定に従って、子は、返還により耐え難い状態に置かれるものとする。
a　申立てをした親の元に子を置くことが明らかに子の最善の利益ではないこと。
b　事案のあらゆる事情を考慮すると、子を連れ去った親が、連れ去られる直前に子が常居所を有していた国において子の監護をすることができないか、又はこれを要求することが合理的でないこと。
c　里親に子の養育を委ねることが明らかに子の最善の利益ではないこと。

Q64 子の返還拒否事由がある場合であっても、「一切の事情を考慮して常居所地国に子を返還することが子の利益に資すると認めるとき」は子の返還を命ずることができることとしたのは、なぜですか。また、これに該当する場合としては、どのような場合が考えられますか。

A 1 実施法では、子の返還拒否事由があると認められる場合であっても、裁判所は、具体的な事案における一切の事情を考慮し、常居所地国に子を返還することが子の利益に資すると認めるときは、子の返還を命ずることができることとしています（第28条第1項ただし書）。

　この規定は、条約では、子の返還拒否事由が認められる場合であっても、裁判所は裁量により子の返還を命ずる余地があると解釈されていることを踏まえ、実施法においてもその旨を明らかにしたものです[注]。

　もっとも、実施法は、第28条第1項第4号（子の心身に害悪を及ぼすことその他子を耐え難い状況に置くこととなる重大な危険があること）、第6号（日本国における人権及び基本的自由の保護に関する基本原則により認められないものであること）の子の返還拒否事由が認められた場合には、裁判所の裁量による子の返還を認めないこととしています（同項ただし書）。なぜなら、第28条第1項第4号に規定する子の返還拒否事由については、同条第2項の考慮事情にあるとおり「一切の事情を考慮して」その要件に該当するかどうかが判断されるものであるところ、その要件に該当すると判断しつつ、更に「一切の事情を考慮して」子を返還すべき場合は考えられませんし、第28条第1項第6号に規定する子の返還拒否事由についても、この要件が認められるにもかかわらず、常居所地国に子を返還することが子の利益に資すると認められる場合は想定し難いと考えられるからです。

　（注）条約では、子の返還拒否事由に該当する場合には、「子の返還を命ずる義務を負わない」（条約第13条第1項）又は「拒むことができる」（条約第13条第2項、条約第20条）という表現が用いられており、「子の返還を拒否しなければならない」とか「子の返還を命じてはならない」という表現は用いられていません。これは、一般に、子の返還拒否事由が認められる場合であっても、裁判所の裁量により子の返還を命ずることを許容す

る趣旨であると解されています。実施法では、この趣旨を表現するため、第28条第1項本文において、子の返還拒否事由があると認められた場合には「子の返還を命じてはならない」との表現を用いつつ、同項ただし書において、子の返還拒否事由が認められた場合であっても「子の返還を命ずることができる」としています。このように、子の返還拒否事由について、条約と実施法には若干の表現の違いはありますが、この違いは実施法が日本の法制上のルールに則って規定されたためであり、実質において両者に違いはありません。

2　第28条第1項ただし書の「一切の事情を考慮して常居所地国に子を返還することが子の利益に資すると認めるとき」に当たり得る場合としては、次のような場合が考えられます。
① 子が重大な疾病に罹患し、常居所地国の病院における治療が必要となる場合
② 子が日本の環境に全く馴染んでいないために、このまま日本での生活を続けると、子に著しい悪影響を及ぼすおそれがある場合（第28条第1項第1号に規定する子の返還拒否事由以外の子の返還拒否事由がある場合を前提としています）
③ 返還拒否による兄弟姉妹との分離が子に悪影響を及ぼすおそれがある場合

Q65 第28条第1項第1号の子の返還拒否事由は、どのようなものですか。同号の「子が新しい環境に適応している」か否かは、どのように判断されるのですか。

A 　1　第28条第1項第1号の子の返還拒否事由
　第28条第1項第1号は、「子の返還の申立てが当該連れ去りの時又は当該留置の開始の時から1年を経過した後にされたものであり、かつ、子が新たな環境に適応していること」を子の返還拒否事由とするものですが、これは、条約12条第1項、第2項の規定に対応するものです。
　①子の不法な連れ去り又は不法な留置の開始の時から子の返還の申立てまでに1年が経過していること、②子が新しい環境に適応していることの双方が認められることによって子の返還拒否事由となるため、例えば、子の不法な連れ去り又は不法な留置の開始の時から子の返還の申立てまでに1年が経過していない場合には、子が新たな環境に適応していると認められるときであっても、第28条第1項第1号に規定する子の返還拒否事由には該当しません。
　なお、「1年」の期間については、子の不法な連れ去り又は不法な留置の開始の時から子の返還の申立ての時点までの期間を問題とするものですから(注)、子の返還申立事件の審理期間による影響を受けることはないと考えられますが、「子が新たな環境に適応している」か否かについては、子の返還の申立ての時点ではなく、子の返還申立事件の終局決定をする時点で判断すべきことになると考えられます。

　(注)「1年」の期間については、子の不法な連れ去り又は不法な留置の開始の時から子の返還の申立ての時点までの期間を問題とするものですから、相手方が子と共に所在を隠していたことが原因で中央当局が子の所在を確知することができず、子の返還を申し立てることができないまま、子の不法な連れ去り又は不法な留置の開始の時から1年が経過したような場合には、子の返還拒否事由に該当するようにも見えます。しかし、このような場合については、相手方が所在を隠すために子を連れて各地を転々とし、又は住民票の登録等をすることもないまま単にその場所に所在しているだけであるなど、「子が新たな環境に適応している」と評価することはできず、結局、第28条第1項第1号に規定する子の返還拒否事由には該当しない場合が多いと考えられます。

2 「子が新たな環境に適応している」か否かの判断

「子が新たな環境に適応している」とは、子が新たな生活その他の環境に適応しており、子を常居所地国に返還することによって、かえって子の生活を不安定にさせるおそれがあり、子の保護につながらないと認められる場合であると考えられます。

「子が新たな環境に適応している」か否かは、裁判所が個別の事案に応じて具体的に判断することになりますが、その際の考慮要素としては、子の就学状況、課外活動への参加状況、子の友人関係といった子を取り巻く周囲の状況のほか、子の心身の状況、子の言語能力といった子自身の生活状況等が考えられます。

Q66 第28条第1項第2号の子の返還拒否事由は、どのようなものですか。同号の申立人が「子に対して現実に監護の権利を行使していなかった」場合や「当該連れ去り又は留置がなければ申立人が子に対して現実に監護の権利を行使していたと認められる場合」とは、どのような場合ですか。

A　**1　第28条第1項第2号の子の返還拒否事由**

　第28条第1項第2号は、①「申立人が当該連れ去りの時又は当該留置の開始の時に子に対して現実に監護の権利を行使していなかったこと」を子の返還拒否事由とするものですが、②「当該連れ去り又は留置がなければ申立人が子に対して現実に監護の権利を行使していたと認められる場合を除く」こととしていますので、①に該当する場合であっても、②の場合に該当すると認められれば、第28条第1項第2号に規定する子の返還拒否事由は認められないこととなります。

　①は、子を監護していた者が子の不法な連れ去り又は不法な留置の開始の時に現実に監護の権利を行使していなかったことを子の返還拒否事由とする条約第13条第1項a前段の規定に対応するものです。条約は、国境を越えた子の不法な連れ去り又は不法な留置があった場合に、常居所地国に子を返還するための手続を定めるものですが、子の連れ去り又は留置が不法とされるためには、子の連れ去り又は留置が子の常居所地国の法令に基づいて個人、施設又は他の機関が共同又は単独で有する監護の権利を侵害している場合に該当することが必要となります（条約第3条第1項a）。一般的には、監護の権利を有している者は、現実に子の監護をしていることが多く、子の連れ去り又は留置によって当該権利が侵害されることになると考えられますが、現実に当該権利が行使されていなければ、子の連れ去り又は留置によって当該権利が侵害されることにはならないと考えられます。そこで、実施法においては、監護の権利を侵害するものであることを子の返還事由としつつ、現実に当該権利が行使されていなかったことを子の返還拒否事由としています。

　②は、子の連れ去り又は留置がなかったならば監護の権利が現実に行使されていたであろうことを子の連れ去り又は留置が不法となるための要件とす

る条約第3条第1項bの規定に対応するものです。これは、現実に監護の権利が行使されていなかったことが子の返還拒否事由であることを前提として、それが子の不法な連れ去り又は不法な留置に起因する場合には、子の返還拒否事由とはしないこととするものです。

2 「子に対して現実に監護の権利を行使していなかった」場合や「当該連れ去り又は留置がなければ申立人が子に対して現実に監護の権利を行使していたと認められる場合」

「子に対して現実に監護の権利を行使していなかった」場合としては、子の監護の権利を有する者が、子の監護をすることができる状況にあるにもかかわらずこれを放棄しており、現実に子を監護している者が別に存在していたような場合が考えられます。

また、「当該連れ去り又は留置がなければ申立人が子に対して現実に監護の権利を行使していたと認められる場合」としては、子の連れ去り直前に、常居所地国の裁判所が子の監護の権利に関する既存の決定を変更し、子の返還申立事件の申立人に子の監護の権利を付与したものの、子の監護の権利の行使を現実に開始する前に子が連れ去られたため、子の連れ去り時には、申立人が現実に子の監護の権利を行使していなかったような場合が考えられます。

Q67 第28条第1項第3号の子の返還拒否事由は、どのようなものですか。同号の子の連れ去りや留置に対して「同意」又は「承諾」した場合とは、どのような場合ですか。

A

1 第28条第1項第3号の子の返還拒否事由

第28条第1項第3号は、申立人が子の不法な連れ去り若しくは不法な留置の開始の前にこれに同意していたこと又は子の不法な連れ去り若しくは不法な留置の開始の後にこれを承諾したことを子の返還拒否事由とするものですが、これは、子を監護していた個人、施設又は他の機関が子の連れ去り若しくは留置のとき以前にこれに同意していたこと又は子の連れ去り若しくは留置の後にこれを黙認したことを子の返還拒否事由とする条約第13条第1項a後段の規定に対応するものです。

申立人の「同意」がある場合と「承諾」がある場合とで効果に特段の差異はありませんが、「同意」又は「承諾」は、これらの行為が子の連れ去り又は留置の開始よりも前にされたものか、後にされたものかで使い分けているものです。いずれも、明示であるか黙示であるかを問わないものと考えられます。

2 「同意」又は「承諾」した場合

子の連れ去りや留置に対して「同意」又は「承諾」をした場合としては、例えば、相手方が申立人の同意を得て、子を連れて自分の出身国に帰国した場合などが考えられます。この場合には、子の返還事由が認められたとしても、第28条第1項第3号に規定する子の返還拒否事由が認められるために、裁判所は原則として子の返還の申立てを却下することになります。もっとも、このような例の場合であっても、子を常居所地国に返還する期限が定められていた場合において、その期限を超えても子が返還されないときには、期限後から不法な留置がされていることを理由として子の返還が認められることがあり得ます。

Q68

第28条第1項第4号の子の返還拒否事由は、どのようなものですか。同号の「子の心身に害悪を及ぼすことその他子を耐え難い状況に置くこととなる重大な危険」の有無は、どのように判断されるのですか。

A

1 第28条第1項第4号の子の返還拒否事由

第28条第1項第4号は、「常居所地国に子を返還することによって、子の心身に害悪を及ぼすことその他子を耐え難い状況に置くこととなる重大な危険があること」を子の返還拒否事由とするものですが、これは、常居所地国に子を「返還することによって子が心身に害悪を受け、又は他の耐え難い状態に置かれることとなる重大な危険があること」を子の返還拒否事由とする条約第13条第1項bの規定に対応するものです。

「重大な危険」とは、子を耐え難い状況に置くこととなる何らかの危険が生じる可能性が大きいことを意味するものではなく、子に生ずる危険の内容が重大であることを意味するものです。

2 「子の心身に害悪を及ぼすことその他子を耐え難い状況に置くこととなる重大な危険」の有無の判断

「子の心身に害悪を及ぼすことその他子を耐え難い状況に置くこととなる重大な危険」があるか否かについては、裁判所が、個別の事案に応じ、第28条第2項各号の考慮事情を含む一切の事情を総合的に考慮して判断することになります。

例えば、子を連れ去った親が子と共に子の常居所地国に入国すると逮捕・収監されてしまい、子の監護をすることができなくなる一方、申立人である親には子を監護することが困難な事情があり、他に子を監護するのに適切な者がいないという状況であれば、常居所地国に子を返還することによって子を耐え難い状況に置く重大な危険があるとの判断がされる可能性が高いと考えられます。また、申立人である親が子に対する暴力等に及ぶおそれが大きいことは、上記要件を肯定する方向で考慮される事情ですが、子が常居所地国に返還された後、その親と接触しないことが確保されるとすれば、その事情は、上記要件を否定する方向の事情として考慮されると考えられます。

このように、「子の心身に害悪を及ぼすことその他子を耐え難い状況に置くこととなる重大な危険」があるか否かについては、重大な危険の存在を積極的に基礎付ける事実とそれを否定する方向に働く事実とを総合的に考慮して行うことになると考えられます。
　なお、第28条第1項第4号に規定する子の返還拒否事由については、第28条第2項各号の考慮事情を含む一切の事情（Q69からQ73まで参照）を考慮して判断されるため、子の返還拒否事由の有無を判断する中で子の返還の当否について既に総合的な判断が尽くされていることに鑑み、これが認められる場合には、裁量による子の返還は認めないこととしています（Q64の1参照）。

Q69 第28条第2項第1号から第3号までの事情を独立した子の返還拒否事由とはせずに考慮事情としたのは、なぜですか。

A　**1　考慮事情とした趣旨**

「常居所地国に子を返還することによって、子の心身に害悪を及ぼすことその他子を耐え難い状況に置くこととなる重大な危険があること」と規定する第28条第1項第4号の子の返還拒否事由（Q68参照）は、他の返還拒否事由と比べてその内容が抽象的であり、その判断においていかなる事情が考慮されるのかが必ずしも明確でないと考えられます。

そこで、第28条第2項では、裁判規範としての明確化を図り、当事者の予測可能性を確保する観点から、第28条第1項第4号に規定する子の返還拒否事由の有無を判断するに当たって考慮すべき事情のうち、比較的多く想定され、かつ、重要なものとして、次の①から③までの3つの事情を例示することとしました。

① 　常居所地国において子が申立人から身体に対する暴力その他の心身に有害な影響を及ぼす言動（②において「暴力等」といいます）を受けるおそれの有無

② 　相手方及び子が常居所地国に入国した場合に相手方が申立人から子に心理的外傷を与えることとなる暴力等を受けるおそれの有無

③ 　申立人又は相手方が常居所地国において子を監護することが困難な事情の有無

2　考慮事情とした経緯

(1)　関係閣僚会議における了解事項

平成23年5月19日開催の関係閣僚会議で了承された「「国際的な子の奪取の民事上の側面に関する条約」（ハーグ条約）〈条約実施に関する法律案作成の際の了解事項〉」（巻末資料1参照）(注)では、「具体的な規定の仕方については、法制上の問題も考慮した上で検討する」こととしつつ、条約第13条第1項bに対応する子の返還拒否事由について、他の条約締約国の実務において子の返還が拒否された例を参考にして検討された次の内容を盛り込むべきこととされていました。

(1) 子に対する暴力等
　　子が申立人から身体に対する暴力又はこれに準ずる心身に有害な影響を及ぼす言動（「暴力等」）を受けたことがあり、子を常居所地国に返還した場合、子が更なる暴力等を受けるおそれがあること。
(2) 相手方に対する暴力等
　　相手方が、申立人から子が同居する家庭において子に著しい心理的外傷を与えることとなる暴力等を受けたことがあり、子を常居所地国に返還した場合、子と共に帰国した相手方が更にかかる暴力等を受けるおそれがあること。
(3) 相手方が子と共に帰国することができない事情等
　　入国できない、逮捕・刑事訴追のおそれがある、帰国後の生計維持が困難等の事情があるため相手方が常居所地国において子を監護することができず、かつ、相手方以外の者が子を常居所地国において監護することが子の利益に反すること。
(4) 包括条項
　　その他子を常居所地国に返還することが、子に対して身体的若しくは精神的な害を及ぼし、又は子を耐え難い状況に置くこととなる重大な危険があること。

(2) 法制審議会における調査審議

　法制審議会の部会においては、関係閣僚会議における了解事項を踏まえて調査審議を進め、中間取りまとめにおいては、条約第13条第1項bに対応する子の返還拒否事由としては、次のとおり、了解事項に比較的忠実に子の返還拒否事由を定める甲案と、了解事項を踏まえながらも了解事項に記載された内容を考慮事情として位置づける乙案が示され、パブリックコメントに付されました。

【甲案】
　　次に掲げる事由のいずれかがあること。
a　子が申立人から身体に対する暴力又はこれに準ずる心身に有害な影響を及ぼす言動（以下「暴力等」という。）を受けたことがあり、子が常居所を有していた国に子を返還した場合、子が更なる暴力等を受ける明らかなおそれがあること。
b　相手方が申立人から子が同居する家庭において子に著しい心理的外傷を与

えることとなる暴力等を受けたことがあり、子が常居所を有していた国に子を返還した場合、子と共に帰国した相手方が子と同居する家庭において更なる暴力等を受ける明らかなおそれがあること。
c　相手方以外の者が子が常居所を有していた国において子を監護することが明らかに子の利益に反し、かつ、相手方が子が常居所を有していた国において子を監護することが不可能又は著しく困難な事情があること。
d　その他子が常居所を有していた国に子を返還することが、子に対して身体的若しくは精神的な害を及ぼし、又は子を耐え難い状況に置くこととなる重大な危険があること。

【乙案】
子が常居所を有していた国に子を返還することが子に対して身体的若しくは精神的な害を及ぼし、又は子を耐え難い状況に置くこととなる重大な危険があること。
その認定に当たっては、以下の事情等を考慮するものとする。
a　子が常居所を有していた国に子を返還した場合、子が申立人から身体に対する暴力又はこれに準ずる心身に有害な影響を及ぼす言動（以下「暴力等」という。）を受けるおそれの有無
b　子が常居所を有していた国に子を返還した場合、子と共に帰国した相手方が子と同居する家庭において子に心理的外傷を与えることとなる暴力等を受けるおそれの有無
c　相手方以外の者が子が常居所を有していた国において子を監護することが子の利益に反し、かつ、相手方が子が常居所を有していた国において子を監護することが困難な事情の有無

　関係閣僚会議における了解事項及び中間取りまとめの甲案に対しては、認定の対象は条約第13条第1項bが規定する「返還することによって子が心身に害悪を受け、又は他の耐え難い状態に置かれることとなる重大な危険があること」であるべきであるのに、子を常居所地国に返還した場合に、子が更なる暴力等を受けるおそれがあることが子の返還拒否事由とされており、条約に規定されていない新たな子の返還拒否事由を認めるものになりかねないとの批判があり、パブリックコメントにおいても同様の意見が寄せられました。
　そこで、法制審議会の部会においては、条約との適合性にも配慮し、中間

取りまとめの乙案をベースに、子や配偶者への暴力等は、条約の規定する子の返還拒否事由の考慮事情とすることとして、更に調査審議を進め、最終的には、第28条第2項第1号から第3号までに規定する事情を第28条第1項第4号に規定する子の返還拒否事由の有無を判断する際に考慮すべき事情として規定することとしたものです。

　（注）関係閣僚会議における了解事項の取りまとめやその後の閣議了解に至る経緯の詳細については、Q4参照。

Q70 第28条第2項第1号の「身体に対する暴力その他の心身に有害な影響を及ぼす言動」とは、どのようなものですか。

A 1 第28条第2項第1号は、「常居所地国において子が申立人から身体に対する暴力その他の心身に有害な影響を及ぼす言動を受けるおそれの有無」を第28条第1項第4号に規定する子の返還拒否事由の考慮事情としています。これは、常居所地国において子が申立人から「暴力その他の心身に有害な影響を及ぼす言動」(以下「暴力等」といいます)を受けるおそれの有無は、第28条第1項第4号に規定する「子の心身に害悪を及ぼすことその他子を耐え難い状況に置くこととなる重大な危険」の有無の判断において有意な事情であると考えられるためです。

2 第28条第2項第1号の「暴力等」は、申立人による子自身に対する暴力等を問題とするものですが、その具体的内容については、児童虐待防止法第2条各号に掲げる行為が参考になるものと思われます。具体的には、児童に対する身体的虐待にとどまらず、性的虐待、ネグレクト(育児放棄)、心理的虐待(言葉による脅迫等)等も「暴力等」に含まれるものと考えられます。

(参考)児童虐待防止法
(児童虐待の定義)
第2条　この法律において、「児童虐待」とは、保護者(親権を行う者、未成年後見人その他の者で、児童を現に監護するものをいう。以下同じ。)がその監護する児童(18歳に満たない者をいう。以下同じ。)について行う次に掲げる行為をいう。
一　児童の身体に外傷が生じ、又は生じるおそれのある暴行を加えること。
二　児童にわいせつな行為をすること又は児童をしてわいせつな行為をさせること。
三　児童の心身の正常な発達を妨げるような著しい減食又は長時間の放置、保護者以外の同居人による前2号又は次号に掲げる行為と同様の行為の放置その他の保護者としての監護を著しく怠ること。
四　児童に対する著しい暴言又は著しく拒絶的な対応、児童が同居する家庭における配偶者に対する暴力(配偶者(婚姻の届出をしていないが、事実上婚姻関係と同様の事情にある者を含む。)の身体に対する不法な攻撃であって生命又は身体に危害を及ぼすもの及びこれに準ずる心身に有害な影響を及ぼす言動をいう。)その他の児童に著しい心理的外傷を与える言動を行うこと。

Q71
第28条第2項第2号の「相手方が申立人から子に心理的外傷を与えることとなる暴力等を受けるおそれ」とは、どのようなものですか。

A 1 第28条第2項第2号は、「相手方及び子が常居所地国に入国した場合に相手方が申立人から子に心理的外傷を与えることとなる暴力等を受けるおそれの有無」を第28条第1項第4号に規定する子の返還拒否事由の考慮事情としています（「暴力等」とは、身体に対する暴力その他の心身に有害な影響を及ぼす言動をいいます（第28条第2項第1号括弧書き参照））。これは、子と共にその常居所地国に入国した相手方が申立人から子に心理的外傷を与えることとなる暴力等を受けるおそれの有無は、第28条第1項第4号に規定する「子の心身に害悪を及ぼすことその他子を耐え難い状況に置くこととなる重大な危険」の有無の判断において有意な事情であると考えられるためです。

第28条第2項第2号においては、申立人による子自身に対する暴力等を問題とする第28条第2項第1号と異なり、申立人による相手方に対する暴力等及びこれによって子が心理的外傷を受けるおそれを問題とするものです。相手方に対する暴力等のおそれのみならず、これによる子の心理的外傷を問題とするのは、条約は子の利益を目的とするものであり、相手方への暴力等はそれ自体を問題とするのではなく、子への影響という観点でとらえるべきであるという考え方に基づきます。

2 第28条第2項第2号の具体例としては、次のようなものが考えられます（児童虐待防止法第2条第4号（Q70（参考）参照）参照）。
① 申立人が相手方に身体的暴力を振るい、その状況を子が目の当たりにする場合
② 申立人の相手方に対する暴力等が子の面前でされた場合でなくても、相手方が暴力等により精神的に不安定な状態に陥り、子の心身にも悪影響を及ぼすような場合
③ 申立人が相手方に心理的脅迫を行った結果、相手方が精神的に不安定な状態に陥り、それが子の心身にも悪影響を及ぼすような場合

なお、②や③における「相手方が精神的に不安定な状態に陥ること」とは、相手方に対する暴力等により子が受ける心理的影響が問題となるものであり、必ずしも相手方が現実にPTSD（心的外傷後ストレス障害）等の精神疾患を発症したことを要するものではないと考えられます。

Q73　第28条第2項の「その他の一切の事情」とは、どのようなものですか。

A　1　「常居所地国に子を返還することによって、子の心身に害悪を及ぼすことその他子を耐え難い状況に置くこととなる重大な危険があること」と規定する第28条第1項第4号の子の返還拒否事由（Q68参照）は、他の返還拒否事由と比べてその内容が抽象的であり、その判断においていかなる事情が考慮されるのかが必ずしも明確でないと考えられます。そのため、実施法では、裁判規範としての明確化を図り、当事者の予測可能性を確保する観点から、第28条第1項第4号に規定する子の返還拒否事由の有無を判断するに当たって考慮すべき事情として、3つの事情を例示することとしました（第28条第2項第1号から第3号まで）。

　もっとも、第28条第1項第4号に規定する返還拒否事由の有無は、本来、このような例示された考慮事情に限らず、一切の事情を総合的に考慮して判断すべきものと考えられます。そこで、このような趣旨を明らかにするため、第28条第2項では、同項各号に列挙した考慮事情に加え、「その他の一切の事情」を考慮して第28条第1項第4号に規定する子の返還拒否事由を判断しなければならないこととしています。

　2　「その他の一切の事情」の具体例としては、次のようなものが考えられます。
① 現在子が重篤な病気にかかっており、子を常居所地国に返還すると、子の生命・身体に重大な危険が生じるような場合
② 精神的な結び付きの強い複数の子（兄弟姉妹等）のうちの1人が他の子と引き離されて常居所地国に返還されることにより、返還された子の精神面に多大な影響を受けることとなる場合

なお、他の条約締約国においては、子の返還申立事件が係属する裁判所に対し、申立人が子の返還に関連する事項について自ら一定の義務を負う旨を約束し、裁判所がこれを考慮して返還を命ずることがあります[注]。日本においては、子の返還申立事件の裁判において、申立人から何らかの約束をする旨の申出があった場合には、その申出の内容によっては、第28条第1項

第4号に規定する子の返還拒否事由の存在を打ち消す事情となり得るため、その履行の確実性も含めて、裁判所が「一切の事情」の1つとして考慮することも考えられます。

　（注）他の条約締約国では、このような約束を「アンダーテイキング」と呼んでいます。アンダーテイキングについては、相手方による任意の返還を促す条件を整備するものとして有用であるとの指摘もある一方、申立人が約束の内容を履行する保証がない、返還の条件を付することによって手続の遅延を招くなどの問題もあるとの指摘もあります。
　他の条約締約国におけるアンダーテイキングの対象となる事項の例として、次のようなものがあります。
・　子を相手方の監護下から奪い去らないこと
・　暴力の不行使
・　扶養料、旅費、弁護士費用等の支払
・　常居所地国において相手方と子のための住居の確保
・　刑事訴追の放棄や告訴の取下げ

Q74

第28条第1項第5号の子の返還拒否事由は、どのようなものですか。子が何歳に達していれば第28条第1項第5号の「子の意見を考慮することが適当である場合」に当たることになるのですか。

A

1 第28条第1項第5号の子の返還拒否事由

第28条第1項第5号は、「子の年齢及び発達の程度に照らして子の意見を考慮することが適当である場合において、子が常居所地国に返還されることを拒んでいること」を子の返還拒否事由とするものですが、これは、子が返還されることを拒み、かつ、その意見を考慮に入れることが適当である年齢及び成熟度に達していると認める場合には、子の返還を命ずることを拒むことができるとする条約第13条第2項の規定に対応するものです(注1)。

子の利益を確保するためには、子の意思を尊重することが重要であると考えられますが、子は、親その他の第三者からの影響を受けやすいので、表明された意思が子の本心とは認め難い場合(注2)もあり得るものと考えられます。そこで、実施法においては、子が常居所地国に返還されることを拒んでいることを独立した子の返還拒否事由とする前提として、「子の年齢及び発達の程度に照らして子の意見を考慮することが適当である場合」であることを要件としています。

(注1) ここでいう子の意見は、常居所地国への帰国を希望するか否かに関するものであり、父と母のいずれと一緒に暮らしたいかに関するものではありません。
(注2) このような場合に該当するか否かを適切に判断するために、心理学等の行動科学の専門知識及び技法を有する家庭裁判所調査官に事実の調査をさせること（第79条。Q105参照）などが考えられます。

2 「子の意見を考慮することが適当である場合」

子の発達の程度については個人差があるため、子が何歳に達していれば「子の意見を考慮することが適当である場合」に該当するかを一律に定めることは困難ですが、おおむね子が10歳程度に達していれば、この要件に該

当する場合が多いものと考えられます。

Q75 第28条第1項第6号の子の返還拒否事由は、どのようなものですか。第28条第1項第6号の「日本国における人権及び基本的自由の保護に関する基本原則により認められないものである」場合とは、どのような場合ですか。

A

1 第28条第1項第6号の子の返還拒否事由

　第28条第1項第6号は、「常居所地国に子を返還することが日本国における人権及び基本的自由の保護に関する基本原則により認められないものであること」を子の返還拒否事由とするものですが、これは、子の返還が要請を受けた国における人権及び基本的自由の保護に関する基本原則により認められないものである場合には、子の返還を拒むことができるとする条約第20条の規定に対応するものです(注)。

　なお、第28条第1項第6号に規定する子の返還拒否事由については、これが認められるにもかかわらず、なお子を返還すべき場合は想定し難いので、これが認められた場合には、裁判所の裁量による返還を認めないこととしています（第28条第1項ただし書。Q64参照）。

　　(注) ここでいう「基本原則」は、申請を受けた国の法律が受容する人権及び基本的自由の保護に関する諸原則を指すものであり、一般国際法や条約上のものであるか、国内法上のものであるかは問わないこととされています。

2 「日本国における人権及び基本的自由の保護に関する基本原則により認められないものである」場合

　他の条約締約国における裁判例においても、条約第20条に規定する子の返還拒否事由が認められることを理由に子の返還を拒否した事例は極めて少なく、日本においても、第28条第1項第6号に規定する子の返還拒否事由があることを理由に子の返還を拒否することは、通常では考えにくいところです。あえていえば、例えば、子の常居所地国である他の条約締約国が基本的人権や自由を不当に制限する法制度を採用している場合や子の常居所地国が激しい内戦状態にあって法秩序が保たれていないような場合がこれに当たるものと考えられます。

Q76 子の返還申立事件の相手方が申立人からの暴力（DV）の被害を受けて子を日本に連れ帰った場合には、子は常居所地国に返還されないのですか。

A 子の返還申立事件の相手方が、申立人からの暴力（DV）の被害を受け、これを回避するために子を日本に連れ帰ったという事情は、それだけで直ちに子の返還拒否事由に該当するものではありません。子の返還拒否事由は、あくまで子の利益の観点から定められているからです。もっとも、相手方が過去に申立人からの暴力（DV）の被害を受けていたことは、第28条第1項第4号に規定する子の返還拒否事由（「常居所地国に子を返還することによって、子の心身に害悪を及ぼすことその他子を耐え難い状況に置くこととなる重大な危険があること」）の有無の判断において考慮されることになります。

例えば、①申立人からの暴力（DV）の被害を受けた相手方が子と共に子の常居所地国に戻ったとすれば、申立人から再度暴力の被害を受け、その結果、子の心身にも悪影響を及ぼすような場合(注)には、第28条第2項第2号に掲げる事情（「相手方及び子が常居所地国に入国した場合に相手方が申立人から子に心理的外傷を与えることとなる暴力等を受けるおそれ」）があるとして、第28条第1項第4号に規定する子の返還拒否事由の判断において考慮されることになります。また、②常居所地国には適切に子を監護する者がいないにもかかわらず、申立人からの暴力（DV）の被害を受けた相手方が過去の被害体験の恐怖から子と共に子の常居所地国に行くことができないような精神状態にある場合には、第28条第2項第3号に掲げる事情（「申立人又は相手方が常居所地国において子を監護することが困難な事情」）があるとして、第28条第1項第4号に規定する子の返還拒否事由の判断において考慮されることになります。

もっとも、上記のような事情は、第28条第1項第4号に規定する子の返還拒否事由に該当することかどうかを判断するに当たっての一事情であり、最終的には、裁判所がこのような事情を含む一切の事情を総合的に考慮した上で、これに該当するか否かを判断することになります。

（注）第28条第1項第4号に規定する子の返還拒否事由は、子を常居所地国に返還した後に子に重大な危険が生じるかどうかを問題とするものであるため、その存否について判断する際の考慮事情を例示した同条第2項各号に掲げる事情も、子を返還した後の将来の事情に関するものとなっています。もっとも、将来の事情を直接立証することはできませんので、通常は、過去の事情や現在の状況から将来の事情を推認することによって、第28条第1項第4号に規定する子の返還拒否事由の存否を判断することとなるものと考えられます。

なお、過去における配偶者等からの暴力（DV）の被害を立証するための証拠資料としては、例えば、子の常居所地国における医師の診断書や写真、一時避難先の関係者の陳述書、警察や在外公館等に対する相談時の申立人の状況等の照会結果等が考えられます。被害者である相手方が自らこのような裁判資料の収集を行うのが困難な場合には、裁判所が、必要に応じて職権により、外務大臣に対する調査嘱託を通じて常居所地国の在外公館から必要な資料を収集することが考えられます（**Q106**参照）。

Q77 子の返還申立事件の相手方が常居所地国において刑事訴追されている場合には、子は常居所地国に返還されないのですか。

A 子の返還申立事件の相手方が常居所地国において刑事訴追されているという事情は、それだけで直ちに子の返還拒否事由に該当するものではありませんが、第28条第1項第4号に規定する子の返還拒否事由(「常居所地国に子を返還することによって、子の心身に害悪を及ぼすことその他子を耐え難い状況に置くこととなる重大な危険があること」)の有無の判断において考慮されることになります。

例えば、常居所地国には適切に子を監護する者がいないにもかかわらず、相手方が刑事訴追され、かつ、常居所地国に帰国後に身柄拘束される可能性が高い場合には、相手方が常居所地国において自ら子を監護することが困難になると考えられますので、第28条第2項第3号に掲げる事情(「申立人又は相手方が常居所地国において子を監護することが困難な事情」)があるとして、第28条第1項第4号に規定する子の返還拒否事由の判断において考慮されることになります。

もっとも、刑事訴追がされたというだけで直ちに「子を監護することが困難な事情」に該当するということはできず、現実に身柄を拘束されるおそれも合わせて考慮されることになると考えられます。そして、このような身柄拘束のおそれの有無については、相手方について既に逮捕状が発付されている事実の有無のほか、当該常居所地国における同種犯罪の取扱い(現実に逮捕・勾留されることが多いか否か等)の事情を基に判断することになるものと考えられます。

もっとも、上記のような事情は、第28条第1項第4号に規定する子の返還拒否事由に該当することかどうかを判断するに当たっての一事情であり、最終的には、裁判所がこのような事情を含む一切の事情を総合的に考慮した上で、これに該当するか否かを判断することになります。

Q78　第28条第3項の趣旨は、どのようなものですか。

A　子が連れ去られた先の国において、その国で子の監護に関する裁判がされたことや他の国においてされた子の監護に関する裁判がその国で効力を有する可能性があることを理由に子の返還が拒否されてしまうと、子が国境を越えて不法に連れ去られ、又は留置された場合の子の監護に関する紛争については子の常居所地国で解決されるのが望ましいという条約の考え方に反することになりかねません(注1)。他方で、これらの子の監護に関する裁判においては、親及び子の生活状況、親子の関係性等がその理由として考慮されていることもありますので、上記の裁判の理由については、子の返還の申立てについての裁判においても考慮することが有用な場合もあります。

そこで、条約では、子の返還を求める事件が係属している国において、既に子の監護に関する決定が効力を有する場合であっても、そのことのみを理由として子の返還を拒否することができないこととされている一方で、子の返還に関する決定をするに当たり、子の監護に関する決定の理由を考慮することができることとされています（条約第17条）。実施法は、これを受けて、日本において子の監護に関する裁判があったこと又は外国においてされた子の監護に関する裁判が日本で効力を有する可能性があること(注2)のみを理由として子の返還の申立てを却下してはならないこととする一方で、これらの子の監護に関する裁判の理由を子の返還の申立てについての裁判において考慮することを妨げないこととしています（第28条第3項）。

例えば、子が日本に連れ去られたとして子の返還の申立てがされた場合において、裁判所は、日本で子の監護者を相手方に指定する旨の裁判があったことのみを理由として子の返還申立てを却下することはできませんが、子の返還拒否事由の判断をするに当たり、上記裁判の理由（例えば、申立人が子又は相手方に暴力を振るっていた事実など）を子の返還拒否事由の有無を判断する際の一事情として考慮することなどは妨げられません。

(注1) 同様の趣旨の規定として、第152条及び条約第16条があります。

（注2）外国の裁判所等における裁判が日本で効力を有することがあること（民事訴訟法第118条参照）を念頭に置いたものです。

第3章 子の返還申立事件の手続

第1節　総則

Q79 実施法の施行に合わせて施行された「国際的な子の奪取の民事上の側面に関する条約の実施に関する法律による子の返還に関する事件の手続等に関する規則」とはどのようなものですか。

A　最高裁判所は、条約の実施に関し、平成25年10月30日に「国際的な子の奪取の民事上の側面に関する条約の実施に関する法律による子の返還に関する事件の手続等に関する規則」を制定しました。規則は、同年11月13日に平成25年最高裁判所規則第5号として公布され、平成26年4月1日に実施法の施行と同時に施行されています（規則附則）。

　規則のうち、①子の返還に関する事件の手続に関する細目（第1章　子の返還に関する事件の手続）は、第31条が、「この法律に定めるもののほか、子の返還に関する事件の手続に関し必要な事項は、最高裁判所規則で定める。」と規定していることを受けたものです(注)。ここでは、実施法の構成に倣って、通則、子の返還申立事件の手続、義務の履行状況の調査及び履行の勧告、出国禁止命令についての手続の細目を定めています。また、内容としては、家事事件手続法別表第2に掲げる事項についての家事審判事件の手続に倣った規定を多く設けています。これは、子の返還申立事件が二当事者が対立する対審構造を有すること等から、実施法において、同様の構造を有する上記の家事審判事件の手続についての規定と同種の規定を多く設けていることを受けたものです。

　さらに、②子の返還の執行手続に関する民事執行規則の特則についての細目（第2章　子の返還の執行手続に関する民事執行規則の特則）は、民事執行法第21条による委任を、③家事事件の手続に関する特則についての細目（第

3章　家事事件の手続に関する特則）は、家事事件手続法第3条による委任をそれぞれ受けて設けられたものです。これらの構成も、子の返還に関する事件の手続に関するものと同様に、実施法の構成に倣ったものとなっています。

　（注）「子の返還に関する事件」とは、子の返還申立事件、義務の履行状況の調査及び履行の勧告の事件、出国禁止命令事件のことをいいますので（第29条）、第31条の委任を受けた部分は、規則のうち「第1章　子の返還に関する事件の手続」の部分のみということになります。また、第31条による包括的な委任のほか、実施法には、子の返還に関する事件について、次のとおり個別に規則に委任しているものがあります。
- 忌避の申立てについての手続（第40条第5項第3号、規則第8条）
- 電話会議システム・テレビ会議システムの方法（第75条、規則第42条）

Q80 返還を求められている子は、子の返還申立事件の手続にどのように関与することになるのですか。

A 返還を求められている子は、子の返還申立事件の手続上の当事者ではありません（子の返還申立事件の手続上の当事者については、Q59、Q60参照）。しかし、子の返還申立事件の手続は子の利益に資することを目的とするものですから、実施法では、次のような場面で返還を求められている子がその手続に関与する機会を設けています(注)。

（注）子が利害関係参加人（1の場合）又は即時抗告人（2の場合）として手続行為をしようとしても、実際には自ら手続行為をすることが困難な場合が想定されますので、裁判長は、子に対し、子の手続代理人を選任することを命じ、また、申立てにより又は職権で子の手続代理人を選任することができることとしています（第51条第1項、第2項。子の参加についての詳細については、Q85の3参照）。

1 参加

返還を求められている子は、子の返還申立事件の裁判の結果によって直接的かつ重大な影響を受けることになりますから、実施法では、子の手続保障を図るため、返還を求められている子は、子の返還申立事件の手続に参加することができ（第48条第1項）、また、裁判所は、相当と認めるときは、職権で、返還を求められている子を子の返還申立事件の手続に参加させることができることとしています（第48条第2項）。もっとも、子の返還申立事件の手続に参加しようとする子の年齢や発達の程度によっては、当該子が当該手続に参加することでかえって子の利益を害する場合もあり得ますので、そのような場合には、裁判所は子の参加の申出を却下しなければならないこととしています（第48条第4項）。

2 即時抗告

条約では、一定の要件の下で子が常居所地国に返還されることを拒んでいることが子の返還拒否事由とされていますので（条約第13条第2項）、子は、常居所地国に返還されることを阻止し得る特別の法的地位を条約によっ

て付与されているものと考えられます。そこで、実施法では、子が子の返還を命ずる終局決定に対して即時抗告をすることができることとしています（第101条第2項。Q119参照）。なお、上述したような法的地位に照らすと、この即時抗告権は、法定代理人によって行使されることは予定されていません。

3 意思の把握

子の返還申立事件の手続において子の利益を確保するためには、子の年齢にかかわらず、子の意思を把握し、それを考慮することが重要であると考えられます。具体的には、子の返還申立事件では、子が常居所地国に返還されることを拒んでいることが子の返還拒否事由の1つとされている（第28条第1項第5号）ほか、「子の意思」は、第28条第1項第1号や第4号に規定する子の返還拒否事由の存否を判断する際などにも考慮要素の1つとなるものです。

このため、実施法では、裁判所は、子の返還申立事件の手続において、子の意思を把握するように努め、終局決定をする際には、子の年齢及び発達の程度に応じて、その意思を考慮しなければならないこととしています（第88条）(注)。

(注) 第88条の「陳述の聴取」には、裁判官による審問や書面照会等の方法による場合のほか、家庭裁判所調査官が言語的表現による認識等の表明を受ける場合が含まれます。これに対し、同条の「家庭裁判所調査官による調査」は、家庭裁判所調査官がその専門的知見を活用して、言語的表現によって表明される内容のみならず、非言語的な表現も把握し、それらに影響を与えている要因（子の心身の状況や生活実態等）についても情報を収集した上で総合的に考察し、評価することを想定しています。なお、同条の「その他の適切な方法」としては、例えば、親の陳述の聴取等が考えられます。

Q81 子の返還を申し立てようとする者は、どの裁判所に申立てをすればよいですか。

A 子の返還を申し立てるべき裁判所は、その事件について管轄権を有する裁判所です。管轄権を有するためには、職分管轄と土地管轄のいずれもがあることが必要です。

1 職分管轄

　子の返還申立事件の審理及び判断は、家庭裁判所が行うこととしています（第32条）。これは、子の返還申立事件は、基本的には家庭内の紛争であって家庭裁判所の判断になじむこと、子の返還拒否事由についての事実の調査及び子の意思の把握等において、心理学等の行動科学の専門知識及び技法を有する家庭裁判所調査官を活用することが有益であることを考慮したものです。

2 土地管轄

　子の返還申立事件の土地管轄については、子の住所地（日本国内に住所がないとき、又は住所が知れないときは、その居所地）を基準に定めることとしており、子の住所地又は居所地が①東京高等裁判所、名古屋高等裁判所、仙台高等裁判所又は札幌高等裁判所の管轄区域内にある場合には東京家庭裁判所の管轄に、②大阪高等裁判所、広島高等裁判所、福岡高等裁判所又は高松高等裁判所の管轄区域内にある場合には大阪家庭裁判所の管轄に属するものとしています（第32条第1項。管轄権を有する裁判所を東京家庭裁判所と大阪家庭裁判所の2庁に限った理由については、Q82参照）。なお、日本国内に子の住所がない場合又は住所が知れない場合であって、日本国内に子の居所がないとき又は知れないときは、東京家庭裁判所の管轄に属するものとしています（第32条第2項）。

3 併合申立てによる管轄

　数人の子について併合して子の返還の申立てをする場合には、そのうちの1人の子について管轄権を有する家庭裁判所にその申立てをすることができ

ることとしています（第33条）。これは、例えば、返還を求められている複数の子が兄弟姉妹である場合などにおいては、争点が共通することもありますので、返還を求められている子のうち1人が東京家庭裁判所が管轄区域内に、他の1人が大阪家庭裁判所の管轄区域内にそれぞれ住んでいる場合に、別々の管轄裁判所に申し立てなければならないとすると、手続経済に反する上、当事者にとっても便宜でないことを考慮し、東京家庭裁判所又は大阪家庭裁判所に併せて申立てをすることを認めたものです。

4 合意管轄

当事者は、子の返還申立事件について、第一審に限り、東京家庭裁判所及び大阪家庭裁判所のうちのいずれかを管轄裁判所と定めることができることとしています（第36条）。これは、子の返還申立事件の審理の対象となる事項が一定の範囲で当事者の処分に委ねられているものであり、当事者が合意した地で裁判をすることは、事案の解決の上でも有益であることなどを考慮したものです。

Q82 子の返還を申し立てることができる裁判所を東京家庭裁判所と大阪家庭裁判所の2庁に限ったのは、なぜですか。

A 子の返還申立事件の処理においては、条約の正確な理解のほか、他の条約締約国における運用及び子の返還申立事件の裁判例並びに外国法令の内容などについての知見が必要となりますから、これを適切かつ迅速に処理するためには、事件処理に携わる裁判所（裁判官、裁判所書記官、家庭裁判所調査官等の裁判所の職員）が事例の集積を通じて専門的知見やノウハウを獲得、蓄積する必要があります。しかし、子の返還申立事件の事件数は全国的に見ても年間数十件程度と見込まれますので(注1)、管轄裁判所を集中させない限り、事例の集積を通じた専門的知見やノウハウの獲得、蓄積を図ることは困難であると考えられます。また、他の条約締約国においても、管轄裁判所を集中させる傾向があります（参考資料1）。

そこで、実施法では、子の返還申立事件の管轄裁判所を集中させることとした上で、渉外婚姻関係事件の全体の7割以上が東京高等裁判所管内及び大阪高等裁判所管内で占められている実情（参考資料2）等を踏まえ、東京家庭裁判所及び大阪家庭裁判所の2庁に子の返還申立事件の管轄裁判所を集中させることとしました（第32条第1項）(注2)。なお、当事者の負担の軽減等については、Q101参照。

（注1）子の返還申立事件の数を正確に予測することは困難ですが、他の条約締約国から指摘されている連れ去りの件数（参考資料3）や他の条約締約国における事件数（参考資料4）等を踏まえれば、年間数十件程度になるのではないかと考えられます。
（注2）法制審議会の部会においては、①東京家庭裁判所のみとする案、②高等裁判所所在地8庁の家庭裁判所とする案、③この8庁に加えて沖縄の家庭裁判所に認める案等も検討されましたが、本文で説明した理由に加えて、東京家庭裁判所1庁のみとしたのでは相手方の不便が大きいと考えられることなどから、東京家庭裁判所及び大阪家庭裁判所の2庁に管轄を認めることとしました。

（参考資料）
1 他の条約締約国における管轄の例
　他の条約締約国における子の返還申立事件の管轄の例は、次のとおりです（ドイツ、

フランス及びイギリスについては西谷祐子『「国際的な子の奪取の民事上の側面に関する条約」の調査研究報告書』（URL：http://www.moj.go.jp/content/000076994.pdf）参照）。
○　ドイツ
　1990年に国内担保法が制定された当時は、ドイツ国内にある約620の家庭裁判所のいずれもが第一審裁判所となり得ましたが、裁判官及び弁護士の専門化、手続の迅速化を図るために、1999年の法改正により、事物管轄及び土地管轄を24の家庭裁判所（各ラントに1つの家庭裁判所）に集中させ、現在では22の家庭裁判所に管轄を集中させています。
○　フランス
　国内担保法が制定された当初は、全ての大審裁判所の家事事件裁判官が事物管轄を有していましたが、2002年の法改正により、事物管轄及び土地管轄を集中させ、現在では、各控訴院の管区（合計35の管区がある）につき1つの大審裁判所に管轄を集中させています。
○　イギリス（イングランド・ウェールズ）
　ロンドンの高等法院1庁に管轄を集中させています。
○　韓国
　ソウル家庭法院の専属管轄とされています。
2　渉外婚姻関係事件の件数
　法制審議会の部会で参照された平成22年における渉外婚姻関係事件の事件数は、次のとおりです（最高裁判所事務総局編『司法統計年報3家事編（平成22年）』の「第28表婚姻関係事件数《渉外》―終局区分別―家庭裁判所別」参照。司法統計については、裁判所のホームページ（URL：http://www.courts.go.jp/）から参照することができます）。なお、「渉外婚姻関係事件」とは、申立人、相手方の双方又は一方が外国人である場合における婚姻関係事件（夫婦同居及び協力扶助、婚姻費用分担、夫婦関係調整、離婚などのほか、婚姻中の夫婦間の紛争一切を対象とします）をいいます。

全国総数	2,198件
東京高裁管内総数	1,228件（55.9％）
大阪高裁管内総数	405件（18.4％）
名古屋高裁管内総数	231件（10.5％）
広島高裁管内総数	72件（ 3.3％）
福岡高裁管内件数	125件（ 5.7％）
（うち沖縄）	41件（ 1.9％）
仙台高裁管内総数	99件（ 4.5％）
札幌高裁管内総数	18件（ 0.8％）
高松高裁管内総数	20件（ 0.9％）

3 他の条約締約国から指摘されている連れ去りの件数

　外務省が他の条約締約国から指摘された日本への連れ去り事案（in-coming 事案）の累積件数は、平成24年8月時点（アメリカについては平成24年9月時点）で、アメリカ81件、イギリス39件、カナダ39件、フランス33件です。

4 他の条約締約国における事件数

　ハーグ国際私法会議常設事務局が作成した統計分析報告書（"A STATISTICAL ANALYSIS OF APPLICATIONS MADE IN 2008 UNDER THE *HAGUE CONVENTION OF 25 OCTOBER 1980 ON THE CIVIL ASPECTS OF INTERNATIONAL CHILD ABDUCTION*, PART I - GLOBAL REPORT"（http://www.hcch.net/upload/wop/abduct2011pd08ae.pdf））によれば、条約締約国において、中央当局が把握している国内外への子の連れ去り事案の申立件数は、次のとおりです。なお、上記統計資料によると、中央当局に子の返還援助申請がされたもののうち、司法判断に至ったものは全体の約44パーセントです。

○ 国内への連れ去り事案（in-coming 事案）

アメリカ	283件
イギリス（イングランド＆ウェールズ）	200件
メキシコ	168件
ドイツ	115件
スペイン	88件
フランス	76件
オーストラリア	75件
ポーランド	67件
トルコ	63件
カナダ	49件

○ 国外への連れ去り事案（out-going 事案）

アメリカ	309件
イギリス（イングランド＆ウェールズ）	158件
ドイツ	146件
イタリア	127件
メキシコ	111件
オーストラリア	86件
ポーランド	74件
フランス	68件
ニュージーランド	54件
カナダ	46件

Q83 移送及び自庁処理についての規律は、どのようになっていますか。

A 移送及び自庁処理についての規律は、次のとおりです。

1 移送及び自庁処理

(1) 管轄権を有しない裁判所による移送

裁判所は、子の返還申立事件がその管轄に属しない場合には、原則として、申立てにより又は職権で事件を管轄裁判所に移送することになります（第37条第1項）。当事者に移送の申立権を認めているのは、本来の管轄裁判所で裁判を受ける権利を保障するためです。

(2) 管轄権を有しない家庭裁判所への移送又は自庁処理

家庭裁判所は、子の返還申立事件がその管轄に属しない場合において、子の返還申立事件を処理するために特に必要があると認めるときは、職権で、当該事件を管轄裁判所以外の家庭裁判所（ただし、東京家庭裁判所又は大阪家庭裁判所のいずれかに限られます）に移送することができるほか（第37条第2項）、子の返還申立事件がその管轄に属する場合においても、子の返還申立事件を処理するために特に必要があると認めるときは、職権で、当該事件を管轄裁判所以外の家庭裁判所（ただし、東京家庭裁判所又は大阪家庭裁判所のいずれかに限られます）へ移送することができます（第37条第4項）。さらに、東京家庭裁判所又は大阪家庭裁判所は、その管轄に属しない子の返還申立事件について、事件を処理するために特に必要があると認めるときは、職権で、自ら事件を処理すること（いわゆる自庁処理）ができます（第37条第3項）。これらは、事案によっては管轄権を有しない家庭裁判所で審理等をする方が適切な場合があることを考慮したものです。

2 意見の聴取

(1) 自庁処理の場合

家庭裁判所は、第37条第3項の規定による自庁処理の裁判をするときは、当事者及び手続に参加した子の意見を聴かなければなりません（規則第6条第2項）。これは、自庁処理をする旨の裁判に対しては即時抗告をするこ

とができず、いったん自庁処理をする旨の裁判がされると、もはや、管轄違いを理由とする移送の申立てができなくなることから、自庁処理をされることを望まない者に移送の申立ての機会を保障するためです。

(2) 管轄権を有しない家庭裁判所への移送の場合

　家庭裁判所は、第37条第2項又は第4項の規定により、管轄に属しない裁判所への移送の裁判をするときは、当事者及び手続に参加した子の意見を聴くことができます（規則第6条第1項）。これは、家庭裁判所が子の返還申立事件の処理上特に必要であると認めるときであるとはいえ、本来、移送先の家庭裁判所の管轄には属しないのですから、当事者や手続に参加した子に意見を述べる機会を与えるのが相当である場合があることを考慮したものです。

(3) 管轄権を有しない裁判所による管轄権を有する裁判所への移送の場合

　第37条第1項の規定により管轄裁判所に対して移送する場合については、本来の管轄裁判所に移送するにすぎないため、当事者及び手続に参加した子に対して意見を聴く必要はないこととしています。しかし、事案によっては、裁判所が裁量により当事者及び手続に参加した子に対して意見を聴くのが相当である場合もあると考えられます。

Q84 当事者能力及び手続行為能力についての規律は、どのようになっていますか。

A 子の返還申立事件における当事者能力や手続行為能力については、基本的には民事訴訟法の規定を準用しつつ、個別的に子の返還申立事件に特有の規律を設けています。

1 当事者能力

民事訴訟において当事者能力を有する者は、法人でない社団等を含め、子の返還申立事件においても当事者能力を有します（第43条第1項において準用する民事訴訟法第28条前段、同法第29条）。なお、法人でない社団等が子の返還申立事件の当事者になる場合としては、社団等が子の監護権を有している場合や社団等が子を現に監護している場合が考えられます。

2 手続行為能力

民事訴訟において訴訟能力を有する行為能力者は、子の返還申立事件においても手続行為能力を有します（第43条第1項において準用する民事訴訟法第28条前段）。

もっとも、子の返還申立事件の手続においては、当事者及び子の意思を可能な限り尊重する必要がありますので、①未成年者又は成年被後見人については、意思能力がある限り、法定代理人の同意を要することなく、又は法定代理人によらずに自ら単独で有効な手続行為（例えば、子が利害関係参加をすること）をすることができることとしていますし、②被保佐人又は被補助人についても、意思能力がある限り、保佐人若しくは保佐監督人又は補助人若しくは補助監督人の同意を要することなく、自ら単独で有効な手続行為をすることができることとしており（第43条第2項）、これらの点で民事訴訟法とは異なる規律を採用しています。

また、外国人は、本国法によれば訴訟能力を有しない場合であっても日本法によれば訴訟能力を有するときには、子の返還申立事件の手続において、手続行為能力を有するものとしています（第43条第1項において準用する民事訴訟法第33条）。これは、民事訴訟法の規定を準用したものですが、申立

人が外国人の場合が多い子の返還申立事件については特に意味を持ちます(注)。

(注)「本国法」の意義については、法の適用に関する通則法第38条参照。

3 法定代理

　未成年者又は成年被後見人が手続行為能力を有する場合であっても、自ら現実に手続行為をする場合には困難を生ずるときが少なくないと考えられますので、親権を行う者又は後見人は、未成年者又は成年被後見人が手続行為能力を有するか否かにかかわらず、これらの者を代理して手続行為をすることができる旨の特則（第44条）を設けています。

4 手続行為をするのに必要な授権

　民事訴訟において訴訟行為をするのに同意その他の授権が必要な者は、子の返還申立事件においても手続行為をするのに授権が必要になります（第43条第1項において準用する民事訴訟法第28条後段）。
　例えば、後見人は、被後見人を代理して子の返還を申し立てる場合には、後見監督人がいるときは、その同意を得る必要があります（民法第864条参照）。

5 特別の授権

　手続行為の中でも、第43条第4項各号に列挙する各行為については、手続を終了させたり（同項第1号、第2号）、別の手続による処理を開始させたり（同項第3号）するという意味で重要な行為であるといえますので、後見監督人がいる場合には、手続行為一般について授権を得た後見人であっても、後見監督人の個別の同意がなければすることができないこととしています（第43条第4項）。

Q85 子の返還申立事件における参加の制度について説明してください。

1 参加制度の趣旨

子の返還申立事件の手続の進行中に、当初は手続に関与していなかった者が当事者又は利害関係人として手続に関与するのが相当となる場合も考えられるため、実施法では、子の返還申立事件の手続において参加の制度を設けています。参加の制度には、大きく分けて、新たに当事者として手続に関与する当事者参加の制度（第47条）と新たに利害関係人として手続に関与する利害関係参加の制度（第48条）があります[注]。

（注）実施法における参加の制度は、家事事件手続法の参加の制度（家事事件手続法第41条、同法第42条）に倣ったものです。もっとも、子の返還申立事件の手続においては、利害関係参加をすることができるのは返還を求められている子のみですから、家事事件手続法上の利害関係参加の規定に相当する第48条では、その見出しを「子の参加」とし、本文においても「子」と明示しています。

2 当事者参加

(1) 当事者参加の制度の趣旨

子の返還申立事件においては、当事者となる資格を有する者（Q59、Q60参照）全員が当事者となっていなければ審理判断をすることができないという、いわゆる必要的共同の制度は採用していません。したがって、子についての監護の権利を侵害された者が複数ある場合においてそのうちの1人が子の返還の申立てをしたときであっても、また、現に子を監護している者が複数ある場合においてそのうちの1人に対して子の返還の申立てをしたときであっても、いずれも適法であり、裁判所は、審理判断をすることができます。

しかしながら、子の返還申立事件の申立人以外にも申立てをする資格を有する者がある場合において、その者が、同一の手続において自らも当事者（申立人）として手続を追行したいと考える場合もあり得ます。また、申立てをする資格を有する者は、申立人と同様、子の監護権を有している者として子の常居所地国における生活状況等を熟知していることも考えられますの

で、裁判所が子の返還申立事件の審理判断をするために必要な情報を収集するという意味でも、この者が当事者（申立人）として手続に関与することが有意義である場合もあり得ます。

さらに、子の返還申立事件の申立てにおいて相手方とされた者以外にも相手方となる資格を有する者がある場合には、子の返還を命ずる裁判がされたとしても、その裁判の効力はその者には及ばないため、子の返還の強制執行ができなくなる場合（例えば、その者が子の任意の返還に応じない場合）もあり得ます。また、子の監護をしている者が、当初は相手方1人であったものの、その後、別の者が加わって相手方と共同で子を監護するようになった場合には、当初の相手方をそのまま当事者（相手方）の地位にとどめつつ、新たに監護に加わった者も当事者（相手方）として手続に関与させる必要が生ずる場合もあります。

当事者参加の制度は、このような場合に対応するため、当事者としての資格を有する者に当事者としての資格で手続に関与することを認めるものです。

(2) 自らする参加と他の当事者の申立又は職権による参加

当事者参加には、①当事者となる資格を有する者が自ら積極的に手続に参加する場合と、②既に当事者として手続に関与している者が他の当事者となる資格を有する者を当事者として手続に参加させる旨の申立てをする場合、③裁判所が職権でこのような者を当事者として手続に参加させる場合があります。

②及び③の場合には、当事者となる資格を有する者は、その意に反しても当事者として参加させられることになります。これは、誰を当事者として子の返還を申し立てるのかは、基本的に申立人のイニシアチブに委ねることとしていますが、子の返還申立事件においては、十分な情報を得ながらできるだけ1回で処理するのが子の利益に合致すると考えられること及び当事者となる資格を有する者の手続保障を図らなければならないことを考慮したものです。

(3) 当事者参加の効力

当事者として手続に参加した者は、当事者としての地位を取得し、その後の手続において当事者として扱われます。したがって、実施法上、「当事者」についての規律は、当事者参加した者にも適用されることになります。

(4) 手続からの排除

　子の監護をする者が交替した場合には、当初の相手方は当事者（相手方）となる資格を失い、新たに監護を開始した者が当事者（相手方）として手続を進めるべきことになります。この場合において、当初の相手方がいつまでも手続に関与することができることとなると、手続が非公開とされていること（第60条）との関係でも問題があります。そこで、裁判所は、このように当事者としての資格を喪失した者については、手続から排除することができることとしました（第49条）。

3　子の参加（利害関係参加）

(1) 子の参加の制度の趣旨

　返還を求められている子は、子の返還申立事件の裁判の結果によって直接的かつ重大な影響を受けることになります。したがって、返還を求められている子は、意思能力があれば、自ら手続に関与し、自らの主張を述べ、裁判資料を提出する機会が保障されるのが相当です。そこで、実施法では、返還を求められている子は、子の返還申立事件の手続に参加することができ（第48条第1項）、また、裁判所は、相当と認めるときは、職権で、返還を求められている子を手続に参加させることができることとしています（第48条第2項）。

　もっとも、返還を求められている子が自ら手続に参加しようとしている場合であっても、返還を求められている子が手続に参加することでかえって子の利益を害する場合もあるものと考えられます（例えば、当事者である両親の対立が激しい場合には、返還を求められている子の年齢、発達の程度によっては、手続に参加することにより、その子が対立に巻き込まれ、いわゆる忠誠葛藤を一層高めるという事態が生ずることも考えられます）。そこで、実施法では、裁判所は、手続に参加しようとする子の年齢及び発達の程度その他一切の事情を考慮して当該子が手続に参加することが当該子の利益を害すると認める場合には、参加の申出を却下しなければならないこととしています（第48条第4項）。

(2) 子の参加の効力

　手続に参加した子は、当事者がした子の返還の申立ての取下げ、申立ての

変更、裁判に対する不服申立ての取下げ及び裁判所書記官の処分に対する異議の取下げを除き、当事者がすることができる手続行為(注1)をすることができる（第48条第6項本文）ほか、個別の規定により定められた手続関与が可能になります(注2)。

(3) 手続代理人の選任

裁判長は、返還を求められている子が手続に参加するなどして自ら手続行為をしようとする場合において、その手続追行能力を補うため、申立てにより弁護士を手続代理人に選任したり、弁護士を手続代理人に選任することを命じたり、職権で弁護士を手続代理人に選任したりすることができます（第51条第1項、第2項。詳細については、Q86参照）。

(注1)「当事者がすることができる手続行為」とは、手続行為のうちその行為をすることができる根拠が当事者としての法的地位に基づくものをいいます。具体的には、当事者としての記録の閲覧等（第62条）、証拠調べの申立て（第77条第1項）、審問の期日への立会い（第85条第2項本文）等があります。

(注2) このようなものとして、事実の調査の通知（第84条）や抗告状の写しの送付を受けること（第104条第1項）等があります。

第1節 総則 Q86 177

Q86
裁判長が未成年者等について弁護士を手続代理人に選任することを命じ、又は職権で弁護士を手続代理人に選任することができるものとしたのは、なぜですか。また、弁護士が手続代理人に選任された場合には、その報酬は誰が負担するのですか。

A

1　手続代理人の選任

　実施法では、未成年者、成年被後見人、被保佐人及び被補助人（以下、本問の説明において「未成年者等」といいます）は、意思能力を有する限り、手続行為能力を有することとしています（第43条第2項）。これは、子の返還申立事件においては、できる限り本人の意思を尊重するのが相当であると考えられることを考慮したものですが、未成年者等が実際に手続行為をするに当たっては、通常の行為能力を有する者に比べて困難が生ずる場合も少なくないものと考えられますので、未成年者等に手続行為能力を認めることによって、かえってこれらの者の利益が害されるおそれがあることも否定できません。そのため、実施法は、未成年者等に手続行為能力を付与しつつ、未成年者等が実際に手続に参加するなどして手続行為をしようとする場合には、未成年者等の手続追行能力を補い、未成年者等の利益を保護するため、裁判長は、申立てにより弁護士を手続代理人に選任したり、弁護士を手続代理人に選任することを命じたり、職権で弁護士を手続代理人に選任したりすることができることとしています（第51条第1項、第2項）(注)。

（注）意思能力があり自ら手続行為をしようとする未成年者等は、任意に弁護士を手続代理人として選任することも考えられますが、法定代理人と意向が食い違うなどして委任契約を締結するための同意が得られないといった場合には、弁護士を手続代理人に選任することができないという問題が生じ得ます。裁判長が直接弁護士を手続代理人として選任することができることとしている背景には、このような事情もあります。

2　手続代理人の報酬

　裁判長が関与して未成年者等に手続代理人が選任される場合としては、①未成年者等が裁判長の命令を受けて自ら手続代理人を選任する場合（第51

条第2項。実際には、例えば未成年者の場合であれば、法定代理人である親が未成年者を代理して手続代理人を選任する委任契約を締結する（民法第824条本文）か、未成年者が自ら委任契約を締結するのを法定代理人である親が同意する（民法第5条第1項）ことになります）と②裁判長が直接手続代理人を選任する場合（第51条第1項、第2項）とがあります。

　①の場合には、手続代理人の報酬の額は、未成年者等と手続代理人との間の契約で定まりますが、このうち裁判所が相当と認める額は手続費用となります（民訴費用法第2条第10号）。これに対して、②の場合には、手続代理人の報酬の額は、裁判所が定める相当額になります（第51条第3項）。

　いずれの場合にも、未成年者等に手続代理人に対する報酬を支払う能力がない場合には、未成年者等は、手続上の救助の制度により、手続代理人に対する報酬について支払の猶予を受けることができます（第59条第2項において準用する民事訴訟法第83条第1項第2号）。そして、最終的には、未成年者等が手続代理人に支払うべき報酬のうち裁判所が相当と認める額は、手続費用（民訴費用法第2条第10号）として、事件を完結する裁判においてその負担者が定められることになります（第55条、第56条）[注]。

　[注]　民事訴訟又は人事訴訟の訴訟手続において弁護士の付添いを命じられた場合の処理について、秋山幹男＝伊藤眞＝加藤新太郎＝高田裕成＝福田剛久＝山本和彦『コンメンタール民事訴訟法Ⅱ〔第2版〕』（日本評論社、2006年）123頁参照。

Q87 手続費用を各自の負担としたのはなぜですか。

A 　子の返還申立事件の手続費用(注1)は、原則として各自が負担することとしています（第55条第1項）(注2)。これは、子の返還申立事件の手続が子の利益のためにされるものであることから、申立人や裁判の結果不利な判断をされた者に手続費用を負担させることが必ずしも当事者間の公平の観点から相当であるとは考えられないこと、手続費用を各自の負担とすることにより、当事者間に費用償還の問題が生ぜず、紛争を簡明に処理することができること等を考慮したものです。

　なお、条約は、締約国に対し、当事者から条約に基づく申立てに係る手続費用を徴収することを禁止していますが（条約第26条第2項）、上記の規定について留保（詳細については、Q168参照）を付することを認めています（条約第26条第3項、条約第42条）。日本は、弁護士その他法律に関する助言者の参加又は裁判所における手続により生ずる費用については、手続上の救助の制度や総合法律支援法に基づく民事法律扶助制度を利用することができる場合を除いては、当事者が負担する旨の留保を付していますので、手続費用を当事者に負担させても条約に違反することにはなりません。

　（注1）子の返還申立事件の手続費用の具体例としては、次のようなものが挙げられます。なお、当事者が手続の追行を任意で弁護士に委任した場合における弁護士報酬等は、第55条第1項に規定する「手続の費用」には含まれません。
　① 子の返還の申立て、出国禁止命令の申立て又は子の返還の強制執行の申立て等の手数料（民訴費用法第2条第1号、同法第3条）
　② 証人や通訳人等の旅費・日当・宿泊料・通訳料等（民訴費用法第2条第2号、同法第11条）
　③ 子の返還申立書の写し等の送付の費用（民訴費用法第2条第2号、同法第11条）
　④ 当事者等又は代理人が審問の期日に出頭するための旅費・日当・宿泊料（民訴費用法第2条第4号、第5号）
　⑤ 裁判長が選任を命じた場合において当事者等が手続代理人として選任した弁護士又は裁判長が手続代理人として選任した弁護士に支払った報酬及び費用（民訴費用法第2条第10号）
　（注2）もっとも、当事者の一方に手続費用を負担させることが公平に反するような特

段の事情が存する場合もあり得ることから、裁判所は、事情により、手続費用の全部又は一部を、その負担すべき者以外の当事者に負担させることができることとしています（第55条第2項）。

Q88 経済的な理由で裁判費用を負担することができない当事者については、どのような配慮がされていますか。

A 実施法では、経済的な理由で裁判費用を負担することができない当事者のために、①手続上の救助の制度（第59条）を設けるとともに、②日本の国籍や在留資格を有しない者であっても、総合法律支援法による民事法律扶助制度を利用して子の返還の申立て等を行うことができるようにする（第153条、総合法律支援法第30条第1項第2号）など、相応の配慮をしています。

1 手続上の救助の制度

手続上の救助の制度は、裁判所が、子の返還申立事件の手続の準備及び追行に必要な費用を支払う資力がない者又はその支払により生活に著しい支障を生ずる者に対し、申立てにより、手続上の救助の裁判をすることによって、裁判費用等の支払を猶予する制度です。支払猶予の対象となる費用には、裁判費用（民訴費用法第2条第1号、第2号参照）のほか、執行官の手数料及びその職務の執行に要する費用、裁判所において付添いを命じた弁護士(注)の報酬及び費用が含まれます（第59条第2項において準用する民事訴訟法第83条）。

手続上の救助の裁判を受けることにより、子の返還の申立てや即時抗告等をするのに必要な手数料の支払が猶予され、また、民訴費用法第12条の予納をすることなく手続を追行することが可能になります。もっとも、最終的には、裁判等によりその裁判費用を負担すべきこととされた者から徴収することが予定されています（民訴費用法第14条）。

(注) 第51条第1項、第2項の規定により裁判長が手続代理人に選任し、又は未成年者等が裁判長の命令を受けて手続代理人に選任した弁護士、第76条において準用する民事訴訟法第155条第2項により弁護士の付添いを命じた場合の当該弁護士が考えられます。

2 総合法律支援法による民事法律扶助制度

民事法律扶助制度は、資力の乏しい者に対し、民事裁判等手続の準備及び

追行のために委任した弁護士の報酬や弁護士が事務処理をするのに必要な実費を立て替える等の援助を行う制度です。この制度を利用することにより、当事者が任意に委任した弁護士の報酬や申立書等の作成費用等の手続上の救助の対象とはならないものについても、費用の立替え等の援助を受けることができるようになります。

　総合法律支援法は、日本の国籍を有する者又は日本に住所を有し適法に在留する者を対象とするものですが（総合法律支援法第30条第1項第2号）、実施法では、条約第25条の要請(注)を受け、一定の要件を満たす外国人を総合法律支援法の利用対象者とみなすことによって、日本に住所等を有しない外国人であっても、民事法律扶助制度を利用して子の返還の申立て等をすることができるようにしています（第153条。Q159参照）。

　（注）条約では、締約国の国民及び締約国に常居所を有する者は、条約の適用に関係のある事項に関し、他の締約国において、その国の国民及びその国に常居所を有する者と同一の条件で法律に関する援助及び助言を受けることができることとされています（条約第25条）。

Q89 子の返還申立事件の手続を非公開としたのはなぜですか。

A

1 手続の非公開

子の返還申立事件の手続は、常居所地国において子の監護に関する事項を定めるために、子を一旦常居所地国に返還させるか否かを判断するものであり、子の監護をめぐる実体的権利義務関係の確定をするものではないので、当事者の主張する実体的権利義務関係の存否を確定することを目的とする純然たる訴訟手続ではありません。したがって、子の返還申立事件の手続は、憲法第82条によって裁判の公開が要請される手続には当たらないと考えられますので、憲法上の要請として公開しなければならないというわけではありません。

もっとも、憲法上の要請ではなくても、公開の手続とするという選択肢は残ります。しかし、子の返還申立事件の手続では、家庭や子に関する情報を多く取り扱うため、子の利益や関係者のプライバシーの保護の必要性が高く、公開の手続とすることの弊害が大きいと考えられます。そこで、実施法では、子の返還申立事件の手続は公開しないこととしています（第60条本文）。この場合の「公開しない」とは、一般的に傍聴を許してはならないという趣旨です。

2 傍聴の許可

なお、裁判所は、「相当と認める者」の傍聴を許すことができます（第60条ただし書）。「相当と認める者」については、事案ごと、かつ、期日ごとに裁判所が判断することになりますので、一般的にいうことはできませんが、例えば、返還を求められている子の監護を補助している子の祖父母、子が入所している施設の職員、返還援助申請を受けた中央当局の職員等が子が呼出しを受けている期日に傍聴するような場合が考えられます。

また、傍聴許可の対象となる手続は、期日における手続です。子の返還申立事件の手続の期日とは、裁判所又は裁判官と当事者その他の者が会して子の返還申立事件の手続に関する行為をするために定められた一定の時間のことをいい、電話会議システムやテレビ会議システムを利用した場合には、実

際に当事者が一人も裁判所に出頭していなくても、期日の手続を行うことができることとしています(第75条第1項、第2項)。

Q90 子の返還申立事件の記録の閲覧等に関する規律の概要を説明してください。

A 子の返還申立事件における記録の閲覧等に関する規律は、少し複雑ですので、まずはその概要を説明します。

1 記録の閲覧等の主体

子の返還申立事件においては、家庭や子に関する情報を多く取り扱い、子の利益や関係者のプライバシーの保護に配慮する必要性が高いことから、その手続は非公開とされていますので（Q89参照）、記録の閲覧若しくは謄写又はその正本、謄本若しくは抄本の交付（以下「記録の閲覧等」といいます）についても、同様の配慮が必要となります。そこで、実施法では、子の返還申立事件の記録の閲覧等について、許容されるべき主体を当事者及び利害関係を疎明した第三者に限定した上で、記録の閲覧等をするには裁判所の許可を要することとしています（第62条第1項）。

2 当事者による記録の閲覧等

当事者から記録の閲覧等の許可の申立てがあった場合には、裁判所は、主体的な手続追行の機会を保障するため、原則として記録の閲覧等を許可するものとしています（第62条第3項）。

しかし、子の返還申立事件の記録中、中央当局から提供を受けた相手方又は子の住所又は居所が記載され、又は記録された部分（住所等表示部分）については、当事者から記録の閲覧等の許可の申立てがあったときであっても、原則としてこれを許可しないこととしています（第62条第4項本文。詳細については、Q91の1参照）。

また、子の返還申立事件の記録には、関係者や子のプライバシーに関する情報が多数含まれ得るので、住居等表示部分以外についても、①返還を求められている子の利益を害するおそれがある場合、②当事者又は第三者の私生活又は業務の平穏を害するおそれがある場合、③当事者又は第三者の私生活についての重大な秘密が明らかにされることにより、その者が社会生活を営むのに著しい支障を生じ、又はその者の名誉を著しく害するおそれがある場

合、④事件の性質、審理の状況、記録の内容等に照らして当該当事者に閲覧等の許可をすることを不適当とする特別の事情がある場合については、当事者から記録の閲覧等の許可の申立てがあったときであっても、これを許可しないことができることとしています（第62条第5項。詳細については、Q92の2参照）。

3　第三者による記録の閲覧等

　当事者以外の第三者については、利害関係を疎明した者であっても、当事者とは異なり手続上の権能を行使する機会の保障という要請はないこと等から、裁判所は、「相当と認めるとき」に限り、記録の閲覧等を許可することができるものとしています（第62条第6項）。

4　不服申立て

　当事者による閲覧等の許可の申立てを却下した裁判に対しては、即時抗告をすることができますが（第62条第9項）、即時抗告が子の返還申立事件の手続を不当に遅滞させることを目的とするものであると認められる場合には、原審において即時抗告を却下しなければならないこととしています（第62条第10項）。

Q91　子の返還申立事件の記録の閲覧等の規律において、子の住所等に関する情報はどのように扱われていますか。また、その趣旨は何ですか。

A　子の返還申立事件の記録のうち子の住所等に関する情報については、その閲覧等に関し、その性質上記録の他の部分とは別の配慮が必要な場面があります。そこで、子の住所等に関する情報の閲覧等に関し、次に説明するとおり、特別の規律を設けています。

1　中央当局から提供された子の住所等に関する情報の取扱い

(1)　原則不許可

　子の返還申立事件の手続を進めるためには、裁判所が日本における相手方や子の住所又は居所を知っておく必要があるので、中央当局は、子の返還申立事件が係属している裁判所からの要請があれば、外国返還援助申請（第4条）に係る子及び子と同居している者の住所又は居所を開示することとしています（第5条第4項第2号）(注1)。このようにして中央当局から裁判所に開示された情報は、子の返還申立事件の記録の一部となりますから、特段の規定を設けなければ、当事者は原則として閲覧等をすることができることとなります（Q90の2参照）。

　しかし、子の返還申立事件における相手方が子を連れて日本に居住するに至った事情は様々であり、申立人からの暴力（DV）が認められるような場合においては、申立人に住所又は居所を明かすことによって相手方や子の生命及び身体を危険にさらすことにもなりかねません。そのため、実施法では、外国返還援助申請を受けた中央当局は、申請に係る子及び子と同居している者の住所又は居所を特定するため、国の行政機関や地方公共団体等の関係機関から必要な情報を求めることができることとしつつも（第5条第1項）、情報提供を求められた関係機関が躊躇せずに情報提供をすることができるようにするため、収集した情報については、原則として第三者に提供することができないこととしています（第5条第4項。Q41参照）。ところが、子の返還申立事件の記録の閲覧等によって、相手方又は子の住所又は居所が申立人に開示されてしまうと、中央当局において収集した情報の秘匿に対す

る配慮が無に帰することになり、ひいては中央当局が関係機関から情報提供を受けることに支障を来すおそれがあります。

そこで、実施法では、当事者から記録の閲覧等の許可の申立てがあった場合には、原則として許可するものとしつつ、中央当局から提供を受けた相手方又は子の住所又は居所が記載され、又は記録された部分（住所等表示部分）については、その特則を設け、原則として許可しないものとしています（第62条第4項本文）(注2)(注3)。

(2) 閲覧等が認められる場合

中央当局から提供を受けた住所等表示部分であっても、当事者による記録の閲覧等が認められる場合があります。

すなわち、①住所等表示部分の閲覧等又はその複製についての相手方の同意がある場合、②子の返還を命ずる終局決定が確定した後において、子の返還を命ずる終局決定に関する強制執行をするために必要がある場合には、中央当局から提供を受けた住所等表示部分であっても、当事者による記録の閲覧等を許可することができます（第62条第4項ただし書第1号、第2号）(注4)。

①は、最も利害関係を有する相手方が住所等表示部分の閲覧等に同意している以上、子や他の利害関係者に有害な影響が及ぶおそれがない限り、基本的にはこれを拒否する理由はないことによります。

また、②は、子の返還を命ずる裁判が確定した以上、これに従って子を常居所地国に返還することが子の利益に資するものであり、子の返還の強制執行に必要な場合にまで中央当局から提供を受けた住居等表示部分の不開示を貫くことは、かえって子の利益を害することを考慮したものです。典型的には、（ⅰ）間接強制決定を債務名義として子の返還を命じられた者（債務者）の財産の差押えをしようとする場合や、（ⅱ）子の返還の代替執行の申立てをしようとする場合がこれに当たります（Q146参照）。

もっとも、①、②に該当したとしても、第62条第5項の例外事由に該当する場合には、裁判所は、記録の閲覧等の許可をしないことができます（詳細については、Q92の2参照）。

（注1）子の返還申立事件においては、裁判所が相手方や子の住所又は居所を把握していないと、管轄裁判所が定まらず（第32条第1項）、子の返還申立書の写しを送付するこ

と（第72条第1項）もできないため、手続を進めることができません。しかし、子の返還申立事件においては、申立人が相手方の住所を把握していない場合も多く、中央当局が相手方の住所等を調査してもその情報は申立人には開示されないので（第5条第4項参照）、申立人は、相手方の住所等を知らないまま子の返還の申立てをする場合も想定されます（Q94の1参照）。そのような場合でも手続を進めることができるようにするため、裁判所に対しては、子及び子と同居している者の住所又は居所が開示される必要があるのです。

（注2）子の返還申立事件の記録中には、同事件の相手方又は子の住所又は居所そのものの記載ではないものの相手方又は子の住所又は居所を推知させる情報が含まれることも想定されますが、このような情報は、第62条第4項の「住所等表示部分」には含まれません。同項本文は、法定の例外事由に該当する場合を除き、一律に記録の閲覧等を不許可とするものですから、その適用対象は明確である必要があるところ、住所又は居所を推知させる情報には様々なものがあり、必ずしも明確とは言い難いので、住所又は居所を推知させる情報を「住所等表示部分」と同様に取り扱うことは相当ではないと考えられるからです。もっとも、相手方の勤務先等の相手方の住所又は居所を推知させる情報については、第62条第5項に規定する記録の閲覧等の不許可事由である「当事者の私生活の平穏を害するおそれ」、「第三者の業務の平穏を害するおそれ」や「事件の性質、審理の状況、記録の内容等に照らして当該当事者に記録の閲覧等の許可をすることを不適当とする特別の事情」に該当するか否かが別途判断されることになるものと考えられます。

（注3）利害関係を疎明した第三者から記録の閲覧等の請求があった場合については、住所等表示部分に関する特則は設けていません。それは、もともと、第三者からの記録の閲覧等の請求については原則として許可することとはしておらず、裁判所が相当と認めるときに許可をすることができるものとされているにすぎないので（第62条第6項）、特則を設ける必要はなく、この要件の下で裁判所が適切に判断すれば足りるものと考えられるからです。

（注4）これを受けて、規則では、当事者が住所等表示部分の閲覧等又はその複製の許可の申立てをするときは、上記①又は②に該当することを明らかにする資料を提出しなければならないこととしています（規則第25条）。

2 中央当局以外からの子の住所等に関する情報の取扱い

子の返還申立事件の記録中の相手方又は子の住所又は居所が記載された部分が中央当局からの情報提供によるものでない場合については、特段の規定は設けられていません。これは、中央当局以外から提供された情報については、中央当局から提供されたものとは異なり、その開示によって中央当局が関係機関からの協力が得られなくなるとの配慮をする必要がないと考えられ

るからです。
　したがって、上記の場合については、当事者からの記録の閲覧等の請求であれば第62条第5項の要件に照らし、利害関係を疎明した第三者からの記録の閲覧等の請求であれば同条第6項の要件に照らし、その許否が判断されることになります。

Q92 当事者がした子の返還申立事件の記録の閲覧等の許可の申立てについて、裁判所が許可をしないことができるのは、どのような場合ですか。

A 当事者から記録の閲覧等の許可の申立てがあった場合には、裁判所は、原則として、これを許可しなければならないこととしていますが（第62条第3項）、その例外として、次の場合があります。

1 第62条第4項本文に該当する場合

子の返還申立事件において、裁判所が中央当局から相手方又は子の住所又は居所についての情報提供を受け、これが事件の記録中に記載されている場合には、その情報が記載されている部分（住所等表示部分）については、原則として記録の閲覧等を許可しないこととしています（第62条第4項本文。詳細については、Q91の1参照）。

2 第62条第5項に該当する場合

また、事件関係者のプライバシー等に配慮する趣旨から、次の(1)から(4)までの場合には、当事者からの記録の閲覧等の許可の申立てであっても、裁判所は記録の閲覧等の許可をしないことができることとしています（第62条第5項）。なお、これらの規定は、第62条第4項ただし書各号に当たると判断された場合（Q91の1参照）であっても適用されます。

なお、規定上は、次の(1)から(4)までに該当する場合には、記録の閲覧等を一切認めないかのようにも読めますが、その趣旨から明らかなとおり、当該例外に該当する部分以外の部分については記録の閲覧等の許可をするのが原則です。

(1) 返還を求められている子の利益を害するおそれがある場合

これに当たる場合としては、例えば、返還を求められている子と面会した家庭裁判所調査官が作成した調査報告書中に、当該子が常居所地国への帰国を希望している理由や相手方に対して抱いている心情等が記載されており、相手方がこれを閲覧すると、相手方と子との関係が悪化し、子が危険にさらされるおそれがある場合などが考えられます。

(2) 当事者又は第三者の私生活又は業務の平穏を害するおそれがある場合

　これに当たる場合としては、例えば、子の返還申立事件の申立人の相手方に対する暴力（DV）が疑われる事案で、記録中に相手方の勤務先に関する記載があり、申立人がこれを閲覧すると、相手方の勤務先に押し掛けるおそれがある場合などが考えられます。

(3) 当事者又は第三者の私生活についての重大な秘密が明らかにされることにより、その者が社会生活を営むのに著しい支障を生じ、又はその者の名誉を著しく害するおそれがある場合

　これに当たる場合としては、例えば、記録中に当事者又は第三者の犯罪歴や病歴が記載されており、これが開示されることによって当事者又は第三者の社会的評価が著しく害されるおそれがある場合などが考えられます。

(4) 事件の性質、審理の状況、記録の内容等に照らして当該当事者に記録の閲覧等の許可をすることを不適当とする特別の事情がある場合

　子の返還申立事件の記録には様々な情報が記載されることが想定されますので、記録の閲覧等を不許可とすべき場合を漏れなく規定することは困難です。また、当事者の手続保障の観点からは開示の必要性が一定程度認められる一方で、関係機関の職務の適正な遂行や関係者のプライバシーの保護等の要請から不開示とする必要性が高い場合もありますので、裁判所が開示の必要性の程度と開示した場合の弊害を総合的に考慮して閲覧等の許可の申立ての当否を判断すべき場合があり得ると考えられます。そこで、第62条第5項後段では、裁判所が、記録の閲覧等を個別具体的事情に照らし判断することができることとしています。

　したがって、これに当たる場合を具体的な事案における総合的な検討を離れて挙げることは困難ですが、記録の閲覧等を不許可とするには「特別の事情」がある必要があります。

3　第62条第8項に該当する場合

　子の返還申立事件の記録の保存又は裁判所の執務に支障があるときは、記録の閲覧等をすることができません（民事訴訟法第91条第5項、家事事件手続法第47条第7項にも同様の規定があります）。

Q93

子の返還申立事件の途中で当事者が手続を続行することができなくなった場合には、その手続はどのようになりますか。

A

1 手続の受継

子の返還申立事件の係属中に当事者が死亡するなどして手続を続行することができなくなった場合には、当該手続を当然に終了させるものとすることも考えられます。しかし、当事者が手続を続行することができない場合であっても、その当事者の地位を承継する者や他に当事者適格を有する者があるときには、それまでの手続を利用して進めることが子の迅速な返還という条約の目的に合致するものと考えられます。また、これらの者に手続を受継させたとしても、当事者適格を有する者が従前の手続を追行していた以上、受継した者の手続保障に欠けることはないと考えられます。そこで、実施法は、当事者が手続を続行することができない場合における受継についての規律を置いています（第65条、第66条）。

受継については、①法令により手続を続行すべき者がある場合の受継と②そのような者がない場合における他の申立権者等による受継に分けて規律しています。

2 法令により手続を続行すべき者による受継（第65条）

法令により手続を続行する資格のある者がある場合には、その者が当然に当事者としての地位に就き、手続を続行する義務を負うこととしています（第65条第1項）。例えば、子を監護する施設等を運営する法人が合併により消滅した場合における新たに設立された法人（新設合併の場合）や消滅した法人を吸収した法人（吸収合併の場合）がこれに当たります。

法令により手続を続行すべき者は手続を受継する義務を負っていますから、その者が自ら手続を受継しない場合には、裁判所は、他の当事者の申立てにより又は職権で、その者に手続を受け継がせることができることとしています（第65条第3項）。また、このような地位にあるとして受継の申立てをしたにもかかわらず、その申立てが却下された場合には、その裁判に対して即時抗告をすることができることとしています（同条第2項）。

3 他の申立権者等による受継（第66条）

子の返還申立事件の申立人の適格は、子についての監護の権利を侵害された者に認められるものですから、申立人が死亡したからといって、その相続人が当然に申立人の地位を承継するわけではありません。また、子の返還申立事件の相手方の適格は、子を現に監護している者に認められるものですから、相手方が死亡したからといって、その相続人が当然に相手方の地位を承継するわけではありません。

このように、子の返還申立事件の当事者が死亡すると、法令により手続を続行する資格のある者がなく、手続を続行することができない場合も生じ得ますが[注1]、このような場合において、常に手続が終了することになると、子の迅速な返還という条約の目的を達成することができず、子の利益の観点から相当でない事態も生じ得るものと考えられます。そこで、実施法では、次のとおり、他に当事者適格を有する者がある場合には、一定の要件の下で手続の受継を認め、従前の手続を利用することができるようにしています。

(1) 子の返還申立事件の申立人が死亡した場合

子の返還申立事件の申立人が死亡した場合において、他に申立人となることができる者があるときは、その者は、申立人が死亡した日から1か月以内に受継の申立てをすることにより、従前の手続を受け継ぐことができることとしています（第66条第1項、第2項）。このような者の例としては、申立人と共同で子を監護していた者が挙げられます。

なお、申立人となることができる者は、手続を受継する義務を負うものではなく、手続を受継するかしないかを選択することができます。もっとも、申立人となることができる者が手続を受継しなければ手続は終了することになりますから、手続を受継するか否かを早期に確定させなければ、手続が不安定な状況になります。そこで、申立人となることができる者が手続を受継する場合には、申立人が死亡した日から1か月以内にしなければならないこととしています。

(2) 子の返還申立事件の相手方が死亡した場合

子の返還申立事件の相手方が死亡した場合[注2]には、相手方に代わって子を監護する者があるのが通常です。そして、当事者適格を有する相手方が

従前の手続を追行していた以上、相手方の死亡後に子を監護している者にその手続を受け継がせることとしても、その者の手続保障に欠けることはないと考えられます。そこで、相手方が死亡したことによってその手続を続行することができない場合には、裁判所は、申立てにより又は職権で、相手方が死亡した日から3か月以内に限り、相手方の死亡後に子を監護している者に従前の手続を受け継がせることができることとしています（第66条第3項）。

なお、申立人が死亡した場合とは異なり、相手方が死亡した場合には、職権で相手方の死亡後に子を監護している者に手続を受け継がせることができることとしたのは、裁判所が、相手方の死亡後に子を監護している者を確知し、その者に手続を受け継がせる必要があると判断するときには、申立てを待つまでもなくその者に手続を受け継がせることが、迅速処理の要請に合致し、子の利益に資すると考えられるためです。

また、申立人が死亡した場合と同様、手続を早期に安定させるため、相手方の死亡後に子を監護している者には手続を受継するか否かの意思決定を一定の期間内にしてもらう必要があります。もっとも、申立人が死亡した場合において手続を受継する者は、もともと自ら子の返還の申立てをすることができたのに対し、相手方が死亡した場合において手続を受継する者は、相手方の死亡後に新たに子の監護を開始した場合もあるところ、そのような場合には手続を受継するか否かの判断に相当な時間を要することが考えられます。そこで、相手方の死亡後に子を監護している者が自ら手続を受継する場合には、申立人が死亡した場合とは異なり、相手方が死亡した日から3か月以内にしなければならないこととし、職権で受継させる場合にも、自ら手続を受継する場合とのバランスを考え、同期間内にしなければならないこととしています。

（注1）子の返還申立事件の申立人が複数である場合（第64条第1項の規定により手続が併合された結果、申立人が複数になっている場合を含みます）において、申立人の1人が死亡したときは、他の申立人により従前の手続を続行することが可能ですから、第66条第1項の受継は問題となりません。同様に、子の返還申立事件の相手方が複数である場合（第64条第1項の規定により手続が併合された場合を含みます）において、相手方の1人が死亡したときは、他の相手方により従前の手続を続行することが可能ですから、第66条第3項の受継は問題となりません。

（注2）相手方が死亡したのではなく、相手方が自ら子を監護することをやめて他の者に子の監護を委ねた場合には、子の監護を委ねられた者を相手方として手続を進めるべきことになります。このような場合は、手続の受継ではなく、当事者参加（第47条）の問題として処理されることになります（Q85の2参照）。

第2節　第一審裁判所における子の返還申立事件の手続

Q94　子の返還申立事件の申立書には何を記載しなければならないのですか。

A　子の返還の申立ては、申立書を家庭裁判所に提出してしなければなりません（第70条第1項）。これは、申立ての段階から裁判を求める内容を明確にするとともに、申立書の写しを相手方に送付すること（第72条第1項）で早い段階から争点に沿った円滑な手続運営を促す趣旨です。

　このような趣旨を踏まえ、実施法は、子の返還申立事件の申立書には、①当事者及び法定代理人、②申立ての趣旨、③子の返還申立事件の手続による旨を記載しなければならないこととしています（第70条第2項）。以下、各記載事項について説明します。

1　当事者及び法定代理人（第70条第2項第1号）

　当事者については、他人と区別できる程度に記載されることが求められているものと考えられ、自然人の場合であれば、氏名と共に住所も記載するのが一般的です（規則第1条第1項第1号参照）。したがって、申立人が相手方の住所を把握している場合には、子の返還申立書に相手方の氏名及び住所を記載することになります。

　もっとも、子の返還申立事件においては、申立人が相手方の住所を把握していないことも多く、中央当局が相手方の住所を調査してもその情報は申立人には開示されないので（第5条第4項参照）、申立人が子の返還申立書に相手方の住所を記載することができない場合も想定されるところです。しかし、そのような場合であっても、他の記載から相手方が誰であるのかが特定することができていれば第70条第2項第1号の記載としては足りると考えられますので、相手方の住所が記載されていないからといってそれだけで直ちに補正命令の対象となったり、申立書が却下されたりすることはないと考えられます。もっとも、相手方の住所を記載することができないときは、その理由を記載するのが相当です。裁判所としては、相手方の住所を記載する

ことができるのに記載を脱漏している場合と相手方の住所が分からないために記載することができない場合とでは、その後の対応が異なり得るので、両者を区別する必要があるからです[注]。

法定代理人については、氏名と代理資格（身分関係や後見人であることなど）が記載されることが想定されています。

（注）子の返還申立書に子や相手方の住所又は居所が記載されていない場合であっても、裁判所は、中央当局に対して、子や相手方の住所又は居所の確認を求めることができる場合があります（第5条第4項）。このような場合には、子の返還申立事件の手続を進めることが可能となります。

2 申立ての趣旨（第70条第2項第2号）

申立ての趣旨については、返還を求める子及び子を返還すべき条約締約国を特定して記載しなければならないこととしています（第70条第2項柱書き）。これは、返還を求める子及び子を返還すべき条約締約国を特定することは、申立ての対象を特定するための本質的な要素であると考えられるためです。

3 子の返還申立事件の手続による旨（第70条第2項第3号）

申立ての趣旨として返還を求める子及び子を返還すべき条約締約国が特定されていれば、一般的には子の返還申立事件の手続によることを求めているものと考えられますが、なお、他の手続との区別がつきにくい場合もあり得ることを考慮し、子の返還申立事件の手続による旨の記載を申立書の必要的記載事項としています。もっとも、必要的記載事項といっても、申立ての趣旨や申立書の最後に記載されるいわゆる「よって書き」において子の返還申立事件の手続による旨が実質的に明らかになっていれば、第70条第2項第3号の記載としては足りると考えられます。

4 その他

子の返還申立事件の手続においては、裁判所が紛争の全体像を早期に把握して主張及び証拠の整理を行い、迅速に審理を進める必要がありますので、

規則においても、次の記載事項を定め、手続をより円滑に進めるための配慮をしています^{(注1)(注2)}。

(1) 子の返還事由（第27条各号に掲げる事由）（規則第34条第1項第1号）

子の返還事由に関する争点を早期に確定するためには、相手方に写しを送付することとされている（第72条第1項）子の返還申立書において、子の返還事由に関する申立人の主張を具体的に記載させ、必要に応じて、答弁書等において相手方からその認否・反論を求めることが望ましいと考えられます。そこで、子の返還申立書に子の返還事由を記載することとしています。

(2) 予想される争点及び当該争点に関連する重要な事実（規則第34条第1項第2号）

「予想される争点」としては、具体的には、①子の返還事由のうち相手方によって否認される可能性があるために申立人による立証活動が必要となる事実や、②相手方が子の返還拒否事由として主張すると予想される事実を記載することが考えられます。また、「当該争点に関連する重要な事実」も記載することとしていますので、予想される争点に関連して重要と考えられる事実を幅広く主張することも必要になります。これらを子の返還申立書に記載することとしたのは、裁判所が、相手方の認否等を待つまでもなく紛争の全体像を早期に把握することができるようにするためです。

(3) 子の返還事由及び予想される争点ごとの証拠（規則第34条第1項第3号）

子の返還事由及び予想される争点ごとに、「甲第○号証」といった具体的な証拠方法が記載されることで、主張についての証拠の有無及び主張と証拠の対応関係が明らかになり、争点及び証拠の整理に役立つことから、申立書に子の返還事由及び予想される争点ごとの証拠を記載することとしています。なお、記載した証拠が書面である場合は、その写しを子の返還申立書に添付しなければなりません（規則第34条第2項）。

(4) 返還を求める子について親権者の指定若しくは変更又は子の監護に関する処分についての審判事件（人事訴訟法第32条第1項に規定する附帯処分についての裁判及び同条第3項の親権者の指定についての裁判に係る事件を含む。）が係属している場合には、当該審判事件が係属している裁判所及び当該審判事件の表示（規則第34条第1項第4号）

実施法では、親権者の指定若しくは変更又は子の監護に関する処分につい

ての審判事件（人事訴訟法第32条第1項に規定する附帯処分についての裁判及び同条第3項の親権者の指定についての裁判に係る事件を含みます）が係属している場合において、当該審判事件が係属している裁判所に対し、当該審判事件に係る子について不法な連れ去り又は不法な留置と主張される連れ去り又は留置があったことが外務大臣又は当該子についての子の返還申立事件が係属する裁判所から通知されたときは、当該審判事件が係属している裁判所は、当該審判事件について裁判をしてはならないこととしています（第152条）。これを受けて、規則では、子の返還申立事件が係属する裁判所の裁判所書記官が、遅滞なく、同事件が係属した旨を当該審判事件が係属している裁判所に通知しなければならないこととしています（規則第97条第1項。Q158参照）。上記の通知を行うためには、子の返還申立事件が係属している裁判所が当該審判事件の係属を知る必要があるので、子の返還申立書に当該審判事件が係属している裁判所及び当該審判事件の表示を記載することとしています。また、このような趣旨に照らすと、当該審判事件の表示は、事件を特定するために要求されているものですから、事件名だけでは足りず、事件番号も記載する必要があります。

（注1）当事者等が裁判所に提出すべき書面一般の記載事項として、規則第1条も参照。
（注2）このように、子の返還申立書の記載事項については、法律で定められているものと規則で定められているものがありますが、法律で定められているものについては、不備があるときは裁判長による補正命令の対象となり、申立人が不備を補正しないときは裁判長によって申立書が却下されることになるのに対し（第70条第5項。Q95の2参照）、規則で定められているものについては、不備があっても申立書が却下されることはないという違いがあります。

Q95 申立書の記載事項のほか、申立ての方式等に関する規律は、どのようになっていますか。

A 実施法では、子の返還の申立ては、所定の事項を記載した申立書を家庭裁判所に提出してしなければならないこととしていますが（第70条第1項、第2項。Q94参照）、このほかにも、申立ての方式等について次のような規律を設けています。

1 数人の子について返還を求める場合

父母の一方が数人の子（「数人」とは「2人以上」を意味します）を連れ去った場合のように、数人の子の返還が問題になることがあります。このような場合において、数人の子について事情が共通すると考えられるときには、一の申立てにより数人の子の返還を求めることができれば、申立人の便宜にかないます。また、実際に、数人の子について事情が共通している場合には裁判所が判断するための資料に共通する部分が含まれることになりますから、同一の手続で審理判断することができれば、審理の重複等を避けることができ、手続経済にも資することになります。このような事情を考慮し、実施法では、数人の子について一の申立てで返還を求めることができることとしています（第70条第3項）。

なお、このようにして数人の子について一の申立てにより返還を求められた場合であっても、裁判所は、子ごとに返還すべきかどうかを判断することになります。裁判所が、子ごとに事情が異なるなど別の手続で処理することが相当であると考えた場合には、手続を分離することができます（第64条第1項）。

2 補正命令と申立書却下命令

申立書に記載されるべき申立ての趣旨の記載に不備があって申立てが特定できていないなど申立書が形式的な要件を具備していない場合には、実質的な審理をするための手続に入る前提を欠くものといえます。そこで、実質的な審理を可能とするため、子の返還申立書が第70条第2項の規定に違反する場合には、裁判長が申立人に対し相当の期間を定めて不備を補正すべきこ

とを命じなければならないこととし、申立人が不備を補正しないときは、裁判長が命令で子の返還申立書を却下しなければならないこととしています（第70条第4項、第5項）。申立人が申立ての手数料を納付しない場合も同様です。もっとも、申立ての手数料について手続上の救助の決定がされていれば（Q88の1参照）、申立書が却下されることはありません。

3　参考事項の聴取

　裁判長は、子の返還の申立てがあったときは、当事者から、子の返還申立事件の手続の進行に関する意見その他手続の進行について参考とすべき事項を聴取することができます（規則第38条第1項）。例えば、申立人に対し、日本での滞在予定や、中央当局への援助申請の有無を尋ねたり、当事者双方に対し、当事者等の期日への出席の見込み、子や当事者の使用言語、従前の話合いの経過、話合いによる解決への希望等を聴取したりすることが考えられます。

　これらの事項の聴取により、当事者から十分な情報が得られれば、早期の第1回の期日指定や申立書の写しの確実な送付を実現し、通訳人の確保を行うことなどが可能となります。また、子の返還申立事件の手続の進行を決める際に有益な参考事項を聴取することで、手続が公正かつ迅速に行われることも期待できます。このように、当事者による協力は、円滑な手続進行を図る上で極めて重要です。

　なお、裁判長は、上記の聴取については、裁判所書記官に命じて行わせることもできます（規則第38条第2項）。

Q96 申立ての変更は、どのような場合に行われるのですか。

A 申立ての変更は、申立ての基礎に変更がない場合に限り、することができます（第71条第1項）。

「申立ての基礎」に変更がないかどうかについては、裁判を求める事項に係る権利関係の基礎となる事実が共通し、申立ての変更後もそれまでの裁判資料を審理に利用することができるかどうかという観点から判断されることになります。

申立ての変更が具体的に想定される場合としては、例えば、申立人がA国とB国に住居を有し、子と共に両国を往来する生活をしていた事案で、子の返還の申立ての際には子を返還すべき条約締約国（常居所地国）をA国としていたが、審理の過程で、常居所地国がB国であると判明したため、これをB国に変更すべき必要が生じた場合などが考えられます。

これに対し、例えば、申立人が当初は長男のみの返還を求めていたものの、後に二男の返還も追加して求める場合（追加的変更）や、長男ではなく二男の返還を求める場合（交換的変更）も考えられます。しかし、子の返還事由及び子の返還拒否事由については、二男を基準にして改めて審理判断されることになりますので、長男と二男が相手方と共に生活している場合など事情が共通していれば、「申立ての基礎に変更がない」ということができる場合もあると考えられますが、長男と二男がそれぞれ別の監護者の下で別々に生活しているような場合には「申立ての基礎に変更がない」ということは困難な場合が多いと考えられます。「申立ての基礎に変更がない」といえない場合には、申立ての変更の方法によることはできず、二男について子の返還の申立てを別途行った上で、①長男についての子の返還申立事件の手続と併合する職権発動を促すか（第64条第1項。長男についても返還を求める場合）、②長男についての当初の申立てを取り下げる（第99条第1項。長男については返還を求めない場合）ことになると考えられます。

Q97 子の返還申立書の写しの送付を公示送達の方法によってはすることができないとされているのはなぜですか。

A 子の返還の申立てがあった場合には、家庭裁判所は、原則として、子の返還申立書の写しを相手方に送付しなければなりません（第72条第1項）。

　子の返還申立事件における書類の送付の方法として、相手方の住所が知れないなどの場合には公示送達の方法によることが考えられますが（第67条において準用する民事訴訟法第110条以下）、子の返還申立書の写しの送付については、公示送達の方法によることはできないこととしています（第72条第2項）。

　その趣旨は、次のとおりです。すなわち、中央当局の所在調査（第5条第1項から第3項まで参照）によっても当初から子及び相手方の所在が判明しない場合に、子の返還申立書の写しの送付（第72条第1項）を公示送達の方法で行ってその後の手続を進めることができることとすると、相手方の関与がないまま子の返還申立事件の手続を進めて子の返還の可否について判断することができることになってしまいます。そうすると、例えば、本来であれば、返還によって子を耐え難い状況に置くこととなる重大な危険があること（第28条第1項第4号）、又は子が返還拒否の意思を示していること（同項第5号）等の子の返還拒否事由の存在が認定されて子の返還の申立てが却下されるべき事案であったにもかかわらず、相手方の関与がなかったためにこれらが認定されないまま子の返還を命ずる終局決定がされる場合もあり得ると考えられますが、このような結果は、子の利益に資することを目的とする条約の趣旨に反することになると考えられます。また、そもそも、子及び相手方の所在が当初から不明であった場合にそのまま子の返還申立事件の手続を進めても、その後の子の返還の強制執行が困難になると考えられるので、このような場合にあえて公示送達の方法によって子の返還申立書の写しを送付してまで子の返還申立事件の手続を進める意義は乏しいと考えられます。

　そこで、子の返還申立書の写しの送付は公示送達の方法によってはすることができないこととし（第72条第2項）、子の返還申立事件の手続の当初から子及び相手方の所在が不明であった場合にはその手続を進めることができ

ないこととしています$^{(注)}$。

　(注)　子の返還申立事件の手続の当初は子及び相手方の所在が特定されており、相手方に子の返還申立書の写しの送付がされたが、その後に子及び相手方の所在が不明になった場合には、公示送達の方法によって子の返還申立事件の手続を進めることができるようにしておく必要があると考えられます。なぜなら、相手方は、子の返還申立書の写しの送付を受けて申立人の主張を知り、これに対して必要な反論及び資料の提出をすることができ、その後も子の返還申立事件の手続が進行することは覚悟すべき立場にあった以上、転居等をする場合には、裁判所に自ら連絡することを期待したとしても酷であるとはいえないからです。また、子の返還申立事件の手続がいったん進行した後、相手方が子と共に所在を不明にした場合にまでその後の手続を公示送達の方法によって進めることができないとすると、結果的に相手方の逃げ得を許容することになりかねません。そこで、実施法では、子の返還申立書の写しの送付の場合に限って公示送達の方法によることができないこととし、それ以外の場合にまで公示送達の方法によることができないこととはしていません。

　子及び相手方の所在が不明のまま手続を進める方法としては、例えば、送達場所の届出がされていれば、その場所に送達することで足りますし、子の返還申立書の写しの送付が送達の方法でされていれば、その後の書類の送付についてもかつて送達された場所に送達する方法によって行うことで子の返還申立事件の手続を進めることができます（第67条において準用する民事訴訟法第104条等）。また、要件を満たす限り、公示送達の方法によることもできます。

Q98 子の返還申立書の写しの送付をすることができない場合には、家庭裁判所は、どのような対応をすることになるのですか。

A 子の返還の申立てがあった場合には、家庭裁判所は、原則として子の返還申立書の写しを相手方に送付しなければなりません（第72条第1項）。子の返還申立書の写しを相手方に送付することができない場合には、裁判長は、申立人に対し、子の返還申立書の相手方の住所又は居所を明らかにするよう補正を命じ、申立人がこれに応じて補正しなければ子の返還申立書は却下されることになります（第72条第3項、第70条第4項、第5項）。

もっとも、申立人が相手方の住所又は居所を知らないために子の返還申立書等に相手方の住所又は居所を記載することができず(注)、裁判長からの補正命令にも応ずることができない場合もあると考えられます。子の返還申立事件の手続においては、中央当局が相手方の住所又は居所の特定について援助する仕組みがとられていますから（第5条参照）、このような場合には、申立人は、既にこのような援助を求めている旨、又は今後求める予定である旨を子の返還申立書に記載するなどして裁判所に知らせることが考えられます。相手方の住所又は居所を知らないために、申立書にそれを記載することができないときは、その旨を申立書に記載するなどして裁判所に知らせることが望ましいことはいうまでもありません（Q94の1参照）。そうすることによって、裁判所は、子の返還申立書を却下することなく、中央当局から相手方の住所又は居所に関する情報を得た上で、相手方に子の返還申立書の写しを送付し、子の返還申立事件の手続を進めていくことになると考えられます。

（注）申立人が子及び相手方の所在を知らない場合には、子の返還申立事件の管轄裁判所も分からないことが想定されます。このような場合であっても、申立人は東京家庭裁判所か大阪家庭裁判所のいずれかに子の返還申立書を提出しなければなりませんが、管轄裁判所は子の所在が判明すれば客観的に定まりますので、申立書を受理した裁判所は、管轄及び移送の規律に従って所要の措置を講ずることになります（Q81、Q83参照）。

Q99

子の返還を求められた当事者は、申立書に対応する書面としてどのような書面を裁判所に提出しなければならないのですか。

A　主張及び証拠の整理を迅速に行う上では、裁判所があらかじめ当事者双方の主張及び証拠について十分に把握しておくことが重要です。

そのため、規則では、裁判長は、答弁書の提出をすべき期限(注)を定めなければならないこととするとともに（規則第40条）、子の返還申立書の記載事項（規則第34条第1項。Q94の4参照）に対応して、次のとおり、答弁書の記載事項を定めています（規則第41条第1項）。

(注) 答弁書の提出期限は、相手方が答弁書作成に要する時間や、充実した審理を第1回期日から行うために裁判所や当事者の準備に必要な時間などを考慮して定められることになるものと思われます。

1　申立ての趣旨に対する答弁及び子の返還申立書に記載された事実に対する認否（規則第41条第1項第1号、第2号）

子の返還申立事件では、民事訴訟とは異なり、認諾や自白の拘束力は認められていませんが（第86条参照）、裁判所が早期に争点を把握して迅速かつ適切な審理をするため、答弁書に申立ての趣旨に対する答弁及び子の返還申立書に記載された事実に対する認否を記載することとしています。

2　子の返還拒否事由（第28条第1項各号に掲げる事由）のうち答弁を理由付けるもの（規則第41条第1項第3号）

子の返還拒否事由に関する争点を早期に確定するためには、答弁書に相手方の主張を具体的に記載させることが必要です。もっとも、相手方は、常に全ての子の返還拒否事由を主張するとは限らないことから、そのうち「答弁を理由付けるもの」、すなわち、相手方が子の返還申立事件において子の返還を拒否する理由として主張するもののみを記載すれば足りることとしています。

3 予想される争点及び当該争点に関連する重要な事実（規則第41条第1項第4号）

「予想される争点」としては、①相手方の主張する事実のうち申立人において否認することが予想されるため、相手方において立証活動を行う必要がある事実のほか、②相手方が主張した事実に対して申立人が反論として主張すると予想される事実を記載することが考えられます。また、「当該争点に関連する重要な事実」が求められていることから、予想される争点に関連して重要と考えられる事実を幅広く主張することも必要になります。これらを答弁書に記載することとしたのは、申立書の記載と相まって、裁判所が紛争の全体像を早期に把握することを可能とするためです。

4 子の返還拒否事由のうち答弁を理由付けるもの及び予想される争点ごとの証拠（規則第41条第1項第5号）

相手方が主張する子の返還拒否事由及び予想される争点ごとに、「乙第○号証」といった具体的な証拠方法が記載されることで、主張についての証拠の有無及び主張と証拠の対応関係が明らかになり、争点及び証拠の整理に役立つことから、子の返還拒否事由のうち答弁を理由付けるもの及び予想される争点ごとの証拠を記載することとしています。なお、記載した証拠が書面であるときは、その写しを答弁書に添付しなければなりません（規則第41条第2項）。

5 返還を求める子について親権者の指定若しくは変更又は子の監護に関する処分についての審判事件が係属している場合には、当該審判事件が係属している裁判所及び当該審判事件の表示（規則第41条第1項第6号）

実施法では、親権者の指定若しくは変更又は子の監護に関する処分についての審判事件（人事訴訟法第32条第1項に規定する附帯処分についての裁判及び同条第3項の親権者の指定についての裁判に係る事件を含みます）が係属している場合において、当該審判事件が係属している裁判所に対し、当該審判事件に係る子について不法な連れ去り又は不法な留置と主張される連れ去り又は留置があったことが外務大臣又は当該子についての子の返還申立事件が係属する裁判所から通知されたときは、当該審判事件が係属している裁判所

は、当該審判事件について裁判をしてはならないこととしています（第152条）。これを受けて、規則では、子の返還申立事件が係属する裁判所の裁判所書記官が、遅滞なく、同事件が係属した旨を当該審判事件が係属している裁判所に通知しなければならないこととしています（規則第97条第1項。Q158参照）。上記の通知を行うためには、子の返還申立事件が係属している裁判所が当該審判事件の係属を知る必要があるので、答弁書に当該審判事件が係属している裁判所及び当該審判事件の表示を記載することとしています。また、このような趣旨に照らすと、当該審判事件の表示は、事件を特定するために要求されているものですから、事件名だけでは足りず、事件番号も記載する必要があります。

Q100 第一審裁判所における子の返還申立事件では、当事者の手続保障について、どのような配慮がされていますか。

A 子の返還申立事件は、紛争性の高い事件類型であるため、当事者に手続に関与する機会を十分に保障する必要性があると考えられます。そこで、実施法では、子の返還申立事件を二当事者が対立する対審構造の手続とした上で、第一審の手続において、次のとおり、手続保障に配慮した規律を設けています（抗告審の手続における手続保障については、Q121 参照）。

1　申立書の写しの送付

子の返還の申立てがあった場合に、手続の当初から相手方に十分な反論の機会を与えるためには、相手方に速やかに申立ての内容を了知させることが必要となります。そこで、家庭裁判所は、申立てが不適法であるとき又は申立てに理由がないことが明らかなときを除き、相手方に子の返還申立書の写しを送付しなければならないこととしています（第72条第1項）。

2　証拠調べについての申立権

子の返還申立事件においては、判断の基礎となる資料の収集を家庭裁判所が職権で行うものとする職権探知主義を採用しつつも、当事者に裁判資料の収集の場面における主体的役割を与えるため、証拠調べについて当事者に申立権を認めることとしています（第77条第1項）。

3　事実の調査の通知

当事者から提出された主張や資料、裁判所が自ら収集した資料等に対して、他の当事者等が適時に反論、反証をすることができる機会を保障するために、家庭裁判所は、事実の調査をしたときは、特に必要がないと認める場合を除き、その旨を当事者に対して通知しなければならないこととしています（第84条）。なお、ここでいう事実の調査の通知は、記録の閲覧等のきっかけとなる程度の情報、すなわち、どのような事実の調査をしたかについて知らせれば足り、事実の調査の結果の具体的な内容についてまで通知する必

要はないと考えられます。

4　陳述の聴取

子の返還の申立てがされ、裁判所がこれに対して実質的な審理判断をする場合には、当事者に陳述の機会を付与し、その手続保障を図ることが重要ですので、家庭裁判所は、子の返還の申立てが不適法であるとき又は申立てに理由がないことが明らかなときを除き、当事者の陳述を聴かなければならないこととしています（第85条第1項）。もっとも、当事者からの陳述聴取の方法としては、書面照会や家庭裁判所調査官による陳述の聴取が適切な事案もあることから、審問の期日を開かなければならないこととはしていません（Q107（注1）参照）。

5　審問の立会権

家庭裁判所が審問の方式により当事者の陳述を聴取する場合には、他の当事者の攻撃又は防御の機会を十分に与えるために、原則として他の当事者が立ち会うことができることとしています（第85条第2項本文）。もっとも、例えば、申立人からの暴力（DV）が疑われる事案において、相手方の審問に申立人が立ち会うことによって相手方から十分な陳述を聴取することができなくなるなど、事実の調査に支障が生ずるおそれがあると認められるときは、他の当事者の立会いを認めないこととして、その例外を設けています（第85条第2項ただし書。Q107参照）。

6　審理の終結

子の返還申立事件の手続において、当事者に対して裁判資料の提出期限及び裁判の基礎となる裁判資料の範囲を明らかにし、当事者が十分に攻撃防御を尽くすことができるようにするため、家庭裁判所は、申立てが不適法であるとき又は申立てに理由がないことが明らかなときを除き、原則として相当の猶予期間を置いて審理を終結する日を定めなければならないこととしています（第89条本文）。もっとも、当事者が立ち会うことのできる子の返還申立事件の手続の期日において審理を終結する場合には、当事者はその場で審理を終結することに対し意見を述べることができる（反対である場合にはそ

の理由、例えば、今後提出する予定の重要な資料があること等の説明をすることができます）ので、直ちに審理を終結する旨を宣言することは妨げられません（第89条ただし書）。

7 裁判日

　家庭裁判所が子の返還申立事件について裁判をする日は、当事者にとって重大な関心事であり、自らの意向に沿わない裁判がされた場合の不服申立ての準備や子の返還を命ずる裁判がされた場合の渡航の準備等に大きく影響しますので、これらの準備等を適時適切にすることができるようにするため、家庭裁判所は、審理を終結したときは、裁判をする日を定めなければならないこととしています（第90条）。なお、審理を終結する日を定める決定は、これを受ける者、すなわち、当該子の返還申立事件の当事者及びその手続に参加した子に対し、相当と認める方法で告知されることになります（第98条第1項参照）。

8 その他

　以上のほかにも、裁判所書記官は、子の返還申立事件の手続の期日について、原則として調書を作成しなければならないこととして、期日における手続の記録化の規定を設け（第61条）、さらに、当事者は、原則として子の返還申立事件の記録の閲覧等をすることができることとする（第62条第3項。Q90からQ92まで参照）など、当事者の手続保障に配慮した規律を設けています。

Q101 裁判所から遠隔の地に居住する当事者に対しては、どのような配慮をすることが考えられますか。

A 子の返還申立事件については、管轄権を有する裁判所を東京家庭裁判所と大阪家庭裁判所の2庁に集中させていることから（Q82参照）、当事者が遠隔の地に居住している場合も想定されます。

しかし、そもそも、子の返還申立事件は、何度も当事者の出頭を求め、長期間にわたって手続を行うことは予定していません。

また、事案によっては、書面のやり取りを通じて当事者の主張や裁判資料の整理を行ったり、電話会議システムやテレビ会議システム等を利用して当事者の審問（第75条）を行ったりすることができます。さらに、裁判官が、当事者の審問を行うために、裁判所書記官と共に当事者の居住する場所に出向くこともできますし、家庭裁判所調査官が、事実の調査として返還を求められている子と面接を行うために、子の居住する場所に出向くこともできます(注)。

このような運用上の配慮をすることによって、当事者が裁判所から遠隔の地に居住している場合における当事者の負担を軽減することが可能です。

(注) なお、子の返還申立事件において、裁判官が裁判所書記官と共に当事者の居住する場所に出向いて当事者の審問を行ったり、家庭裁判所調査官が子の居住する場所に出向いて子と面接を行ったりする場合に発生する裁判官等の旅費や宿泊料については、当事者が負担すべき手続の費用に当たらないので（民訴費用法第2条、同法第11条第1項第2号参照）、これらの費用については、当事者が負担する必要はありません。

Q102

子の返還申立事件の手続における子の返還事由及び子の返還拒否事由に係る裁判資料の収集につき、当事者及び裁判所はどのような役割が期待されていますか。

A 子の返還申立事件は、その性質上、子の利益の観点から、裁判所が後見的に関与して実体的真実に合致した判断をすることが求められます。そこで、子の返還申立事件の手続においては、裁判所が職権で事実の調査や証拠調べをして裁判資料を収集することができるという、いわゆる職権探知主義を採用しています（第77条第1項）。

　子の返還申立事件においては、子の返還事由（第27条）や子の返還拒否事由（第28条）の存否を中心に審理が進められることになると考えられますが、この点についても、裁判所は、自らその存否や裏付けとなる資料の有無を検討し、当事者や関係者から事情を聴取したり（第85条参照）、調査の嘱託（第83条参照。Q106参照）をしたりするなどして裁判資料を収集することになります。また、事情を聴取する方法としては、書面による陳述の聴取、審問、証拠調べ（第86条、当事者に申立権があります）のほか、家庭裁判所調査官による事実の調査（第79条。Q105参照）によることが考えられます。

　もっとも、裁判所が子の返還事由や子の返還拒否事由に関する裁判資料を収集しようとしても、当事者が子の返還事由及び子の返還拒否事由としてどのような主張をするのか、それを裏付ける資料としてどこにどのようなものがあるのかなどについて明らかにしてもらわなければ、現実的には困難です。そして、このような情報は、子の返還申立事件の性質上、当事者が最もよく知っているものと考えられます。そこで、実施法においては、当事者が裁判資料の収集の場面で裁判所に協力すべきこととし、申立人は子の返還事由についての資料を、相手方は子の返還拒否事由についての資料をそれぞれ提出することとしています（第77条第2項）(注)。

（注）申立人が子の返還事由についての資料を、相手方が子の返還拒否事由についての資料をそれぞれ提出すべきこととしているのは、子の返還事由が認められなければ子の返還が認められないこととなって申立人の望む結果が得られないこととなり、子の返還拒否

事由が認められなければ子が返還されることとなって相手方の望む結果が得られないこととなるという、客観的証明責任の考え方を背景にしています。この客観的証明責任とは、法令適用の前提として必要な事実（法律要件事実）について手続上真偽不明の状態が生じたときに、その法令適用に基づく法律効果が発生しないとされる当事者の負担をいうものですが、ある法律要件事実についていずれの当事者が客観的証明責任を負担するかは、あらかじめ一義的に定められているものであり、審理における当事者の手続行為、立証活動等のいかんによって左右されるものではないので、弁論主義を採用する手続であるか職権探知主義を採用する手続であるかを問わず、また、訴訟手続であるか非訟手続であるかにかかわらず、観念されるものであると考えられます（伊藤眞『民事訴訟法〔第4版補訂版〕』（有斐閣、2014年）356頁以下、松本博之＝上野泰男『民事訴訟法〔第5版〕』（弘文堂、2008年）394頁以下等）。

Q103 子の返還申立事件の手続では、裁判資料は日本語で記載されたものを提出しなければならないのですか。外国語で記載された資料を翻訳して提出する場合には、その費用は誰の負担になりますか。

A 裁判所では、日本語を用いることとされており（裁判所法第74条）、子の返還申立事件の手続もその例外ではありません。したがって、子の返還申立事件の手続において提出する裁判資料は、日本語で記載されたものでなければなりませんし、外国語で記載された資料を提出する場合にはその訳文が提出されることが想定されています。

外国語で記載された資料の訳文を提出する場合における翻訳料は、手続費用に該当するので（民訴費用法第2条第8号）、原則として、各自の負担となります（第55条第1項）。もっとも、当事者の一方に手続費用を負担させることが公平に反するような特段の事情が存する場合もあり得るので、裁判所は、事情により、手続費用の全部又は一部を、その負担すべき者以外の当事者に負担させることができることとしています（第55条第2項。Q87（注2）参照）。

なお、外国語で記載された資料の訳文を提出する場合における翻訳料は、裁判所に納付する裁判費用には該当しないので、訴訟上の救助により、その支払の猶予を受けることはできません（第59条第2項において準用する民事訴訟法第83条第1項第1号）。もっとも、民事法律扶助制度による弁護士費用の立替援助を利用している方（Q88の2参照）について、手続の準備及び追行のために外国語で記載された資料の翻訳料が生じた場合には、翻訳料の立替を受けることができます。この場合における翻訳料の立替額については、審査を経て決定されることとなっています。詳しくは法テラスにお尋ねください。

さらに、中央当局においても、子の返還申立事件において裁判所に提出する証拠書類等を、翻訳業者に委託して一定の範囲までは無料で日本語に翻訳する支援を行っています(注)。この支援を受けることができるのは、外国返還援助決定を受けた方及び外国返還援助決定を受けた方が申し立てた子の返還申立事件の当事者及び参加人です。

（注）中央当局では、子との面会交流の定めをすることを求める家事調停又は家事審判において裁判所に提出する証拠書類等の日本語への翻訳も支援しています。支援を受けることができるのは、日本国面会交流援助決定を受けた方及び日本国面会交流援助決定を受けた方が申し立てた子との面会交流の定めをすることを求める家事調停又は家事審判の当事者及び参加人です。

Q104 当事者又は返還を求められている子が日本語に通じない場合には、どのようにしてこれらの者から事情を聴取するのですか。

A 当事者又は返還を求められている子が日本語に通じない場合に、子の返還申立事件の手続の期日（Q89の2参照）においてこれらの者から事情を聴取するときは、当該期日に通訳人を立ち会わせて事情を聴取する方法によることになります（第76条において準用する民事訴訟法第154条第1項本文）。また、家庭裁判所調査官が事実の調査（第79条。Q105参照）として当事者又は返還を求められている子から事情を聴取するときも、期日における事情聴取の場合と同様に、通訳人を立ち会わせて事情を聴取する方法によることになります[注]。

（注）家庭裁判所調査官による事実の調査は、子の返還申立事件の手続の期日において行う場合以外は、期日における手続ではないため、第76条において準用する民事訴訟法第154条第1項本文の規定は直接には適用されないと考えられますが、事実の調査は、自由な方式により行うことができますので、当事者又は返還を求められている子の事情を聴取するために通訳人を立ち会わせる必要があると認められる場合には、当事者に通訳人の同行を求めたり、裁判所において通訳人を選任したりするなどの適宜の方法で通訳人を付することができるものと考えられます。

Q105

子の返還申立事件の手続において、家庭裁判所調査官はどのような場面で、どのように関与することが想定されているのですか。

A 子の返還申立事件の手続において、家庭裁判所調査官は、家庭裁判所が調査を命じた事項について、必要な事実の調査をし、その結果を書面等で家庭裁判所に報告します（第79条）。

家庭裁判所調査官が関与する場面については、家庭裁判所が当事者の主張や当事者が提出した資料等を基に個別的に判断することになりますが、主として、子の返還拒否事由のうち、①子が新たな環境に適応しているか否か（第28条第1項第1号）、②常居所地国に返還されることについての子の意向はどうか（第28条第1項第5号）等についての調査において関与することが想定されています。

これらの場面で家庭裁判所調査官がどのように関与するのかについては、個別の事案によりますが、一般的には、心理学等の行動科学の専門知識及び技法を活用して、子と面会したり、家庭訪問等をしたりすることにより、①及び②の事項等についての事実の調査をすることが想定されています。

Q106
子の返還申立事件における裁判資料の収集の方法としての調査の嘱託等においては、具体的にどのような調査を嘱託し、又は報告を求めることが想定されているのですか。

A 家庭裁判所は、子の返還申立事件において、中央当局を担う外務大臣のほか(注1)、官庁、公署等に必要な調査を嘱託し、また、子が通っている学校、幼稚園又は保育所等に対し子の心身の状態及び生活の状況その他の事項に関して必要な報告を求めることができることとしています（第83条）。

「子の心身の状態」や「子の生活の状況」には、現在の子の心身の状態や生活の状況のほか、過去の、特に常居所地国における子の心身の状態や生活の状況も含まれます。これらを例示したのは、子の返還拒否事由の存否の判断に必要である場合が想定されるからです。すなわち、現在の子の心身の状態や生活の状況であれば、「子が新たな環境に適応していること」（第28条第1項第1号）の存否の判断に必要であることが想定されますし、過去の子の心身の状態や生活の状況であれば、「常居所地国に子を返還することによって、子の心身に害悪を及ぼすことその他子を耐え難い状況に置くこととなる重大な危険があること」（第28条第1項第4号）の存否の判断に必要であることが想定されます。

なお、必要な調査の嘱託や必要な報告を求める先については、特に限定されていませんが、例えば、中央当局である外務大臣に対しては、常居所地国での子の社会的背景について調査(注2)(注3)を嘱託し、現在子が通っている学校、幼稚園又は保育所等に対しては、子の通学、通園又は通所の状況やその生活態度又はそこからうかがわれる子の心身の状態等について必要な報告を求めることなどが想定されています。

(注1)「外務大臣に嘱託するほか」として、調査の嘱託先の官庁の例示として「外務大臣」を明示しているのは、子の返還申立事件の手続では、家庭裁判所が条約第7条第2項dに規定する中央当局間の情報交換に基づく調査等を外務大臣に対して嘱託するなど、調査の嘱託をする官庁の代表例が外務大臣であるといえますし、また、子の返還申立事件の手続における外務大臣の位置付けを踏まえると、裁判資料の収集の場面における中央当局

を担う外務大臣の役割を規定上も明らかにするのが相当であると考えられるためです。具体的には、常居所地国における生活の状況（子や相手方が申立人からの暴力（DV）の被害を受けていたか否かなど）について、外務大臣の所管下にある在外公館を通じた資料収集をすること等が考えられます。

（注2）常居所地国での子の社会的背景に関する調査は、条約第7条第2項dの規定に基づく中央当局間の情報交換によることが想定されています（ただし、常居所地国の中央当局に対して求めた情報が提供されるかどうか、また、提供される情報の内容や提供にかかる時間等については、各国の中央当局によって異なると考えられます）。

（注3）裁判所が職権でする調査の嘱託は、国家機関たる裁判所がその権限に基づいてする裁判上の行為であり、公権力行使の一態様ですから、条約等の国家間の合意等がない限り、日本に所在する外国の大使館等や外国にある外国の官公署や団体に対して直接調査の嘱託をすることはできないと考えられます。

Q107 申立人の相手方に対する暴力（DV）が疑われる事案において相手方の陳述を聴取する場合には、どのような方法で行うのですか。

A （前注）実施法における配偶者等からの暴力（DV）の被害者の保護の全体像については、Q25参照。

　陳述の聴取は、言語的表現による認識、意見、意向等の表明を受ける事実の調査の方法であり、子の返還申立事件の手続の期日において裁判官が当事者の口頭での陳述を直接聴取する審問のほか、家庭裁判所調査官による事実の調査、書面照会等の方法で行うことが想定されています。

　実施法では、当事者の陳述の聴取の方法として、審問の期日を開くことを義務付けていませんので、申立人の相手方に対する暴力（DV）が疑われる事案においては、必要に応じて、家庭裁判所調査官による当事者の陳述聴取や書面照会が行われることがあると考えられます（Q100の4参照）(注1)。

　これに対し、審問の期日を開いて当事者の陳述を聴取する場合においては、他の当事者は、原則として当該期日に立ち会うことができることとしています（第85条第2項本文）。しかし、申立人の相手方に対する暴力（DV）が疑われる事案において、相手方の審問の期日に申立人が立ち会うことにより、相手方が精神的圧迫を受け、自身の認識、意見、意向等を表明することができないおそれがあると認められる場合には、申立人を当該期日に立ち会わせないことができる（第85条第2項ただし書。Q100の5参照）ほか、テレビ会議システム（第75条第1項）を利用して審問を行うこともできます。

　また、このような事案において、審問の期日終了後に申立人が相手方の後をつけて相手方の居所が申立人に明らかになるおそれがあると認められる場合には、審問の期日を開いて当事者双方から陳述を聴取するとしても、申立人の審問と相手方の審問とをそれぞれ異なる日に設定したり、やむを得ず同日になる場合には時間帯をずらすなどの配慮をしたりすることが考えられますし（第85条第2項ただし書参照）、通知することによって事実の調査に支障を生ずるおそれがあると認められるときは、相手方の審問の期日を申立人に通知しないことも考えられます（規則第45条ただし書）(注2)(注3)。

（注1）子の返還申立事件の手続においては、迅速処理の要請が特に高いこと、申立人のみならず相手方も管轄裁判所から遠方の地に居住している場合が少なくないと考えられること、当事者の置かれている状況は様々であると想定されることなどから、当事者の陳述の聴取の方法としては、審問の期日を開いて裁判官が直接当事者の陳述を聴取するよりも、家庭裁判所調査官による陳述の聴取や書面照会の方法による方が適切な事案も少なくないと考えられます。そこで、実施法では、当事者の陳述の聴取の方法として、審問の期日を開くことを義務付けることとはしませんでした。

（注2）証拠調べとして当事者尋問の方法（第86条において準用する民事訴訟法第207条）による場合には、遮蔽の措置やテレビ会議システムを利用することができます（民事訴訟法第210条において準用する同法第203条の3、同法第204条）。

（注3）規則第45条ただし書は、当事者の審問の期日を通知すること自体によって事実の調査に支障を生ずるおそれがある場面を想定していることから、同条ただし書の要件が認められる場合には、通常、第85条第2項ただし書の事実の調査に支障を生ずるおそれも認められるものと思われます。一方で、第85条第2項ただし書の事実の調査に支障を生ずるおそれが認められるからといって、直ちに規則第45条ただし書の要件が認められるわけではありません。

Q108

子の返還申立事件の証拠調べ手続において、当事者が正当な理由なく出頭せず、又は陳述や文書の提出を拒むなどした場合には、どのような取扱いがされるのですか。

A 実施法では、子の返還申立事件の手続における証拠調べについては、基本的には、民事訴訟法に定める証拠調べ手続の方法によるものとしています（第86条第1項）。したがって、当事者本人を尋問する場合において、当事者が正当な理由なく出頭せず、若しくは陳述を拒むなどしたとき、又は当事者が文書提出命令に従わない場合には、相手方の主張を真実と認めることができるとするいわゆる真実擬制に関する規定（民事訴訟法第208条、同法第224条（同法第229条第2項、同法第232条第1項において準用する場合を含む）、同法第229条第4項）が適用されることになります。

この点は、家事事件手続法の規律（家事事件手続法第64条第1項、第3項、第4項、第6項）とは異なります。これは、子の返還申立事件における審理の対象は、あくまで常居所地国への子の返還の可否であって、子、申立人及び相手方の身分関係を確定するものではないので、家事審判事件と同程度に公益性及び実体的真実の発見の要請が強いとまでは必ずしもいえないこと、また、申立人が外国に居住している場合が多いなどの子の返還申立事件の特殊性を踏まえると、いわゆる真実擬制に代えて過料を科すことによって証拠調べの実効性を確保することは困難であることを考慮したものです。

なお、いわゆる真実擬制の規律は、裁判上の自白の規律（民事訴訟法第179条参照。実施法は民事訴訟法第179条を準用していません（第86条第1項））とは異なり、これを適用するか否かを裁判所が裁量で判断することができますので、子の返還申立事件の手続において、いわゆる真実擬制の規律を設けても、職権探知主義と矛盾するものではないと考えられます。

Q109

実施法において、子の連れ去り又は留置が不法なものであったことを証する文書を常居所地国で得ることができる場合には、家庭裁判所は申立人に対しその文書の提出を求めることができるとされたのは、なぜですか。

A 子の連れ去り又は留置が申立人の有する子についての監護の権利を侵害するものであることは、子の返還事由の1つであり、その有無については、常居所地国の法令に照らして判断されることになります（第27条第3号、条約第3条第1項a。Q61の3参照）。条約では、その判断の資料とするため、子の返還の申立てを受けた司法当局又は行政当局は、子の連れ去り又は留置が不法なものであるとの決定又は判断を申請者が常居所地国において得ることができる場合には、当該申請者に対し当該決定又は判断を得るよう要請することができることとされていますので（条約第15条）、実施法においても、子の返還申立事件を処理する家庭裁判所は、申立人が不法な連れ去り又は不法な留置があったことを証する文書を常居所地国において得ることができるときは、申立人に対し、当該文書の提出を求めることができることとしています（第87条）^(注)。

なお、実際に、子の返還申立事件の手続において、第87条に規定する不法な連れ去り又は不法な留置があったことを証する文書が提出された場合であっても、不法な連れ去り又は不法な留置があったことを認定するかどうかは裁判所の判断に委ねられるべきものであり、裁判所は、同文書を判断資料の1つとして、不法な連れ去り又は不法な留置があったか否かを判断することになります。

（注）日本の現行法には、日本から外国に子を連れ去られた事案について、当該子の連れ去りが不法なものであることを判断する手続はないので、他の条約締約国において子の返還のための手続がされる場合に、そこでの判断資料として日本が子の連れ去り又は留置の不法性を証する文書を発することはありません。

Q110 子の返還を命ずる決定又は子の返還の申立てを却下する決定は、だれに対して、どのような方法で告知されますか。

A 子の返還を命ずる決定又は子の返還の申立てを却下する決定は、終局決定(注)に当たります。

終局決定については、子の返還申立事件の当事者に対して告知するほか、原則として、返還を求められた子にも告知することとしています（第93条第1項本文。例外的に、子に対する告知を要しない場合については、Q111参照）。

終局決定の告知の方法については、迅速な処理の要請に鑑み、相当と認める方法によることとしています（第93条第1項本文）。告知が即時抗告期間の起算点となること（第102条第2項、第3項）から、正本又は謄本の送達により告知するのが相当とも考えられますが、一律に送達によるべきものとした場合には、告知に時間を要し、迅速な処理の要請に反する場合もあるものと考えられますので、告知の方法については、具体的事案に応じた裁判所の適正な裁量に委ねることとしています。

なお、終局決定が確定したときは、裁判所書記官は、速やかに、その旨を外務大臣に通知しなければならないこととしています（規則第48条）。これは、中央当局は、子の返還を命ずる終局決定が確定した場合には、子の安全な返還を確保するための活動を開始し（第142条、条約第7条等参照）、子の返還の申立てを却下する裁判が確定した場合であっても、なお申立人と子との面会その他の交流の実現に向けたあっせんその他の必要な措置を検討するなどの活動をすることが考えられ（第16条参照）、そのために終局決定の確定を早期に知る必要があることを考慮したものです。

(注) 実施法では、終局決定とそれ以外の裁判とで、裁判の告知をすべき相手方やその効力の発生時期について異なる規律を設けています（第93条第1項、第2項、第98条第1項、第2項）。終局決定とは、子の返還申立事件の手続を完結させる裁判をいい、子の返還を命ずる終局決定と、子の返還の申立てを不適法として却下し、又は理由なしとして却下（抗告審では棄却）する終局決定とがあります。これに対して、「終局決定以外の裁判」（第98条参照）とは、子の返還申立事件の手続における派生的又は付随的な事項に関するもの（移送についての裁判、記録の閲覧等の許可の申立てについての裁判等）及び本案に関する判断ではあるものの、本案についての終局的判断を示すものではないもの（中間決定等）をいいます。

Q111 子に対して子の返還申立事件の終局決定の告知をしないのは、どのような場合ですか。

A 子の返還申立事件の終局決定は、子の返還申立事件の当事者に対して告知するほか、原則として、返還を求められた子にも告知することとしています（第93条第1項本文）。これは、子が、終局決定の結果によって直接的かつ重大な影響を受けることや、子の返還を命ずる終局決定に対して即時抗告をすることができること（第101条第2項）を考慮したものです(注1)。

もっとも、裁判所が子に対して裁判書の謄本等を送付するなどの方法によって終局決定を告知することが子の利益の観点から相当でない場合もあると考えられますので、裁判所は、子の年齢及び発達の程度その他一切の事情を考慮して子の利益を害すると認める場合には、例外的に、子に対して終局決定の告知をしなくてもよいこととしています（第93条第1項ただし書）(注2)。具体的には、子が精神的に非常に不安定になっている場合において、子に裁判書の謄本等が直接送付されると子の精神状態が悪化するおそれがあるときや子の年齢やその性格等に照らして子と同居する相手方が適宜の時期に適切な方法で終局決定の内容を子に伝えるのが相当なときなどが想定されます。なお、子が自ら子の返還申立事件の手続に参加した場合には、このような例外は認められません（第93条第1項ただし書の括弧書き）。

（注1）告知を受けるためには、告知を受ける能力が必要ですから、そのような能力がないことが明らかな者に対しては、告知を行う必要はありません。

（注2）子は、子の返還を命ずる終局決定に対して即時抗告をすることができますが（第101条第2項）、子に対して終局決定の告知をしなくてもよいこととすると、子は事実上即時抗告をすることができなくなるのではないかという懸念があるかもしれません。しかし、子に対して終局決定の告知がされない場合であっても、子と同居する相手方が適宜の時期に適切な方法で終局決定の内容を子に伝えることが想定されますし（そのような前提で、手続に参加していない子の即時抗告期間の起算点を当事者が終局決定の告知を受けた日としています。第102条第3項）、相手方が、子の返還を命ずる終局決定に対する子の即時抗告をすることを妨げる目的で、終局決定の内容を子に秘匿するということはおよそ考えられませんので、子の即時抗告権が事実上奪われるような結果になることは考え難

いといえます（それでも、具体的な事案で問題が生ずるような場合には、即時抗告権の追完による対応が考えられます。第63条第4項において準用する民事訴訟法第97条）。

Q112 子の返還を命ずる決定又は子の返還の申立てを却下する決定は、いつから効力が発生することになりますか。

A

1 子の返還を命ずる決定

　実施法においては、子の返還を命ずる終局決定は、確定して初めて効力を生ずるものとしています。その理由は次のとおりです。すなわち、子の返還を命ずる終局決定がその確定[注]を待たずに効力を生ずるものとすると、子の返還の強制執行がされた後、即時抗告によって子の返還を命ずる終局決定が取り消されるという事態が生ずる可能性がありますし、強制執行の停止によって対応しようとしても、その裁判がされるまでの間に強制執行がされる可能性を排除することができません。そこで、子の返還を命ずる終局決定については、子の監護環境の安定の観点から、確定しなければ効力を生じないこととしているのです（第93条第2項ただし書）。

　（注）終局決定又は終局決定以外の裁判の確定とは、これらの裁判について通常の不服申立ての手段が尽きた状態をいいます。

2 子の返還の申立てを却下する決定

　これに対し、子の返還の申立てを却下する決定については、子の監護環境に変更を生じさせるものではなく、上記1のような問題は生じないことから、当事者に告知することによって効力を生ずることとしています（第93条第2項本文）。

Q113 中間決定とは、どのようなものですか。中間決定がされるのは、どのような場合ですか。

A 中間決定とは、終局決定の前提となる法律関係の争いその他中間の争いについて、裁判をするのに熟したときにされる中間的な裁判です（第97条第1項）。

中間決定は、一般に、中間の争いについて決着をつけないとその後の審理を円滑に進めることが困難な場合や、当事者が中間の争いについての主張や裁判資料の収集等に執着しており、それ以外の争点についての対応が不十分であるような場合等に、争点を整理し手続の円滑な進行を図ることを目的として行われます。例えば、連れ去り又は留置の前に子が申立人らと共にA国とB国を往来するような生活をしていた事案において、常居所地国がA国であるかB国であるかについて当事者間に争いがある場合に常居所地国がいずれかを特定する旨の中間決定をしたり、監護の権利を侵害する連れ去りであるか否かにつき争いがある事案において、監護の権利を侵害するものである旨の中間決定をしたりすることが考えられます。

なお、中間決定は、子の返還申立事件の審理を完結させる裁判ではなく、終局決定以外の裁判に当たります。終局決定以外の裁判に対する即時抗告は、特別の定めがある場合に限りすることができますが（第113条）、中間決定そのものについて独自に即時抗告を認める必要はないと考えられますので、特別の定めを置いていません。したがって、中間決定に対して即時抗告をすることはできません。

また、終局決定以外の裁判については、裁判書の作成が義務付けられていませんが（第98条第3項における第94条第1項の準用除外）、中間決定は主として当事者間で争点となった事項について判断するものであり、また、その判断に従って終局決定がされるのが通常であり、その判断に至った理由が明確に示されていることが必要であると考えられますので、中間決定については、終局決定以外の裁判の特則として、裁判書を作成してしなければならないこととしています（第97条第2項）。

第3節　裁判によらない子の返還申立事件の終了

Q114　裁判によらないで子の返還申立事件が終了するのは、どのような場合ですか。

A　裁判によらないで子の返還申立事件が終了する場合としては、申立ての取下げ、和解、調停の成立及び当然終了があります。以下、順に説明します。

なお、子の返還申立事件が裁判によらないで終了したときは、裁判所書記官は、速やかに、その旨を外務大臣に通知しなければならないこととしています（規則第51条）^(注)。

（注）これは、子の返還申立事件が裁判によらないで終了した場合であっても、子の安全な返還や面会交流の実現に向けた中央当局の活動に与える影響は、終局決定が確定した場合（Q110参照）と同様と考えられるためです。

1　申立ての取下げ

子の返還の申立ては、原則として終局決定が確定するまで取り下げることができ（第99条第1項本文）、これにより、子の返還申立事件は終了します。

しかし、終局決定がされた後は、裁判による紛争の解決を希望する相手方の利益を保護するため、相手方の同意を得なければ取下げの効力を生じないこととしています（第99条第1項ただし書）。相手方の同意を要する場合においては、原則として、取下げがあったことを相手方に通知することとし（第99条第2項）、その通知を受けた日から2週間以内に相手方が異議を述べないときは、申立ての取下げに同意したものとみなすこととしています（第99条第3項）。

なお、①子の返還の申立ての取下げがあった場合において、相手方の同意を要しないときは、裁判所書記官は、申立ての取下げがあった旨を当事者及び手続に参加した子に通知しなければならないこととし（規則第52条第1項）、また、②子の返還の申立ての取下げについて相手方の同意を要する場

合において、相手方が申立ての取下げに同意したとき（第99条第3項の規定によって同意したとみなされる場合を含みます）は、裁判所書記官は、その旨を当事者及び手続に参加した子に通知しなければならないこととしています（規則第52条第2項）。

2 和解

　子の返還申立事件は、和解をすることによっても終了します。
　なお、当事者が和解をしても、手続に参加した子がその期日に出頭していないことがあり得ますので、その場合には、手続に参加した子は、子の返還申立事件の終了を認識することができません。そのため、当事者が和解をした場合には、裁判所書記官は、遅滞なく、その旨を手続に参加した子に通知しなければならないこととしています（規則第53条第2項）。

3 調停の成立等

　子の返還申立事件が家事調停に付された場合において、調停が成立し、又は調停に代わる審判（家事事件手続法第284条。高等裁判所においてされた調停に代わる審判に代わる裁判を含みます）が確定したときには、子の返還の申立ての取下げがあったものとみなされますので（第147条）、子の返還申立事件は終了することになります。
　なお、子の返還申立事件が家事調停に付された場合でも、子の返還申立事件の手続に参加した子は当然に家事調停の手続に参加することとはされていません。そのため、調停が成立し、又は調停に代わる審判が確定し、子の返還の申立ての取下げがあったものとみなされたときは、裁判所書記官は、遅滞なく、その旨を、子の返還申立事件の手続に参加した子のうち家事調停の手続に参加していないものに対し、通知することとしています（規則第52条第3項）。

4 当然終了

　例えば、子の返還申立事件の申立人の死亡によってその手続を続行することができない場合において、その手続を受継する者がないときや返還を求められている子が死亡したとき等においては、子の返還申立事件は当然に終了することになります。

Q115 子の返還申立手続において、どのような場合に付調停や和解が利用されるのでしょうか。

A

1　付調停

　家庭裁判所及び高等裁判所は、当事者の同意を得て、いつでも職権で子の返還申立事件を家事調停に付することができます（第144条）。当事者の同意が必要とされているのは、迅速性が求められている子の返還申立事件においては、裁判所が当事者の意向に反してまで子の返還申立事件を家事調停に付し、話合いをするために時間をかけることを認めるのは相当ではないと考えられるためです（Q117の1参照）。そして、子の返還申立事件が家事調停に付された場合には、家事事件手続法の規定に基づき、原則として調停委員会（裁判官1名と家事調停委員2名以上で構成されます）を交えて話合いが行われることになります。

　したがって、子の返還申立事件が家事調停に付される場合としては、当事者が同意しており、かつ、事案の解決に向けた実質的な話合いをする必要がある場合が想定されます。

2　和解

　子の返還申立事件において、家事調停に付することができるだけでなく、和解をすることもできることとしたのは、裁判外で実質的な合意ができている場合や直ちに話合いによる解決を図ることができるような場合にまで、あえて形式的に家事調停に付さなければならないこととするのは迂遠であり、迅速な処理の要請に反することにもなるからです。

　したがって、当事者が和解をする場合としては、例えば、①申立人と相手方が裁判外（いわゆる裁判外紛争解決手続（ADR）を利用する場合を含みます[注]）で話合いをして実質的に合意に至っている場合において、裁判所においてその合意内容について相当性を確認し、和解調書に記載してその効力を背景に紛争解決を図るとき、②裁判所が子の返還申立事件の審理の状況を踏まえ、解決案をあっせんすることにより直ちに話合いによる解決を図ることができる場合等が想定されます。

　なお、家事調停に付する場合と異なり、和解の手続を進めるのに当事者の

同意を要するものとしていませんから、和解による解決を目指して裁判所において期日を何回も重ねることは想定されていないこと（もし、裁判所が間に入ってある程度時間をかけて話合いの手続を進めようと考えるのであれば、当事者の同意を得て家事調停に付することになると考えられます）に留意する必要があります。

　（注）条約は、裁判外での話合いによる円満解決も指向しているものと考えられますので（条約第 7 条第 2 項 c 参照）、裁判外紛争解決手続（ADR）の活用も期待されます。裁判外紛争解決手続（ADR）によって合意に至った場合には、その合意内容の履行の確保が問題になりますが、子の返還申立事件における和解は、その受け皿としての役割を果たし得るといえます。もちろん、子の返還の申立てをすることが前提になりますが、裁判外で実質的な合意に至っている旨を裁判所に伝えることで、裁判所が直ちに和解の手続に入るものと考えられます。

Q116

子の返還申立事件において、どのような事項について和解をすることができるのですか。同事件において、離婚について和解をすることはできるのですか。

A 子の返還申立事件においては、常居所地国に子を返還するか否かについて和解をすることができるのはもちろん、子の監護に関する事項、夫婦間の協力扶助に関する事項及び婚姻費用の分担に関する事項についても和解をすることができることとしています（第100条第2項、第3項第2号）。これらの事項は、本来的な家事審判事項ですから、特別の定めがない限り、子の返還申立事件の手続において和解をすることはできないと考えられますが（人事訴訟法第32条参照）、子の返還申立事件の手続においては、子を返還しないことを前提に子との面会交流や子の監護に要する費用の分担等についての取決めがされることや、子を返還することを前提に当面（主として、子が常居所地国に戻るまで）の面会交流や子の監護に要する費用の分担等についての取決めがされることも想定されますので、和解を促進し、紛争の迅速かつ円満な解決に資するために、特別の定めを設けました。

なお、常居所地国に子を返還した後の事項について和解をすることも法的には許容されないわけではありませんが、常居所地国において合意内容に沿った効力が認められるかどうかは分からないので、合意内容が任意に履行されないときは履行の確保が困難になる可能性があります。したがって、このような事項について和解をする場合には、そのことを十分に認識した上で慎重に対応する必要があるものと考えられます。

これに対し、離婚については、家事事件の手続又は人事訴訟事件の訴訟手続において解決すべきものであり、迅速性が求められている子の返還申立事件において解決するのは相当でないと考えられますので、子の返還申立事件において、和解をすることができることとはしていません。離婚に伴う親権者の指定についても同様です。

Q117 子の返還申立事件を家事調停に付することに関する規律は、どのようなものですか。

A 子の返還申立事件を家事調停に付する場合の手続や付された家事調停における手続に関する規律は、次のとおりです。

1 当事者の同意

　条約は、子を迅速に常居所地国に返還した上で、子の常居所地国において子の監護の権利に関する事項を決めることが子の利益にかなうという理念を基本としていますので（Q10参照）、子を返還するか否か、返還したとして（又は返還しないとして）その後の子の監護をどうするのかといったことについて、子が所在する国で長期間にわたり協議することは相当ではありません。また、日本の家事調停は、裁判官と2人以上の家事調停委員を交え、当事者間の協議を通じて対立点を解きほぐし合意点を探っていく手続ですから、ある程度の時間がかかりますし、当事者は、当該調停に関与する調停委員を自ら選ぶことはできません。したがって、裁判所が話合いによる解決が望ましいと考えて子の返還申立事件を家事調停に付し、長期間かけて協議を継続するということは、条約の趣旨に反しかねないので、このような手続を当事者の意向を度外視して押しつけることは相当ではありません。しかし、友好的な解決も条約の重要な目的であることに照らし（条約第7条第2項c。Q27参照）、当事者が調停の手続を理解した上で、その利用を望むのであれば、裁判所がそれに助力することは望ましいことといえます。

　以上の趣旨から、実施法では、子の返還申立事件を家事調停に付するには、当事者の同意[注]を得なければならないこととしています（第144条）。

　[注] 調停不成立となった場合には、子の返還申立事件において、家事調停の手続において提出された資料が事実の調査（第77条第1項）の対象となることがあります。諸外国の中には、調停手続と裁判手続を厳格に分離し、調停手続において提出された資料を裁判の資料とすることが制限されたり、そのために特別の手続を必要とする法制度を採用しているところもあるので、この点について当事者が誤解したまま家事調停に付することについて同意することのないように注意をする必要があります。

2 家事調停事件を処理する裁判所

　家事事件手続法の管轄に関する規定によると、子の返還申立事件が家事調停に付された場合には、相手方の住所地を管轄する家庭裁判所又は当事者が合意で定める家庭裁判所が管轄裁判所になります（家事事件手続法第245条第1項）。しかし、子の返還申立事件の係属する裁判所以外の裁判所でもこれを処理することができることとすると、当事者の負担が大きくなりますし、また、裁判所にとっても事例の集積を通じた専門的知見やノウハウを活用することができなくなるなどの弊害が生ずるものと考えられます。そこで、子の返還申立事件を家事調停に付する場合には、家事事件手続法の管轄に関する規定によらず、家事調停に付した裁判所自らがこれを処理しなければならないこととしています（第145条第1項本文）。

　もっとも、東京家庭裁判所又は大阪家庭裁判所のうち子の返還申立事件が係属していない他の一方の裁判所に調停を行わせるのであれば、事例の集積を通じた専門的知見やノウハウの活用という観点からは問題ありませんし、事案によってはその方が迅速処理の要請に資することも考えられるため、特に必要があると認めるときは他の一方の裁判所に処理させることができることとしています（第145条第1項ただし書）。

3 手続行為能力

　子の返還申立事件においては、未成年者及び成年被後見人は意思能力がある限り手続行為能力を認められていますから（第43条第2項。Q84の2参照）、子の返還申立事件を家事調停に付した場合においても、同様に取り扱うのが相当であると考えられます。そこで、子の返還申立事件を家事調停に付する場合には、第43条第2項の規定を準用することとしています（第145条第2項）。

4 調停が成立した場合

　子の返還申立事件が家事調停に付された場合において、子の返還の合意が成立したときは、調停の紛争解決機能を高める観点から、当該合意部分は子の返還を命ずる終局決定と同一の効力を持ち、終局決定と同様に強制執行をすることができるものとするのが望ましいといえます。そこで、子の返還申

立事件が家事調停に付された場合において、子の返還の合意が成立し、その合意を調停調書に記載したときには、子の返還の合意に係る記載部分は子の返還を命ずる終局決定と同一の効力を有することとしています（第145条第3項）。なお、子の返還以外の事項について合意が成立し、これを調書に記載した場合におけるその記載の効力については、家事事件手続法の調停の効力に関する規定（家事事件手続法第268条）によることになります。

5 調停に代わる審判が確定した場合

子の返還申立事件が家事調停に付された場合において、調停に代わる審判（家事事件手続法第284条第1項。高等裁判所においてされた調停に代わる審判に代わる裁判を含みます）によって子の返還が命じられ、それが確定した場合には、上記4の場合と同様、子の返還を命ずる部分は子の返還を命ずる終局決定と同一の効力を有することとしています（第145条第4項）。なお、調停に代わる審判のうち子の返還を命ずる部分以外については、家事事件手続法の調停に代わる審判の効力に関する規定（家事事件手続法第287条）によることになります。

6 子の返還申立事件の手続の中止

家事調停に付された子の返還申立事件については、家事調停の手続が終了するまで子の返還申立事件の手続を中止することができることとしています（第146条）。

7 子の返還の申立ての取下げの擬制

子の返還申立事件を家事調停に付した場合において、調停が成立し、又は調停に代わる審判（家事事件手続法第284条第1項。高等裁判所においてされた調停に代わる審判に代わる裁判を含みます）が確定したときは、子の返還の申立ては、その目的を達するものの、当然には事件係属が消滅することにはならないことから、申立ての取下げがあったものとみなして事件を終了させることとしています（第147条）。

第4節 不服申立て等

Q118 子の返還申立事件においてされる裁判に対しては、どのような不服申立てをすることができますか。

A 子の返還申立事件においてされる裁判には、終局決定と終局決定以外の裁判（Q110（注）参照）があり、それぞれについて、不服申立ての方法を定めています。以下、順に説明します。

1 終局決定に対する不服申立て

(1) 即時抗告

家庭裁判所のする終局決定に対する不服申立ての方法として、当事者は、即時抗告をすることができます（第101条第1項）。また、子の返還を命ずる終局決定に対しては、子も即時抗告をすることができます（第101条第2項）。当事者又は手続に参加した子による即時抗告期間は、即時抗告をする者が終局決定の告知を受けた日から2週間であり、手続に参加しなかった子による即時抗告期間は、当事者が終局決定の告知を受けた日（2以上あるときは、当該日のうち最も遅い日）から2週間です（第102条）。

(2) 特別抗告及び許可抗告

さらに、高等裁判所のする終局決定に対する不服申立ての方法として、終局決定に憲法の解釈の誤りがあることその他憲法の違反があることを理由とする特別抗告（第108条）、終局決定に最高裁判所の判例違反その他の法令の解釈に関する重要事項が含まれることを理由とする許可抗告（第111条）の制度が用意されており、一定の要件を満たした場合には最高裁判所の判断を求めることができます。なお、特別抗告又は抗告許可の申立てがされても、終局決定の確定は遮断されません。

(3) その他

このほか、子の返還申立事件の手続における不服申立てに類するものとして、終局決定の確定後の事情の変更を理由とする子の返還を命ずる終局決定の変更の申立て（第117条第1項）、確定した終局決定に重大な手続上の瑕疵

があること等を理由とする再審の申立て（第119条第1項）をすることができます（詳細については、Q123、Q124参照）。

2 終局決定以外の裁判に対する不服申立て
(1) 即時抗告
　終局決定以外の裁判に対しては、特別の定めがある場合に限り、即時抗告をすることができます（第113条）。特別の定めがある場合としては、移送の裁判及び移送の申立てを却下する裁判（第37条第5項）、当事者となる資格を有する者の参加の申出又は子の参加の申出を却下する裁判（第47条第4項、第48条第5項）、当事者からの子の返還申立事件の記録の閲覧等の許可の申立てを却下する裁判（第62条第9項）、文書提出命令の申立てについての裁判（第86条第1項において準用する民事訴訟法第223条第7項）等があります。
　なお、即時抗告期間は、終局決定に対する即時抗告については2週間であるのに対し（第102条第1項）、終局決定以外の裁判に対する即時抗告については1週間なので（第115条第1項）、注意が必要です。

(2) 特別抗告及び許可抗告
　終局決定以外の裁判に対しても、特別抗告及び許可抗告の制度を用意しています（第116条）。その規律は、基本的には終局決定に対するものと同様です。

(3) その他
　このほか、受命裁判官又は受託裁判官の裁判に対して不服がある当事者は、その裁判が家庭裁判所の裁判であるとした場合に即時抗告をすることができるものである場合に限り、子の返還申立事件が係属している裁判所に異議の申立てをすることができます（第114条第1項）。
　また、子の返還申立事件の手続における不服申立てに類するものとして、確定した終局決定以外の裁判に対しては、事件を完結するもの[注]に限り、重大な手続上の瑕疵があること等を理由とする再審の申立て（第119条第1項）をすることができます（詳細については、Q123参照）。

　[注] 終局決定以外の裁判で事件を完結するものとしては、例えば、子の返還申立事件が裁判、和解及び調停の成立によらないで完結した場合における手続費用の負担の裁判（第58条第1項において準用する民事訴訟法第73条第1項）が考えられます。

Q119 子の返還を命ずる終局決定について子に即時抗告権を認めたのはなぜですか。

A 条約では、子が返還されることを拒み、かつ、その意見を考慮に入れることが適当である年齢及び成熟度に達していると認める場合には、子の返還を命ずることを拒むことができることとされていますので（条約第13条第2項）、子は、条約によって、常居所地国への返還を阻止し得る特別の地位を付与されているものと考えられます(注1)。

このように、条約によって子が特別の地位を付与されていることを考慮すると、子の返還申立事件の手続において、子の意思を把握するように努め、終局決定をするに当たり、子の年齢及び発達の程度に応じてその意思を考慮しなければならないとするだけでなく（第88条）、現に子の返還を命ずる終局決定がされた場合には、子にもこれに対する即時抗告権を認めることとするのが相当であると考えられます。

そこで、実施法では、子の返還を命ずる終局決定に限り、子にも即時抗告権を認めることとしています（第101条第2項）(注2)。なお、この即時抗告権が、上述したような子の法的地位に照らして認められているものであることに鑑みますと、この即時抗告権は、法定代理人によって行使されることは予定されていないというべきです。

（注1）子の引渡し、子の監護者の指定等の子の監護に関する処分の審判事件（家事事件手続法別表第2の3の項の事項についての審判事件）や親権者の変更等の審判事件（同表の8の項の事項についての審判事件）については、その裁判の結果により子が直接に影響を受けるという点では子の返還申立事件と同じですが、子に即時抗告権は認められていません（家事事件手続法第156条第4号、同法第172条第1項第10号参照）。このような差異が生ずるのは、子の返還申立事件の手続における子は、常居所地国への返還を阻止し得る特別の地位を付与されていると考えられる点で、上記の家事審判事件における子とは異なるものと考えられるためです。

（注2）本文に記載の子の返還を命ずる終局決定と異なり、子の返還の申立てを却下する終局決定に対しては、子には即時抗告権は認められていません。それは、条約上子が自らを常居所地国に返還するように求める権利は与えられていないと解されることから、実施法上も子に対して子の返還の申立てをする権利を認めていないところ、それと整合させるためです。

Q120 抗告状には何を記載しなければならないのですか。

A 抗告をする場合には、抗告の対象となる決定を特定する必要があるので、抗告状には、①当事者及び法定代理人（第103条第2項第1号）、②原決定の表示及びその決定に対して即時抗告をする旨（同項第2号）を記載しなければなりません。

　さらに、抗告状には、原決定の取消し又は変更を求める事由を具体的に記載しなければならないこととしています（規則第54条第1項）。家事事件では、即時抗告の提起後14日以内にこれらを記載した書面を提出すれば足りるとされていますので（家事事件手続規則第55条第1項）、子の返還申立事件の抗告状の記載については、家事事件の場合よりも厳格な規律になっているといえます。これは、子の返還申立事件については迅速に処理する必要性が高く、抗告裁判所においても早期に争点を把握することが重要であること、また、第一審においては子の返還事由や子の返還拒否事由の存否に関する争点に焦点を当てた審理がされ、決定書もその審理を反映して争点に対する判断を中心にしたものになるものと考えられることから、抗告人において原決定の取消し又は変更を求める事由を記載することは比較的容易であると考えられることを考慮したものです。

Q121 抗告人以外の原審における当事者は、抗告審の裁判所に対してどのような書面を提出することになるのですか。

A 抗告状には、原決定の取消し又は変更を求める事由、すなわち原決定に対する不服の理由が具体的に記載されることが求められていますので（規則第54条第1項。Q120参照）、抗告人以外の原審における当事者がこれらの事由に対する主張（反論）を早期に明らかにすれば、争点が早期に明確となり、抗告審における手続を迅速かつ充実したものとすることができるものと考えられます。

そこで、抗告裁判所の裁判長は、抗告人以外の原審における当事者に対し、相当の期間を定めて、抗告人が主張する原決定の取消し又は変更を求める事由に対する当該当事者の主張を記載した書面の提出を命ずることができることとしています（規則第56条）(注1)(注2)。

(注1) このように裁判長が反論書の提出を求めることができるとする規定は、民事訴訟規則にもあります（民事訴訟規則第183条）。

(注2) 抗告状の写しは、原審における当事者（抗告人を除く）に対し、送付されます（第104条第1項）が、抗告状には原決定の取消し又は変更を求める事由が具体的に記載されています（規則第54条第1項）ので、原審における当事者は、抗告審における抗告人の主張を把握した上で、反論書を作成することが可能です。

Q122 終局決定に対する即時抗告の抗告審に関する手続において、当事者及び手続に参加した子の手続保障に関する規律は、どのようになっていますか。

A 終局決定に対して原審における当事者の一方が即時抗告をした場合には、当該当事者は抗告人として、他方の当事者は相手方として、それぞれ抗告審における当事者の地位に就くことになります。また、子の返還を命ずる終局決定に対して子が即時抗告をした場合には、子は抗告人として、原審における当事者はいずれも相手方として、それぞれ抗告審における当事者の地位に就くことになります。さらに、原審の手続に参加した子は、抗告審の手続においても引き続き参加人としての地位を有しますし、また、原審の手続に参加していない子であっても、抗告審の手続から参加して参加人の地位に就くことができます（第48条第1項）。

このように、原審における当事者や手続に参加した子は、終局決定に対する即時抗告があった場合には、その抗告審においても、当事者又は参加人としての地位に就くことになりますが、抗告審におけるこれらの者の手続保障に関する規律は、次のようになっています。

まず、終局決定に対する即時抗告があった場合には、抗告裁判所は、原審における当事者及び手続に参加した子（抗告人を除く）に対し、原則として、抗告状の写しを送付しなければならないこととするほか（第104条第1項）、原審における当事者（抗告人を除く）の陳述を聴かなければならないこととして（第105条）、抗告人以外の原審における当事者や手続に参加した子に対し、抗告人の主張に対する反論や新たな資料を提出する機会を保障することとしています（抗告人を除いているのは、抗告人であれば、抗告状その他の書面により自らの主張を提出したり、必要と認める資料を提出したりすることができることを前提としているためです）。

また、抗告審に関する手続については、特別の定めがある場合を除き、第一審裁判所における子の返還申立事件の手続に関する規定を準用しており（第107条第1項）、抗告審においても、第一審裁判所における子の返還申立事件の手続と同様の手続保障（Q100参照）が図られています。例えば、抗告裁判所は、事実の調査をしたときは、特に必要がないと認める場合を除

き、その旨を当事者及び手続に参加した子に通知しなければならないこととして（第107条第1項において準用する第84条）、事実の調査の結果について記録の閲覧謄写等をした上で適切な対応をとり得る機会を保障しています。さらに、当事者及び手続に参加した子が抗告審における裁判資料の提出期限及び裁判の基礎となる裁判資料の範囲を知った上で十分に攻撃防御を尽くすことができるように、抗告裁判所は、原則として、審理を終結する日及び裁判をする日を定め、当事者及び手続に参加した子に対し、告知することにしています（第107条第1項において準用する第89条、第90条、第98条第1項）。

Q123 子の返還を命ずる終局決定を変更する制度はどのようなものですか。この制度は再審とは異なるのですか。

A 実施法は、子の返還を命ずる終局決定が確定した後でも、その内容を変更することを許容する特別の制度を設けています。この制度は、終局決定の確定後の裁判の変更という意味で再審の制度と類似している面があります。そこで、以下では、子の返還を命ずる終局決定を変更する制度の概要と再審の制度との違いについて説明します。

1 子の返還を命ずる終局決定を変更する制度の概要

子の返還を命ずる終局決定が確定した場合であっても、その後に事情の変更が生じ、その決定を維持することが子の利益の観点から不当な結果となることもあり得るものと考えられます。子の返還を命ずる終局決定が子に対して重大な影響を与えることに鑑みると、そのような場合には、確定した子の返還を命ずる終局決定を変更することができるようにする必要があると考えられます。

そこで、実施法では、子の返還を命ずる終局決定が確定した後に、事情の変更によりその決定を維持することを不当と認めるに至った場合には、当事者の申立てにより、その決定を変更することができることとしています（第117条第1項本文）。

もっとも、子の返還を命ずる終局決定が確定したにもかかわらず、確定前の事情を理由にその決定を変更することができることとすると、裁判の蒸返しを安易に認めることになり、通常の不服申立ての方法を即時抗告に限定することにより裁判の早期確定及び子の監護環境の早期安定を図ろうとした趣旨を没却することになりますので、実施法では、子の返還を命ずる終局決定の確定前の事情を理由にその決定を変更することはできないこととしています。また、既に子が常居所地国に返還された場合においては、子の監護環境の早期安定を図るのが相当であると考えられるため、子の返還を命ずる終局決定を変更することはできないこととしています（第117条第1項ただし書）。

2 再審の制度との違い

　子の返還を命ずる終局決定に対しては、再審の申立てをすることもできます（第119条第1項）。

　しかし、再審の制度は、当該終局決定に重大な手続上の瑕疵がある場合等に問題とされるものですから、再審事由は終局決定時の瑕疵に限定されています。これに対し、1の終局決定の変更の制度においては、子の返還を命ずる終局決定の確定前の事情を理由にその決定を変更することはできませんので、この点において、再審の制度とは異なります。

　また、再審の制度においては、常居所地国に子が返還された後でも手続を進めることができますし、子の返還を命ずる終局決定のみならず、子の返還の申立てを却下する決定や終局決定以外の裁判（事件を完結するもの（Q118（注）参照）に限ります）に対しても再審の申立てをすることができますが、1の終局決定の変更の制度においては、いずれも認められていませんので、この点においても、再審の制度とは異なります。

Q124 終局決定の変更の要件である「事情の変更によりその決定を維持することを不当と認めるに至ったとき」に該当する場合としては、どのようなものが想定されていますか。

A 子の返還を命ずる終局決定の変更が認められるためには、「子の返還を命ずる終局決定が確定した後に、事情の変更によりその決定を維持することを不当と認めるに至ったとき」に該当しなければなりません（第117条第1項本文）。

これに該当する場合としては、例えば、子の返還を命ずる終局決定が確定した後に、①子が重大な疾患を発症したため、日本において治療を受ける必要性が生じた場合、②申立人が長期にわたって収監されることとなり、他に常居所地国で子を適切に監護することができる者がいない場合、③常居所地国で内紛が勃発し治安が非常に悪化した場合などが想定されます。

これに対し、子の返還を命ずる終局決定が確定した後に子が常居所地国への帰国を拒絶する意思を示すようになった場合については、基本的には終局決定の変更の理由にはならないものと考えられます。なぜなら、そもそも、子の意思は、子の返還を命ずる終局決定が確定する前に、子の返還申立事件の手続において十分に考慮されるべきものですし（第88条参照）、仮に第一審裁判所における子の返還申立事件の手続において子の意思が十分に考慮されなかった場合には、子が即時抗告（第101条第2項）をすること等により、抗告審においてこれを是正することが可能であると考えられるからです。

第4章 義務の履行状況の調査及び履行の勧告

Q125 子の返還を命ずる裁判がされた後、自発的な返還を促すための制度として、どのようなものがありますか。

A 子の返還を命ずる終局決定については、子を常居所地国に返還するという義務の性質上、現在の監護者である子の返還申立事件の相手方が子と共に常居所地国に帰国するなどの方法で自発的に履行されることが子にとって最も負担が少ないと考えられます。また、相手方が任意に履行しようとしない場合であっても、できる限り、相手方に対して自発的な返還を促すことにより、子の常居所地国への返還を実現するのが相当であると考えられます。このような観点から、実施法では、次のような配慮をしています。

1 義務の履行状況の調査及び履行の勧告

子の返還を命ずる終局決定をした家庭裁判所（抗告裁判所が子の返還を命ずる終局決定をした場合には、その第一審裁判所である家庭裁判所）は、子の返還申立事件の申立人の申出により、子の返還の義務の履行状況を調査し、相手方に対してその義務の履行を勧告することができます（第121条第1項）。これによって相手方に自発的な返還を促すことができます[注1][注2]。

履行状況の調査では、子の返還の義務について、既に履行されているのかどうか、履行されていない場合には、具体的な準備の有無、履行される見込みがないのであればその理由や履行を困難にしている障害の有無等について、相手方から事情を聴取するなど適宜の方法で必要な調査をすることになります。その際には、必要に応じ、適当と認める者に調査の嘱託をし、又は必要な報告を求めることもできます（第121条第4項）。

そして、これらの調査の結果を踏まえ、相手方が正当な理由なく義務を履行しない状況にあると認める場合には、相手方に対し、自発的に常居所地国

へ子を返還するよう促すとともに、その履行を困難にしている障害を除去し又は緩和するよう援助又は助言を行うなどして、義務の履行を勧告することになります。

なお、これらの義務の履行状況の調査及び履行の勧告に当たっては、相手方が子の返還の義務を自発的に履行するよう心理学等の行動科学の専門知識及び技法を活用して事実の調査を行い、事案に応じた働きかけを行うことが有効ですから、家庭裁判所調査官が扱うことが適当である場合が多いものと考えられます。そのため、実施法では、家庭裁判所調査官にこの調査及び勧告をさせることができることとしています（第121条第3項）。

（注1）第121条に規定する子の返還の義務の履行状況の調査及び履行の勧告の制度は、家事事件手続法第289条に定める義務の履行状況の調査及び履行の勧告の制度に倣ったものです。同制度と同様に、第121条第1項の規定に基づく相手方に対する履行の勧告は、相手方に対し、子の返還の義務の自発的な履行を促す事実上の効果をねらって適宜の方法で行われるものであり、裁判に当たるものではありません。

（注2）子の返還申立事件において、和解によって定められた場合の義務の履行についても、子の返還を命ずる終局決定についての義務の履行状況の調査及び履行の勧告の規定を準用しています（第121条第7項）。これに対し、子の返還申立事件が調停に付された場合において、調停が成立し、又は調停に代わる審判（家事事件手続法第284条。高等裁判所においてされた調停に代わる審判に代わる裁判を含みます）が確定した場合の義務の履行状況の調査及び履行の勧告については、家事事件手続法に基づいて行われることになります（家事事件手続法第289条）。

2　子の返還の強制執行

子の返還を命ずる裁判がされた後、子の返還を命じられた相手方がこれに従おうとしない場合には、強制執行の手続によることになります。子の返還の強制執行の場面においても、相手方が自らの手で常居所地国に子を返還することが望ましいといえます。そこで、実施法では、まず心理的に相手方の履行を強制する手段である間接強制の方法によらなければならないものとし、より強力な手段である子の返還の代替執行の申立ては、間接強制の決定が確定した日から原則として2週間を経過した後でなければすることができないこととしています（第136条。Q139参照）。

第5章 出国禁止命令

Q126 子の返還申立事件の裁判が係属している間に、子が日本国外に出国してしまうことを防止するために、実施法ではどのような対応がとられていますか。

A 条約が想定しているのは、国境を越えて子が連れ去られた事案ですが、子の返還申立事件の裁判手続が進められている間にも、例えば、相手方が子を別の国に連れ去ったり、申立人が自力救済的に子を常居所地国に連れ戻したりするなど、再度同様の事態が生じる危険がないとはいえません。しかしながら、子が日本から出国してしまうと、子の返還が認められるための要件を欠くこととなって子の返還の申立ては却下されることになり（第27条第2号。Q61の2参照）、それまでの手続が無駄になるばかりか、このような事態は、条約上、中央当局の役割として子に対する更なる害悪を防止するための全ての適当な措置をとることとされていること（条約第7条第2項b参照）にも反しかねないといえます。そこで、実施法では、子の返還申立事件が係属する家庭裁判所は、子の返還申立事件の一方当事者の申立てにより、他方の当事者が子を日本国外に出国させるおそれがあるときには、その当事者に対し、子を日本から出国させてはならないことを命ずることができるとする出国禁止命令の制度を設けています（第122条第1項）。

また、実施法では、出国禁止命令の実効性を確保するために、家庭裁判所は、出国禁止命令事件の相手方が子名義の旅券を所持すると認めるときは、出国禁止命令事件の申立人の申立てにより、出国禁止を命ずるとともに、子名義の旅券を中央当局に提出するよう命じなければならないとする旅券提出命令の制度を設けています（第122条第2項。Q128参照）。

Q127 子の返還申立事件の当事者自身の出国や子の自発的な出国を禁止せず、子を出国させる行為のみを禁止の対象としたのは、なぜですか。

A 出国禁止命令の制度は、条約締約国に所在する子について、子に更なる害悪が及ぶことを防止しつつ子の安全な返還を実現するという条約の趣旨に則った問題の解決を可能とし、これに反する事態の発生を予防するために設けられたものです（Q126参照）。このような制度趣旨に照らしても、出国禁止命令によって禁止する必要があるのは、あくまで子を日本国外に出国させることであって、憲法の保障する海外渡航の自由との関係をしんしゃくすれば、子の返還申立事件の当事者が子を伴わずに出国することまで禁止すべき合理性及び必要性は認め難いといえます。そのため、出国禁止命令の制度では、子の返還申立事件の当事者自身の出国を禁止することはできないこととしています。

また、上記のように、出国禁止命令は、子の返還の実現前に子に更なる害悪が及ぶこと等を防止する目的でされるものですから、子の自発的な出国まで禁止すべき必要性は認め難いといえます。もっとも、出国禁止命令は、その対象が条約の適用がある16歳未満の子に限られることになる上（第27条第1号、条約第4条後段）、出国禁止命令事件の相手方が子が名義人となっている旅券を所持する場合には、旅券提出命令を併せて発令することが可能とされていることからすれば、子の返還申立事件の当事者による子を出国させる行為を禁止することで、子の出国をおおむね防ぐことができるものと考えられます。

以上のような考慮により、出国禁止命令の制度においては、子の返還申立事件の当事者による子を出国させる行為のみを禁止の対象としています。

Q128 子を出国させてはならないことを命ずる裁判と旅券の提出を命ずる裁判との関係は、どのようなものですか。

A 旅券の提出を命ずる裁判（旅券提出命令）の制度は、子が名義人となっている旅券を当事者が所持していると認めるときに、子を出国させてはならないことを命ずる裁判において、当該当事者に当該旅券を中央当局に提出するよう命じ、子を出国させることができない状態にすることによって、出国禁止命令の実効性を確保するものです。

このように、旅券提出命令は出国禁止命令の実効性を確保するため付随的にされる裁判ですから、旅券提出命令だけが発令されることはありませんし、出国禁止命令の効力が消滅した場合には旅券提出命令の効力もこれに伴って消滅することとしています（第122条第4項、第129条第2項参照）(注1)。これに対し、旅券提出命令を併せて求める場合には、別途の申立てが必要となりますので、旅券提出命令の申立てがない場合に、旅券提出命令を発令せずに出国禁止命令が発令されることはあり得ます。ただし、旅券提出命令は出国禁止命令においてされるものであることから、出国禁止命令が発令された後に旅券提出命令だけが追加的に発令されることはありません(注2)。

また、出国禁止命令において、併せて旅券提出命令が発令されるためには、出国禁止命令事件の相手方が子が名義人となっている旅券を所持していることが認定されなければなりませんし、旅券提出命令を発令する必要性が認められなければならないことはいうまでもありません。もっとも、出国禁止命令が発令される場合において、出国禁止命令事件の相手方が子が名義人となっている旅券を所持しているときには、通常は旅券提出命令を発令する必要性も認められることになると考えられます。旅券提出命令について、旅券の所持以外の特段の要件を課していない（第122条第2項）のはそのためです。

（注1）この付随性は、実施法の用語の面にも現れています。すなわち、実施法上、「出国禁止命令」という用語は、出国禁止命令において併せて旅券の提出命令がされた場合には、旅券提出命令を含む概念としても用いられています（第122条第3項。なお、子を出

国させてはならないことを命ずる裁判のみがされた場合には、その裁判のみで「出国禁止命令」を構成することになります）。そのため、第123条以下の申立てや告知等に関する規律は、両者について一体として当てはまることになり、例えば第123条第1項の「出国禁止命令を求める事由」とは、両裁判を求める事由を意味することとなります。

（注2）そのため、出国禁止命令が発令された後に、相手方が旅券提出命令の対象となった旅券のほかにも旅券を所持していることが明らかになった場合には、申立人は既に発令された出国禁止命令を取り下げた上で、再度出国禁止命令といずれの旅券も対象とする旅券提出命令を申し立てる必要があると考えられます。

Q129 出国禁止命令の申立てから発令までの手続の流れは、どのようなものですか。

A

1 申立て

子の返還申立事件の一方の当事者は、他方の当事者を相手方として、出国禁止命令の申立てをすることができます。

出国禁止命令の申立ては、子の返還申立事件が係属している裁判所に対してする必要がありますので（第122条第1項）、子の返還申立事件の申立てをする前にはすることができませんし[注1]、子の返還申立事件についての裁判が確定した後もすることができません[注2]。

出国禁止命令の申立ては、その趣旨及び出国禁止命令を求める事由を明らかにしてしなければならないこととしていますので（第123条第1項）、併せて旅券提出命令を求める場合（第122条第2項参照）には、旅券提出命令に関するものを含め、申立ての趣旨及び裁判を求める事由を明らかにする必要があります[注3]。

（注1）立案の過程においては、出国禁止命令について、子の返還の申立てをする前に発令することができることとすべきかどうかが議論されましたが、出国禁止命令の要件である子を日本国外に出国させる危険が類型的に高まるのは、子の返還の申立てがされた後、子を監護する者が自己に対して子の返還の申立てがあったことを知り、又は申立人が子に会う機会が与えられた場合等であり、子の返還の申立てをしていない段階では一般的に子を日本国外に出国させる危険が高いとはいえません。また、出国禁止命令は、間接的ではありますが、子の海外渡航の自由を制限するものであり、子の返還の申立てがされるかどうかが不確実で、終期の見込みが立たない状況において発令するのは相当ではないといえます。実施法では、これらの点を考慮して、子の返還の申立て後に限って出国禁止命令を発令することができることとしています。

（注2）子の返還を命ずる終局決定が確定した場合には、子の返還の実現を阻止しようとして相手方が子を日本国外に出国させる危険が高まるようにも思われます。しかし、子の返還を命ずる終局決定が確定した場合には、相手方がその裁判に従い、自ら子を返還させるために子を日本国外に出国させることが法的に義務付けられたのですから、それにもかかわらず出国禁止命令によって子を日本国外に出国させることを禁ずるというのは、規範として相当ではないと考えられます。このような観点から、子の返還を命ずる終局決定が確定した場合には、出国禁止命令の申立てをすることはできないこととしています（こ

の点は、子の返還申立てについての裁判が確定した場合には、出国禁止命令が効力を失うこととされていることに端的に現れています。Q134参照）。

（注3）旅券提出命令の申立てをするには、その申立ての趣旨の記載において、提出を求める旅券をできる限り特定して記載しなければなりません（規則第77条）。

2 要件

出国禁止命令が発令されるためには、「子の返還申立事件の当事者が子を日本国外に出国させるおそれがあるとき」（第122条第1項）に当たる必要があり、これについては、出国禁止命令事件の申立人が資料を提出しなければならないこととしています（第123条第2項）。

また、旅券提出命令が発令されるためには、その必要性があることのほか（注）、子が名義人となっている旅券を出国禁止命令事件の相手方が所持していることが要件となります（第122条第2項）。

（注）必要性の審査については、Q128参照。

3 陳述の聴取

出国禁止命令は、相手方の手続保障の観点から、出国禁止命令事件の相手方の陳述を聴いた上でしなければならないこととしています（第124条本文）。もっとも、出国のおそれが迫っているような場合には、相手方の陳述を聴くことでかえって出国に向けた動きを助長してしまうおそれもあると考えられます。そこで、陳述聴取の手続を経ることによって出国禁止命令の目的を達することができない事情があるときには、陳述を聴かずに出国禁止命令を発令することもできることとしています（第124条ただし書）。

4 裁判等

出国禁止命令は、出国禁止命令事件の当事者に対して、相当と認める方法で告知しなければならず、出国を禁じられる当事者に告知されることによってその効力を生ずることとしています（第126条）[注1][注2]。出国禁止命令の申立てについての裁判に対しては、即時抗告をすることができます（第127条）。出国禁止命令において併せて旅券提出命令がされた場合には、その

両者について不服申立てをすることができることはもとより、旅券提出命令についてのみ不服申立てをすることも可能です^(注3)。また、裁判確定後に事情の変更等があるときは、取消しを求めることができます（第129条第1項）^(注4)。

（注1）出国禁止命令が効力を生じたときは、裁判所書記官は、速やかに、その旨を外務大臣に通知しなければなりません（規則第79条前段）。これは、出国禁止命令が効力を生じた場合には、子の安全な返還を確保するための中央当局としての活動に重大な影響が生じたり、旅券提出命令に基づいて提出される旅券の保管の準備を整える必要があったりするためです。同様の理由から、出国禁止命令が効力を生じた後にその申立てが取り下げられたときも、裁判所書記官は、速やかに、その旨を外務大臣に通知しなければなりません（規則第79条後段）。

（注2）裁判所は、旅券提出命令を受けた者がその命令に従わないときは、その者を過料に処することができますが（第132条）、裁判所が旅券の提出があったことを知るためには、旅券の提出先とされている外務大臣から通知を受けることが最も確実です。そのため、外務大臣は、旅券提出命令を受けた者から旅券の提出を受けたときは、その旨を裁判所に通知しなければならないこととしています（規則第82条）。

（注3）旅券提出命令の申立てについての裁判に対して即時抗告をした場合には、不服の対象とならなかった出国禁止命令の申立てについても一体として抗告審に移審するものと考えられます。

（注4）出国禁止命令取消事件の申立ての取下げがあった場合には、裁判所書記官は、その旨を出国禁止命令取消事件の当事者及びその手続に参加した子に通知しなければなりません（規則第81条第1項において準用する規則第78条）。また、出国禁止命令の取消しの裁判が効力を生じた場合には、裁判所書記官は、速やかに、その旨を外務大臣に通知しなければなりません（規則第81条第2項において準用する規則第79条前段）。

Q130 子の返還申立事件の当事者以外の者に対して出国禁止命令を申し立てることはできないのですか。

A 　子の返還申立事件の係属中に子を日本国外に出国させる場合としては、子の返還申立事件の相手方が常居所地国への子の返還を免れるために行う場合か、子の返還申立事件の申立人が自力救済として行う場合が多いと考えられ、子の返還申立事件の当事者以外の者が当事者の主体的な関与なく子を日本国外に出国させるという事態がそれほど多くあるとは想定されません。

　したがって、出国禁止命令の制度においては、子の返還申立事件の当事者が子を日本国外に出国させることを禁止すれば足り、他方、子を日本国外に出国させる可能性が低いと考えられる子の返還申立事件の当事者以外の者を出国禁止命令の相手方とすることは、必要性が乏しいものと考えられますし、憲法の保障する海外渡航の自由等に照らせば相当でもありません。

　このため、実施法では、出国禁止命令事件の相手方を子の返還申立事件の当事者に限ることとしており、子の返還申立事件の当事者以外の者に対して出国禁止命令を申し立てることはできないこととしています。

Q131 出国禁止命令の申立書には何を記載しなければならないのですか。

A

1 申立書の記載事項

出国禁止命令の申立てについては、子の返還の申立てに関する第70条第1項の規定が準用されるため（第133条）、申立書を子の返還申立事件が係属する家庭裁判所又は高等裁判所に提出してしなければなりません。

出国禁止命令の申立ては、①その趣旨及び②出国禁止命令を求める事由を明らかにしてしなければならないため（第123条第1項）、出国禁止命令の申立書には、これらの事項を記載しなければなりません。以下、各記載事項について説明します。なお、出国禁止命令の申立書の記載事項に関しては、第123条第1項の規定があるため、子の返還の申立てに関する第70条第2項は準用されません。また、規則第34条の規定も、規則第77条の規定があるため準用されません。

(1) 申立ての趣旨

申立ての趣旨として、どのような裁判を求めるのかを具体的に記載することが必要です。出国禁止命令は、子の返還申立事件で返還を求められている子を当事者の一方が出国させる行為を禁止するものですが、その申立てとしては、当事者のうちの誰に対し、どの子を出国させることを禁止する趣旨であるのかを特定して記載することになります。なお、1つの申立てで複数の子についての出国禁止命令の申立てをすることもできます（第133条において準用する第70条第3項参照）。

また、出国禁止命令の申立てとしては、子を出国させてはならないことを命ずる裁判（第122条第1項に規定する裁判）の申立てのみを行う場合と、これと併せて旅券提出命令の申立てをも行う場合とが考えられますので、双方の申立てをする場合にはその旨明らかにすることが必要になります。旅券提出命令の申立ては、提出を求める旅券をできる限り特定して記載しなければならず（規則第77条）、具体的には、発行国、旅券番号、発行国で通用している子の氏名（旅券に記載される氏名）、そのローマ字表記、生年月日といった情報のうち、申立人において把握し得るできる限りの情報を記載することになります。なお、子が多重国籍であるなどの理由により、子について複数

の旅券が発行されており、それらを相手方が所持している場合には、複数の旅券について申立てをすることが考えられます。

(2) **出国禁止命令を求める事由**

出国禁止命令を求める事由としては、出国禁止命令の発令要件である「子の返還申立事件の当事者が子を日本国外に出国させるおそれ」（第122条第1項）について、申立てを根拠付けるのに足りる具体的事実関係を明らかにする必要があります（具体的には、Q132参照）。また、旅券提出命令の申立てをしている場合には、子が名義人となっている旅券を相手方が所持していること（第122条第2項）について、これをうかがわせる具体的事情を明らかにする必要があります。

2 その他（資料の提出について）

なお、出国禁止命令を求める事由については、出国禁止命令の申立人が資料を提出しなければならないこととしています（第123条第2項）。これは、出国禁止命令事件は迅速な処理が特に要請されることから、出国禁止命令を求める事由については、第一次的に申立人に資料提出義務を負わせるのが相当であるという考え方によるものです。旅券提出命令が申し立てられている場合は、旅券提出命令を求める事由についても、申立人に第一次的な資料提出義務があることになります。

Q132 「子を日本国外に出国させるおそれがあるとき」とは、どのような場合ですか。

A 「子を日本国外に出国させるおそれがあるとき」（第122条第1項）に該当するかどうかは、出国禁止命令事件の相手方（子の返還申立事件の一方当事者）に子を出国させる動機があるかどうか、子を出国させることが容易な状況にあるか困難な状況にあるか等の事情を考慮した上、事案に応じて判断されることになると思われます。

　子を出国させることの難易に関する事情としては、出国禁止命令事件の相手方が子の返還申立事件の申立人（典型的には子を連れ去られた親）である場合には、例えば、その者が日本に滞在しているのか、子に接触する現実的な可能性があるのかが問題とされると考えられます。他方、出国禁止命令事件の相手方が子の返還申立事件の相手方（典型的には子を連れ去った親）である場合には、子の年齢、生活状況（学校、幼稚園又は保育所等に通っているか）、健康状態、相手方の生活状況（職業に就いているか）、出国先の心当たりなどが問題とされるものと考えられます[注]。

（注）出国禁止命令は、憲法の保障する海外渡航の自由に対する制約にもなるので、その発令には謙抑的であるべきであるという考え方もあるかもしれません。この点は、そもそも出国禁止命令の制度を導入することの是非にも関わる問題ですが、出国禁止命令の制度を導入した際には、子の連れ去りという子にとって害悪となる事態を防止することを目的とするものであり、また、子の返還申立事件の手続が係属している期間に限られた暫定的な処分であって、子の出国の自由に対する制約は必ずしも大きなものとはいえないこと等が考慮されたことを紹介しておきます。

Q133 出国禁止命令の実効性はどのように担保されているのですか。

A 実施法においては、出国禁止命令の実効性を確保するため、子が名義人となっている旅券の提出を併せて命ずることができることとし（第122条第2項）、これにより出国禁止命令に違反することができない状態にすることとしています。また、旅券提出命令によって出国禁止命令の実効性を確保するためには、旅券を確実に提出させる必要がありますが、実施法においては、旅券の提出を命ずる裁判に従わない場合に20万円以下の過料に処することができることとし、この制裁によって確実な提出を期しています（第132条）。

Q134 子の返還の申立てについての終局決定の確定によって出国禁止命令が効力を失うものとされているのは、なぜですか。

A 出国禁止命令は、子の返還の申立てについての終局決定の確定によりその効力を失うこととしています（第122条第4項）。この終局決定には、子の返還の申立てを却下する決定と子の返還を命ずる決定とが含まれます。

まず、子の返還の申立てを却下する終局決定が確定した場合には、もはや出国禁止命令の効力を維持する必要はないといえます。

これに対し、子の返還を命ずる終局決定が確定した場合には、その履行や強制執行を免れるために、子の監護者が子を外国に連れ去るおそれが存続することから、出国禁止命令の効力を維持すべきとも考えられます。もっとも、実施法では、子の返還を命ずる終局決定が確定した場合にも、子の返還を命じられた者によりできる限り自発的に返還されることが子の心理的負担の軽減や友好的な解決という観点から望ましいという条約の基本的な考え方を踏まえ、履行の勧告により裁判所が義務の履行を促すことができることとし（第121条）、子の返還の強制執行の場面においても、まず間接強制をしなければならないこととしています（第136条）。このような条約及び実施法の全体的な枠組みに照らし、子の返還を命ずる終局決定が確定した場合にも、子の返還を命じられた者による自発的な履行を可能にするため、出国禁止命令は失効することとしています[注1][注2]。

（注1）条文上は「子の返還の申立てについての終局決定の確定」によって出国禁止命令が失効することとされていますが、上記の事情を考慮すると、終局決定によらないで子の返還申立事件が終了した場合（申立ての取下げ、和解、調停の成立及び当然終了）であっても、出国禁止命令が失効すると解するのが相当です。

（注2）出国禁止命令が、子の返還申立事件の終了に伴って失効した場合については、裁判所書記官から外務大臣に対する通知の規定は設けられていません。これは、外務大臣は、子の返還申立事件の終了の通知（規則第48条、規則第51条）によって出国禁止命令が失効したことも当然把握することができるためです。

Q135 出国禁止命令の申立ての取下げに関する規律は、どのようになっていますか。

A 　子の返還のための裁判手続は、職権による開始は認められておらず、当事者の申立てによってのみ開始され、当事者の合意による解決が認められているなど、当事者の自由な処分に委ねられている部分が多いところ、出国禁止命令も、職権による発令を認めておらず、その発令を求めるかどうかは当事者の判断に委ねられています。このような子の返還申立事件及び出国禁止命令事件の性質に照らすと、申立人が出国禁止命令の発令を求めず、また、既にされた出国禁止命令の維持を求めないのであれば、いつでも申立てを取り下げることができることとするのが相当です。そこで、実施法も、出国禁止命令の申立てについては、特に制限なく取下げをすることができることを前提としています[注]。また、子の返還の申立ての取下げについて、終局決定後は相手方の同意がなければ効力を有しないこととされている（第99条第1項ただし書）のと異なり、出国禁止命令は、あくまで暫定的な裁判であり、相手方にとって申立て又は命令を維持する独自の利益があるものではないため、裁判後であっても申立ての有効な取下げのために相手方の同意を要しないこととしています。

　なお、出国禁止命令の申立てにおいて併せて旅券提出命令の申立てがされている場合であっても、旅券提出命令は子を出国させてはならないことを命ずる裁判（第122条第1項に規定する裁判）に付随して発令されるものであることから（Q128参照）、同裁判の申立ての取下げがあれば、旅券提出命令の申立てについては、明示的な取下げがされなくても取り下げられたものとして扱われることになります。

　また、出国禁止命令全体を取り下げることなく、旅券提出命令の申立てのみを取り下げることについては、出国禁止命令の発令前に限りできることとしています（第123条第3項、第122条第2項）。これは、出国禁止命令の発令後も、旅券提出命令の申立てを自由に取り下げることができることとすると、申立人の選択によって、出国禁止命令自体は維持しつつ、これを事後的に実効性のないものにすることが可能となってしまい相当ではないと考えられることによるものです。

（注）裁判所書記官は、出国禁止命令の申立ての取下げがあったとき（出国禁止命令事件の相手方に対し、当該出国禁止命令事件が係属したことの通知及び出国禁止命令の告知がされていないときを除きます）は、その旨を当該出国禁止命令事件の当事者及び当該出国禁止命令事件の手続に参加した子に通知します（規則第78条）。

また、裁判所書記官は、出国禁止命令の効力発生後に、当該出国禁止命令の申立てが取り下げられたときは、速やかに、その旨を外務大臣に通知します（規則第79条後段）。これは、当該出国禁止命令の効力発生後に、当該出国禁止命令の申立てが取り下げられた場合には、子の安全な返還を確保するための中央当局としての活動に重大な影響が生じたり、旅券を保管している外務大臣において旅券の返還の準備を整える必要があったりするためです（第131条参照）。

Q136 出国禁止命令の取消しに関する規律は、どのようになっていますか。

A 実施法においては、子を出国させてはならないことを命ずる裁判（第122条第1項に規定する裁判）の確定後に事情の変更があった場合には、当該裁判を受けた者の申立てにより、当該裁判の取消しの裁判をすることができることとしています（第129条第1項）。「事情の変更」に該当する場合としては、例えば、子が外国への修学旅行に参加することとなった場合や、子が外国でなければ受けられない特殊な治療を受けるために一時的に出国する必要が生じた場合等が考えられます。

子を出国させてはならないことを命ずる裁判（第122条第1項に規定する裁判）を取り消す場合において、旅券提出命令がされているときは、裁判所は、旅券提出命令をも取り消さなければならないこととしています（第129条第2項）。これは、旅券提出命令が出国禁止命令の実効性を確保するためにされる付随的なものであり、旅券提出命令のみ残存させておく必要はないことを考慮したものです。

なお、旅券提出命令のみの取消しの申立ては認められていません。これは、旅券提出命令のみを取り消して実効性のない裁判を作り出すことは相当でないことを考慮したものです。

出国禁止命令取消事件の手続等の規律については、出国禁止命令事件のそれに倣うこととしています（第129条第3項、規則第81条第1項、同条第2項）。

Q137 旅券を中央当局である外務大臣に保管させることとしたのは、なぜですか。

A 中央当局は、条約上、子に対する更なる害悪の発生防止のための措置をとるべきこととされていますが（条約第7条第2項b。Q31の1(4)参照)、出国禁止命令による子の出国の防止は、子に対する更なる害悪の発生防止措置の典型例であるといえ、その措置を講ずるために必要となる旅券の保管についても、中央当局が担うことに馴染むものといえます。また、中央当局は、条約上、子の安全な返還を確保するための措置をとるべきこととされていますが（条約第7条第2項h参照)、中央当局が旅券を保管することとすれば、例えば、子の返還を命ずる終局決定が確定し、子の返還申立事件の相手方に対する出国禁止命令が効力を失ったのに伴い、旅券を子の返還申立事件の相手方に返還する機会を利用して子の返還の予定を確認し、必要な協力等を行うことが可能になります。

実施法では、このような点を考慮し、旅券提出命令における旅券の提出先を中央当局である外務大臣とし（第122条第2項)、提出後は外務大臣にこれを保管させることとしています（第131条第1項)^(注)。

(注) 実施法の立案時には、旅券提出命令を発令する裁判所をその旅券の保管先とすることも検討されましたが、現行法上、裁判所が私人から提出を受けた物を保管することができるものとされているのは、裁判所が係属している事件の審理のために必要であるとして提出させる場合（例えば文書提出命令（民事訴訟法第223条))や、民事執行事件において執行裁判所が執行対象物を管理するために提出させる場合（例えば船舶執行において執行裁判所が船舶国籍証書の提出を命ずる場合（民事執行法第114条第1項参照))等であり、出国禁止命令の制度における旅券の提出はこれらとは性格を異にするものといえます。このように、類似の制度もなく、旅券を裁判所が保管するものとする合理的理由はないといえます。

Q138 面会交流についての家事調停及び家事審判の手続において、出国禁止命令の制度を設けなかったのは、なぜですか。

A 面会交流についての家事調停及び家事審判の手続においても、子が出国してしまうことにより、面会交流を求める当事者の活動や裁判所における審理が無駄になってしまうといった事態も想定されます。しかしながら、これらの手続においては、出国禁止命令の制度は設けていません。その理由は次のとおりです。

まず、迅速な処理が要求される子の返還申立事件とは異なり、面会交流についての家事調停及び家事審判の手続を求める事件（以下「面会交流事件」といいます）においては、その性質上、相応の時間をかけて審理及び話合いが行われることが予定されていますので、面会交流事件の手続において、例えば、事件係属中は出国を禁止するものとする出国禁止命令の制度を設けると、子の出国の自由に対する制約が大きく、過度の制約になりかねないという問題があります。

面会交流事件の手続においても、特に、試行的な面会交流をするような場合には、主として子の監護者の不安を除去するために出国禁止命令の制度が必要である場合があるとも考えられますが、このような目的のために一時的に出国を禁止すべき必要性があるとしても、これについては、事案に応じて弁護士である代理人が旅券を預かることとするなどの柔軟な方法によって対応することも可能であると考えられ、権利制限を伴う出国禁止命令の制度を設ける必要性までは認め難いものと考えられます。

また、面会交流事件の手続が終了した後において面会交流を実施する際にも、子の連れ去り防止のために出国禁止命令の制度が必要であるとも考えられますが、面会交流は、子が成人するまで反復継続し、その時の親子の状況に合わせて様々な態様で行われるものであり、その間出国禁止命令を継続的に有効なものとして発令したり、面会交流を実施する都度発令したりするのは、子の出国の自由に対する制約が大きく、また、自由な面会交流の実現への妨げにもなりかねないと考えられます。

実施法では、このような点を考慮し、面会交流事件の手続において、出国禁止命令の制度を設けることとはしませんでした。

第6章 子の返還の執行手続

Q139 子の返還を命じられた者（債務者）が子の返還に応じない場合に対応するため、実施法ではどのような規律が設けられていますか。

A 実施法では、子の返還申立事件において子の返還を命じられた者（債務者）が子の返還に応じない場合に強制力をもって子の返還を実現できるよう、子の返還の強制執行に関する規律を設けており、具体的には、間接強制及び子の返還の代替執行をすることができることとしています（第134条）。

間接強制とは、子の返還を命じられた者（債務者）に対し、子の返還義務を履行するまで一定額の金銭の支払を命ずることによって、子を自発的に返還することを心理的に強制する執行方法です（民事執行法第172条参照）。

これに対し、子の返還の代替執行とは、裁判所が子の返還を命じられた者（債務者）以外の者に子を常居所地国に返還させる決定を行い、その決定において指定された執行官及び返還実施者が子の返還に必要な行為を実施することによって返還を実現する執行方法です（民事執行法第171条参照）。

常居所地国への子の返還は、現在子を監護している者により自発的にされることが子の利益の観点から望ましいといえることから、強制執行の場面においても、まずは現在子を監護している債務者自身による返還を強制する手続である間接強制を行い、その決定が確定した日から2週間を経過した後（当該決定において定められた債務を履行すべき一定の期間の経過がこれより後である場合は、その期間を経過した後）に、債務者以外の者による返還を実現するための手続である子の返還の代替執行を行うことができることとしています（間接強制前置。第136条）。

なお、間接強制及び子の返還の代替執行の手続等の細目について、民事執行規則の特則として規則第84条から第91条までの規定が設けられています。

Q140　子の返還の強制執行の手続の流れは、どのようなものですか。

A　子の返還申立事件において子の返還を命じられた者（債務者）が確定した子の返還を命ずる終局決定に従わず子の返還をしない場合には、子の返還申立事件の申立人（債権者）は、裁判所に対し、子の返還を強制的に実現することを求めることができます。このような子の返還の強制執行の手続には、間接強制の手続と子の返還の代替執行の手続があります。以下では、これらの手続の流れを説明します。

1　間接強制の手続

　子の返還申立事件の申立人（債権者）は、まず間接強制の申立てをすることができます。この申立ては、確定した子の返還を命ずる終局決定（確定した子の返還を命ずる終局決定と同一の効力を有するものを含みます。以下、本問の説明において同じ。Q117の4、5参照）の正本を債務名義として（第134条第2項）、子の返還申立事件の第一審裁判所である家庭裁判所（東京家庭裁判所又は大阪家庭裁判所）に対してすることとしています（民事執行法第172条第6項、同法第171条第2項、同法第33条第2項第1号、第6号、同法第22条第3号、第7号）。間接強制の申立書には、①民事執行規則第21条第1号、第5号に掲げる事項に加え（規則第84条第1項柱書き）、②子の氏名及び生年月日（規則第84条第1項第1号）、③確定した子の返還を命ずる終局決定の表示（規則第84条第1項第2号）を記載し、その添付書類として、①確定した子の返還を命ずる終局決定の正本のほか（規則第84条第2項柱書き）、②子の生年月日を証する書類の写し（規則第84条第2項第1号）を提出する必要があります。

　間接強制の申立てがされると、子の返還申立事件において子の返還を命じられた者（債務者）の審尋を経た上で決定がされ（民事執行法第172条第3項）、申立てが認容される場合には、決定において子の返還に係る義務が明示され、その義務を履行しない場合に金銭（間接強制金）を支払うべきことが命じられます（強制金決定）(注)。間接強制の申立てについての裁判に対して不服がある場合には、執行抗告をすることができます（民事執行法第172

条第5項)。

　間接強制金の支払がない場合には、強制金決定を債務名義として、財産の差押え等の金銭執行をすることが可能です。間接強制によっても子の返還の履行がされない場合には、その決定が確定した日から2週間を経過した後(当該決定において定められた債務を履行すべき一定の期間の経過がこれより後である場合は、その期間を経過した後)に子の返還の代替執行の申立てをすることが可能になりますが、その後も子の返還の代替執行の方法によらず間接強制の方法を選択することは妨げられません。

　(注) 強制金決定の命じ方やその額については、強制金決定をする執行裁判所の判断に委ねられています。

2　子の返還の代替執行の手続

　子の返還の代替執行の申立ては、確定した子の返還を命ずる終局決定の正本を債務名義として(第134条第2項)、子の返還申立事件の第一審裁判所である家庭裁判所に対してすることとしています(民事執行法第171条第2項、同法第33条第2項第1号、第6号、同法第22条第3号、第7号)。子の返還の代替執行の申立書には、①間接強制の申立書の記載事項に加え(上記1)、②返還実施者となるべき者の氏名及び住所(規則第84条第1項第3号イ)、③返還実施者となるべき者が子の返還申立事件の申立人(債権者)と異なるときは、返還実施者となるべき者と子との関係などその者を返還実施者として指定することの相当性に関する事項(規則第84条第1項第3号ロ)、④子の住所(規則第84条第1項第3号ハ)を記載し、その添付書類として、①間接強制の申立書の添付書類に加え(上記1)、②間接強制の決定の謄本、③当該決定の確定証明書、④返還実施者となるべき者が子の返還申立事件の申立人(債権者)と異なる場合には、その者を返還実施者として指定することの相当性に関する事項についての証拠書類の写しを提出する必要があります(規則第84条第2項第2号)。

　子の返還の代替執行の申立てがされると、子の返還申立事件において子の返還を命じられた者(債務者)の審尋を経た上で決定がされることになりますが(民事執行法第171条第3項)、申立てが認容される場合には子の解放実

施を行う者として執行官が、子の返還実施を行う者として返還実施者がそれぞれ指定されます。子の返還の代替執行の申立てについての裁判に対して不服がある場合には、執行抗告をすることができます（民事執行法第171条第5項）。執行抗告は、子の返還の代替執行の決定（授権決定）においてした返還実施者の指定が子の利益に照らして相当でないことを理由としてすることもできます。

　子の返還の代替執行の決定（授権決定）に基づいて子の返還を実施するためには、子の所在地を管轄する地方裁判所に所属する執行官に対して、解放実施の申立てをすることが必要です（執行官法第2条第1項本文、同法第4条参照）。解放実施の申立書には、①債権者、債務者及び代理人の氏名及び住所等（規則第85条第1項第1号、第2号）、②返還実施者の氏名、生年月日、性別及び住所等（規則第85条第1項第3号）、③子の氏名、生年月日、性別及び住所（規則第85条第1項第4号）、④解放実施を行うべき場所（債務者の住居その他債務者の占有する場所において解放実施を求めるときは、その場所を記載し（規則第85条第1項第5号）、それ以外の場所において解放実施を求めるときは、その場所、その場所を占有する者の氏名又は名称及びその場所において解放実施を行うことを相当とする理由を記載しなければならない（規則第85条第1項第6号））、⑤解放実施を希望する期間（規則第85条第1項第7号）を記載し、その添付資料として、ⅰ子の返還の代替執行の決定（授権決定）の正本のほか（規則第85条第2項柱書き）、ⅱ子の生年月日を証する書類の写し（規則第85条第2項第1号）、ⅲ債務者及び子の写真など執行官が解放実施を行うべき場所においてこれらの者を識別することができる資料（規則第85条第2項第2号）、ⅳ債務者及び子の生活状況に関する資料（規則第85条第2項第3号）を提出する必要があります。

　子の利益に配慮しつつ、解放実施を円滑に行うためには、解放実施の参考となる情報を事前に収集し、十分な事前準備を行っておく必要があることから、解放実施の申立てがされると、執行官は、債権者、返還実施者及び家庭裁判所から情報提供などの必要な協力を得たり（規則第87条第1項、同条第3項から第5項まで）、解放実施に立ち会う中央当局職員との間で、解放実施の当日の役割分担を含む必要な協議を行ったりする（規則第87条第2項）などの準備をした上で、解放実施に臨むこととなります。

Q141 子の返還を命ずる裁判が確定した後強制執行までの間に子が16歳になった場合にも、強制執行をすることができるのですか。

A 条約は、子が16歳に達した場合には適用しないこととされています（条約第4条）。これは、条約の起草過程において、16歳に達した子については、一般に、自己の居所を選択する判断能力と意思を有しているものと認められ、子の意思を尊重する観点からすれば、親の申立てに基づいて司法機関等において子の返還の当否を判断するのは相当でなく、条約の枠組みにより解決することが適切ではないとされたことによるものです（Q61の1参照）。

このような条約の趣旨に照らすと、子が16歳に達する前に子の返還を命ずる裁判が確定したとしても、子が16歳に達した場合には、子の返還の強制執行をすることはできないものと考えられます。

そこで、実施法上も、子が16歳に達した場合には、子の返還の強制執行をすることができないこととしています（第135条）。

具体的には、第135条第1項において、子が16歳に達した場合には、子の返還の代替執行をすることができないこととしています。条文から明らかなとおり、同項の「代替執行」には、裁判所が行う子の返還の代替執行の決定（授権決定）だけではなく、同決定に基づく子の返還の実施を含みますので、子が16歳に達する前に子の返還の代替執行の決定がされていたとしても、子が16歳に達した後は同決定に基づいて子の返還を実施することはできないこととなります。

また、第135条第2項において、間接強制について、子が16歳に達した日の翌日以降に子を返還しないことを理由に金銭（間接強制金）の支払を命じてはならないこととしていますので、子が16歳に達する前に間接強制の決定がされたとしても、同決定の中で子が16歳に達した日の翌日以降に子を返還しないことを理由として間接強制金の支払を命ずることはできないこととなります。

Q142
子の返還の代替執行は、国内で行われている子の引渡しの強制執行とは異なるのですか。

A 日本においても、国内における子の連れ去りに起因して日本国内にいる者から日本国内にいる者に対して子の引渡しを求める家事審判事件等が申し立てられることがあります。このような国内で行われている子の引渡しの強制執行については、現行法上これを直接定めた明文の規定はありませんが、実務上、間接強制のほか、動産の引渡しに関する民事執行法の規定を類推適用して、執行官が債務者から子を解放して債権者に引き渡す方法（いわゆる直接強制）によることが可能であると考えられており、国内事案において子の引渡しの直接強制を許容した例があります。これは、子の引渡しを命じられた者が負う義務を、子を引き渡す義務（いわゆる与える債務）、すなわち、その者による監護から子を解放し、子の引渡しを求めた者に子を引き渡す義務であると解する考え方を前提とするものです。そして、直接強制による場合には、執行官が子を解放して債権者に引き渡すことによって子の引渡しの強制執行が終了することとなります。

これに対し、子の返還申立事件において子の返還を命じられた者（債務者）が負う義務は、特定の者に子を引き渡す義務ではなく、債務者が自ら連れ帰る等の方法によって子を常居所地国に返還する義務（作為義務）です。この義務は、子を監護し、場合によっては宿泊を伴いながら子と長時間行動を共にしなければならないものであるため、その性質上、執行官等の執行機関にこれを強制的に実現させることは極めて困難であり、かつ、子の利益の観点からも相当でないと考えられますが、他方で、適切な第三者を選任すれば債務者の代わりにこれを行わせることができるものです（いわゆる代替的作為義務に当たります）。このため、実施法では、このような義務に対応する強制執行の方法として子の返還の代替執行を認めています。そして、子の返還の代替執行による場合には、執行官が子を解放して返還実施者に引き渡しただけでは終了せず、返還実施者が連れ帰る等の方法で常居所地国に子を返還することにより終了します。

このように、実施法に基づく子の返還の代替執行と、国内で行われている子の引渡しの強制執行とでその方法が異なるのは、両者の債務の内容の違い

によるものですが、執行官が債務者に監護されている子を解放し、しかるべき者に引き渡すという点では共通しており、その際に執行官が留意すべき点も基本的に同様に考えられます[注]。

（注）国内における子の引渡しの執行においても、説得を基本とし、子の心身に与える影響を考慮し、有形力の行使は出来る限り控える運用がされているようです。

Q143 子の返還の代替執行の前に間接強制を行わなければならないとしているのは、なぜですか。

A 　常居所地国への子の返還は、現在子を監護している者により自発的にされることが子の利益の観点から望ましいといえ、子の返還の強制執行をする場合にも、子に与える心理的負担がより少ない方法から順次実施することとするのが望ましいといえます。間接強制は、裁判所により命じられた義務を履行しない場合に、金銭支払義務を課すことによって本来の義務の履行を心理的に強制する手段ですが、子の返還自体は現に子を監護している債務者自身によって実現されることになりますので、債務者以外の者によって返還が実現される代替執行に比べると、子に与える心理的負担は小さいといえます。

　そこで、実施法では、子の返還の強制執行をする場合は、まず間接強制の方法によることとし、間接強制の決定が確定した日から２週間を経過した後（当該決定において定められた債務を履行すべき一定の期間の経過がこれより後である場合は、その期間を経過した後）に限り、子の返還の代替執行の申立てをすることができることとしています（第136条）^(注)。

　このように間接強制を前置することについては、子の返還の実現が遅滞するとの懸念が考えられますが、間接強制が功を奏して債務者自らが早期に子を常居所地国に返還することも考えられますので、必ずしも子の返還の実現が遅滞するとはいえませんし、また、仮に子の返還の実現が遅滞する可能性があるとしても、前述のように子の利益を保護する観点からは、やむを得ないものとして許容されるものと考えられます。

　（注）間接強制の決定が確定してから子の返還の代替執行の申立てを行うまでに必要な期間を２週間としているのは、長期間とするのは迅速な子の返還を実現するという観点から相当ではなく、他方で間接強制を前置した趣旨に照らすと債務者が自ら子を常居所地国に返還することが可能な程度の期間は必要であること等を考慮したものです。

Q144 子の返還の代替執行の実施者は、どのように指定されるのですか。

A

1 子の返還のために必要な行為とその実施者

子の返還を代替執行によって実現するためには、子の返還を命じられた者（債務者）による監護から子を解放し、返還の実施が可能な状態にした上で（解放実施）、子を常居所地国に連れて行く等の方法で現実に常居所地国に返還すること（返還実施）が必要となります。子の返還の代替執行をするにはこの２つの行為を併せてすることが必要になりますが、解放実施は、子の返還を命じられた者（債務者）に対して子の監護状態を解くように説得したり、債務者が抵抗する場合には一定の有形力を行使して抵抗を排除したりするなどの方法により子を解放するものであるのに対し、返還実施は、自ら子を監護しながら子を常居所地国に連れて行くものであり、両者は、その性質が異なり、子の利益の観点からしても、それぞれの行為を実施するのに適切な者が異なるといえます。

そこで、実施法においては、それぞれの行為の実施者を個別に指定することとしています。

2 解放実施をする者の指定

解放実施については、子の返還を命じられた者（債務者）に対して説得を行ったり、抵抗を受けたときに有形力を行使してその抵抗を排除したりするなど、子の返還を命じられた者に対する働き掛けが中心となるため、不測の事態を防止し、安全な実施を確保する観点から、解放実施をする者については、常に執行官を指定すべきこととしています（第138条）。

3 返還実施者の指定

返還実施については、子の監護をしながら必要な交通機関を利用して空港に連れて行き、常居所地国に帰るための航空機に乗せることなどが必要ですが、子の監護を伴うものですので、子の利益を考慮し、事案に応じた適切な者を指定する必要があります。そのためには、これまでの子との関係等が重要となるため、裁判所が職権で適任者を探し出して指定することは困難であ

り、子の返還申立事件の申立人（債権者）自身にその候補者を特定させるのが相当です。

このような観点から、実施法では、子の返還申立事件の申立人（債権者）が返還実施者となるべき者を特定して子の返還の代替執行を申し立てなければならないものとし（第137条、規則第84条第1項第3号）、執行裁判所は、特定された者を返還実施者として指定することが子の利益に照らして相当でないと認めるときには、子の返還の代替執行の申立てを却下しなければならないこととしています（第139条）。

このように、返還実施者については、この者による監護が子にとって負担とならないよう、子との間に密接な関係があることが必要であるため、通常は、子の返還申立事件の申立人（債権者）や常居所地国において子と同居していた親族等を返還実施者とすることが想定されています[注]。

（注）子の返還申立事件の申立人（債権者）が第一次的な候補者であることは、規則が、子の返還の強制執行の申立書に、「返還実施者となるべき者が債権者と異なるときは、返還実施者となるべき者と子との関係その他のその者を返還実施者として指定することの相当性に関する事項」を記載しなければならないこととしていること（規則第84条第1項第3号ロ）にも現れています。

Q145 返還実施者の指定に不服がある場合には、不服を申し立てることはできますか。

A 返還実施者の指定は、子の返還の代替執行の決定（授権決定）において行う必要があるところ、この決定に対しては、執行抗告をすることができます（民事執行法第171条第5項）。

実施法では、返還実施者の指定に関し、子の返還の代替執行の申立てにおいて特定された返還実施者の候補者を返還実施者として指定することが子の利益に照らして相当でないと認めるときは、子の返還の代替執行の申立てを却下しなければならないこととしています（第139条）。

このため、返還実施者の指定について利害関係を有する者は、返還実施者の指定がこの要件に違反していることを理由として、子の返還の代替執行の決定（授権決定）に対して執行抗告により不服を申し立てることができることになります。

280　第4編　子の返還に関する事件の手続　第6章　子の返還の執行手続

Q146
子の返還を命じられた者（債務者）や子の所在が分からない場合には、債権者はどのような方法でこれを知ることができますか。

A 　実施法においては、中央当局が子の返還申立事件の相手方又は子の住所又は居所を特定した場合でも、これらの情報を子の返還申立事件の申立人には開示しないこととし（第5条第4項参照）、また、裁判所も、子の返還申立事件の記録中、中央当局から提供を受けた相手方又は子の住所又は居所が記載され、又は記録された部分（住所等表示部分）については、子の返還申立事件の申立人から記録の閲覧等の許可の申立てがあったときであっても、原則としてこれを許可しないこととしています（第62条第4項本文、Q91の1参照）。そのため、子の返還申立事件の申立人が相手方又は子の住所又は居所を知らないまま子の返還を命ずる終局決定がされることも想定されます。

　もっとも、実施法では、子の返還申立事件の記録の閲覧等の規律として、子の返還を命ずる終局決定が確定した後において、子の返還を命ずる終局決定に関する強制執行をするために必要があるときには、中央当局から提供を受けた住所等表示部分であっても、子の返還申立事件の申立人（債権者）による記録の閲覧等を許可することができることとしているところ（第62条第4項ただし書第2号）、（ⅰ）間接強制の決定を債務名義として子の返還を命じられた者（債務者）の財産の差押えをしようとする場合、（ⅱ）子の返還の代替執行の申立てをしようとする場合は、「子の返還を命ずる終局決定に関する強制執行をするために必要があるとき」に当たると考えられます（Q91の1参照）(注1)(注2)。

　したがって、子の返還申立事件の申立人（債権者）は、上記（ⅰ）、（ⅱ）に該当する場合には、子の返還申立事件の記録の閲覧等をすることによって相手方（債務者）又は子の住所又は居所を知ることができます。

　なお、子の返還の代替執行の決定（授権決定）の前又は同決定の後に、子の返還申立事件の相手方（債務者）や子が転居していた事実が判明した場合には、再度中央当局において子の返還申立事件の相手方（債務者）又は子の住所又は居所を特定するための手続をとることが想定されます。そして、中

央当局は、間接強制の申立てや子の返還の代替執行の申立てを受けた執行裁判所からの要請があれば、子の返還申立事件の相手方（債務者）又は子の住所又は居所に関する情報を執行裁判所に提供することになりますので（第5条第4項第2号）、子の返還申立事件の申立人（債権者）は、これらの子の返還の強制執行に係る事件の記録の閲覧等（第143条）をすることによって、新たに特定された子の返還申立事件の相手方（債務者）又は子の住所又は居所を知ることができることになります（Q154参照）。

（注1）間接強制の申立てそのものについては、子の返還申立事件において子の返還を命じられた者（債務者）又は子の住所が分からないままでもすることができますので、間接強制の申立てをしようとするだけでは「子の返還を命ずる終局決定に関する強制執行をするために必要があるとき」には当たらないのが通常であると考えられます。
（注2）子の返還申立事件の申立人（債権者）は、子の返還申立事件の記録中住所等表示部分の閲覧等又はその複製の許可の申立てをするときに、子の返還を命ずる終局決定が確定しており、子の返還を命ずる終局決定に関する強制執行をするために必要であることを明らかにする資料を提出する必要があります（規則第25条）。

Q147 「債務者による子の監護を解く」とは、どのようなことをいうのですか。

A 子の返還の代替執行を命ずる場合には、債務者による子の監護を解くために必要な行為をする者として執行官が指定されます（第138条）。

　この「債務者による子の監護を解く」とは、子の返還を実施する前提として、子の返還を命じられた者（債務者）^(注)に監護された状態から子を解放し、新たに子の監護を開始することができる状態にすることを意味するものです。

　具体的には、①子の返還を命じられた者（債務者）を説得し、執行官や返還実施者に子を引き渡させることにより、又は②子の返還を命じられた者（債務者）が説得に応じずに抵抗する場合には、有形力等を用いてその抵抗を排除して子を引き取り、若しくは返還実施者に引き取らせることにより、それぞれ返還実施者が子の監護を開始することができる状態にすることをいいます（具体的には、Q148以下参照）。

　（注）子の返還申立事件の相手方として子の返還を命じられた者以外にも子を監護している者がいる場合には、執行官がその者による子の監護を解くことはできないので、その結果、子の返還の代替執行ができなくなる可能性があります（Q85の2(1)参照）。

Q148 子の返還の代替執行において、執行官はどのような行為をすることができるのですか。

A 子の返還の代替執行を命ずる場合には、債務者による子の監護を解くために必要な行為（解放実施）をする者として執行官が指定されます（第138条）。

　子の返還の代替執行は、返還の対象となる子にとって負担を伴うものですが、とりわけ、債務者による監護から子を解放する場面では、相当の心理的負担を伴うことが予想され、子の利益の観点から、解放実施をする執行官の権限を法律上明確にしておく必要があるといえます。

　そこで、実施法においては、債務者による子の監護を解くために執行官がすることができる行為を明示的に規定しています（第140条）。

　① まず、執行官は、債務者に対し説得をすることができることとしています（第140条第1項柱書き）。一般に、強制執行の場面では、執行官が債務者を説得することによって、できる限り有形力を行使せずに権利内容の実現を図ることが望ましいといえますので、債務者に対する説得は、明文の規定がなくても当然に行うことが可能であるとも考えられます。しかし、解放実施の場面においては、子の心理的負担を軽減する観点から、債務者を説得して任意に子の解放を実現することが特に重要であると考えられます。そこで、実施法では、債務者に対する説得が原則であることを明示するために、第140条第1項柱書きにおいて債務者に対する説得がその任務に含まれることを明記しています。

　② 次に、解放実施をする前提として子を捜索する必要がある場合には、執行官は、債務者の住居等に立ち入って子を捜索することができ、必要があれば、閉鎖した戸を開くため必要な処分をすることができることとしています（第140条第1項第1号）。解放実施が、子と債務者が共にいる場合に限りすることができることとされていること（同条第3項）に照らすと、このような捜索行為も、住居等の中に子が債務者と共にいる蓋然性が高いと認められる場合に限り行うことができるものと考えられます。

　③ また、執行官は、必要があれば、返還実施者を子や債務者と面会させたり、債務者の住居等に立ち入らせたりすることができます（第140条第1

項第2号、第3号)。これにより、解放実施を実効的なものにし、また、子の解放後、円滑に返還実施に移行することを可能にすることを期待したものです。

④　さらに、執行官は、債務者が説得に応じずに抵抗する場合には、債務者や第三者の抵抗を排除するために威力を行使したり、警察上の援助を求めたりすることができます(第140条第4項)。もっとも、子の利益の観点から、子に対して威力を行使してはならず、子以外の者に対する威力の行使も、それが子の心身に有害な影響を及ぼすおそれがある場合にはすることができないこととしています(同条第5項)。威力の行使としては、例えば、抵抗する者に対して直接有形力を行使してその抵抗を排除することや、バリケードの設置等の物理的妨害に対して必要な限度で撤去や破壊をすることが許されるものと考えられます。また、債務者の精神状態、これまでの言動、支援者の有無等に照らし、強い抵抗が予測され、執行官のみではその抵抗を排除するのに困難が生じるおそれがある場合には、警察上の援助を求め、警察官を現場に臨場させて債務者や第三者を取り押さえるなどの抵抗排除行為をさせることができるものと解されます。

Q149 債務者による子の監護を解くために必要な行為を、原則として「債務者の占有する場所」において実施することとしているのは、なぜですか。

A

1 実施場所の原則

　実施法では、債務者による子の監護を解くために必要な行為（解放実施）は、原則として「債務者の住居その他債務者の占有する場所」で行うべきこととしています（第140条第1項柱書き）。解放実施をする場所については、債務者や子のプライバシーを保護し、第三者を巻き込む危険を回避する観点から、基本的には「債務者の住居その他債務者の占有する場所」で行うことが相当であると考えられるからです。なお、「その他債務者の占有する場所」としては、例えば、子が債務者と共に一時的に滞在しているホテルの一室や債務者が個人で使用している事務所等がこれに該当するものと考えられます。

2 他の場所での実施

　1に該当しない場合であっても、執行官が周囲の状況や強制執行の必要性等を考慮し、債務者や子のプライバシー等を害するおそれがないと認める場合には、強制執行の実効性を確保する観点から、解放実施を認めるのが相当であると考えられます。このため、実施法においては、執行官は、債務者の占有する場所でなくても、子の心身に及ぼす影響、当該場所及びその周囲の状況その他の事情を考慮して相当と認めるときは、解放実施を行うことができることとしています（第140条第2項）。もっとも、上記要件に該当する場合であっても、当該場所が第三者の占有する場所である場合には、立入り等についての適法性を確保する観点から、当該場所を占有する者の同意を得ることが必要となります（第140条第2項）。

Q150

債務者による子の監護を解くために必要な行為を、「子が債務者と共にいる場合」に限ってすることができることとしているのは、なぜですか。

A 子の返還の代替執行において、子が債務者と共にいることを解放実施の要件としている（第140条第3項）のは、債務者にできる限り自発的に子の監護を解かせ、常居所地国への移動に必要となる準備等を含めて債務者の協力を得た上で返還を実施することが子の利益にかなうと考えられるためです。法制審議会の部会においては、債務者がいない場で子の返還の代替執行を実施する方が子の安全を図ることができるのではないかという意見も出されましたが、債務者不在の場で子を連れ出すことを認めると、債務者の協力を得てできる限り子に負担の少ない形で返還を実現するという子の利益を奪うこととなり、また、子が事態を飲み込めず、恐怖や混乱を感じることが想定されるなどの問題点も指摘され、結果として上記のような要件を設けることになりました。

　なお、このような要件を設けることにより、解放実施をする際に、債務者から抵抗を受け、子が危険にさらされることがないともいえませんが、その点については、解放実施を行う執行官において、安全に子を解放させるために債務者を説得し、場合によってはこのような抵抗を排除するために自ら威力を行使し、又は警察上の援助を求めることができることとすることで対応しています（第140条第4項）。他方で、このような抵抗排除行為によって子の利益を害することがないよう、子に対する直接の威力の行使を禁止するだけでなく、子以外の者に対する威力の行使であっても子の心身に有害な影響を及ぼすおそれがあるものについては、これを禁止しています（第140条第5項）。

Q151 執行官が債務者による子の監護を解くことができなかった場合には、子の返還の強制執行の手続はどうなるのですか。

A 執行官が債務者による子の監護を解くために必要な行為（解放実施）をするため、解放実施を行うべき場所に赴いたものの、債務者や子の不在等により解放実施に着手することができなかった場合や、債務者から抵抗を受け、監護を解くに至らなかった場合には、執行官としては、その場での解放実施は断念せざるを得ないことになります。このように解放実施を断念する場合であっても、解放実施に係る事件を終了させる（規則第89条第2号）かどうかは別の問題であり、執行官の判断でその場での解放実施を断念する場合であっても、解放実施に係る事件を終了させず、従前の解放実施の申立てに基づくものとして、後に再度現場に赴いて解放実施を試みることが可能です（規則第89条、規則第90条柱書き、民事執行規則第13条第4項第1号において準用する同条第1項第8号参照）。

何度か解放実施を試みたものの奏功しない場合や、債務者や子が現場に存在せず、新たに所在を特定し直す必要がある場合等には、執行官としては解放実施に係る事件を終了せざるを得ないものと考えられます。この場合であっても、子の返還の代替執行の決定（授権決定）が失効するものではないため、債権者は、状況の変更に応じて、再度執行官に対して解放実施の申立てを行うことが可能です。

Q152 子の返還の代替執行において、返還実施者はどのような行為をすることができるのですか。

A 返還実施者は、執行官によって債務者による監護から解放された子を受け取り、必要な交通機関を利用して空港に連れて行き、常居所地国に帰るための航空機に乗せるなど、子を常居所地国に返還するために必要な行為をします。

また、子を常居所地国に返還するためには少なくとも数時間、長ければ数日を要することが想定されますので、その間、返還実施者が子を監護することになります。そこで、実施法においては、返還実施者の権限として、「子の監護その他の必要な行為」をすることができることとしています（第141条第1項）。

一般に、監護をする際には、子を抱きかかえたり、子の手を引いて歩かせたりするなど、子の年齢等に応じ、当該子を監護するために通常必要となる程度の有形力を行使することが想定されますが、これらは「子の監護その他の必要な行為」に該当するものと考えられます。

これに対し、監護に必要な限度を超え、抵抗する子を押さえつけるなどの行為をすることは許されないと考えられます。また、返還実施の過程で第三者から妨害を受けた場合であっても、返還実施者の権限として抵抗排除のための威力の行使を認めていないことから（第140条第4項参照）、返還実施者が第三者に威力を行使することはできないことになります(注)。なお、返還実施者は子の監護の他に「必要な行為」をすることができることとされていますが（第141条第1項）、子の監護が例示されていることに照らしても、「必要な行為」として想定されているのは、あくまで子を交通機関に乗せて移動させたり、返還実施者の指定する場所に宿泊させたりすること等であり、返還実施者の権限として、子や第三者に対して威力を行使することを許容する趣旨ではありません。

（注）実施法は、返還実施者の権限について、民事執行法第171条第6項の規定を適用しないこととしているため（第141条第2項）、返還実施者がその返還実施のために執行官に対して援助を求めることはできないことになります。返還実施の過程においても、子

を空港に連れて行く場面で債務者から抵抗を受けるなどし、適切に有形力を行使できる者の援助を必要とする場合も考えられますが、このような緊急の場合は執行官の援助に馴染むものではないといえます。実施法においては、中央当局による立会い等（第142条）を認めており、必要に応じて援助をすることを想定しています。

Q153 中央当局は、子の返還の代替執行の場面でどのような協力をするのですか。

A 実施法においては、中央当局は、子の返還の代替執行に関し、立会いその他の必要な協力をすることができるものとしています（第142条）。これは、条約上、中央当局は子の安全な返還の実現について責務を有していることを踏まえ（条約第7条第2項h）、実施法においてその任務の一環という位置づけで採り入れられたものです。

この場合の「必要な協力」としては、中央当局の職員[注]が解放実施の場面に立ち会うことや、返還実施者が安全に子の返還をすることができるよう必要に応じて国内での移動に同行することなどが想定されています。

（注）解放実施に伴う子の心身への影響を考慮して、児童心理に関する専門的知見を有する中央当局の職員が立ち会うことが想定されます。

Q154 子の返還の強制執行に係る事件の記録の閲覧等について、子の返還申立事件の記録の閲覧等の規定を準用しているのはなぜですか。

A 子の返還の強制執行に係る事件(執行裁判所における間接強制申立事件及び代替執行申立事件がこれに当たります)の記録の閲覧等については、子の返還申立事件の記録の閲覧等に関する規律を定めた第62条の規定を準用することとしています(第143条)。

子の返還申立事件においては、その記録中、相手方又は子の住所又は居所が記載され、又は記録された部分であって、中央当局から提供を受けたもの(住所等表示部分)については、当事者から記録の閲覧等の許可の申立てがあったときであっても、原則としてこれを許可しないこととしています(第62条第4項本文。詳細については、Q91の1参照)。そのため、子の返還申立事件において、申立人が相手方又は子の住所又は居所を知らないまま子の返還を命ずる終局決定がされ、子の返還の強制執行においても、子の返還を命じられた者(債務者)の住所の記載がないまま申立てがされ、執行裁判所において、中央当局からその者の住所又は居所に関する情報の提供を受けるといった事態も想定されます(第5条第4項第2号)。このように、執行裁判所が中央当局から子の返還を命じられた者(債務者)や子の住所又は居所に関する情報の提供を受け、これが子の返還の強制執行に係る事件の記録となった場合において、民事執行法上の記録の閲覧等に関する一般的な規律(民事執行法第17条)に従うとすれば、記録の閲覧等を求める者は、利害関係さえ疎明すれば、時期を問わず、中央当局から情報の提供を受けた子の返還を命じられた者(債務者)や子の住所又は居所が記載された部分(住所等表示部分)を含めて閲覧等をすることができることとなりますが、それでは、中央当局が子の返還を命じられた者(債務者)や子の住所又は居所に関する情報を関係機関から確実に提供を受けることができるようにするために、提供された情報を厳格に管理することとした第5条第4項、第62条第4項の趣旨(Q41、Q91の1参照)を没却することとなりかねません。また、子の返還を命じられた者(債務者)や子の住所又は居所そのものではなくても、例えば、中央当局から取得した情報に住所等を推知させる情報がある場合など、

子の返還の強制執行に係る事件の記録の閲覧等を許可することが相当ではない場合も想定されます。

　そこで、実施法では、子の返還の強制執行に係る事件の記録の閲覧等についても、子の返還申立事件の記録の閲覧等に関する規律を定めた第62条の規定を準用し、裁判所の許可を必要としています（第143条）。これにより、当事者からの申立てであれば第143条によって準用される第62条第4項本文、第5項又は第8項に該当する場合に、第三者からの申立てであれば同条第6項又は第8項に該当する場合に、それぞれ記録の閲覧等が許可されないことになります。

第5編

面会交流についての家事調停及び家事審判の手続等

Q155 実施法には、子の返還を求める場合と異なり、面会交流を求める場合の詳細な手続規定がないのは、なぜですか。

A 条約上、「「接触の権利」には、一定の期間子をその常居所以外の場所に連れて行く権利を含む」と規定されていますが（条約第5条b）、「接触」の具体的な内容を定めた規定はありません。しかし、この規定及び他の締約国における解釈・運用等を踏まえると、「接触」には、直接面会することに加え、手紙や電話等の媒体を通じて子と相互に連絡することが含まれると考えられます。このように考えると、条約が規定する「接触」とは、日本の民法第766条に規定する「面会及びその他の交流」と同義であると解することができます（Q15参照）。したがって、条約に基づいて「接触の権利」を実現しようとする親は、子の返還申立事件のように特別の規定を設けなくても、現行の家事事件手続法の下で、子との面会交流を求める家事審判（家事事件手続法第150条以下）又は家事調停（家事事件手続法第244条以下）の申立てをすることができます。

また、条約は、「接触の権利」の実現に関して、中央当局の役割や関与について定めているものの（条約第21条）、裁判手続については何ら具体的な規定を置いておらず、そのための新たな裁判手続を設けることを要求するものではないと解されます。

このように、条約に基づいて「接触の権利」を実現しようとする場合であっても、家事事件手続法に規定する既存の手続を利用することが可能であり、条約との関係でもそれで足りると考えられることから、実施法では、面会交流を求める場合の詳細な手続規定は置いていません。

Q156 面会交流についての家事審判事件の手続等に関する特則としては、どのようなものがありますか。

A 中央当局による援助（外国返還援助又は日本国面会交流援助）を受けた者又は子の返還の申立てをした者が子との面会交流の定めをすること又はその変更を求める家事調停又は家事審判の申立てをする場合であっても、その手続は、原則として家事事件手続法の規律によることになります。しかしながら、実施法においては、このような事案の有する特色に鑑み、管轄等の規律に関して特則を設けています。

1 管轄の特則

実施法においては、中央当局による援助（外国返還援助又は日本国面会交流援助）を受けた者又は子の返還の申立てをした者が子との面会交流の定めをすること又はその変更を求める家事調停又は家事審判の申立てをする場合については、家事事件手続法に基づく管轄のほかに、子の住所地に応じ、東京家庭裁判所又は大阪家庭裁判所にも管轄を認める特則を設けています（第148条）。

本来、このような家事調停事件又は家事審判事件は、当事者間に管轄の合意（家事事件手続法第66条第1項、同法第245条第1項）がない限り、家事審判事件については子の住所地を管轄する家庭裁判所の管轄に（家事事件手続法第150条第4号）、家事調停事件については相手方の住所地を管轄する家庭裁判所の管轄に属することとなりますので（家事事件手続法第245条第1項）、その他の裁判所に申立てがされたとしても、裁判所は、原則として管轄裁判所に事件を移送することとなります（家事事件手続法第9条第1項）。しかし、中央当局が子及び子と同居する者の所在を特定した事案においては、子との面会交流の定めをすること又はその変更を求める家事調停又は家事審判の申立てを受けた家庭裁判所が、中央当局から相手方や子の住居又は居所に関する情報の提供を受け（第5条第4項第2号）、それを基に管轄裁判所に事件を移送する（家事事件手続法第9条第1項）こととなると、申立人に相手方や子の住所又は居所を知る手掛かりを与えることになり、実施法において、中央当局が入手した情報を厳格に管理することとした趣旨が没却され

ることになりかねません（Q41、Q91 の 1 参照）。また、この場合の子との面会交流の定めをすること又はその変更を求める家事調停又は家事審判の申立ては、子の返還申立事件と並行して、又はその終了後にこれに引き続いてされることが想定されるので、子の返還申立事件の管轄裁判所に面会交流事件の管轄を認めることには一定の合理性があるものと考えられます。

そこで、実施法では、上記のような管轄の特則を設けました[注]。

（注）子の返還申立事件の係属中、当該事件の裁判がされるまでの間に申立人が相手方に対して子との面会交流を求める家事審判の申立てをすることが考えられます。このような場合には、子の返還申立事件が係属する裁判所が面会交流についての家事審判事件を処理することが便宜であるとも考えられますが、両事件は別の手続であり、また、求める内容も異なるため裁判資料がそれほど重複するとも限りません。このような観点から、実施法では、両事件の手続を併合するための規定は設けていません。

2 中央当局への通知の特則

中央当局は、条約上の責務として、面会交流についての内容を定め、又はその効果的な実現を確保するように取り計らうことが求められていることから（条約第 7 条第 2 項 f）、外国返還援助決定又は日本国面会交流援助決定に係る子や子の返還申立事件において返還を求められた子について面会交流事件の申立てがあった場合や、当該事件が終了した場合には、その事実を早期に知る必要があります。そこで、裁判所書記官は、外国返還援助決定若しくは日本国面会交流援助決定を受けた者又は子の返還の申立てをした者が、子との面会その他の交流の定めをすること又はその変更を求める家事調停又は家事審判の申立てをしたとき及び当該申立てに係る家事調停事件又は家事審判事件が終了したときは、速やかに、その旨を外務大臣に通知することとしています（規則第 94 条）。

3 記録の閲覧等の特則

(1) 家事審判事件

実施法においては、子との面会交流の定めをすること又はその変更を求める家事審判事件の記録の閲覧等について、家事事件手続法の特則を設けてい

ます（第149条第1項）。

　中央当局が相手方や子の住所又は居所を調査してもその情報は申請者には開示されないので（第5条第4項参照）、中央当局の援助を受けて子との面会交流を求める者については、相手方や子の住所又は居所を知らないまま、家事審判の申立てをする場合も想定されます。このような場合には、裁判所は、中央当局から相手方又は子の住所又は居所に関する情報の提供を受けることになりますが（第20条、第5条第4項第2号）、子との面会交流を求める家事審判事件の記録の閲覧等について、実施法において特則を設けずに家事事件手続法の規定が適用されることとすると、当事者から記録の閲覧等の許可の申立てがされた場合には、裁判所は、原則として、中央当局から情報の提供を受けた相手方や子の住所又は居所が記載された部分（住所等表示部分）を含めて記録の閲覧等を許可しなければならないこととなります（家事事件手続法第47条第3項）。そうなると、実施法において、中央当局が入手した情報を厳格に管理することとした趣旨が没却されることになりかねません（Q41、Q91の1参照）。

　そこで、実施法では、家事審判事件の記録中、中央当局から情報の提供を受けた相手方や子の住所又は居所が記載された部分（住所等表示部分）については、当事者から記録の閲覧等の許可の申立てがされた場合であっても、原則として許可しないこととしています（第149条第1項）[注1][注2]。

(2) **強制執行事件**

　実施法においては、子との面会交流の定めをし、又はその変更について定める審判書又は調停調書の正本に基づく強制執行の申立てに係る事件の記録の閲覧等についても、民事執行法の特則を定めています（第149条第2項）。

　中央当局の援助を受けて子との面会交流を求める者については、相手方や子の住所又は居所を知らないまま、子との面会交流を定める家事審判の申立てをして債務名義を得、その債務名義に基づいて子との面会交流の強制執行の申立てをする場合も想定されますが、このような場合には、執行裁判所は、中央当局から相手方又は子の住所又は居所に関する情報の提供を受けることになります（第20条、第5条第4項第2号）。執行裁判所が中央当局から情報提供を受けた場合、その情報は子との面会交流の強制執行の申立てに係る事件の記録となるので、その記録の閲覧等について民事執行法の規定がそ

のまま適用されると、記録の閲覧等を求める者は、利害関係があれば、時期を問わず、中央当局から情報の提供を受けた相手方や子の住所又は居所が記載された部分（住所等表示部分）を含めて閲覧等をすることができることになります（民事執行法第17条）。そうなると、実施法において、中央当局が入手した情報を厳格に管理することとした趣旨が没却されることになりかねません（Q41、Q91の1参照）。そこで、実施法では、上記のような子との面会交流の強制執行の申立てに係る事件の記録の閲覧等について、子の返還申立事件の記録の閲覧等に関する規律を定めた第62条の規定を準用することとしています（第149条第2項）。したがって、記録中に住所等表示部分が含まれる場合には、当該住所等表示部分のみならず、記録全体について、閲覧等に関する規律が変わることになります。

(注1) 家事調停事件について
　実施法では、子との面会交流を求める家事調停事件の記録の閲覧等については、特則を設けていません。家事事件手続法では、当事者から家事調停事件の記録の閲覧等の許可の申立てがあった場合であっても、これを原則として許可するものとはせずに、「相当と認めるとき」に限り許可することとし、裁判所の裁量的判断に委ねています（家事事件手続法第254条第3項）。子との面会交流を求める家事審判事件の記録の閲覧等について特則を設けることとしたのは、当事者から閲覧等の許可の申立てがあった場合にはこれを原則として許可しなければならないとされていることに対応するものですので、このような規律を採用していない子との面会交流を求める家事調停事件については、特則を設ける必要がないといえます。

(注2) 第149条第1項ただし書では、第62条第4項各号に掲げる場合のいずれかに該当するときを例外としていますが、このうち、第62条第4項第2号については、「子の返還を命ずる終局決定」を「面会交流を命ずる審判又は審判に代わる裁判」と読み替えるべきものです。

4　申立書の記載事項の特則

　外国返還援助決定若しくは日本国面会交流援助決定を受けた者又は子の返還の申立てをした者が、子との面会その他の交流の定めをすること又はその変更を求める家事調停又は家事審判の申立てをする場合には、申立書に外国返還援助決定若しくは日本国面会交流援助決定を受けた旨又は子の返還の申立てをした旨を記載しなければなりません（規則第93条）。これにより、申

立てを受けた裁判所は、上述したような管轄の特則や中央当局への通知の特則が適用になることを把握することができます。

第6編

雑則

Q157

子の返還申立事件の審理期間としては、どの程度の期間が想定されているのですか。審理期間が長引いた場合はどうなりますか。

A 条約では、国境を越えた子の連れ去り事案の迅速な解決を図る観点から、子の返還のための手続の開始から6週間が経過した場合には、司法当局又は行政当局に対し、遅延の理由の説明を求めることができることとされています（条約第11条第2項）。これを受けて、実施法では、子の返還申立事件の申立人又は中央当局は、子の返還の申立てから6週間が経過したときは、当該事件が係属している裁判所に対し、審理の状況について説明を求めることができることとしています（第151条）。なお、同条にいう「子の返還の申立て」とは、子の返還申立事件の申立てをいいます。

その趣旨は、6週間以内で審理を終えることができない場合には、審理の状況について説明を求めることができることとして、できる限り6週間以内に審理を終えることを促すことにあるといえます。もっとも、子の返還申立事件の審理が申立てから6週間以内に終了しないからといって、手続の終了等の法律上の効果が生じるものではありません(注)。

なお、この説明の求めは、書面でしなければならないこととしています（規則第96条）。これは、仮に口頭によることを許容すると、申立人や中央当局からの審理の状況についての問合せがあった場合に、その問合せが、一般的な裁判の進行状況についての問合せなのか、それとも、第151条の規定による説明の求めであるのかを区別することができない場面が生じ得ることになるので、同条の規定によるものであることを明確にするために、書面でしなければならないこととしたものです。したがって、この書面には、第151条の規定により説明を求める旨が記載されることが想定されています。

(注) 実際に各締約国においても、子の返還の申立ての裁判の結論が出るまで相当長期間を要しているようです。ハーグ国際私法会議常設事務局が作成した統計分析報告書（"A STATISTICAL ANALYSIS OF APPLICATIONS MADE IN 2008 UNDER THE *HAGUE CONVENTION OF 25 OCTOBER 1980 ON THE CIVIL ASPECTS OF INTERNATIONAL CHILD ABDUCTION*, PART I - GLOBAL REPORT" (http://

www.hcch.net/upload/wop/abduct2011pd08ae.pdf))によれば、締約国において中央当局による申立ての受理から子の返還又は返還拒否を命ずる裁判がされるまでに要した日数の平均は、以下のとおりです（ただし、この数字は、子の返還を求める裁判の申立てからではなく、中央当局による返還の申立ての受理から起算されたものであることに注意する必要があります）。

	返還命令までの平均日数	返還拒否の裁判までの平均日数
1999年	107日	147日
2003年	125日	233日
2008年	166日	286日

Q158 子の返還申立事件が係属している場合には、親権者の指定等いわゆる本案についての裁判をしてはならないこととされているのはなぜですか。また、この場合には、本案についての手続の流れはどのようになりますか。

A

1 規律の内容及び趣旨

　条約は、子の監護に関する本案の紛争については、原則として、子を常居所地国に返還した後にその常居所地国において解決されるべきことを前提としています（Q10参照）。そのため、条約では、子が連れ去られた先の国又は現在子が留置されている国の司法当局等は、子の不法な連れ去り又は留置があった旨の通知を受けた後は、子の返還がされないことが決定されるまで、又は合理的期間内に子の返還の申立てがされない場合を除き、子の監護に関する本案の決定を行わないこととされています（条約第16条）。

　これを受けて、実施法では、親権者の指定若しくは変更又は子の監護に関する処分についての審判事件（人事訴訟法第32条第1項に規定する附帯処分についての裁判及び同条第3項の親権者の指定についての裁判に係る事件を含みます）が日本の裁判所に係属している場合において、当該裁判所は、中央当局又は子の返還申立事件が係属する裁判所から当該子について不法な連れ去り又は不法な留置であると主張される連れ去り又は留置があった旨の通知を受けたときは、子の返還の申立てが相当の期間内にされないとき又は子の返還の申立てを却下する裁判が確定したときを除き、当該審判事件について裁判をしてはならないこととしています（第152条）(注)。

　(注) 本案事件において審判がされることを防ぐため、子の返還申立事件が係属する裁判所の裁判所書記官は、遅滞なく、子の返還申立事件が係属した旨を当該子の返還申立事件の記録上判明している本案事件が係属する裁判所に対し通知しなければならないこととしています（規則第97条第1項）。

2 裁判所の手続の流れ

　親権者の指定・変更又は子の監護に関する処分についての本案事件が係属する裁判所は、子の返還申立事件が係属する裁判所から上記の通知がされた

後は、子の返還申立事件の手続が終了するまで^(注1)、既に係属していた本案事件について、裁判をしてはならないこととなります^(注2)。

　常居所地国への子の返還を命ずる裁判がされたときは、本案事件については常居所地国で判断がされるべきものですから、それ以降日本の裁判所が手続を進めるべきではなく、本案事件について裁判をすることができなくなると解すべきであり、裁判所は、申立ての取下げがされない場合には、これを却下すべきことになると考えられます^(注3)。

　これに対し、常居所地国への子の返還の申立てを却下する裁判がされたときは、本案事件が係属する裁判所は、その本案事件について裁判をすることが可能となります（第152条ただし書）。

（注1）子の返還申立事件の終了には、子の返還の申立ての却下の裁判が確定した場合のほか、子の返還の申立ての取下げ（第99条、第147条による取下げ擬制の場合を含みます）、和解（第100条）により子の返還の事件が終了した場合を含むものと考えられます。ただし、子の返還を内容とする和解が成立した場合については（注3）参照。

（注2）本案事件が係属する裁判所における審理運営の参考とするため、子の返還申立事件が終了したときは、裁判所書記官は、遅滞なく、その旨を本案事件が係属する裁判所に通知しなければならないこととしています（規則第97条第2項）。

（注3）調停又は和解において子の返還を内容とする合意が成立した場合にも、子の返還を命ずる裁判がされた場合と同様、日本において本案についての裁判を進めるべきではないと考えられます。

Q159 第153条において、総合法律支援法の適用に関する特例が設けられたのは、なぜですか。

A 条約では、締約国の国民及び締約国に常居所を有する者は、この条約の適用に関係のある事項に関し、他の締約国において、その国の国民及びその国に常居所を有する者と同一の条件で「法律に関する援助及び助言」を受けることができることとされています（条約第25条）。

日本では、この「法律に関する援助及び助言」に係る制度として、総合法律支援法による民事法律扶助制度があります。

しかし、民事法律扶助制度は、「（日本）国民」及び「我が国に住所を有し適法に在留する者」のみを対象としているので（総合法律支援法第30条第1項第2号）、日本以外の締約国に子と共に居住していた日本人同士の夫婦のうち一方が日本に子を不法に連れ去った場合において、子を連れ去られた配偶者が条約に基づいて子の返還を求めるときには、民事法律扶助制度による支援を受けることができますが、子を連れ去られた者が日本人以外の者の場合には、このままでは民事法律扶助制度による支援を受けることができません。そうすると、日本人が受けることができる援助を締約国の国民が受けられないこととなり（この場合は、日本は条約第25条の「他の締約国」に当たることになります）、このままでは条約第25条に反することになります。

そこで、実施法においては、条約締約国の国民又は条約締約国に常居所を有する者であって、子の返還又は子との面会交流を求めて日本の裁判所における民事事件、家事事件又は行政事件に関する手続を利用するものについても、日本の民事法律扶助制度を利用することができるようにするための特例を設けることとしました（第153条）。

Q160 日本から他の条約締約国へ子が連れ去られた場合に、同国において子の返還や面会交流を求めるときも、法テラスの民事法律扶助制度を利用することができるのですか。

A 条約では、締約国の国民及び締約国に常居所を有する者は、条約の適用に関係のある事項に関し、他の締約国において、その国の国民及びその国に常居所を有する者と同一の条件で法律に関する援助及び助言を受けることができることとされています（条約第25条）。

もっとも、日本から他の条約締約国へ子が連れ去られた場合には、子の返還や面会交流を求めるための手続は子を連れ去られたその条約締約国において行われることになりますが、日本の総合法律支援法に基づく法テラスの民事法律扶助制度は、日本の裁判所における民事事件、家事事件又は行政事件に関する手続を対象とするものであり、外国の裁判所等において行われる手続を対象とするものではありません。

そのため、日本から他の条約締約国へ子が連れ去られ、他の条約締約国において子の返還や面会交流を求める場合は、法テラスの民事法律扶助制度を利用することはできません。このような場合には、その条約締約国に法律扶助制度があれば、それを利用することが考えられます。

第7編

その他の条約の規定

Q161 実施法の施行前に不法な連れ去りがされ、又は不法な留置が開始された事件については、どのような解決が図られるのですか。

A 条約は、締約国間において、条約が当該締約国について効力を生じた後に行われた不法な連れ去り又は留置についてのみ適用するとされており（条約第35条第1項）、これを受けて、実施法においても、実施法の施行前にされた不法な連れ去り又は実施法の施行前に開始された不法な留置には適用されないこととしています（附則第2条。Q20、Q36の2(5)、Q45の2(6)参照）。したがって、実施法の施行前に不法な連れ去りがされ、又は不法な留置が開始された場合には、子を連れ去られ、又は留置された親は、条約及び実施法に基づいて、子を常居所地国に返還することを求めることはできません。

もっとも、実施法の施行前に不法な連れ去りがされ、又は不法な留置が開始された場合であっても、面会交流に関する手続を利用することができます。面会交流については、そもそも連れ去り又は留置の存在を要件とするものではないため、特定の時点を基準に条約適用の有無を分ける必要がなく、条約の効力発生後に子との接触の権利が侵害されている状況がある限り、条約が適用されるものと解されています。

また、条約の趣旨も踏まえ、政府は条約に基づく支援以外の支援も行っています。具体的には、外国から日本へ子を連れ去られてしまった者に対しては、当該外国の領事が子と面会して状況を確認することについての側面支援を行うこと等が考えられます。また、日本から外国へ子を連れ去られてしまった者に対しては、在外公館が保有する在留届等の資料を基に所在調査を実施したり、子が連れ去られ、又は留置されている国の裁判制度等を活用することを勧めたりすること等が考えられます。

Q162 条約は、締約国が特定の親権制度を採用することを前提にしているのですか。

A 条約は、子の監護に関する紛争は子が元々居住していた国（常居所地国）、すなわち子が慣れ親しんできた生活環境がある国で解決するのが望ましいという考え方の下、子の利益のため、子を常居所地国に返還することを原則としています（Q10参照）。このように、条約では、子の監護の権利がいずれの親に認められるか等については、返還の可否とは別に判断されることが想定されていますので、監護の権利を含む親権に関する制度について、特定の制度（単独親権制度又は共同親権制度）が前提とされているわけではありません。

締約国の中にはいわゆる共同親権制度を採用している国が多くありますが、親権制度の在り方は、条約の締結とは別に検討されるべき事柄であると考えるのが相当です。

Q163 国内の子の連れ去りの事案も、条約と同様の枠組みで解決されることになるのですか。

A 条約は、子が国境を越えて移動した場合において、子の監護に関する紛争は子が元々居住していた国（常居所地国）、すなわち子が慣れ親しんできた生活環境がある国で解決するのが望ましいという考え方を基本に（Q10参照）、子の利益のため、まず、子の監護に関する紛争を解決する手続の前段階として、子を常居所地国に返還することの当否を判断する手続を定めるものであり、子の監護に関する紛争を解決するための最終的な手続（本案の手続）を定めるものではありません。国内の子の連れ去りの事案については、子の国境を越えた移動がないので、このような特別の手続は必要ではなく、端的に各国における子の監護に関する紛争を解決するための枠組みを活用すれば足ります。

したがって、条約の締結によって、国内の子の連れ去り事案が条約と同様の枠組みで解決されることになるものではありません[注]。

（注）日本の国内における子の不法な連れ去り事案においても、条約及び実施法の基本的な考え方に基づき、それまで子の監護をしていた者に子を返還することを原則とすべきであるという主張がされることがあります。しかし、このことは、条約及び実施法の枠組みとは次元を異にしており、国内の裁判手続においては、子が不法に連れ去られたという主張がされた場合には、子の監護に関する判断をするに当たって考慮すべき1つの事情として位置付けられると理解されています。

Q164 常居所地国が地域ごとに異なる法制を有する国である場合には、監護の権利の根拠となる法令は、どの地域のものを問題とするのですか。

A アメリカ、カナダ、オーストラリア等では連邦制に基づいて州ごとに法律が異なっていますが、このように1つの国の中で地域ごとに異なる複数の法律を有している国を、不統一法国と言います。不統一法国の場合においては、地域ごとに異なる法律のうちどの法律を適用すべきかを決める必要がありますが、条約第31条は、子が常居所を有している地域を「常居所」とすること（同条a）、また、子が常居所を有している地域に適用される法令を「常居所を有していた国の法令」とすること（同条b）を定めています。したがって、不統一法国に常居所を有していた子の場合には、その常居所のある地域の法令が適用されることになり、同じ国内であっても常居所のない地域の法令は適用されません。

Q165 国内で地域ごとに異なる法制を有する場合には、国内の法制の異なる地域への連れ去りも条約の対象となるのですか。

A 条約は、子の監護に関する法令を領域内の地域ごとに異にする国は、単一の法制を有する国がこの条約を適用する義務を負わない場合には、この条約を適用する義務を負わないとしています（条約第33条）。これは、単一の法制度を有する国が条約を適用する必要のない場合、すなわちその国からの連れ去りが生じていない場合には、条約を適用しないことを規定することによって、条約の対象が国際的な事案のみであることを明確にしているものと考えられます。

したがって、締約国の国内で生ずる事案については、たとえ異なる法制の地域の間で生じる事案であっても、条約の対象とはなりません。

Q166 日本が条約を締結したことにより、日本と全ての締約国との間で条約が効力を有することになったのですか。

A 条約は、条約の作成に参加した国、すなわちハーグ国際私法会議の第14回会期の時に同会議の構成国であった国[注1]とそれ以外の国（非構成国）が条約関係に入るに当たっての手続に差異を設けています。

まず、非構成国が条約関係に入るに当たっては、加入という手続が必要になりますが、加入は、加入国とその加入を受け入れる旨を宣言した締約国との間でのみ効力を有することとされています（条約第38条第1項、第4項前段）。

これに対して、構成国が条約関係に入るに当たっては、そのような手続は不要であり、他の構成国との関係については、条約を締結することによってそれらの国との間で自動的に条約が効力を有することになりますが（条約第37条第1項）、非構成国との関係については、当該構成国が条約を締結するに当たり加入を受け入れると宣言した非構成国との間でのみ条約が効力を有することになります（条約第38条第4項中段）。

日本は、構成国ですから、①他の構成国との関係については、条約を締結することによって自動的に条約が効力を有することとなりますが、②非構成国との関係については、加入を受け入れる旨の宣言をした非構成国との間でのみ条約が効力を有するところ、日本は、平成26年1月に条約を受諾するに当たり、その時点での全ての非構成国[注2]の加入を受け入れる旨の宣言を行いましたので、全ての非構成国との間で条約が効力を有することとなりました。

したがって、日本については、その時点での全ての締約国との間で条約が効力を有することになりました[注3]。

（注1）ハーグ国際私法会議の第14回会期当時の構成国は次のとおりです。
アルゼンチン、オーストラリア、オーストリア、ベルギー、カナダ、チェコスロバキア、デンマーク、エジプト、ユーゴスラビア、フィンランド、フランス、ドイツ、ギリシャ、アイルランド、イスラエル、イタリア、日本、ルクセンブルク、オランダ、ノルウェー、ポルトガル、スペイン、スリナム、スウェーデン、スイス、トルコ、英国、米

国、ベネズエラ（ただし、チェコスロバキア及びユーゴスラビアは国家として消滅）

（注2）日本が条約を受諾した平成26年1月現在の非構成国は次のとおりです（58か国）。

アルバニア、アンドラ、アルメニア、バハマ、ベラルーシ、ベリーズ、ブラジル、ブルガリア、ブルキナファソ、チリ、コロンビア、コスタリカ、キプロス、ドミニカ共和国、エクアドル、エルサルバドル、エストニア、フィジー、ガボン、ジョージア、グアテマラ、ギニア、ホンジュラス、ハンガリー、アイスランド、カザフスタン、韓国、ラトビア、レソト、リトアニア、マルタ、モーリシャス、メキシコ、モナコ、モロッコ、ニュージーランド、ニカラグア、パナマ、パラグアイ、ペルー、ポーランド、モルドバ、ルーマニア、ロシア、セントクリストファー・ネーヴィス、サンマリノ、セーシェル、シンガポール、スロベニア、南アフリカ、スリランカ、タイ、トリニダード・トバゴ、トルクメニスタン、ウクライナ、ウルグアイ、ウズベキスタン、ジンバブエ

（注3）日本の条約受諾後に非構成国のイラク及びザンビアが条約を締結しましたが、日本はいずれについても加入を受け入れる旨の宣言を行いました。したがって、日本については、平成27年3月時点での全ての締約国との間で条約が効力を有しています。

Q167

条約上、手数料の徴収が禁止されている趣旨は、どのようなものですか。また、条約には例外が認められているようですが、その内容はどのようなものですか。

A

1 趣旨

条約においては、「中央当局その他締約国の公の当局は、この条約に基づいて行われた申請に係るいかなる手数料も徴収してはならない。これらの当局は、特に、手続の費用及び弁護士その他法律に関する助言者が参加した場合にはその参加により生ずる費用の支払を申請者に要求することができない。」とされています（条約第26条第2項本文）。したがって、中央当局をはじめとする締約国の公の機関が、子の所在の特定、子の返還、子との面会等のために条約に基づいて行う申請について、その申請に係る手数料、申請を受理した中央当局等の機関がその任務を遂行するために必要な諸費用、弁護士等の法律に関する助言者に対する費用の支払を申請者に対して要求することはできません。これは、資力の乏しい人も含めて、可能な限り多くの人が広く条約に基づく申請を行うことができるようにするためであると考えられます。もっとも、これには、次の2のとおり例外があります。

2 手数料徴収禁止の例外

このような手数料徴収の禁止の例外として、条約第42条の規定による留保を付することにより、弁護士等の法律に関する助言者に対する費用又は裁判手続から生ずる費用については、「自国の法律に関する援助及び助言に係る制度」(注)を利用することができる場合を除き、申請者に負担させることができることとされています（条約第26条第3項）。これは、各締約国内の他の裁判手続における当事者の負担との均衡や財政上の制約等に鑑み、条約に基づく裁判手続においても、他の裁判手続において利用できる扶助を除き、申請者に費用を負担させることが適当である場合もあると考えられるからです。

日本は、かかる内容の留保を付しています（Q168参照）。

（注）日本においては、手続上の救助の制度及び総合法律支援法による民事法律扶助制度があります（Q88参照）。

Q168 日本は条約を締結するに当たり、条約上の規定の適用を排除する「留保」を付したそうですが、それは具体的にはどのような内容ですか。

A 　留保とは、「国が、条約の特定の規定の自国への適用上その法的効果を排除し又は変更することを意図して、条約への署名、条約の批准、受諾若しくは承認又は条約への加入の際に単独に行う声明」のことです（条約法に関するウィーン条約第2条第1項(d)）。

　条約は、要請を受ける国の中央当局に送付される申請、連絡その他の文書に付する翻訳の言語についての規定（条約第24条）及び弁護士等の法律に関する助言者に対する費用又は裁判手続から生ずる費用についての規定（条約第26条第3項）の一方又は双方について留保を付することを認めています（第42条第1項）。

　日本は、この規定に基づき、これらの双方について次の内容の留保を付しました。

1　申請書の翻訳

　条約第24条第1項は、要請を受ける国の中央当局に送付される申請、連絡その他の文書に付する翻訳の言語について、日本語又はこれらが不可能である場合にはフランス語又は英語による翻訳を添付することとしていますが、同条第2項は、留保を付することにより、フランス語又は英語のいずれか一方の使用を拒むことができるとしています。日本では、日本の中央当局である外務省の実施体制に鑑み、日本の中央当局に送付される申請等に添付される翻訳については、フランス語の使用を拒み、日本語及び英語のみとすることとしました（Q33参照）。

2　費用負担

　条約第26条第2項は、条約に基づいて行われた申請に係るいかなる手数料（手続の費用及び弁護士その他法律に関する助言者が参加した場合にその参加により生ずる費用を含みます）も徴収してはならないとしていますが、同条第3項は、留保を付することにより、弁護士その他法律に関する助言者の参加

の費用又は裁判所における手続により生ずるものについて、一定の場合を除き、負担義務を負わない旨の宣言をすることができるとしています（Q167参照）。日本では、国内の他の裁判手続における当事者の負担との均衡等に鑑み、弁護士その他法律に関する助言者の参加又は裁判所における手続により生ずる費用については、当事者が負担することとしました。なお、これらの当事者が負担すべき費用に関しては、手続上の救助の制度や総合法律支援法による民事法律扶助の利用が考えられます（Q88参照）。

Q169 条約上、この条約から脱退すること（廃棄すること）はできるのですか。

A 条約は、その発効後5年間は効力を有し、廃棄されない限り5年ごとに黙示的に更新されます（条約第44条第1項、第2項）。廃棄については、5年の更新期間が満了する少なくとも6か月前にオランダ外務省に通告することとされ、その効力は、廃棄を通告した国についてのみ生じ、その他の締約国については、引き続き条約が効力を有することとされています（条約第44条第3項、第4項）。

したがって、廃棄を行う国は、5年ごとの更新期間を迎える6か月前までに、自国が条約を廃棄する旨をオランダ外務省に通告することによって、自国についてのみ条約を廃棄することができます。

第8編

関係法律等の整備

Q170 実施法の施行に伴う関係法律等の整備の概要は、どのようなものですか。

A 実施法の施行に伴ってされた関係法律及び規則の整備には、次のようなものがあります。

1 裁判所法の一部改正

附則第3条は、家庭裁判所調査官の所掌事務について定める裁判所法第61条の2第2項の一部を改正するものです。

子の返還申立事件の抗告審における家庭裁判所調査官の事務を裁判所法上の家庭裁判所調査官の所掌事務に含めるため、所要の整備をしたものです。

2 民訴費用法の一部改正

附則第5条は、子の返還申立事件の手続に要する各種申立ての手数料を定めるために、民訴費用法の一部を改正するものです。

これにより、子の返還申立事件の手続に要する主な申立ての手数料は、次のようになります（表の括弧内の番号は、附則第5条による改正後の民訴費用法別表第1の項番号を指します）。

子の返還の申立て（15の2）	1200円
子の返還申立事件の手続への当事者参加の申出（申立人として参加する場合）（15の2）	1200円
当事者となる資格を有する者を当事者として子の返還申立事件の手続に参加させることを求める申立て又は子、相手方の参加の申出（17ニ）	500円
出国禁止命令の申立て（16イ）	1000円
子の返還の代替執行の申立て（11の2）	2000円

3 その他実施法における整備の概要

このほかにも、住民基本台帳法（附則第4条関係）、復興庁設置法（附則第6条関係）、行政手続における特定の個人を識別するための番号の利用等に関する法律の施行に伴う関係法律の整備等に関する法律（附則第7条関係）に

ついて、それぞれ所要の整備をしています。

4　最高裁判所規則における整備の概要

「国際的な子の奪取の民事上の側面に関する条約の実施に関する法律による子の返還に関する事件の手続等に関する規則（平成25年最高裁判所規則第5号）」と共に、執行官の手数料及び費用に関する規則の一部を改正する規則（平成25年最高裁判所規則第6号）が整備され、子の返還の代替執行における解放実施の際の執行官の手数料が定められました。

資　　料

資料1　国際的な子の奪取の民事上の側面に関する条約の締結に向けた準備について

$$\left[\begin{array}{c}\text{平成23年5月20日}\\ \text{閣　議　了　解}\end{array}\right]$$

　近年増加している国際結婚の破綻等により影響を受けている子の利益を保護する必要があるとの認識の下、「国際的な子の奪取の民事上の側面に関する条約」（以下「条約」という。）について、締結に向けた準備を進めることとする。
　このため、条約を実施するために必要となる法律案を作成することとし、関係行政機関は必要な協力を行うものとする。
　法律案の作成に当たっては、別紙の関係閣僚会議了解事項に基づくこととする。

「国際的な子の奪取の民事上の側面に関する条約」（ハーグ条約）
＜条約実施に関する法律案作成の際の了解事項＞

別紙

平成 23 年 5 月 19 日
関係閣僚会議

　ハーグ条約を実施するための法律案作成に当たっては、下記の内容を盛り込むこととする。なお、具体的な規定の仕方については、法制上の問題も考慮した上で検討する。

■中央当局の任務
1．中央当局は、外務省に設置する。
2．子の返還に関する援助の申請に対し、中央当局は次の任務を行う。
(1) 子の所在の特定に関すること。
(2) 子に対する虐待その他の危害を防止するため、必要な措置を講ずること。
(3) 子の任意の返還又は当事者間の解決をもたらすために助言すること。
(4) 司法上の手続を含め我が国の国内法制につき必要な情報を提供すること。
3．中央当局は、2．の任務を遂行するため、必要があると認める場合は、関係行政機関の長に対し、資料又は情報提供その他必要な協力を求めることができる。
4．子との面会交流に関する援助の申請に対し、中央当局は必要な事務を行う。
5．子の返還に係る規定は、条約の規定を踏まえ、条約が我が国について効力を生じた後に生じた事案についてのみ適用するものとする。

■子の返還命令に係る手続
1．子の返還命令のための裁判手続を新設する。
2．子の返還拒否事由
(1) 子に対する暴力等
　　子が申立人から身体に対する暴力又はこれに準ずる心身に有害な影響を及ぼす言動（「暴力等」）を受けたことがあり、子を常居所地国に返還した場合、子が更なる暴力等を受けるおそれがあること。
(2) 相手方に対する暴力等
　　相手方が、申立人から子が同居する家庭において子に著しい心理的外傷を与えることとなる暴力等を受けたことがあり、子を常居所地国に返還した場合、子と共に帰国した相手方が更にかかる暴力等を受けるおそれがあること。
(3) 相手方が子と共に帰国することができない事情等
　　入国できない、逮捕・刑事訴追のおそれがある、帰国後の生計維持が困難等の事情があるため相手方が常居所地国において子を監護することができず、かつ、相手方以外の者が子を常居所地国において監護することが子の利益に反すること。
(4) 包括条項
　　その他子を常居所地国に返還することが、子に対して身体的若しくは精神的な害を及ぼし、又は子を耐え難い状況に置くこととなる重大な危険があること。

(了)

資料2 「国際的な子の奪取の民事上の側面に関する条約（仮称）」を実施するための子の返還手続等の整備に関する要綱

第1 子の返還に関する事件の手続等
1 返還事由等
 (1) 条約に基づく子の返還

　　子の連れ去り又は留置により監護権を侵害された者は，子を監護している者に対し，この法律の定めるところにより，当該連れ去り又は留置の直前に子が常居所を有していた国（以下「常居所地国」という。）に子を返還することを命ずるよう家庭裁判所に申し立てることができるものとする。

 (2) 子の返還事由

　　裁判所は，子の返還の申立てが次に掲げる事由のいずれにも該当すると認めるときは，子の返還を命じなければならないものとする。
 i 子が１６歳に達していないこと。
 ii 子が日本国内に所在していること。
 iii 子の連れ去り又は留置の直前に，子が我が国以外の条約締約国内に常居所を有していたこと。
 iv 常居所地国の法令によれば，子の連れ去り又は留置が申立人の有する監護権を侵害すること。

 (3) 子の返還拒否事由等

 ① 裁判所は，(2)の規律にかかわらず，次に掲げる事由のいずれかがあるときは，子の返還を命じてはならないものとする。ただし，iからiiiまで又はvに掲げる事由がある場合であっても，一切の事情を考慮して常居所地国に子を返還することが相当と認めるときは，子の返還を命ずることができるものとする。
 i 子の返還の申立てが子の連れ去り又は留置の時から１年を経過した後にされたものであり，かつ，子が新たな環境に適応していること。
 ii 申立人が子の連れ去り又は留置の時に子に対して現実に監護権を行使し

ていなかったこと（子の連れ去り又は留置がなければ申立人が子に対して現実に監護権を行使していたと認められる場合を除く。）。
　ⅲ　申立人が子の連れ去り若しくは留置の前にこれに同意し，又は子の連れ去り若しくは留置の後にこれを承諾したこと。
　ⅳ　常居所地国に子を返還することによって，子の心身に害悪を及ぼし，又はその他子を耐え難い状況に置くこととなる重大な危険があること。
　ⅴ　子の年齢及び発達の程度に照らして子の意見を考慮することが適当である場合において，子が常居所地国に返還されることを拒んでいること。
　ⅵ　常居所地国に子を返還することが我が国における人権及び基本的自由の保護に関する基本原則により認められないものであること。
②　裁判所は，①ⅳに掲げる事由の有無を判断するに当たっては，次に掲げる事情その他の一切の事情を考慮するものとする。
　ⅰ　常居所地国に子を返還した場合に子が申立人から身体に対する暴力その他の心身に有害な影響を及ぼす言動（ⅱにおいて「暴力等」という。）を受けるおそれの有無
　ⅱ　常居所地国に子を返還し，かつ，相手方が子と共に帰国した場合に，相手方が申立人から子に心理的外傷を与えることとなる暴力等を受けるおそれの有無
　ⅲ　申立人又は相手方が常居所地国において子を監護することが困難な事情の有無
③　裁判所は，我が国において子の監護に関する裁判があったこと又は外国においてされた子の監護に関する裁判が我が国で承認される可能性があることのみを理由として，子の返還の申立てを却下する裁判をしてはならないものとする。ただし，これらの子の監護に関する裁判の理由を子の返還の申立てについての裁判において考慮することを妨げないものとする。

2　子の返還に関する事件の手続の通則

(1)　裁判所及び当事者の責務

裁判所は，子の返還に関する事件の手続が公正かつ迅速に行われるように努め，当事者は，信義に従い誠実に子の返還に関する事件の手続を追行しなけれ

ばならないものとする。
- (2) **最高裁判所規則**

    この法律に定めるもののほか，子の返還に関する事件の手続に関し必要な事項は，最高裁判所規則で定めるものとする。

3 子の返還申立事件の手続

- (1) **総則**
  - ア 管轄
    - (ｱ) 管轄
      - ① 子の返還申立事件は，次に掲げる場合には，それぞれ次に定める家庭裁判所の管轄に専属するものとする。
        - ⅰ 子の住所地（日本国内に子の住所がないとき，又は住所が知れないときは，その居所地。ⅱにおいて同じ。）が東京高等裁判所，名古屋高等裁判所，仙台高等裁判所又は札幌高等裁判所の管轄区域内にある場合　東京家庭裁判所
        - ⅱ 子の住所地が大阪高等裁判所，広島高等裁判所，福岡高等裁判所又は高松高等裁判所の管轄区域内にある場合　大阪家庭裁判所
      - ② 子の返還申立事件は，日本国内に子の住所がない場合又は住所が知れない場合であって，日本国内に子の居所がないとき又は居所が知れないときは，東京家庭裁判所の管轄に属するものとする。
    - (ｲ) 併合申立てによる管轄

      一の申立てで数人の子の返還の申立てをする場合には，(ｱ)の規律により一人の子の返還の申立てについて管轄権を有する家庭裁判所にその申立てをすることができるものとする。
    - (ｳ) 管轄裁判所の指定

      管轄裁判所が法律上若しくは事実上裁判権を行うことができないとき，又は裁判所の管轄区域が明確でないため管轄裁判所が定まらないときは，最高裁判所は，申立てにより，管轄裁判所を定めるものとする。
    - (ｴ) 管轄の標準時

      裁判所の管轄は，子の返還の申立てがあった時を標準として定めるものと

資料２　「国際的な子の奪取の民事上の側面に関する条約（仮称）」を実施するための
　　　　子の返還手続等の整備に関する要綱

する。
(オ) 管轄の合意
① 当事者は，第一審に限り，合意により(ア)①に定める家庭裁判所の一を管轄裁判所と定めることができるものとする。
② ①の合意は，子の返還の申立てに関し，かつ，書面（電子的方式，磁気的方式その他人の知覚によっては認識することができない方式で作られている記録であって，電子計算機による情報処理の用に供されるものを含む。）でしなければ，その効力を生じないものとする。

(カ) 移送等
① 裁判所は，子の返還申立事件がその管轄に属しないと認めるときは，申立てにより又は職権で，これを管轄権を有する家庭裁判所に移送するものとする。
② 家庭裁判所は，①の場合であっても，子の返還申立事件を処理するために特に必要があると認めるときは，職権で，当該事件の全部又は一部を管轄権を有する家庭裁判所以外の家庭裁判所（(ア)①に定める家庭裁判所に限る。）に移送することができるものとする。
③ (ア)①に定める家庭裁判所は，①の場合であっても，子の返還申立事件を処理するために特に必要があると認めるときは，職権で，当該事件の全部又は一部を自ら処理することができるものとする。
④ 家庭裁判所は，子の返還申立事件がその管轄に属する場合においても，当該事件を処理するため特に必要があると認めるときは，職権で，当該事件の全部又は一部を他の家庭裁判所（(ア)①に定める家庭裁判所に限る。）に移送することができるものとする。
⑤ ①，②及び④の規律による移送の裁判及び①の申立てを却下する裁判に対しては，即時抗告をすることができるものとする。
⑥ ⑤の規律による移送の裁判に対する即時抗告は，執行停止の効力を有するものとする。
⑦ 子の返還申立事件の移送の裁判については，民事訴訟法（平成８年法律第109号）第22条の規定と同様の規律を設けるものとする。

資料2 「国際的な子の奪取の民事上の側面に関する条約（仮称）」を実施するための
　　　子の返還手続等の整備に関する要綱

イ　裁判所職員の除斥及び忌避
(ｱ)　裁判官の除斥
①　裁判官は，次に掲げる場合には，その職務の執行から除斥されるものとする。ただし，ⅵに掲げる場合にあっては，他の裁判所の嘱託により受託裁判官としてその職務を行うことを妨げないものとする。
　　ⅰ　裁判官又はその配偶者若しくは配偶者であった者が，事件の当事者であるとき，又は当事者となる資格を有する者であるとき。
　　ⅱ　裁判官が当事者又は子の四親等内の血族，三親等内の姻族若しくは同居の親族であるとき，又はあったとき。
　　ⅲ　裁判官が当事者又は子の後見人，後見監督人，保佐人，保佐監督人，補助人又は補助監督人であるとき。
　　ⅳ　裁判官が事件について証人若しくは鑑定人となったとき，又は審問を受けることとなったとき。
　　ⅴ　裁判官が事件について当事者若しくは子の代理人若しくは補佐人であるとき，又はあったとき。
　　ⅵ　裁判官が事件について仲裁判断に関与し，又は不服を申し立てられた前審の裁判に関与したとき。
②　①に規律する除斥の原因があるときは，裁判所は，申立てにより又は職権で，除斥の裁判をするものとする。

(ｲ)　裁判官の忌避
①　裁判官について裁判の公正を妨げる事情があるときは，当事者は，その裁判官を忌避することができるものとする。
②　当事者は，裁判官の面前において事件について陳述をしたときは，その裁判官を忌避することができないものとする。ただし，忌避の原因があることを知らなかったとき，又は忌避の原因がその後に生じたときは，この限りでないものとする。

(ｳ)　除斥又は忌避の裁判及び手続の停止
①　合議体の構成員である裁判官及び家庭裁判所の一人の裁判官の除斥又は忌避については，その裁判官の所属する裁判所が裁判をするものとす

　　　　る。
　　② ①の裁判は，合議体でするものとする。
　　③ 裁判官は，その除斥又は忌避についての裁判に関与することができないものとする。
　　④ 除斥又は忌避の申立てがあったときは，その申立てについての裁判が確定するまで子の返還申立事件の手続を停止しなければならないものとする。ただし，急速を要する行為については，この限りでないものとする。
　　⑤ 次に掲げる事由があるとして忌避の申立てを却下する裁判をするときは，③の規律は，適用しないものとする。
　　　 i 子の返還申立事件の手続を遅滞させる目的のみでされたことが明らかなとき。
　　　 ii （イ）②の規律に違反するとき。
　　　 iii 最高裁判所規則で定める手続に違反するとき。
　　⑥ ⑤の裁判は，①及び②の規律にかかわらず，忌避された受命裁判官等（受命裁判官，受託裁判官又は子の返還申立事件を取り扱う家庭裁判所の一人の裁判官をいう。(エ)③ただし書において同じ。）がすることができるものとする。
　　⑦ ⑤の裁判をした場合には，④本文の規律にかかわらず，子の返還申立事件の手続は，停止しないものとする。
　　⑧ 除斥又は忌避を理由があるとする裁判に対しては，不服を申し立てることができないものとする。
　　⑨ 除斥又は忌避の申立てを却下する裁判に対しては，即時抗告をすることができるものとする。
　(エ) **裁判所書記官の除斥及び忌避**
　　① 裁判所書記官の除斥及び忌避については，(ア)，(イ)並びに(ウ)③，⑤，⑧及び⑨の規律と同様の規律を設けるものとする。
　　② 裁判所書記官について除斥又は忌避の申立てがあったときは，その裁判所書記官は，その申立てについての裁判が確定するまでその申立てが

- 6 -

あった子の返還申立事件に関与することができないものとする。ただし，(ウ)⑤に掲げる事由があるとして忌避の申立てを却下する裁判があったときは，この限りでないものとする。
③　裁判所書記官の除斥又は忌避についての裁判は，裁判所書記官の所属する裁判所がするものとする。ただし，②ただし書の裁判は，受命裁判官等（受命裁判官又は受託裁判官にあっては，当該裁判官の手続に立ち会う裁判所書記官が忌避の申立てを受けたときに限る。）がすることができるものとする。

(オ) 家庭裁判所調査官の除斥
①　家庭裁判所調査官の除斥については，(ア)並びに(ウ)②，⑧及び⑨の規律（忌避に関する部分を除く。）と同様の規律を設けるものとする。
②　家庭裁判所調査官について除斥の申立てがあったときは，その家庭裁判所調査官は，その申立てについての裁判が確定するまでその申立てがあった子の返還申立事件に関与することができないものとする。
③　家庭裁判所調査官の除斥についての裁判は，家庭裁判所調査官の所属する裁判所がするものとする。

ウ　当事者能力及び手続行為能力
(ア) 当事者能力及び手続行為能力の原則等
①　当事者能力，子の返還申立事件の手続における手続上の行為（以下「手続行為」という。）をすることができる能力（以下①において「手続行為能力」という。），手続行為能力を欠く者の法定代理，手続行為をするのに必要な授権及び法定代理権の消滅については，民事訴訟法第28条，第29条，第33条，第34条第1項及び第2項並びに第36条第1項の規定と同様の規律を設けるものとする。
②　未成年者及び成年被後見人は，法定代理人の同意を要することなく，又は法定代理人によらずに，自ら手続行為をすることができるものとする。被保佐人又は被補助人について，保佐人若しくは保佐監督人又は補助人若しくは補助監督人の同意がない場合も，同様とするものとする。
③　後見人が他の者がした子の返還の申立て又は抗告について手続行為を

するには，後見監督人の同意を要しないものとする。
　④　後見人が次に掲げる手続行為をするには，後見監督人の同意がなければならないものとする。
　　ⅰ　子の返還の申立ての取下げ又は和解
　　ⅱ　終局決定に対する即時抗告，(3)ア(イ)ａ①の抗告又は(3)ア(ウ)ａ②の申立ての取下げ
　　ⅲ　第3の1(1)の同意
(イ) **未成年者又は成年被後見人の法定代理人**
　　親権を行う者又は後見人は，未成年者又は成年被後見人を代理して手続行為をすることができるものとする。
(ウ) **特別代理人**
　①　裁判長は，未成年者又は成年被後見人について，法定代理人がない場合又は法定代理人が代理権を行うことができない場合において，子の返還申立事件の手続が遅滞することにより損害が生ずるおそれがあるときは，利害関係人の申立てにより又は職権で，特別代理人を選任することができるものとする。
　②　特別代理人の選任の裁判は，疎明に基づいてするものとする。
　③　裁判所は，いつでも特別代理人を改任することができるものとする。
　④　特別代理人が手続行為をするには，後見人と同一の授権がなければならないものとする。
　⑤　①の申立てを却下する裁判に対しては，即時抗告をすることができるものとする。
(エ) **法人の代表者等への準用**
　　法人の代表者及び法人でない社団又は財団で当事者能力を有するものの代表者又は管理人については，この法律中法定代理及び法定代理人に関する規律と同様の規律を設けるものとする。

エ　**参加**

(ア) **当事者参加**
　①　当事者となる資格を有する者は，当事者として子の返還申立事件の手

続に参加することができるものとする。
② 裁判所は，相当と認めるときは，当事者の申立てにより又は職権で，他の当事者となる資格を有する者を，当事者として子の返還申立事件の手続に参加させることができるものとする。
③ ①の規律による参加の申出及び②の申立ては，参加の趣旨及び理由を記載した書面でしなければならないものとする。
④ ①の規律による参加の申出を却下する裁判に対しては，即時抗告をすることができるものとする。

(イ) 子の参加
① 子の返還申立事件において返還を求められている子は，子の返還申立事件の手続に参加することができるものとする。
② 裁判所は，相当と認めるときは，職権で，返還を求められている子を，子の返還申立事件の手続に参加させることができるものとする。
③ ①の規律による参加の申出は，書面でしなければならないものとする。
④ 裁判所は，子の返還申立事件の手続に参加しようとする子の年齢及び発達の程度その他一切の事情を考慮して当該子が当該手続に参加することが当該子の利益を害すると認めるときは，①の規律による参加の申出を却下しなければならないものとする。
⑤ ①の規律による参加の申出を却下する裁判に対しては，即時抗告をすることができるものとする。
⑥ ①及び②の規律により子の返還申立事件の手続に参加した子（以下単に「手続に参加した子」という。）は，当事者がすることができる手続行為（子の返還の申立ての取下げ及び変更並びに裁判に対する不服申立て及び裁判所書記官の処分に対する異議の取下げを除く。）をすることができるものとする。ただし，裁判に対する不服申立て及び裁判所書記官の処分に対する異議の申立てについては，手続に参加した子が不服申立て又は異議の申立てに関するこの法律の他の規律によりすることができる場合に限るものとする。

(ウ) 手続からの排除

資料2 「国際的な子の奪取の民事上の側面に関する条約（仮称）」を実施するための
　　　子の返還手続等の整備に関する要綱

　　① 裁判所は，当事者となる資格を有しない者及び当事者である資格を喪失した者を子の返還申立事件の手続から排除することができるものとする。
　　② ①の規律による排除の裁判に対しては，即時抗告をすることができるものとする。
オ　手続代理人及び補佐人
　(ｱ) 手続代理人の資格
　　① 法令により裁判上の行為をすることができる代理人のほか，弁護士でなければ手続代理人となることができないものとする。ただし，家庭裁判所においては，その許可を得て，弁護士でない者を手続代理人とすることができるものとする。
　　② ①ただし書の許可は，いつでも取り消すことができるものとする。
　(ｲ) 裁判長による手続代理人の選任等
　　① 未成年者，成年被後見人，被保佐人及び被補助人（以下(ｲ)において「未成年者等」という。）が手続行為をしようとする場合において，必要があると認めるときは，裁判長は，申立てにより，弁護士を手続代理人に選任することができるものとする。
　　② 未成年者等が①の申立てをしない場合においても，裁判長は，弁護士を手続代理人に選任すべき旨を命じ，又は職権で弁護士を手続代理人に選任することができるものとする。
　　③ ①又は②の規律により裁判長が手続代理人に選任した弁護士に対し未成年者等が支払うべき報酬の額は，裁判所が相当と認める額とするものとする。
　(ｳ) 手続代理人の代理権の範囲
　　① 手続代理人は，委任を受けた事件について，参加及び強制執行に関する行為をし，かつ，弁済を受領することができるものとする。
　　② 手続代理人は，次に掲げる事項については，特別の委任を受けなければならないものとする。
　　　ｉ　子の返還の申立ての取下げ又は和解

　　　　　ⅱ　終局決定に対する即時抗告，(3)ア(イ)ａ①の抗告又は(3)ア(ウ)ａ②の申立て
　　　　　ⅲ　ⅱの抗告（即時抗告を含む。）又は申立ての取下げ
　　　　　ⅳ　出国禁止命令の申立て
　　　　　ⅴ　第３の１(1)の同意
　　　　　ⅵ　代理人の選任
　　　③　手続代理人の代理権は，制限することができないものとする。ただし，弁護士でない手続代理人については，この限りでないものとする。
　　　④　①から③までの規律は，法令により裁判上の行為をすることができる代理人の権限を妨げないものとする。
　(エ)　手続代理人及びその代理権に関するその他の規律
　　　手続代理人及びその代理権については，民事訴訟法第34条（第３項を除く。），第36条第１項及び第56条から第58条まで（同条第３項を除く。）の規定と同様の規律を設けるものとする。
　(オ)　補佐人
　　　子の返還申立事件の手続における補佐人については，民事訴訟法第60条の規定と同様の規律を設けるものとする。
カ　手続費用
　(ア)　手続費用の負担
　　ａ　手続費用の負担
　　　①　子の返還申立事件の手続の費用（以下「手続費用」という。）は，各自の負担とするものとする。
　　　②　裁判所は，事情により，①の規律によれば当事者及び手続に参加した子がそれぞれ負担すべき手続費用の全部又は一部を，その負担すべき者以外の当事者に負担させることができるものとする。
　　ｂ　手続費用の負担の裁判等
　　　①　裁判所は，事件を完結する裁判において，職権で，その審級における手続費用（裁判所が第３の１(1)の規律により事件を家事調停に付した場合にあっては，家事調停に関する手続の費用を含む。）の全部につ

いて，その負担の裁判をしなければならないものとする。ただし，事情により，事件の一部又は中間の争いに関する裁判において，その費用についての負担の裁判をすることができるものとする。
　　　② 上級の裁判所が本案の裁判を変更する場合には，手続の総費用（裁判所が第3の1(1)の規律により事件を家事調停に付した場合にあっては，家事調停に関する手続の費用を含む。）について，その負担の裁判をしなければならないものとする。事件の差戻し又は移送を受けた裁判所がその事件を完結する裁判をする場合も，同様とするものとする。
　　　③ 裁判所が第3の1(1)の規律により事件を家事調停に付した場合において，調停が成立し，子の返還申立事件の手続費用の負担について特別の定めをしなかったときは，その費用は，各自が負担するものとする。
　　c 和解の場合の負担
　　　当事者が裁判所において和解をした場合において，和解の費用又は手続費用の負担について特別の定めをしなかったときは，その費用は，各自が負担するものとする。
　　d 手続費用の立替え
　　　事実の調査，証拠調べ，呼出し，告知その他の子の返還申立事件の手続に必要な行為に要する費用は，国庫において立て替えることができるものとする。
　　e 手続費用の負担及び手続費用額の確定手続等
　　　① 手続費用の負担については，民事訴訟法第69条から第74条までの規定（裁判所書記官の処分に対する異議の申立てについての決定に対する即時抗告に関する部分を除く。）と同様の規律を設けるものとする。
　　　② ①において規律する民事訴訟法第69条第3項の規定による即時抗告並びに同法第71条第4項，第73条第2項及び第74条第2項の異議の申立てについての裁判に対する即時抗告は，執行停止の効力を有するものとする。
　(イ) 手続上の救助

① 子の返還申立事件の手続の準備及び追行に必要な費用を支払う資力がない者又はその支払により生活に著しい支障を生ずる者に対しては，裁判所は，申立てにより，手続上の救助の裁判をすることができるものとする。ただし，救助を求める者が不当な目的で子の返還の申立てその他の手続行為をしていることが明らかなときは，この限りでないものとする。

② 手続上の救助については，民事訴訟法第82条第2項及び第83条から第86条まで（同法第83条第1項第3号を除く。）の規定と同様の規律を設けるものとする。

キ 子の返還申立事件の審理等

(ｱ) 手続の非公開

　子の返還申立事件の手続は，公開しないものとする。ただし，裁判所は，相当と認める者の傍聴を許すことができるものとする。

(ｲ) 調書の作成等

　裁判所書記官は，子の返還申立事件の手続の期日について，調書を作成しなければならないものとする。ただし，証拠調べの期日以外の期日については，裁判長においてその必要がないと認めるときは，その経過の要領を記録上明らかにすることをもって，これに代えることができるものとする。

(ｳ) 記録の閲覧等

① 当事者又は利害関係を疎明した第三者は，裁判所の許可を得て，裁判所書記官に対し，子の返還申立事件の記録の閲覧若しくは謄写，その正本，謄本若しくは抄本の交付（④ｉ及びク②において「閲覧等」という。）又は子の返還申立事件に関する事項の証明書の交付を請求することができるものとする。

② ①の規律は，子の返還申立事件の記録中の録音テープ又はビデオテープ（これらに準ずる方法により一定の事項を記録した物を含む。）に関しては，適用しないものとする。この場合において，当事者又は利害関係を疎明した第三者は，裁判所の許可を得て，裁判所書記官に対し，これ

資料2 「国際的な子の奪取の民事上の側面に関する条約（仮称）」を実施するための
子の返還手続等の整備に関する要綱　　　　　　　　　　　　　　　　341

　らの物の複製を請求することができるものとする。
③　裁判所は，当事者から①又は②の規律による許可の申立てがあったときは，これを許可しなければならないものとする。
④　裁判所は，子の返還申立事件の記録中，相手方若しくは子の住所若しくは居所が記載され，又は記録された部分（以下「住所等表示部分」という。）が，中央当局から提供を受けた情報である場合には，③の規律にかかわらず，当該住所等表示部分についての③の申立てを許可しないものとする。ただし，次のいずれかに該当するときは，この限りでないものとする。
　　i　住所等表示部分の閲覧等又はその複製についての相手方の同意があるとき。
　　ii　子の返還を命ずる裁判が確定した後において，子の返還を命ずる裁判に関する強制執行をするために必要があるとき。
⑤　裁判所は，事件の関係人である未成年者の利益を害するおそれ，当事者若しくは第三者の私生活若しくは業務の平穏を害するおそれ又は当事者若しくは第三者の私生活についての重大な秘密が明らかにされることにより，その者が社会生活を営むのに著しい支障を生じ，若しくはその者の名誉を著しく害するおそれがあると認められるときは，③及び④ただし書の規律にかかわらず，③の申立てを許可しないことができるものとする。事件の性質，審理の状況，記録の内容等に照らして当該当事者に③の申立てを許可することを不適当とする特別の事情があると認められるときも，同様とするものとする。
⑥　裁判所は，利害関係を疎明した第三者から①又は②の規律による許可の申立てがあった場合において，相当と認めるときは，これを許可することができるものとする。
⑦　裁判書の正本，謄本若しくは抄本又は子の返還申立事件に関する事項の証明書については，当事者は，①の規律にかかわらず，裁判所の許可を得ないで，裁判所書記官に対し，その交付を請求することができるものとする。

資料2 「国際的な子の奪取の民事上の側面に関する条約（仮称）」を実施するための
　　　子の返還手続等の整備に関する要綱

　　⑧　子の返還申立事件の記録の閲覧，謄写及び複製の請求は，子の返還申立事件の記録の保存又は裁判所の執務に支障があるときは，することができないものとする。
　　⑨　③の申立てを却下した裁判に対しては，即時抗告をすることができるものとする。
　　⑩　⑨の規律による即時抗告が子の返還申立事件の手続を不当に遅滞させることを目的としてされたものであると認められるときは，原裁判所は，その即時抗告を却下しなければならないものとする。
　　⑪　⑩の規律による裁判に対しては，即時抗告をすることができるものとする。
　(エ)　期日及び期間
　　①　子の返還申立事件の手続の期日は，職権で，裁判長が指定するものとする。
　　②　子の返還申立事件の手続の期日は，やむを得ない場合に限り，日曜日その他の一般の休日に指定することができるものとする。
　　③　子の返還申立事件の手続の期日の変更は，顕著な事由がある場合に限り，することができるものとする。
　　④　子の返還申立事件の手続の期日及び期間については，民事訴訟法第94条から第97条までの規定と同様の規律を設けるものとする。
　(オ)　手続の併合等
　　①　裁判所は，子の返還申立事件の手続を併合し，又は分離することができるものとする。
　　②　裁判所は，①の規律による裁判を取り消すことができるものとする。
　　③　裁判所は，当事者を異にする子の返還申立事件についての手続の併合を命じた場合において，その前に尋問した証人について，尋問の機会がなかった当事者が尋問の申出をしたときは，その尋問をしなければならないものとする。
　(カ)　法令により手続を続行すべき者による受継
　　①　当事者が子の返還申立事件の手続を続行することができない場合（当

事者の死亡による場合を除く。）には，法令により手続を続行する資格のある者は，その手続を受け継がなければならないものとする。

　② 法令により手続を続行する資格のある者が①の規律による受継の申立てをした場合において，その申立てを却下する裁判がされたときは，当該裁判に対し，即時抗告をすることができるものとする。

　③ ①の場合には，裁判所は，他の当事者の申立てにより又は職権で，法令により手続を続行する資格のある者に子の返還申立事件の手続を受け継がせることができるものとする。

(キ) 他の申立権者等による受継

　① 子の返還申立事件の申立人の死亡によってその手続を続行することができない場合には，当該事件において申立人となることができる者は，その手続を受け継ぐことができるものとする。

　② ①の規律による受継の申立ては，子の返還申立事件の申立人が死亡した日から1月以内にしなければならないものとする。

　③ 子の返還申立事件の相手方の死亡によってその手続を続行することができない場合には，裁判所は，申立てにより又は職権で，相手方が死亡した日から3月以内に限り，相手方の死亡後に子を監護している者に，その手続を受け継がせることができるものとする。

(ク) 送達及び手続の中止

　送達及び子の返還申立事件の手続の中止については，民事訴訟法第1編第5章第4節及び第130条から第132条まで（同条第1項を除く。）の規定と同様の規律を設けるものとする。

(ケ) 裁判所書記官の処分に対する異議

　① 裁判所書記官の処分に対する異議の申立てについては，その裁判所書記官の所属する裁判所が裁判をするものとする。

　② ①の裁判に対しては，即時抗告をすることができるものとする。

ク　電子情報処理組織による申立て等

　① 子の返還申立事件の手続における申立てその他の申述（②において「申立て等」という。）については，民事訴訟法第132条の10第1項から第5項

までの規定（支払督促に関する部分を除く。）と同様の規律を設けるものとする。
　② ①において規律する民事訴訟法第132条の10第１項本文の規定と同様の規律によりされた申立て等に係るこの法律の他の規律による子の返還申立事件の記録の閲覧等は，同条第５項の書面をもってするものとする。当該申立て等に係る書類の送達又は送付も，同様とするものとする。
(2) 第一審裁判所における子の返還申立事件の手続
　ア　子の返還の申立て
　　(ｱ) 申立ての方式等
　　　① 子の返還の申立ては，申立書（以下「子の返還の申立書」という。）を家庭裁判所に提出してしなければならないものとする。
　　　② 子の返還の申立書には，次に掲げる事項を記載しなければならないものとする。この場合において，ⅱに掲げる申立ての趣旨は，返還を求める子及び返還先の国を特定して記載しなければならないものとする。
　　　　ⅰ　当事者及び法定代理人
　　　　ⅱ　申立ての趣旨
　　　　ⅲ　子の返還申立事件の手続による旨
　　　③ 申立人は，一の申立てにより数人の子について返還を求めることができるものとする。
　　　④ 子の返還の申立書が②の規律に違反する場合には，裁判長は，相当の期間を定め，その期間内に不備を補正すべきことを命じなければならないものとする。民事訴訟費用等に関する法律（昭和46年法律第40号）の規定に従い子の返還の申立ての手数料を納付しない場合も，同様とするものとする。
　　　⑤ ④の場合において，申立人が不備を補正しないときは，裁判長は，命令で，子の返還の申立書を却下しなければならないものとする。
　　　⑥ ⑤の命令に対しては，即時抗告をすることができるものとする。
　　(ｲ) 申立ての変更
　　　① 申立人は，申立ての基礎に変更がない限り，申立ての趣旨を変更する

ことができるものとする。ただし，オ(ｱ)の規律により審理を終結した後は，この限りでないものとする。
② 申立ての趣旨の変更は，子の返還申立事件の手続の期日においてする場合を除き，書面でしなければならないものとする。
③ 家庭裁判所は，申立ての趣旨の変更が不適法であるときは，その変更を許さない旨の裁判をしなければならないものとする。
④ 申立ての趣旨の変更により子の返還申立事件の手続が著しく遅滞することとなるときは，家庭裁判所は，その変更を許さない旨の裁判をすることができるものとする。

(ｳ) **申立書の写しの送付等**
① 子の返還の申立てがあった場合には，家庭裁判所は，申立てが不適法であるとき又は申立てに理由がないことが明らかなときを除き，子の返還の申立書の写しを相手方に送付しなければならないものとする。
② ①の規律による子の返還の申立書の写しの送付は，公示送達の方法によっては，することができないものとする。
③ ①の規律による子の返還の申立書の写しの送付をすることができない場合については，ア(ｱ)④から⑥までの規律と同様の規律を設けるものとする。
④ 裁判長は，①の規律による子の返還の申立書の写しの送付の費用の予納を相当の期間を定めて申立人に命じた場合において，その予納がないときは，命令で，子の返還の申立書を却下しなければならないものとする。
⑤ ④の命令に対しては，即時抗告をすることができるものとする。

イ 子の返還申立事件の手続の期日
(ｱ) **裁判長の手続指揮権**
① 子の返還申立事件の手続の期日においては，裁判長が手続を指揮するものとする。
② 裁判長は，発言を許し，又はその命令に従わない者の発言を禁止することができるものとする。

③ 当事者が子の返還申立事件の手続の期日における裁判長の指揮に関する命令に対し異議を述べたときは，家庭裁判所は，その異議について裁判をするものとする。

(イ) **受命裁判官による手続**

① 家庭裁判所は，受命裁判官に子の返還申立事件の手続の期日における手続を行わせることができるものとする。ただし，事実の調査及び証拠調べについては，ウ(カ)③の規律又はウ(コ)①において規律する民事訴訟法第2編第4章第1節から第6節までの規定と同様の規律により受命裁判官が事実の調査又は証拠調べをすることができる場合に限るものとする。

② ①の場合においては，家庭裁判所及び裁判長の職務は，その裁判官が行うものとする。

(ウ) **音声の送受信による通話の方法による手続**

① 家庭裁判所は，当事者が遠隔の地に居住しているときその他相当と認めるときは，当事者の意見を聴いて，最高裁判所規則で定めるところにより，家庭裁判所及び当事者双方が音声の送受信により同時に通話することができる方法によって，子の返還申立事件の手続の期日における手続（証拠調べを除く。）を行うことができるものとする。

② 子の返還申立事件の手続の期日に出頭しないで①の手続に関与した者は，その期日に出頭したものとみなすものとする。

(エ) **通訳人の立会い等その他の措置**

子の返還申立事件の手続の期日における通訳人の立会い等については民事訴訟法第154条の規定と同様の規律を，子の返還申立事件の手続関係を明瞭にするために必要な陳述をすることができない当事者，手続に参加した子，代理人及び補佐人に対する措置については同法第155条の規定と同様の規律を設けるものとする。

ウ **事実の調査及び証拠調べ**

(ア) **事実の調査及び証拠調べ等**

① 家庭裁判所は，職権で事実の調査をし，かつ，申立てにより又は職権

資料2 「国際的な子の奪取の民事上の側面に関する条約（仮称）」を実施するための
子の返還手続等の整備に関する要綱

で，必要と認める証拠調べをしなければならないものとする。
② 申立人及び相手方は，それぞれ1(2)に規律する子の返還事由（1(3)①ⅱに定める同①ⅱの適用を除外する事由を含む。）についての資料及び1(3)①に規律する子の返還拒否事由についての資料を提出するほか，事実の調査及び証拠調べに協力するものとするものとする。

(イ) 疎明

疎明は，即時に取り調べることができる資料によってしなければならないものとする。

(ウ) 家庭裁判所調査官による事実の調査

① 家庭裁判所は，家庭裁判所調査官に事実の調査をさせることができるものとする。
② 急迫の事情があるときは，裁判長が，家庭裁判所調査官に事実の調査をさせることができるものとする。
③ 家庭裁判所調査官は，事実の調査の結果を書面又は口頭で家庭裁判所に報告するものとするものとする。
④ 家庭裁判所調査官は，③の規律による報告に意見を付することができるものとする。

(エ) 家庭裁判所調査官の期日への立会い等

① 家庭裁判所は，必要があると認めるときは，子の返還申立事件の手続の期日に家庭裁判所調査官を立ち会わせることができるものとする。
② 家庭裁判所は，必要があると認めるときは，①の規律により立ち会わせた家庭裁判所調査官に意見を述べさせることができるものとする。

(オ) 裁判所技官による診断等

① 家庭裁判所は，必要があると認めるときは，医師である裁判所技官に事件の関係人の心身の状況について診断をさせることができるものとする。
② ①の診断については(ウ)②から④までの規律と同様の規律を，裁判所技官の期日への立会い及び意見の陳述については(エ)の規律と同様の規律を設けるものとする。

資料２　「国際的な子の奪取の民事上の側面に関する条約（仮称）」を実施するための
　　　　子の返還手続等の整備に関する要綱

(カ) 事実の調査の嘱託等

① 家庭裁判所は，他の家庭裁判所に事実の調査を嘱託することができるものとする。

② ①の規律による嘱託により職務を行う受託裁判官は，他の家庭裁判所において事実の調査をすることを相当と認めるときは，更に事実の調査の嘱託をすることができるものとする。

③ 家庭裁判所は，相当と認めるときは，受命裁判官に事実の調査をさせることができるものとする。

④ ①から③までの規律により受託裁判官又は受命裁判官が事実の調査をする場合には，家庭裁判所及び裁判長の職務は，その裁判官が行うものとする。

(キ) 調査の嘱託等

家庭裁判所は，必要な調査を中央当局を含む官庁，公署その他適当と認める者に嘱託し，又は学校，保育所その他適当と認める者に対し子の心身の状態及び生活の状況その他の事項に関して必要な報告を求めることができるものとする。

(ク) 事実の調査の通知

家庭裁判所は，事実の調査をしたときは，特に必要がないと認める場合を除き，その旨を当事者及び手続に参加した子に通知しなければならないものとする。

(ケ) 陳述の聴取

① 家庭裁判所は，子の返還の申立てが不適法であるとき又は申立てに理由がないことが明らかなときを除き，当事者の陳述を聴かなければならないものとする。

② 家庭裁判所が審問の期日を開いて当事者の陳述を聴くことにより事実の調査をするときは，他の当事者は，当該期日に立ち会うことができるものとする。ただし，当該他の当事者が当該期日に立ち会うことにより事実の調査に支障を生ずるおそれがあると認められるときは，この限りでないものとする。

資料2 「国際的な子の奪取の民事上の側面に関する条約（仮称）」を実施するための
　　　子の返還手続等の整備に関する要綱　　　　　　　　　　　　　　　　349

(コ) 証拠調べ
① 子の返還申立事件の手続における証拠調べについては，民事訴訟法第2編第4章第1節から第6節までの規定（同法第179条，第182条，第187条から第189条まで及び第207条第2項の規定を除く。）と同様の規律を設けるものとする。
② ①において設けるものとする規律による即時抗告は，執行停止の効力を有するものとする。
(サ) 不法を証する文書の提出
家庭裁判所は，申立人が，子の連れ去り又は留置が不法である旨を証する文書を常居所地国において得ることができるときは，申立人に対し，当該文書を提出することを求めることができるものとする。
エ　子の返還申立事件における子の意思の把握等
家庭裁判所は，子の返還申立事件の手続においては，子の陳述の聴取，家庭裁判所調査官による調査その他の適切な方法により，子の意思を把握するように努め，終局決定をするに当たり，子の年齢及び発達の程度に応じて，その意思を考慮しなければならないものとする。
オ　審理の終結等
(ア) 審理の終結
家庭裁判所は，子の返還申立事件の手続においては，申立てが不適法であるとき又は申立てに理由がないことが明らかなときを除き，相当の猶予期間を置いて，審理を終結する日を定めなければならないものとする。ただし，当事者双方が立ち会うことができる子の返還申立事件の手続の期日においては，直ちに審理を終結する旨を宣言することができるものとする。
(イ) 裁判日
家庭裁判所は，(ア)の規律により審理を終結したときは，裁判をする日を定めなければならないものとする。
カ　裁判
(ア) 裁判の方式
家庭裁判所は，子の返還申立事件の手続においては，決定で，裁判をす

資料2 「国際的な子の奪取の民事上の側面に関する条約（仮称）」を実施するための
　　　子の返還手続等の整備に関する要綱

るものとする。
(イ) 終局決定
　① 家庭裁判所は，子の返還申立事件が裁判をするのに熟したときは，終局決定をするものとする。
　② 家庭裁判所は，子の返還申立事件の一部が裁判をするのに熟したときは，その一部について終局決定をすることができるものとする。手続の併合を命じた数個の子の返還申立事件中その一が裁判をするのに熟したときも，同様とするものとする。
(ウ) 終局決定の告知及び効力の発生等
　① 終局決定は，当事者及び子に対し，相当と認める方法で告知しなければならないものとする。ただし，子（手続に参加した子を除く。）に対しては，子の年齢及び発達の程度その他一切の事情を考慮して子の利益を害すると認める場合は，この限りでないものとする。
　② 終局決定は，当事者に告知することによってその効力を生ずるものとする。ただし，子の返還を命ずる決定は，確定しなければその効力を生じないものとする。
　③ 終局決定は，即時抗告の期間の満了前には確定しないものとする。
　④ 終局決定の確定は，③の期間内にした即時抗告の提起により，遮断されるものとする。
(エ) 終局決定の方式及び裁判書
　① 終局決定は，裁判書を作成してしなければならないものとする。
　② 終局決定の裁判書には，次に掲げる事項を記載しなければならないものとする。
　　　ⅰ　主文
　　　ⅱ　理由
　　　ⅲ　当事者及び法定代理人
　　　ⅳ　裁判所
(オ) 更正決定
　① 終局決定に誤記その他これに類する明白な誤りがあるときは，家庭裁

資料2 「国際的な子の奪取の民事上の側面に関する条約(仮称)」を実施するための
　　　子の返還手続等の整備に関する要綱

判所は，申立てにより又は職権で，いつでも更正決定をすることができるものとする。

② 更正決定は，裁判書を作成してしなければならないものとする。

③ 更正決定に対しては，更正後の終局決定が原決定であるとした場合に即時抗告をすることができる者に限り，即時抗告をすることができるものとする。

④ ①の申立てを不適法として却下する裁判に対しては，即時抗告をすることができるものとする。

⑤ 終局決定に対し適法な即時抗告があったときは，③及び④の即時抗告は，することができないものとする。

(カ) 終局決定に関するその他の手続

終局決定については，民事訴訟法第247条，第256条第1項及び第258条（第2項後段を除く。）の規定と同様の規律を設けるものとする。

(キ) 中間決定

① 家庭裁判所は，終局決定の前提となる法律関係の争いその他中間の争いについて，裁判をするのに熟したときは，中間決定をすることができるものとする。

② 中間決定は，裁判書を作成してしなければならないものとする。

(ク) 終局決定以外の裁判

① 終局決定以外の裁判は，これを受ける者に対し，相当と認める方法で告知しなければならないものとする。

② 終局決定以外の裁判については，これを受ける者（数人あるときは，そのうちの一人）に告知することによってその効力を生ずるものとする。

③ ②の裁判については，(イ)から(カ)まで（(ウ)①及び②並びに(エ)①を除く。）と同様の規律を設けるものとする。

④ 子の返還申立事件の手続の指揮に関する裁判は，いつでも取り消すことができるものとする。

⑤ 終局決定以外の裁判は，判事補が単独ですることができるものとする。

キ　裁判によらない子の返還申立事件の終了

資料2 「国際的な子の奪取の民事上の側面に関する条約（仮称）」を実施するための
子の返還手続等の整備に関する要綱

(7) 子の返還の申立ての取下げ
① 子の返還の申立ては，終局決定が確定するまで，その全部又は一部を取り下げることができるものとする。ただし，申立ての取下げは，終局決定がされた後にあっては，相手方の同意を得なければ，その効力を生じないものとする。
② ①ただし書の規律により申立ての取下げについて相手方の同意を要する場合においては，家庭裁判所は，相手方に対し，申立ての取下げがあったことを通知しなければならないものとする。ただし，申立ての取下げが子の返還申立事件の手続の期日において口頭でされた場合において，相手方がその期日に出頭したときは，この限りでないものとする。
③ ②本文の規律による通知を受けた日から2週間以内に相手方が異議を述べないときは，申立ての取下げに同意したものとみなすものとする。②ただし書の規律による場合において，申立ての取下げがあった日から2週間以内に相手方が異議を述べないときも，同様とするものとする。
④ 申立ての取下げについては，民事訴訟法第261条第3項及び第262条第1項の規定と同様の規律を設けるものとする。

(イ) 和解
① 子の返還申立事件における和解については，民事訴訟法第89条，第264条及び第265条の規定と同様の規律を設けるものとする。
② 子の返還申立事件における和解においては，子の監護に関する事項，夫婦間の協力扶助に関する事項及び婚姻費用の分担に関する事項についても和解をすることができるものとする。
③ 和解を調書に記載したときは，その記載は，確定判決（子の監護に関する事項，夫婦間の協力扶助に関する事項及び婚姻費用の分担に関する事項にあっては，確定した家事事件手続法（平成23年法律第52号）第39条の規定による審判）と同一の効力を有するものとする。ただし，子の返還の合意を調書に記載したときは，子の返還の合意に係る記載部分は，確定した子の返還を命ずる決定と同一の効力を有するものとする。

(3) 不服申立て

資料2 「国際的な子の奪取の民事上の側面に関する条約(仮称)」を実施するための
子の返還手続等の整備に関する要綱

ア 終局決定に対する不服申立て

(7) 即時抗告

a 即時抗告をすることができる裁判

① 当事者は，終局決定に対し，即時抗告をすることができるものとする。

② 子は，子の返還を命ずる決定に対し，即時抗告をすることができるものとする。

③ 手続費用の負担の裁判に対しては，独立して即時抗告をすることができないものとする。

b 即時抗告期間

① 終局決定に対する即時抗告は，2週間の不変期間内にしなければならないものとする。ただし，その期間前に提起した即時抗告の効力を妨げないものとする。

② 当事者又は手続に参加した子による即時抗告の期間は，即時抗告をする者が終局決定の告知を受けた日から進行するものとする。

③ 子（手続に参加した子を除く。）による即時抗告の期間は，当事者が終局決定の告知を受けた日（二以上あるときは，当該日のうち最も遅い日）から進行するものとする。

c 即時抗告の提起の方式等

① 即時抗告は，抗告状を原裁判所に提出してしなければならないものとする。

② 抗告状には，次に掲げる事項を記載しなければならないものとする。
　ⅰ 当事者及び法定代理人
　ⅱ 原決定の表示及びその決定に対して即時抗告をする旨

③ 即時抗告が不適法でその不備を補正することができないことが明らかであるときは，原裁判所は，これを却下しなければならないものとする。

④ ③の規律による終局決定に対しては，即時抗告をすることができるものとする。

⑤　④の即時抗告は，１週間の不変期間内にしなければならないものとする。ただし，その期間前に提起した即時抗告の効力を妨げないものとする。

⑥　抗告状が②の規律に違反する場合及び民事訴訟費用等に関する法律の規定に従い即時抗告の提起の手数料を納付しない場合については，(2)ア(ｱ)④及び⑤の規律と同様の規律を設けるものとする。

d　抗告状の写しの送付等

①　終局決定に対する即時抗告があった場合には，抗告裁判所は，即時抗告が不適法であるとき又は即時抗告に理由がないことが明らかなときを除き，原審における当事者及び手続に参加した子（抗告人を除く。）に対し，抗告状の写しを送付しなければならないものとする。

②　裁判長は，①の規律による抗告状の写しの送付の費用の予納を相当の期間を定めて抗告人に命じた場合において，その予納がないときは，命令で，抗告状を却下しなければならないものとする。

e　陳述の聴取

抗告裁判所は，即時抗告が不適法であるとき又は即時抗告に理由がないことが明らかなときを除き，原審における当事者（抗告人を除く。）の陳述を聴かなければならないものとする。

f　抗告裁判所による裁判

抗告裁判所は，即時抗告を理由があると認める場合には，自ら裁判をしなければならないものとする。ただし，g③における民事訴訟法第307条又は第308条第１項の規定と同様の規律により事件を第一審裁判所に差し戻すときは，この限りでないものとする。

g　即時抗告及び抗告審に関するその他の手続

①　終局決定に対する即時抗告及びその抗告審に関する手続については，特別の定めがある場合を除き，(2)の規律（ア(ｱ)⑥並びに(ｳ)②及び⑤並びにカ(ｳ)③及び④，(ｵ)③から⑤まで並びに(ｹ)⑤の規律を除く。）と同様の規律を設けるものとする。

②　抗告裁判所は，d①の規律による抗告状の写しの送付をすることを

資料2 「国際的な子の奪取の民事上の側面に関する条約(仮称)」を実施するための
　　　子の返還手続等の整備に関する要綱

要しないときは，①の規律にかかわらず，審理の終結の手続を経ることなく，即時抗告を却下し，又は棄却することができるものとする。
　③　終局決定に対する即時抗告及びその抗告審に関する手続については，民事訴訟法第283条，第284条，第292条，第298条第1項，第299条，第302条，第303条及び第305条から第309条までの規定と同様の規律を設けるものとする。

(ｲ) 特別抗告
　a　特別抗告をすることができる裁判等
　　①　高等裁判所の終局決定に対しては，その決定に憲法の解釈の誤りがあることその他憲法の違反があることを理由とするときに，最高裁判所に特に抗告をすることができるものとする。
　　②　①の抗告（以下「特別抗告」という。）が係属する抗告裁判所は，抗告状又は抗告理由書に記載された特別抗告の理由についてのみ調査をするものとする。
　b　原裁判の執行停止
　　①　特別抗告は，執行停止の効力を有しないものとする。ただし，a②の抗告裁判所又は原裁判所は，申立てにより，担保を立てさせて，又は立てさせないで，特別抗告について裁判があるまで，原裁判の執行の停止その他必要な処分を命ずることができるものとする。
　　②　①ただし書の規律により担保を立てる場合において，供託をするには，担保を立てるべきことを命じた裁判所の所在地を管轄する家庭裁判所の管轄区域内の供託所にしなければならないものとする。
　　③　②の担保については，民事訴訟法第76条，第77条，第79条及び第80条の規定と同様の規律を設けるものとする。
　c　特別抗告及びその抗告審に関するその他の手続
　　①　特別抗告及びその抗告審に関する手続については，(ｱ) b②及び③，c（④及び⑤を除く。），d，e並びにgの規律と同様の規律を設けるものとする。
　　②　特別抗告及びその抗告審に関する手続については，民事訴訟法第314

条第2項，第315条，第316条第1項第2号，第321条第1項，第322条，第325条第1項前段，第2項，第3項後段及び第4項，第326条並びに第336条第2項の規定と同様の規律を設けるものとする。

(ウ) 許可抗告
　a　許可抗告をすることができる裁判等
　　① 高等裁判所の終局決定（②の申立てについての決定を除く。）に対しては，(イ)a①の規律による場合のほか，その高等裁判所が②の規律により許可したときに限り，最高裁判所に特に抗告をすることができるものとする。
　　② ①の高等裁判所は，①の終局決定について，最高裁判所の判例（これがない場合にあっては，大審院又は上告裁判所若しくは抗告裁判所である高等裁判所の判例）と相反する判断がある場合その他の法令の解釈に関する重要な事項を含むと認められる場合には，申立てにより，抗告を許可しなければならないものとする。
　　③ ②の申立てにおいては，(イ)a①に定める事由を理由とすることはできないものとする。
　　④ ②の規律による許可があった場合には，①の抗告（以下a及びb①において「許可抗告」という。）があったものとみなすものとする。
　　⑤ 許可抗告が係属する抗告裁判所は，②の規律による許可の申立書又は②の申立てに係る理由書に記載された許可抗告の理由についてのみ調査をするものとする。
　　⑥ 許可抗告が係属する抗告裁判所は，終局決定に影響を及ぼすことが明らかな法令の違反があるときは，原決定を破棄することができるものとする。
　b　許可抗告及びその抗告審に関するその他の手続
　　① 許可抗告及びその抗告審に関する手続については，(ア)b②及び③，c（④及び⑤を除く。），d，e並びにg並びに(イ)bの規律と同様の規律を設けるものとする。
　　② a②の申立てについては民事訴訟法第315条及び第336条第2項の規

定と同様の規律を，ａ②の規律による許可をする場合については同法第318条第３項の規定と同様の規律を，ａ②の規律による許可があった場合については同法第318条第４項後段，第321条第１項，第322条，第325条第１項前段，第２項，第３項後段及び第４項並びに第326条の規定と同様の規律を設けるものとする。

イ　終局決定以外の裁判に対する不服申立て
　(ｱ)　不服申立ての対象
　　　終局決定以外の裁判に対しては，特別の定めがある場合に限り，即時抗告をすることができるものとする。
　(ｲ)　受命裁判官又は受託裁判官の裁判に対する異議
　　①　受命裁判官又は受託裁判官の裁判に対して不服がある当事者は，子の返還申立事件が係属している裁判所に異議の申立てをすることができるものとする。ただし，その裁判が家庭裁判所の裁判であるとした場合に即時抗告をすることができるものであるときに限るものとする。
　　②　①の異議の申立てについての裁判に対しては，即時抗告をすることができるものとする。
　(ｳ)　即時抗告期間等
　　①　終局決定以外の裁判に対する即時抗告は，１週間の不変期間内にしなければならないものとする。ただし，その期間前に提起した即時抗告の効力を妨げないものとする。
　　②　①の即時抗告は，特別の定めがある場合を除き，執行停止の効力を有しないものとする。ただし，抗告裁判所又は原裁判所は，申立てにより，担保を立てさせて，又は立てさせないで，即時抗告について裁判があるまで，原裁判の執行の停止その他必要な処分を命ずることができるものとする。
　　③　②ただし書の規律により担保を立てる場合における供託及び担保については，ア(ｲ)ｂ②及び③の規律と同様の規律を設けるものとする。
　　④　原裁判をした裁判所，裁判官又は裁判長は，即時抗告を理由があると認めるときは，その裁判を更正しなければならないものとする。

資料 2 「国際的な子の奪取の民事上の側面に関する条約（仮称）」を実施するための
　　　 子の返還手続等の整備に関する要綱

(エ) 終局決定以外の裁判に対する不服申立てに関するその他の手続
　① 裁判所，裁判官又は裁判長がした終局決定以外の裁判に対する不服申立てについては，アの規律（(ア) a ①及び②，b ①並びに b ③，d 及び e （これらの規律と同様の規律を(ウ) b ①において設けるものを含む。）並びに(イ) c の規律を除く。）と同様の規律を設けるものとする。
　② 裁判所，裁判官又は裁判長がした終局決定以外の裁判に対する特別抗告及びその抗告審に関する手続については，ア(ア) b ②及び③，c 並びに g の規律と同様の規律を設けるものとする。
　③ 裁判所，裁判官又は裁判長がした終局決定以外の裁判に対する特別抗告及びその抗告審に関する手続については，民事訴訟法第314条第2項，第315条，第316条（第1項第1号を除く。），第321条第1項，第322条，第325条第1項前段，第2項，第3項後段及び第4項，第326条並びに第336条第2項の規定と同様の規律を設けるものとする。

(4) 終局決定の変更
　ア　終局決定の変更
　　① 子の返還を命ずる決定が確定した後に，事情の変更により，当該決定を維持することを不当と認めるに至ったときは，当該決定をした裁判所は，当事者の申立てにより，当該決定を変更することができるものとする。ただし，常居所地国への子の返還が実現した後は，この限りでないものとする。
　　② ①の規律による変更の申立書には，次に掲げる事項を記載しなければならないものとする。
　　　ⅰ　当事者及び法定代理人
　　　ⅱ　変更を求める決定の表示及びその決定に対して変更を求める旨
　　　ⅲ　変更を求める理由
　　③ 裁判所は，①の規律により終局決定を変更するときは，当事者（①の申立てをした者を除く。）の陳述を聴かなければならないものとする。
　　④ 即時抗告の抗告審において事件につき終局決定をしたとき（(3)ア(ア) g ②の規律により即時抗告を却下し，又は棄却したときを除く。）は，第一審

資料2 「国際的な子の奪取の民事上の側面に関する条約（仮称）」を実施するための
子の返還手続等の整備に関する要綱　　　　　　　　　　　　　　　　　　359

の終局決定に対し①の申立てをすることができないものとする。
⑤　①の申立てを却下する決定に対しては，当該申立てをした者は，即時抗告をすることができるものとする。
⑥　①の規律により子の返還を命ずる決定を変更する決定に対しては，①の規律による変更の手続の当事者は，即時抗告をすることができるものとする。
⑦　①から⑥までに規律するもののほか，①の規律による変更の手続は，その性質に反しない限り，各審級における手続に関する規律と同様の規律によるものとする。

イ　執行停止の裁判
①　裁判所は，ア①の申立てがあった場合において，同①の規律による変更の理由として主張した事情が法律上理由があるとみえ，かつ，事実上の点につき疎明があったときは，申立てにより，担保を立てさせて，若しくは立てさせないで強制執行の一時の停止を命じ，又は担保を立てさせて既にした執行処分の取消しを命ずることができるものとする。
②　①の規律による申立てについての裁判に対しては，不服を申し立てることができないものとする。
③　①の規律により担保を立てる場合における供託及び担保については，(3)ア(イ)ｂ②及び③の規律と同様の規律を設けるものとする。

(5) 再審
ア　再審
①　確定した終局決定その他の裁判（事件を完結するものに限る。⑤において同じ。）に対しては，再審の申立てをすることができるものとする。
②　再審の手続は，その性質に反しない限り，各審級における手続に関する規律と同様の規律によるものとする。
③　①の再審の申立て及びこれに関する手続については，民事訴訟法第4編の規定（同法第341条及び第349条の規定を除く。）と同様の規律を設けるものとする。
④　③における民事訴訟法第346条第1項の規定と同様の規律による再審開始

の決定に対する即時抗告は，執行停止の効力を有するものとする。
⑤　③における民事訴訟法第348条第2項の規定と同様の規律により終局決定その他の裁判に対する再審の申立てを棄却する決定に対しては，当該終局決定その他の裁判に対し即時抗告をすることができる者に限り，即時抗告をすることができるものとする。

イ　執行停止の裁判
①　裁判所は，ア①の再審の申立てがあった場合において，不服の理由として主張した事情が法律上理由があるとみえ，事実上の点につき疎明があり，かつ，執行により償うことができない損害が生ずるおそれがあることにつき疎明があったときは，申立てにより，担保を立てさせて，若しくは立てさせないで強制執行の一時の停止を命じ，又は担保を立てさせて既にした執行処分の取消しを命ずることができるものとする。
②　①の規律による申立てについての裁判に対しては，不服を申し立てることができないものとする。
③　①の規律により担保を立てる場合における供託及び担保については，(3)ア(イ)ｂ②及び③の規律と同様の規律を設けるものとする。

(6) **義務の履行状況の調査及び履行の勧告**
①　義務を定める終局決定をした家庭裁判所（抗告裁判所が義務を定める終局決定をした場合にあっては，第一審裁判所である家庭裁判所。以下同じ。）は，権利者の申出があるときは，その決定で定められた義務の履行状況を調査し，義務者に対し，その義務の履行を勧告することができるものとする。
②　義務を定める終局決定をした家庭裁判所は，①による調査及び勧告を他の家庭裁判所に嘱託することができるものとする。
③　義務を定める終局決定をした家庭裁判所並びに②により調査及び勧告の嘱託を受けた家庭裁判所（④及び⑤においてこれらの家庭裁判所を「調査及び勧告をする家庭裁判所」という。）は，家庭裁判所調査官に①の規律による調査及び勧告をさせることができるものとする。
④　調査及び勧告をする家庭裁判所は，①による調査及び勧告に必要な調査を官庁，公署その他適当と認める者に嘱託し，又は学校，保育所その他適当と

認める者に対し子の生活の状況その他の事項に関して必要な報告を求めることができるものとする。
⑤　調査及び勧告をする家庭裁判所は，①による調査及び勧告の事件の関係人から当該事件の記録の閲覧，謄写若しくは複製，その正本，謄本若しくは抄本の交付又は当該事件に関する事項の証明書の交付の請求があった場合において，相当と認めるときは，これを許可することができるものとする。
⑥　和解において定められた義務の履行については，①から⑤までと同様の規律を設けるものとする。

4　出国禁止命令等
(1) 出国禁止命令及び旅券提出命令
①　子の返還の申立てがあった場合において，子の返還申立事件が係属する家庭裁判所は，子が日本国外に連れ去られるおそれがあるときは，子の返還申立事件の一方の当事者の申立てにより，他方の当事者に対し，子を出国させることを禁止することを命ずることができるものとする。
②　①による命令（以下「出国禁止命令」という。）をする場合において，家庭裁判所は，出国禁止命令申立事件の相手方が子が名義人となっている旅券を所持すると認めるときは，申立てにより，当該旅券の中央当局への提出を命ずる裁判（以下「旅券提出命令」という。）をしなければならないものとする。
③　子の返還申立事件が高等裁判所に係属する場合には，その高等裁判所が，①及び②による裁判をするものとする。
④　出国禁止命令は，子の返還の申立てについての終局決定の確定により，その効力を失うものとする。

(2) 出国禁止命令の申立て等
①　出国禁止命令（(2)から(6)までにおいては，旅券提出命令の申立てがある場合にあっては，旅券提出命令を含む。）の申立ては，その趣旨及び出国禁止命令を求める事由を明らかにしてしなければならないものとする。
②　出国禁止命令を求める事由については，出国禁止命令申立事件の申立人が資料を提出しなければならないものとする。
③　裁判所は，出国禁止命令の申立てがあった場合において，必要があると認

資料2 「国際的な子の奪取の民事上の側面に関する条約（仮称）」を実施するための
　　　子の返還手続等の整備に関する要綱

　　　めるときは，職権で，事実の調査及び証拠調べをすることができるものとする。
　④　出国禁止命令の申立ての取下げについては，民事訴訟法第261条第3項及び第262条第1項の規定と同様の規律を設けるものとする。
(3) 陳述の聴取
　　出国禁止命令は，出国禁止命令申立事件の相手方の陳述を聴かなければ，することができないものとする。ただし，その陳述を聴く手続を経ることにより出国禁止命令の目的を達することができない事情があるときは，この限りでないものとする。
(4) 記録の閲覧等
　　裁判所は，(12)において同様の規律を設けることとする3(1)キ(ｳ)③にかかわらず，出国禁止命令申立事件について，出国禁止命令申立事件の当事者から(12)において同様の規律を設けることとする3(1)キ(ｳ)①及び②による許可の申立てがあった場合には，出国禁止命令申立事件の相手方に対し，当該事件が係属したことを通知し，又は出国禁止命令を告知するまでは，相当と認めるときに限り，これを許可することができるものとする。
(5) 出国禁止命令の告知及び効力
　①　出国禁止命令の申立てについての裁判は，出国禁止命令申立事件の当事者に対し，相当と認める方法で告知しなければならないものとする。
　②　出国禁止命令の申立てについての裁判は，これを受ける者（数人あるときは，そのうちの一人）に告知することによってその効力を生ずるものとする。
(6) 即時抗告
　　出国禁止命令申立事件の当事者は，出国禁止命令の申立てについての裁判に対し，即時抗告をすることができるものとする。
(7) 即時抗告に伴う執行停止
　①　(6)により即時抗告が提起された場合において，原裁判の取消しの原因となることが明らかな事情及び原裁判の執行により償うことができない損害を生ずるおそれがあることについて疎明があったときは，抗告裁判所は，申立てにより，即時抗告についての裁判が効力を生ずるまでの間，担保を立てさせ

資料2 「国際的な子の奪取の民事上の側面に関する条約（仮称）」を実施するための
　　　子の返還手続等の整備に関する要綱

て，若しくは担保を立てることを条件として，又は担保を立てさせないで原裁判の執行の停止を命ずることができるものとする。出国禁止命令申立事件の記録が家庭裁判所に存する間は，家庭裁判所も，これらの処分を命ずることができるものとする。
　②　①の申立てについては，(2)②及び③と同様の規律を設けるものとする。
　③　①により担保を立てる場合における供託及び担保については，3(3)ア(イ)ｂ②及び③と同様の規律を設けるものとする。
(8)　出国禁止命令の取消し
　①　出国禁止命令が確定した後に，出国禁止命令を求める事由の消滅その他の事情の変更があるときは，子の返還申立事件が係属する裁判所は，出国禁止命令を受けた者の申立てにより，出国禁止命令の取消しの裁判をすることができるものとする。
　②　①の出国禁止命令の取消しの裁判については，(2)及び(5)と同様の規律を設けるものとする。
(9)　即時抗告等
　①　(8)①の出国禁止命令の取消しの申立人は，申立てを却下する裁判に対し，即時抗告をすることができるものとする。
　②　出国禁止命令申立事件の申立人は，(8)①の出国禁止命令の取消しの裁判に対し，即時抗告をすることができるものとする。
　③　①及び②による即時抗告に伴う執行停止については，(7)と同様の規律を設けるものとする。
(10)　調書の作成
　　裁判所書記官は，出国禁止命令申立事件の手続の期日について，調書を作成しなければならないものとする。ただし，裁判長においてその必要がないと認めるときは，この限りでないものとする。
(11)　過料の裁判
　　旅券提出命令に従わないときは，裁判所は，20万円以下の過料に処するものとする。
(12)　その他の手続についての規律

(1)から(11)までの規律のほか,出国禁止命令申立事件及び出国禁止命令取消申立事件の手続については,その性質に反しない限り,3(1)から(3)まで及び(5)((2)ア(ウ),ウ(ク)及び(ケ),オ(ア)及び(イ)並びにキ(ア)及び(イ)を除く。)と同様の規律を設けるものとする。

第2　執行手続
1　子の返還を命ずる決定の強制執行

① 子の返還を命ずる決定（これと同一の効力を有する和解及び調停を含む。以下同じ。）の強制執行は,民事執行法（昭和54年法律第4号）第172条に規定する方法により行うほか,同法第171条の規定に基づき,執行裁判所が債務者の費用で第三者に子の返還を実施させることを決定する方法（以下この方法による強制執行を「子の返還の代替執行」という。）により行うものとする。

② ①の強制執行は,確定した子の返還を命ずる決定（確定した子の返還を命ずる決定と同一の効力を有するものを含む。）の正本に基づいて実施するものとする。

③ 子の返還の代替執行の手続については,民事執行法第171条第6項と同様の規律は設けないものとする。

2　間接強制前置

子の返還の代替執行の申立ては,民事執行法第172条第1項の規定による決定が確定した日から2週間を経過した後（同決定において定められた債務を履行すべき一定の期間の経過がこれより後である場合は,その期間を経過した後）でなければすることができないものとする。

3　実施者の指定

① 子の返還の代替執行の決定は,債務者の子に対する監護を解く者として執行官を指定し,かつ,債務者に代わって常居所地国に子を返還する者（以下「返還実施者」という。）を指定してしなければならないものとする。

② 子の返還の代替執行の申立ては,返還実施者となるべき者を特定してしなければならないものとする。

③ 執行裁判所は,②の返還実施者となるべき者を返還実施者として指定するこ

とが，子の利益に照らして相当でないと判断したときは，②の申立てを却下しなければならないものとする。

4 執行官の権限
 ① 執行官は，債務者の子に対する監護を解くために必要な処分として，次に掲げる行為をすることができるものとする。
　ⅰ 債務者に対し，子の監護を解くよう説得を行うこと。
　ⅱ 債務者の住居その他債務者の占有する場所に立ち入り，その場所において子を捜索すること。この場合において，必要があるときは，閉鎖した戸を開くため必要な処分をすること。
　ⅲ 返還実施者と子を面会させ，又は返還実施者と債務者を面会させること。
　ⅳ 債務者の住居その他債務者の占有する場所に返還実施者を立ち入らせること。
　ⅴ 債務者又は第三者から抵抗を受けるときは，その抵抗を排除するために，威力を用い，又は警察上の援助を求めること。
 ② 執行官は，①ⅴの規律にかかわらず，子に対して威力を用いることはできないものとする。債務者又は第三者に対して威力を用いることが子の心身に有害な影響を及ぼすおそれがある場合も，同様とするものとする。
 ③ 執行官は，①に掲げる行為をするに際し，返還実施者に対し，必要な指示をすることができるものとする。

5 返還実施者の権限
　返還実施者は，常居所地国に子を返還するために子の監護その他の必要な行為をすることができるものとする。

6 子に対する監護を解くために必要な処分の実施場所
 ① 債務者の子に対する監護を解くために必要な処分は，債務者の住居その他債務者の占有する場所において行わなければならないものとする。ただし，相当と認めるときは，その他の場所においても行うことができるものとする。
 ② ①の処分は，子が債務者と共にいる場合に限り，行うことができるものとする。

7 中央当局の協力

中央当局は，子の返還の代替執行の決定に基づく執行に関し，立会いその他の必要な協力をすることができるものとする。

8 執行事件の記録の閲覧等

子の返還を命ずる決定の強制執行に係る記録の閲覧，謄写若しくは複製，その正本，謄本若しくは抄本の交付又は事件に関する事項の証明書の交付の請求については，第１の３(1)キ(ｳ)と同様の規律を設けるものとする。

第３ 家事事件手続の特則

１ 付調停

(1) 付調停

家庭裁判所及び高等裁判所は，当事者の同意を得て，いつでも，職権で，子の返還申立事件を家事調停に付することができるものとする。

(2) 家事事件手続法の特則

① 裁判所は，(1)の規律により事件を家事調停に付する場合においては，家事調停事件を自ら処理するものとする。ただし，家事調停事件を処理するために特に必要があると認めるときは，事件を当該裁判所以外の家庭裁判所（第１の３(1)ア(ｱ)①に定める家庭裁判所に限る。）に処理させることができるものとする。

② (1)の規律により事件を家事調停に付した場合の家事調停事件の手続における手続上の行為をすることができる能力については，第１の３(1)ウ(ｱ)②の規律と同様の規律を設けるものとする。

③ (1)の規律により事件を家事調停に付した場合において，当事者間に子の返還の合意が成立し，これを調書に記載したときは，調停が成立したものとし，子の返還の合意に係る記載部分は，家事事件手続法第268条第１項の規定にかかわらず，確定した子の返還を命ずる決定と同一の効力を有するものとする。

④ (1)の規律により事件を家事調停に付した場合の家事調停事件の手続においてされた調停に代わる審判について，家事事件手続法第286条第１項の規定による異議の申立てがないとき，又は異議の申立てを却下する審判が確定したときは，当該調停に代わる審判のうち子の返還を命ずる部分は，家事事件手

続法第287条の規定にかかわらず，確定した子の返還を命ずる決定と同一の効力を有するものとする。
(3) 子の返還申立事件の手続の中止
　裁判所が(1)の規律により事件を家事調停に付したときは，当該裁判所は，家事調停事件が終了するまで子の返還申立事件の手続を中止することができるものとする。
(4) 子の返還の申立ての取下げの擬制
　裁判所が(1)の規律により事件を家事調停に付した場合において，調停が成立し，又は家事事件手続法第284条第1項の規定による審判が確定したときは，子の返還申立事件について申立ての取下げがあったものとみなすものとする。
2 面会その他の交流についての家事審判及び家事調停の特則
(1) 管轄の特則
① 中央当局から子の返還若しくは子との面会その他の交流に関する援助を受けた者又は子の返還の申立てをした者が，家庭裁判所に対し，子との面会その他の交流の定め又はその変更を求める家事審判又は家事調停の申立てをする場合には，当該申立てに係る子の監護に関する処分の審判事件（家事事件手続法別表第2の3の項の事項についての審判事件をいう。(2)において同じ。）及び調停事件（同事項についての調停事件をいう。）は，それぞれ家事事件手続法第66条，第150第4号並びに第245条第1項及び第2項に規定する家庭裁判所のほか，それぞれ次に定める家庭裁判所の管轄に属するものとする。
  i 子の住所地（日本国内に子の住所がないとき又は住所が知れないときは，その居所地。ⅱにおいて同じ。）が東京高等裁判所，名古屋高等裁判所，仙台高等裁判所又は札幌高等裁判所の管轄区域内にある場合　東京家庭裁判所
  ⅱ 子の住所地が大阪高等裁判所，広島高等裁判所，福岡高等裁判所又は高松高等裁判所の管轄区域内にある場合　大阪家庭裁判所
② ①の申立てに係る子の監護に関する処分の審判事件及び調停事件は，日本国内に子の住所がないとき又は住所が知れないときであって，日本国内に子

の居所がないとき又は居所が知れないときは，東京家庭裁判所の管轄に属するものとする。

(2) 記録の閲覧等の特則

　　子との面会その他の交流の定め又はその変更を求める家事審判の申立てがあった場合において，裁判所が中央当局から子又は当該申立てに係る事件の相手方の所在に関する情報の提供を受けたときは，当該申立てに係る子の監護に関する処分の審判事件の記録の閲覧，謄写若しくは複製，その正本，謄本若しくは抄本の交付又は事件に関する事項の証明書の交付の請求については，第1の3(1)キ(ｹ)④と同様の規律を設けるものとする。

第4　罰則

① この法律の規律による過料の裁判は，裁判官の命令で執行するものとする。この命令は，執行力のある債務名義と同一の効力を有するものとする。

② この法律に規律するもののほか，過料についての裁判に関しては，非訟事件手続法（平成23年法律第51号）第5編の規定（同法第119条及び第121条第1項の規定並びに同法第120条及び第122条の規定中検察官に関する部分を除く。）と同様の規律を設けるものとする。

第5　雑則

1　審理の状況についての説明

　　子の返還申立事件の申立人又は中央当局は，子の返還の申立てから6週間が経過したときは，当該子の返還申立事件が係属している裁判所に対し，審理の状況について説明を求めることができるものとする。

2　親権者の指定等についての家事事件の取扱い

　　親権者の指定若しくは変更又は子の監護に関する処分についての家事事件（人事訴訟法（平成15年法律第109号）第32条第1項及び第3項による附帯処分についての裁判等に係る事件を含む。）が係属している場合において，当該事件が係属している裁判所に対し，当該事件に係る子について不法な連れ去り又は留置があったことが通知されたときは，当該裁判所は，当該事件について裁判をしてはなら

資料2 「国際的な子の奪取の民事上の側面に関する条約（仮称）」を実施するための
　　　子の返還手続等の整備に関する要綱

ないものとする。ただし，子の返還の申立てが相当の期間内にされないとき，又は子の返還の申立てを却下する裁判が確定したときは，この限りでないものとする。

資料3 「国際的な子の奪取の民事上の側面に関する条約（仮称）」（ハーグ条約）を実施するための中央当局の在り方論点まとめ

外務省
平成24年1月19日

第1　中央当局の指定

　国際的な子の奪取の民事上の側面に関する条約（仮称。以下「条約」という。）第6条第1項の中央当局は，外務大臣とする。

（補足説明）

　条約第6条第1項において，締約国は「この条約による中央当局に対して課される義務を履行するため，一の中央当局を指定する」ことが定められている。

　中央当局は，条約の定める協力を円滑に遂行する上で鍵となる重要な組織であり，子の福祉を最大限に尊重し，条約を適切に実施する観点から総合的に検討し，中央当局を外務省に置くこととなったものである。

第2　子の返還に関する援助

1．返還援助申請

（1）条約第8条に規定する申請（以下「返還援助申請」という。）は，書面（日本語又は英語により記載したものに限る。）を外務大臣に提出して行うものとする（ただし，我が国以外の条約締約国の中央当局を通じて書面を送付することでも差し支えないものとする。）。

（2）（1）の書面には，次に掲げる事項を記載しなければならないものとする。
　ア　申請者，子及び当該子と同居すると推定される者を特定するために必要な事項
　イ　当該子の生年月日（生年月日が明らかでないときは，その旨）
　ウ　当該子がいずれかの条約締約国に常居所を有していたこと，申請者が当該条約締約国の法令により監護の権利を有しており，かつ，当該子の連れ去り又は留置が当該監護の権利を侵害することその他申請者が当該子の返還

を請求する根拠
　エ　当該子の所在（当該子の所在が明らかでないときは，当該子及び当該子と同居すると推定される者の所在の確知に資する情報）

(3) 返還援助申請に必要な書類（注）その他詳細については，省令で定めるものとする。
（注：返還援助申請に必要な書類は，例えば，以下が想定される。
　・返還援助申請書
　・子が１６歳未満である根拠
　・監護の権利を有していることを証明する根拠）
（補足説明）
　条約第８条は，監護の権利を侵害して子が連れ去られ，又は留置されたと主張する個人，施設その他の機関は，当該子の常居所の中央当局又は他の締約国の中央当局に対し，当該子の返還を確保するための援助の申請を行うことができるとした上で，当該申請には次のものを含める旨規定している。
　ア　申請者，子及び当該子を連れ去り，又は留置しているとされる者の特定に関する情報
　イ　可能な場合には，子の生年月日
　ウ　申請者が子の返還を請求する根拠
　エ　子の所在及び子と共に所在すると推定される者の特定に関する全ての入手可能な情報
　なお，申請に当たっては，次のものを添付し，又は次のものにより補足することができるとしている。
　オ　関係する決定又は合意の写しであって証明を受けたもの
　カ　子が常居所を有していた国の関係法令に関する証明書又は宣誓供述書であって，当該国の中央当局その他の権限のある当局又は資格を有する者が発行したもの
　キ　その他の関係文書

２．返還援助申請を我が国以外の条約締約国の中央当局に送付する場合
(1) 外務大臣は，返還援助申請の対象である子が我が国以外の条約締約国に

現に所在すると信ずるに足る相当な理由があるときは、当該返還援助申請を当該条約締約国の中央当局に遅滞なく送付するものとする。

（2）外務大臣は、（1）の送付をしたときは、その旨を申請者（我が国以外の条約締約国の中央当局を通じて返還援助申請の送付を受けた場合においては当該中央当局）に通知するものとする。

（補足説明）
　条約第9条は、「第8条に規定する申請を受領した中央当局は、子が他の締約国に現に所在すると信ずるに足る理由がある場合には、当該申請を当該他の締約国の中央当局に直接かつ遅滞なく転達し、要請を行った中央当局又は申請者に対しその旨を通知する」と定めている。
　このような送付を行う場合として、具体的には、①我が国に常居所を有していた子が我が国以外の条約締約国に連れ去られ、当該子の返還に関する援助の申請が行われた場合や、②返還援助申請の対象である子が我が国に所在していると考えて申請が行われたが、子は実際には我が国以外の条約締約国に所在している場合が考えられる。

3．子の返還に関する援助の実施

（1）外務大臣は、返還援助申請があったとき（我が国以外の条約締約国の中央当局を通じて返還援助申請の送付を受けたときを含む。）は、2．（1）による送付をする場合及び下記（2）による却下をする場合を除き、4．から10．までの必要な援助を行うものとする。

（2）外務大臣は、返還援助申請が次のいずれかに該当することが明らかであると認めるときは、当該返還援助申請を却下することができるものとする。
　　ア　子が16歳に達していること。
　　イ　子が我が国に現に所在しないこと（2．（1）による送付をする場合を除く。）。
　　ウ　子の連れ去り又は留置が行われたとされる時の直前に当該子がいずれの条約締約国にも常居所を有していなかったこと。

エ　子の連れ去り又は留置が，当該子が常居所を有していた国の法令に基づいて申請者が有する監護の権利を侵害しないこと。
　オ　子の連れ去り又は留置が行われたとされる時に，子が常居所を有していた国（当該子が常居所を有していた国が我が国の場合は，当該子が現に所在すると思われる国）と我が国との間で条約が効力を生じていなかったこと。

（３）外務大臣は，上記（２）により返還援助申請を却下したときは，その旨及びその理由を申請者（我が国以外の条約締約国の中央当局を通じて返還援助申請の送付を受けた場合においては当該中央当局）に直ちに通知するものとする。
（補足説明）
　不法性がない場合（第３条），子が１６歳以上である場合（第４条），子の常居所が条約締約国にはない場合（第４条），条約発効前の事案である場合（第３５条）等，明らかに条約が定める要件を満たしていないこと又は申請に十分な根拠がない場合，条約第２７条に基づき，中央当局は条約上申請を受理する義務を負わない。

４．国内における子の所在の確知
（１）外務大臣は，返還援助申請の対象である子及び当該子と同居している者の国内における所在を確知するため，政令で定めるところにより，関係行政機関，関係地方公共団体，独立行政法人及び国立大学法人等の長，並びに政令（注１）で定める公私の団体（注２）に対して（注３），その確知のために必要な情報（当該子及び当該子と同居している者に関する個人情報を含む。）（注４）の提供を求めることができるものとする（注５）。

（注１：照会先，照会する情報について政令で定めることとする。）

（注２：「公私の団体」は，私立学校，民間の保育施設等子が利用している団体や，民間のDVシェルター等子を監護する者が利用する団体，固定電話及び携帯電話の番号を管理する通信会社が想定されるところ，政令にて照会先の団体のカテゴリーを列記する形で，照会先を限定していくこととする。

(注3：DVシェルターとは，配偶者暴力防止法第3条第3項第3号に掲げられている緊急時における安全の確保や一時保護を行っている「配偶者暴力相談支援センター」及び前記注2に掲げる民間のDVシェルター（同法第26条に定める「配偶者からの暴力の防止及び被害者の保護を図るための活動を行う民間の団体」）であり，いずれに対しても情報提供を求めることができる。）

(注4：外務大臣の要請に応じて提供する資料に含まれる個人情報は，その要請の相手方が①行政機関である場合は行政機関の保有する個人情報の保護に関する法律（平成15年法律第58号）第8条第1項，②独立行政法人等である場合は独立行政法人等の保有する個人情報の保護に関する法律（平成15年方第59号）第9項第1条，③地方公共団体又は地方独立行政法人である場合は，各地方公共団体の個人情報の保護に関する条例に，それぞれ目的外利用及び提供の制限の例外として定められている「法令に基づく場合」等，④その他の者（公私の団体）である場合は個人情報の保護に関する法律（平成15年法律第57号）第23条第1項第1号，に該当すると整理する。以下7．及び10．における必要な情報における個人情報も同様。

また，提供すべき情報の範囲及び情報提供の仕方については，政省令及びガイドラインに明記するものとし，今後調整を進めることとする。以下，第2の7及び10並びに第3の3において提供すべき情報についても同様。）

(注5：申請者からの情報のみでは子の所在を確知することができない場合には，中央当局は，申請者側が有する情報に応じて適宜柔軟に運用しつつも，概ね以下の手順で段階的に関係機関に対し照会することを想定しており，関係機関との具体的な協力の仕方については，必要に応じ政令で定めつつ，ガイドラインにおいて詳細につき規定することとする。
①子の日本への入国事実を確認するための出入国記録
②子の本籍地を確認するための旅券発給申請情報
③子の現住所を確認するための住民基本台帳や戸籍の附票
④子の就学に関する情報又は子及び子の監護者の社会保障給付情報）

（補足説明）

情報の提供に際しては，当該機関が情報提供行為に係る法的・道義的責任を追及されることのないよう，情報提供を行う関係機関及び情報提供を求める中央当局の義務及び責任を明確にし，情報提供の範囲及び手続に係るルールを別途規定する必要がある。情報提供に係る義務及び責任については法律に明記することとし，情報提供の範囲等についてはしかるべく政省令において，手続に係る規定はガイドラインにおいて明示的に定めるものとすることとする。

(2)(1)により情報の提供を求められた者は，遅滞なく，外務大臣にその情報を提供するものとする。

(注：子の所在の特定のために必要な情報が中央当局に提供されることを確保することにより条約上の義務を確実に履行するためにも，公的機関・団体だけではなく民間団体から必要な情報が提供されるように依頼することが必要である。)

(補足説明)
　中央当局による子の所在の確知に必要な情報の他の行政機関等からの取得については，当該情報を保有する機関からすれば「目的外利用及び提供」に該当するものとなる。個人情報の目的以外の利用及び提供は「行政機関の保有する個人情報の保護に関する法律」，「個人情報の保護に関する法律」や各地方公共団体が制定する個人情報保護条例によって原則として制限されている。他方で，行政機関個人情報保護法第8条第1項，個人情報保護法第23条第1項及び個人情報保護条例の多くは，「法令に基づく場合」（文言は条例により異なる）をその制限の例外として定めている。
　「法令に基づく場合」として，例えば刑事訴訟法第197条，弁護士法第23条の2，総務省設置法第6条第5項などがある。現在検討中の国内担保法に，これらの規定と同様の規定を置いた上で，中央当局から子の所在の確知に必要な情報の提供を求められた関係機関，地方公共団体等は，当該規定を根拠として，子の所在の確知に係る情報を中央当局に提供すると整理すれば，当該情報の提供については，「行政機関の保有する個人情報の保護に関する法律」及び「個人情報の保護に関する法律」，並びに，個人情報保護条例のうち，これら法律と

同様に「法令に基づく場合」等には第三者に情報を提供することができることとしているものとの関係で問題が生ずることはない。

　我が国に所在するTP（子を連れ去った親。Taking Parentの略。子を現に監護する者も含む。以下同じ。）が，DV等を理由とした支援措置（住民票の写し発行の制限等）の対象となっている場合における，個人情報の提供の在り方も問題となり得る。仮に，関係機関の長の判断により中央当局に対して情報が提供されない場合があるとすれば，中央当局は「全ての適当な措置をとる」義務の十分な履行の観点から問題があると考えられる。こうした問題への対応については，支援措置の有無を問わず中央当局には必要な情報が与えられるような仕組みとした上で，後述のとおり，当該情報を提供した者以外の者に共有されない仕組みを作ることにより，DV等の懸念について手当てすることが可能であると思われる。

　この点，「グッドプラクティス集」においては，「子の所在特定を試みる中央当局は，他の政府機関から情報を取得し，また関心を有する機関に伝達することが認められるべきである。可能であれば，これらに関する照会は，情報の秘匿に係る法令の適用を除外されるべきである。」と記載されている（p48）。したがって，各国の実行においても，個人情報保護の要請はありつつも，中央当局には子の所在の特定に必要な情報が当該情報を保有する機関から確実に提供されるような仕組みとすることが相当と考えられているものと思料される。

　なお，情報提供の可否につき関係機関の裁量がある場合，当該機関が情報提供行為に係る法的・道義的責任を追及されることも想定される。このため，関係機関が中央当局から要請のあった情報を提供する際の情報提供の手続について明確に定める必要がある。（ただし，当該情報を通知することにより犯罪の予防，鎮圧又は捜査，公訴の維持，刑の執行その他の公共の安全と秩序の維持に支障を及ぼすおそれがあると認められるものを除く。）

　以上を踏まえると，申請者からの情報に子と共に所在する者に関する情報が含まれる場合には，当該情報に基づいて，中央当局が子と共に所在すると想定される者に書簡，メール，電話等で連絡することが想定されるが，申請者からの情報のみでは子の所在を特定できない場合には，子の日本への入国事実を確認するための出入国記録，子の本籍地を確認するための旅券発給申請情報，子の現住所を確認するための住民基本台帳や戸籍の附票，子の就学に関する情報

又は子及び子の監護者の社会保障給付情報といったものについて、中央当局がこれらの情報を有する関係機関からの情報提供を受け、これらに基づいて子の所在を特定することになる。また、子の迅速な返還の確保という目的を実現するため、締約国は、利用可能な手続のうち最も迅速なものを用いることが求められている（条約第２条）ところ、中央当局には、必要な情報が遅滞なく提供される必要がある。

（３）返還援助申請の対象である子が我が国に現に所在している可能性がある場合において、（１）及び（２）の措置をとったにもかかわらず、その所在を確知することができないときは、外務大臣は、当該子に関し、行方不明者発見活動に関する規則（平成２１年国家公安委員会規則第１３号）第３０条の規定に基づく措置をとるよう求めることができるものとする。なお、上記依頼に当たっては、警察に対し同第１４条に規定する資料の公表は行わないよう求めるものとする。

（注：入国記録は存在するが出国記録は存在しないことから、我が国国内に所在している可能性が高いにもかかわらず、行政機関や地方公共団体から得られた情報では子の所在を確知することができない場合には、中央当局が警察に行方の調査等を求めるものとすることが適当と考えられる。）

（４）外務大臣は、（１）から（３）までの措置に基づき取得した個人情報を当該情報を提供した者以外の者に提供してはならないものとする。ただし、以下に該当する場合はその限りでない。
①返還援助申請の対象である子の返還を得るための裁判手続（別途国内担保法にて規定されるもの）を開始するために必要な相手方氏名を申請者に開示するとき。（注１）
②法令に基づく場合（注２）。

（注１：ハーグ条約の子の返還手続関係部分で規定される返還に係る裁判手続を始めるためには、申請者に申立書を提出させる必要があるが、その際には申立ての相手方氏名が不明となっている申立書は提出が認められないため、最低限相手方となるべき者の氏名を申請者に開示する必要がある（中央当局は、相手方の住所は裁判所に開示するものとするが、その後の住所の取扱いについては、法制審議会での議論の検討に委ねられる。）。なお、相手方の居所がわかっ

資料3 「国際的な子の奪取の民事上の側面に関する条約(仮称)」(ハーグ条約)を
実施するための中央当局の在り方論点まとめ

た後，中央当局は原則として相手方に接触することとし，その際，中央当局は今後の手続，起こり得る事態等について相手方に説明するが，その中で申請者が裁判手続を開始する場合は，その開始のために必要な相手方氏名を申請者に開示する旨も併せて説明することとする。
(注2：民事訴訟法第186条に基づく調査嘱託等が考えられるが，どのような場合に保有する個人情報を提供することができるかについては，慎重かつできる限り限定的に考える必要があることから，真に必要な場合に限られると整理することとし，具体的な規定の仕方については今後事務的に調整していくこととする。)

(補足説明)
　中央当局が子の所在を特定するに当たっては，取得した情報が第三者に共有されることがないよう十分に配慮して情報を管理する必要がある。
　条約上，中央当局は，子の迅速な返還の確保等の目的を達成するため，他の締約国の中央当局と協力することが求められているものの，そのことをもって全ての情報を当然に他の締約国の中央当局と共有することが求められているとまでは解されない。実際，「グッドプラクティス集」においても，「(中央当局が得た)情報を申請者に対して提供されることを意味するものではない。実際大半の事例では，要請国(requesting country)に所在する申請者は，申請を受けた国における返還手続の遂行のために子の所在につき把握している必要はない。申請者が子の所在につき教示されるべきではない具体的な理由(例えば子の安全への懸念)がある場合で，要請国の中央当局が情報の保護につき確証を与えることができない際には，申請を受けた国の中央当局は要請国の当局に(子の所在特定に関する)情報を開示すべきではない。」と記載されており(p48)，我が国においても，右に配慮することが相当である。
　したがって，子の所在を特定するために十分な権限を中央当局に付与することと引き替えに，取得した情報については，裁判手続を開始するために裁判所に提出する必要があるときや，国の機関等からその職権に基づいて照会があるときなどに限って提供できることとする。
　なお，関係機関等が中央当局に対して子及び当該子と同居している者の確知のために必要な情報を提供する際に，DV等の理由でLBP(子を連れ去られた親。Left Behind Parentの略。以下同じ。)に住所地を知られることについての懸念

資料3 「国際的な子の奪取の民事上の側面に関する条約（仮称）」（ハーグ条約）を
実施するための中央当局の在り方論点まとめ 379

があること等を承知している場合には，当該情報も併せて中央当局に通知する
（ただし，当該情報を通知することにより犯罪の予防，鎮圧又は捜査，公訴の
維持，刑の執行その他の公共の安全と秩序の維持に支障を及ぼすおそれがある
と認められるものを除く。）ことが望ましいと考えられる。中央当局は，上記の
通り，取得した確知のために必要な情報を①，②の例外を除いて第3者に提供
することはないため，このような情報収集は不要との指摘もあり得るが，中央
当局が当事者間の連絡を行う局面等において係る情報も併せて保有し，当事者
間の事情を中央当局として承知しておくことは，中央当局が任意の解決や子の
返還プロセスを支援していく上で，より効果的かつ迅速に対応できることに資
すると考えられるところ，当該情報の収集方法については，今後，事務的な調
整を進めることとする。

5．子に対する更なる害又は利害関係者に対する不利益の防止

（1）外務大臣は，返還援助申請の対象である子が日本国内において虐待を受
けているとの情報を得た場合は，児童虐待防止法第6条の規定に基づき，市町
村，都道府県の設置する福祉事務所又は児童相談所に対し通告するものとする。
　（補足説明）
　国内において子と共に所在する親が子を虐待しているとの情報が中央当局に
寄せられる場合には，児童虐待防止法第6条の規定に基づき中央当局が福祉事
務所や児童相談所等に対し通告し，当該子の安全を確認するよう求めることが
相当である。なお，その場合，通告を受けた福祉事務所や児童相談所等は，同
法第8条に基づいた措置をとることとなる。

（2）返還援助申請の対象である子が日本国外に連れ去られることを抑制する
視点から，外務大臣が旅券発給事務の管理を徹底することとし，ガイドライン
に明記することとする。TP又は子と同居している者に対し居所変更の届出の提
出を求めること，及び出国に関する情報を把握するための措置をとることは有
効と考えられるので，その詳細な内容については，政省令及びガイドラインに
明記することとし，今後調整することとする。

（3）その他の措置が可能かどうかについては，なお検討する。

（注：裁判所による旅券提出命令の発出につき，今後法制審議会において検討

資料3 「国際的な子の奪取の民事上の側面に関する条約（仮称）」（ハーグ条約）を
　　　実施するための中央当局の在り方論点まとめ

する。）

（補足説明）
1．旅券発給事務の管理
　現行の旅券事務の運用においては，未成年者の旅券発給申請書には，戸籍謄（抄）本によって確認できる共同親権者の一方の署名をもって，他方もこれに同意しているものとみなして旅券発給を行っている。ただし，親権者の一方から，未成年者である子への旅券発給を望まない旨の明示的な意思表示が都道府県旅券事務所や在外公館等に対し行われた場合，又は窓口における対応等において，父母が親権につき協議中であることが判明した場合には，他方の親権者の同意書の提出を求めており，提出がない場合は，原則として，旅券を発給していない。この措置を引き続きとることが適切である。

2．居所変更届の提出
　子と同居している者との連絡を確保し，手続を迅速に進めるため，また，国内に所在する子がさらに国外に移動させられることを防止するため，子又は子と同居している者が子とともに居所変更をしようとするときは，これらの者に対し居所変更届の提出を求め，中央当局が居所を把握しておく必要がある（申請者が居所変更する際も同様）。
　居所変更の提出は，条約上明示的に定められた措置ではないことから，法律上担保されるべきものとは必ずしも言えないとの考え方もあり得る。しかしながら，この措置がないが故に，一方的な居所変更により，迅速な手続が進まなくなることが予想されるほか，任意の返還（面会交流を含む）に向けた話し合いの為の信頼醸成が得られにくい。
　ついては，任意の解決プロセスの促進に資するという意義に鑑みれば，中央当局が居所変更の届出の措置を実質的にとることができるよう制度設計することは，条約が求めるところであると解するのが相当であるところ，その詳細な内容については政省令及びガイドラインに明記することとする。

3．出国に関する情報の把握
　再連れ去りの疑いがある個別事案については，子の出国を禁止する措置をと

資料3 「国際的な子の奪取の民事上の側面に関する条約（仮称）」（ハーグ条約）を
実施するための中央当局の在り方論点まとめ　　381

ることが本来は最も実効性が高く望ましい。子の出国を禁止する措置をとることの是非については，法制審議会で議論されているが，中央当局がとりうる措置としては，出入国情報を迅速に把握することが考えられる。具体的には，中央当局が法務省に対して出国事実の有無につき照会を行うこととし，その事実を中央当局が速やかに把握できる体制を構築し，この体制を周知することで，再連れ去りを抑制する効果を確保することが考えられる。詳細な内容については政省令及びガイドラインに明記することとし，今後，関係機関と事務的な調整を進めることとする。

6．子の任意の返還又は問題の友好的解決

　外務大臣は，返還援助申請があったときは，当該子と同居する者と申請者とが，自主的に問題の解決を図るために調整することに対し助力を与え，これによって当該子の任意の返還を実現し，又は問題の友好的な解決を図るよう，例えば次に掲げる措置をとることができるものとする。具体的な内容については，ガイドライン等に明記することとしつつ，今後事務的な調整を進めることとする。
　一　申請者の同意を得た上で，子と同居する者に対し，当該子の任意の返還を実現し，又は問題の友好的な解決を図ることを促すこと（裁判所による返還命令が出された後の返還が円滑に行われるための支援も含む）。
　二　家事審判法（昭和２２年法律第５２号）〔家事事件手続法（平成２３年法律第５２号）〕に基づく調停の制度を紹介（注１）すること。
　三　裁判外紛争解決手続の利用の促進に関する法律（平成１６年法律第１５１号）に基づき業務の認証を受けた民間紛争解決手続事業者又は弁護士会が設置する民間の裁判外紛争解決機関等であって，国際家事紛争を適確に取り扱うことができると認められるものを紹介すること。
　四　一から三までのほか，各種相談に応じることのできる関係機関を紹介すること。
　五　当該子と同居する者又は申請者からの要請を踏まえ，両者の間の連絡の仲介を行うこと。（注２）
（注１：家事審判法に基づく調停の制度を紹介する際に教示すべき内容につい

資料3 「国際的な子の奪取の民事上の側面に関する条約（仮称）」（ハーグ条約）を
　　　実施するための中央当局の在り方論点まとめ

ては，法制審議会における調停制度の在り方についての議論も踏まえて，調整を進める。）
（注2：当該子と同居する者が申請者に所在情報の伝達を中央当局に依頼する場合を想定したもの。）

（補足説明）
　中央当局は，子の返還に係る申請を受けた段階で，まずは子の任意の返還又は友好的解決の実現可能性を追求すべきであり，そのための全ての適当な措置をとり，又は国内関係機関にとらせることは，条約の目的を達成する上で重要であると考えられる。そこで，中央当局は，申請者及び子と同居する者とが合意による子の返還又は子に関する民事上の紛争の裁判によらない解決を図るため，これらの者の間の協議のあっせんその他の必要な措置をとることが適当である。我が国においては，具体的には中央当局が申請者の同意を得た上で，子と同居する者に対し書簡，メール，電話等で連絡の上，条約の趣旨や任意の返還の利点等について説明しつつ，任意の返還又は友好的解決について説得を試みる（なお，このような説得は，申請の当初の段階以外にも，裁判所による返還命令が出された後にも行うこともあり得る。）。その上で，両者が問題の友好的解決を希望する場合には，上記についての専門的知見を有する外部有識者・団体の協力を得て友好的解決の実現を図ることが考えられる。具体的には，①家事調停，②裁判外紛争解決手続機関（民間ＡＤＲ機関），③日本司法支援センター（法テラス），④弁護士を通じた話し合いの制度・機関を利用し得ることを説明することが適当である。

7．子の社会的背景に関する情報の交換
　（1）外務大臣は，子の返還に関する事案を担当する裁判所から条約第7条第2項dに規定する子の社会的背景に関する情報の提供を求められる場合，適当と認められるときは，我が国以外の条約締約国（子が常居所を有していた国）の中央当局に対し，条約第7条第2項dに規定する子の社会的背景に関する情報（注1）の提供を求めることができるものとする（注2）。

資料3 「国際的な子の奪取の民事上の側面に関する条約（仮称）」（ハーグ条約）を
実施するための中央当局の在り方論点まとめ

(2)
ア　外務大臣は，我が国以外の条約締約国の中央当局から当該条約締約国の返還手続を行う裁判所等からの依頼に基づく調査のために子の社会的背景に関する情報の提供を要請された場合において，次のいずれにも該当するときは，関係行政機関，関係地方公共団体，独立行政法人及び国立大学法人等の長，並びに政令で定める公私の団体に対して，当該中央当局に提供するために当該情報（当該子及び当該事件に係る外国裁判所等の手続の当事者に関する個人情報を含み，これらの者以外の者に関する個人情報及び本人（当該情報における本人に該当する者をいう。）の知り得ない情報を除く。）の提供を求めることができる。（注3）
　一　当該中央当局が当該調査以外の目的のために当該情報を利用するおそれがないと認められるとき。
　二　当該情報を当該中央当局に提供することについて，当該事件に係る外国裁判所等の手続の当事者（当該子が当該手続の当事者である場合は当該子を除く）の同意があるとき。
　三　当該情報を提供することによって，当該子及び当該事件に係る外国裁判所等の手続の当事者の権利利益を不当に侵害するおそれがないと認められるとき。
イ　アの情報の提供を求められた者は，遅滞なく，外務大臣に当該情報を提供するものとする。
（注1：個々の事案により様々なものが含まれ得るが，一般的には，社会的背景に関する情報とは，心身及び養育の状況，就学の状況その他の生活及び取り巻く環境の状況を言う。代表的なものとしては，人権相談記録及び人権侵犯事件記録，子の就学情報，児童福祉施設で作成される記録，DV関係の情報，各種相談情報及び保護記録等が考えられる。）
（注2：本条項を始めとする中央当局間での情報の交換（裁判資料となり得るものを含む。）については，それぞれの中央当局による対応がケースバイケースとなることに留意する必要がある。）
（注3：「本人（当該情報における本人に該当する者。）の知り得ない情報を除く」の部分は，実際の法律上の文言としては，趣旨を変えずに別の表現となる予定。）

８．子の返還を得るための司法上の手続の開始についての便宜の供与

９．法律に関する援助及び助言の提供についての便宜の供与
　これら便宜の供与の具体的制度の在り方については，ガイドラインに明記することとする。
　（注：在外公館においては，在留邦人からDV被害等の相談を受けた際には，各地のシェルター，夫婦間の問題に関する相談窓口，弁護士等の紹介を行ってきている。今後更に，各国の法制度調査，現地団体（DV被害者支援団体）との連携強化等の対応強化策の実施を検討していく。）

１０．子の安全な返還の確保
　（１）外務大臣が，国内に所在する返還援助申請の対象である子が我が国以外の条約締約国（当該子が常居所を有していた国）に安全に返還されることを確保するため，また，子が当該条約締約国に戻った後，本案審理の開始等につき，子と共に常居所地国に戻った子と同居する者又は子について監護の権利を有する者からの求めに応じて，次に掲げる措置をとることが適切であり，具体的な措置についてはガイドラインに明記することとする。
　　ア　個々の事案の具体的事情に応じ，当該我が国以外の条約締約国の中央当局に必要な協力を求めること。
　　イ　子又は子と共に常居所地国に戻った子と同居する者又は当該子について監護の権利を有する者が日本国籍を有する場合には当該我が国以外の条約締約国を管轄する我が国の在外公館が適切な支援を行うこと。
　（注：返還援助申請の対象である子が常居所を有していた条約締約国の中央当局及び当該条約締約国を管轄する我が国の在外公館とも連携しつつ，適切な措置をとることが適当であると考えられる。具体的には，当該締約国の中央当局に対し，当該条約締約国の児童福祉，社会保障に関する制度，DV被害支援制度等当該条約締約国において当事者が利用できる支援，福祉サービス等に関する情報の提供その他の協力を求めること等が考えられる。また返還後については，返還後の子の安全の確保が懸念される事案であれば，適当な保護機関又は司法当局に通報すること，子が常居所を有していた国において利用し得る保護措置やサービスについて情報を収集することが考えられる。）

資料3 「国際的な子の奪取の民事上の側面に関する条約（仮称）」（ハーグ条約）を
実施するための中央当局の在り方論点まとめ

（補足説明）
　子の安全な返還のための適当な措置をとるべく，各条約締約国の中央当局は，その付与されている権限及び自国の司法制度や社会福祉制度を活用することが必要であり，具体的には次の例が考えられる。
　（1）返還後の子の安全の確保が懸念される事案であれば，適当な保護機関又は司法当局に通報すること。
　（2）子の安全な返還の確保のために，子が常居所を有していた条約締約国に対し，利用し得る保護措置やサービスについて情報を収集すること。
　（3）子を連れ去り，又は留置している者について，子が常居所を有していた国において逮捕状が発付され又は刑事訴追を受け，その身柄を拘束されるおそれがある場合，当該刑事訴追の状況等について，我が国の中央当局から当該国の中央当局に対して確認すること。
　（4）子及び（子と共に親が帰国する場合は）子と共に帰国する親の入国に問題が生じ得る場合（査証発給拒否等），我が国の中央当局は子が常居所を有していた国の中央当局に対して，当該親子が入国するために必要な手続について照会を行うこと。
　（5）例えば子と同居する者に子の帰国方法，例えばフライト等につき確認の上，子が常居所を有していた国の中央当局に連絡するなど，子の帰国につき当該国の中央当局と調整すること。

（2）外務大臣は，国外に所在する返還援助申請の対象である子が国内に安全に返還されることを確保するため，我が国以外の条約締約国の中央当局の要請があるときや我が国の外務大臣が必要と認めるときは，国内関係機関に対し，必要な情報（注）の提供その他の協力を要請することができるものとする。具体的な手続については，政省令及びガイドラインにて定めることとし，今後事務的な調整を進めることとする。
（注：以下の情報を関係省庁に求めることが想定される。
　ア　入国手続に関する情報
　イ　児童福祉及び社会保障に関する制度，
　ウ　配偶者暴力相談支援センターの制度等当事者が利用できる支援，福祉サービス等に関する情報

また、返還申請の結果、子が我が国（子が常居所を有していた国）に返還されることになったものの、（養育能力がない等の理由により）申請者の元には子が戻らない場合に、当該申請者から日本国内における面会交流支援等につき相談があれば、我が国の中央当局は、面会交流支援機関の紹介等の支援を行うことが適当と考えられる。）

（補足説明）
　入国手続に関する情報
　中央当局は、子やTPが返還命令等に基づき日本に入国する際に、入管法上の問題を含め、入国に際しての問題が生じる可能性の有無についての情報を把握することが必要な場合が想定される。また、こうした問題が生じ得る場合、子やTPの入国及び滞在に関する必要な手続について中央当局は関係当局に対して照会・相談することが想定される。

第3　子との接触に関する援助
1．接触援助申請
（1）条約第21条の規定に基づく申請（以下「接触援助申請」という。）は、書面（日本語又は英語により記載したものに限る。）を外務大臣に提出して行うものとする（ただし、我が国以外の条約締約国の中央当局を通じて書面を送付することでもよいものとする）。

（2）（1）の書面には、次に掲げる事項を記載しなければならないものとする。
　ア　申請者、子及び当該子と同居すると推定される者を特定するために必要な事項
　イ　当該子の生年月日（生年月日が明らかでないときは、その旨）
　ウ　申請者がいずれかの条約締約国の法令に基づき当該子との面会又はその他の交流を求め得る根拠を有しており、かつ、当該子と同居する者が申請者の当該子との面会又はその他の交流の機会の確保を妨げていることその他申請者が当該子との面会又はその他の交流を求める根拠
　エ　当該子の所在（当該子の所在が明らかでないときは、当該子及び当該

子と同居すると推定される者の所在の確知に資する情報）

（３）接触援助申請に必要な書類（注）その他の詳細については，省令で定めるものとする。
　（注：接触援助申請に必要な書類は，例えば，以下が想定される。
　　・接触援助申請書
　　・子が１６歳未満である根拠
　　・接触の権利を有していることを証明する根拠）

２．接触援助申請を我が国以外の条約締約国の中央当局に送付する場合
（１）外務大臣は，接触援助申請の対象である子が我が国以外の条約締約国に現に所在すると信ずるに足りる相当な理由があるときは，当該接触援助申請を当該条約締約国の中央当局に遅滞なく送付するものとする。

（２）外務大臣は，（１）の送付をしたときは，その旨を申請者（我が国以外の条約締約国の中央当局から接触援助申請の送付を受けた場合においては当該中央当局）に通知するものとする。

３．子との接触に関する援助の実施
（１）外務大臣は，接触援助申請があったとき（我が国以外の条約締約国の中央当局を通じて接触援助申請の送付を受けた場合を含む。）は，２．（１）による送付をする場合及び下記（４）による却下をする場合を除き，申請者が主張する接触の権利が，我が国及び子が常居所を有していた国の双方について条約が効力を生じた後に拒否されたとき又は拒否され続けているときに，第２の４．から９．までの必要な援助のうち，「接触の権利」の行使に関連するものを行うものとする。
（補足説明）
　接触に関する援助の実施に関しては，以下の諸点を考慮する必要がある。
（１）対象となる事案の範囲
ア　条約第１条ｂは，一の締約国の法令に基づく「接触の権利」が他の締約国において効果的に尊重されることを確保することを条約の目的の一つに掲げ，

条約の対象とされる「接触の権利」に係る事案が二つの条約締約国の間で国境をまたいで生じているものであることを示している。この条約冒頭の規定を受ける形で、条約第2条は、締約国は条約の目的の実現を確保するため全ての適当な措置をとるとの包括的義務規定を置き、さらに、第7条第1項は、条約の目的を達成するために締約国の中央当局が互いに協力する旨を定めている。以上の条約の構造及び規定の仕方から、条約に基づき「接触の権利」に関する申請を行うことができるのは、あくまで条約締約国の間で国境をまたいで生じている事案であって、条約締約国の国内で共に居住する当事者間で生じている「接触の権利」の侵害の問題（いわゆる国内事案）については、条約第21条に基づく「接触の権利」に係る申請の対象とはならないと解される。

イ　加えて、条約第1条bの規定の趣旨に鑑みれば、我が国として条約上措置をとることを求められるものは、他の条約締約国の法令に基づく「接触の権利」が我が国において効果的に尊重することを確保すること、すなわち、他の条約締約国の法令に基づく「接触の権利」が、当該子と同居する者により、我が国内でその行使が妨げられている場合には、我が国中央当局に対して、当該他の条約締約国の中央当局を通して又は直接に、「接触の権利」に係る申請を行うことができるものと解することが相当と考えられる。またその逆として、我が国の法令に基づく接触の権利が他の条約締約国において効果的に尊重されるために、当該他の条約締約国の中央当局に対し、申請者から我が国中央当局になされた申請を送付することとなる。

ウ　また、子との接触に関する援助については、条約上、不法な子の連れ去り又は留置によって生じたもののみに限定する規定はない。同時に条約は、婚姻破たん時の子の監護権の処理についての条約起草当時の通例（片方の親が単独で子を監護する一方、他方の親が面会交流を行う）を背景として、「監護の権利」を有しない親が原則として「接触の権利」を有することを基本的な前提とした上で、「接触の権利」の効果的な尊重が子の連れ去りの予防につながることを期待していると言える（条約注釈書パラ17及び26）。以上を踏まえれば、不法な子の連れ去り又は留置によって生じた「接触の権利」の侵害のみが条約第21条の対象になると限定的には解されない。

エ　条約第21条第1項は、接触援助申請について、「子の返還を求める申請と同様の方法によって行うことができる」と規定しており、第29条の規定振り

も踏まえれば，返還援助申請について規定する第8条と同様，「接触の権利」を有している者のみが第21条に基づく申請を行うことを認めるものと解される。
　オ　さらに，「接触の権利」については，事柄の性質上，侵害が生じた時点を特定することが難しい場合もあると考えられるが，条約の適用の有無を判断する上では，締約国間において，条約が当該締約国について効力が生じた後に，「接触の権利」を現実に行使し得ない状態となり，又はそのような状態が継続しているという事実があれば，対象になるものと考えられる（条約注釈書パラ145）。
（2）中央当局がとるべき措置の範囲
　ア　条約第1条bの規定を受け，条約第21条第2項は，中央当局の義務として，①接触の権利が平穏に享受されること及び接触の権利の行使に当たり従うべき条件が満たされることを促進するため，第7条に定める協力の義務を負うこと，及び②接触の権利の行使に対するあらゆる障害を可能な限り除去するための措置をとることを定めている。
　イ　条約第7条は，第1項において一般的な協力の義務について定めた上で，第2項において中央当局が特にとるべき措置の内容について例示するものであるが，第2項に掲げられた各事項の中には，cの「子の任意の返還」，fの「子の返還を得るための司法上又は行政上の手続」及びhの「子の安全の返還」のように，子の返還のみに係る事項も含まれている。また，a，b，c，d，fの前段及びhは，「不法に連れ去られ，又は留置されている子」に係る規定振りとなっているが，上記において整理したとおり，子との接触に関する援助においては，不法に連れ去られ，又は留置されている子のみがその対象になると限定的には解されない。
　ウ　上記を踏まえると，接触援助申請に対して中央当局がいかなる措置をとる義務を負うのかについては，第21条第2項に規定された「接触の権利が平穏に享受されること及び接触の権利の行使に当たり従うべき条件が満たされることを促進するため」という文言に照らして，条約第7条に定める事項のうち接触の権利の行使に関連するものについては，中央当局として子の返還のための援助と同様の措置をとることが求められていると解される。
　他方，最終的にはハーグ条約の国内担保法において特別な裁判手続を定め，その裁判における決定により実現される場面も多いと想定される子の返還とは

資料3 「国際的な子の奪取の民事上の側面に関する条約(仮称)」(ハーグ条約)を
実施するための中央当局の在り方論点まとめ

異なり，接触に係る援助は当事者双方の協力があって初めてその意義があるとの側面があることも踏まえ，運用上，当事者とも密接に連絡をとりながら，実際のニーズに応じた措置をとっていくこととなる。

(2) 外務大臣は，(1) に定める場合のほか，申請者と，子を不法に連れ去り，又は留置している者との間の合意又は裁判手続に基づく返還手続が進められている間も，子と親の面会及びその他の交流の機会を確保するため，第2の6．の友好的な解決の一方法として，適当な場合には，返還援助申請に向けた援助として挙げた家事審判法に基づいた調停，裁判外紛争解決手続等の紹介を行うことが適当であると考えられ，その具体的な内容については，ガイドラインで明記することとしつつ，今後事務的な調整を進めることとする。

(注：調停機関，裁判外紛争解決手続機関，裁判所その他解決を図る関係機関を介した面会交流の機会を確保することが考えられるが，こうした支援の具体的な内容については，受け皿の確保やニーズの把握等に努めることとする。なお，家事審判法に基づく調停の制度を紹介する際に教示すべき内容については，法制審議会における調停制度の在り方についての議論も踏まえて調整を進める。)

(補足説明)
具体的には①家事調停，②裁判外紛争解決手続機関(民間ADR機関)，③日本司法支援センター(法テラス)，④弁護士を通じた支援等を通じて問題の解決を図るほか，養育費相談支援センターの紹介等を通じて支援することを想定し，事務的な調整を進めることとする。

(3) 外務大臣は，国内において接触援助申請の対象である子との面会が行われる場合には，接触の権利が平穏に享受されるよう支援するための措置をとるものとする。

(4) 外務大臣は，接触援助申請が以下に例が挙げられる要件に該当することが明らかであると認めるときは，当該接触援助申請を却下することができるものとするが，接触援助申請の却下に係る具体的な要件の規定の在り方について

は，法制上の問題を含めて事務的な調整を更に進めることとする。
　　ア　子及び申請者の双方が我が国に住所又は居所を有していること。
　　イ　子が１６歳に達していること。
　　ウ　子が我が国に現に所在しないこと（２．（１）による送付をする場合を除く。）。
　　エ　子が，いずれの条約締約国にも常居所を有していないこと。
　　オ　申請者が子が現に所在する条約締約国以外の条約締約国の法令により，当該子と接触することができる地位を有する者でないこと。
　　カ　申請者と子との接触が，当該子と同居している者により妨げられていないこと。

（５）外務大臣は，接触援助申請を却下したときは，その旨及びその理由を申請者（我が国以外の条約締約国の中央当局を通じて接触援助申請の送付を受けた場合においては当該中央当局）に直ちに通知するものとする。

第４　不服申立ての在り方
　外務大臣によってとられた措置のうち，返還援助申請又は接触援助申請の却下について申請者のみが不服申立てをすることができるものとし，その他の外務大臣の措置については不服申立ての対象となる行政行為ではないとの方向で整理する。その上で，今後事務的な調整を進めるものとする。
（補足説明）
　不服申立ての在り方については，以下の諸点を考慮する必要がある。
（１）申請者が条約の規定に基づき返還援助申請又は接触援助申請をした場合において，中央当局が，上記にて記載している条約第２７条の所定の理由によりその申請を却下すれば，中央当局として当該申請者に対する援助を実施しないことが確定することとなる。そのため，中央当局による申請の却下は，申請者の，中央当局による援助を受けるという手続上の地位を否定する効果を生じさせる行為であるとみることができ，不服申立てを認めることが適当と思料される。
（２）他方，これまで検討されている中央当局としての外務大臣がとる措置のうち，上記を除いたものについて，不服申立ての対象になじむものかについて

精査する必要がある。行政事件訴訟法及び行政不服審査法に関する議論において，不服申立ての対象となる処分は，「公権力の主体たる国又は公共団体が行う行為のうち，その行為によって，直接国民の権利義務を形成し又はその範囲を確定することが法律上認められているもの」（最判昭39.10.29民集18巻8号1809頁）と解されている。また，行政不服審査法第2条においては，「処分」につき「公権力の行使に当たる事実上の行為」で，その内容が継続的性質を有するものと定義される「事実行為」も含まれるものとしている。事実行為とは，「外部に対する行為であるが，直接法的効果を生じさせない行為，すなわち権利義務関係を変動させない行為」とされており，さらに公権力の行使たる事実行為とは，「行政庁の一方的意思決定に基づき，特定の行政目的のために国民の身体・財産等に実力を加えて行政上必要な状態を実現させようとする権力的行為」と解されている。

（3）これまで検討してきた外務大臣の措置が，上記イに当てはまるものかを検討すれば，「子の所在の確知」，「更なる害又は利害関係者への不利益の防止」，「子の任意の返還又は問題の友好的解決」，「子の社会的背景に関する情報の交換」，「子の返還を得るための司法上の手続の開始についての便宜の供与」，「法律に関する援助及び助言の提供についての便宜の供与」，「子の安全な返還の確保」のいずれについても，「行政庁の一方的意思決定に基づき，特定の行政目的のために国民の身体・財産等に実力を加えて行政上必要な状態を実現させようとする権力的行為」とは言えず，不服申立ての対象とすべき内容は含まれていないととらえるのが相当と思われる。

（4）なお，外務大臣が援助申請を却下せずに，返還援助又は接触援助を行うことについての，TPへの影響につき検討すれば，外務大臣が実際に実施する援助の内容は上記（3）のとおりであり，これらの措置がTPに対する権力的行為を構成する性格のものとは言えない。そのため，上記（1）から（3）までの検討と同様にTPの立場からしても不服申立ての対象となるような措置を外務大臣がとることはないと考えられる。その他にも，条約の規定に照らし，LBPからの申請があれば中央当局が援助を行うことが前提となっており，条約第27条の規定に基づく却下は例外的なものととらえられること，及び子の返還の是非を裁判所にて争う前の段階において，中央当局が条約の義務に基づいて実施する援助について争訟の対象とすることは，条約の「迅速処理」の原則に必ずし

も沿う結果をもたらさない点にも留意が必要となる。
（5）また，申請者が返還援助申請又は接触援助申請をしたにもかかわらず，相当の期間内に中央当局が援助の可否を決しない場合には，それについて不服申立てを認めることが適当とも思料される。

(了)

資料4　国際的な子の奪取の民事上の側面に関する条約

この条約の署名国は，

子の監護に関する事項において子の利益が最も重要であることを深く確信し，

不法な連れ去り又は留置によって生ずる有害な影響から子を国際的に保護すること並びに子が常居所を有していた国への当該子の迅速な返還を確保する手続及び接触の権利の保護を確保する手続を定めることを希望し，

このための条約を締結することを決定して，次のとおり協定した。

第1章　条約の適用範囲

第1条

この条約は，次のことを目的とする。

a　いずれかの締約国に不法に連れ去られ，又はいずれかの締約国において不法に留置されている子の迅速な返還を確保すること。

b　一の締約国の法令に基づく監護の権利及び接触の権利が他の締約国において効果的に尊重されることを確保すること。

第2条

締約国は，自国の領域内においてこの条約の目的の実現を確保するため，全ての適当な措置をとる。このため，締約国は，利用可能な手続のうち最も迅速なものを用いる。

第3条

子の連れ去り又は留置は，次のa及びbに該当する場合には，不法とする。

a　当該連れ去り又は留置の直前に当該子が常居所を有していた国の法令に基づいて個人，施設又は他の機関が共同又は単独で有する監護の権利を侵害していること。

b　当該連れ去り若しくは留置の時にaに規定する監護の権利が共同若しくは単独で現実に行使されていたこと又は当該連れ去り若しくは留置がなかったならば当該権利が共同若しくは単独で現実に行使されていたであろうこと。

aに規定する監護の権利は，特に，法令の適用により，司法上若しくは行政上の決定により，又はaに規定する国の法令に基づいて法的効果を有する合意により生ずるものとする。

第4条

この条約は，監護の権利又は接触の権利が侵害される直前にいずれかの締約国に常居所を有していた子について適用する。この条約は，子が十六歳に達した場合には，適用しない。

第5条

この条約の適用上，

a 「監護の権利」には，子の監護に関する権利，特に，子の居所を決定する権利を含む。

b 「接触の権利」には，一定の期間子をその常居所以外の場所に連れて行く権利を含む。

第2章 中央当局

第6条

締約国は，この条約により中央当局に対して課される義務を履行するため，一の中央当局を指定する。

連邦制の国，二以上の法制を有する国並びに自治権及び領域的管轄を有する組織を有する国は，二以上の中央当局を指定し，その権限が及ぶ領域の範囲を定めることができる。二以上の中央当局を指定した国は，申請が自国内の適当な中央当局に移送されるよう，申請の送付先となる一の中央当局を指定する。

第7条

中央当局は，子の迅速な返還を確保し，及びこの条約の他の目的を達成するため，相互に協力し，及びそれぞれの国内における権限のある当局の間の協力を促進する。

特に，中央当局は，直接に又は仲介者を通じて，次の事項を目的として，全ての適当な措置をとる。

a 不法に連れ去られ，又は留置されている子の所在を特定すること。

b 暫定措置をとり，又はとらせることによって，子に対する更なる害悪又は利害関係者に対する不利益を防止すること。

c 子の任意の返還を確保し，又は問題の友好的な解決をもたらすこと。

d 望ましい場合には，子の社会的背景に関する情報を交換すること。

e この条約の適用に関連する自国の法令につき一般的な情報を提供すること。

f 子の返還を得るための司法上若しくは行政上の手続を開始し，又は当該手続の開始

について便宜を与えること，及び適当な場合には接触の権利について内容を定め，又は効果的な行使を確保するように取り計らうこと。
g 状況により必要とされる場合には，法律に関する援助及び助言（弁護士その他法律に関する助言者の参加を含む。）を提供し，又はこれらの提供について便宜を与えること。
h 子の安全な返還を確保するための必要かつ適当な行政上の措置をとること。
i この条約の実施に関する情報を常に相互に通報し，及びこの条約の適用に対する障害を可能な限り除去すること。

第3章　子の返還
第8条
監護の権利が侵害されて子が連れ去られ，又は留置されたと主張する個人，施設又は他の機関は，当該子の常居所の中央当局又は他の締約国の中央当局に対し，当該子の返還を確保するための援助の申請を行うことができる。

当該申請には，次のものを含める。
a 申請者，子及び当該子を連れ去り，又は留置しているとされる者の特定に関する情報
b 可能な場合には，子の生年月日
c 申請者が子の返還を請求する根拠
d 子の所在及び子と共に所在すると推定される者の特定に関する全ての入手可能な情報

当該申請に次のものを添付し，又は当該申請を次のものにより補足することができる。
e 関係する決定又は合意の写しであって，証明を受けたもの
f 子が常居所を有していた国の関係法令に関する証明書又は宣誓供述書であって，当該国の中央当局その他の権限のある当局又は資格を有する者が作成したもの
g その他の関係文書

第9条
前条に規定する申請を受領した中央当局は，子が他の締約国に現に所在すると信ずるに足りる理由がある場合には，当該申請を当該他の締約国の中央当局に直接かつ遅滞なく移送し，要請を行った中央当局又は申請者に対しその旨を通知する。

第10条

子が現に所在する国の中央当局は，当該子が任意に返還されるよう全ての適当な措置をとり，又はとらせる。

第11条

締約国の司法当局又は行政当局は，子の返還のための手続を迅速に行う。

関係する司法当局又は行政当局が当該手続の開始の日から六週間以内に決定を行うことができない場合には，申請者は，遅延の理由を明らかにするよう要求する権利を有するものとし，要請を受けた国の中央当局は，自己の職権により又は要請を行った国の中央当局が求めるときは，遅延の理由を明らかにするよう要求する権利を有する。要請を受けた国の中央当局は，その要求への回答を受領したときは，当該回答を要請を行った国の中央当局又は申請者に転送する。

第12条

子が第三条の規定の意味において不法に連れ去られ，又は留置されている場合において，当該子が現に所在する締約国の司法当局又は行政当局が手続を開始した日において当該子の不法な連れ去り又は留置の日から一年が経過していないときは，当該司法当局又は行政当局は，直ちに，当該子の返還を命ずる。

司法当局又は行政当局は，前項に規定する一年が経過した後に手続を開始した場合においても，子が新たな環境に適応していることが証明されない限り，当該子の返還を命ずる。

要請を受けた国の司法当局又は行政当局は，子が他の国に連れ出されたと信ずるに足りる理由がある場合には，当該子の返還のための手続を中止し，又は当該子の返還の申請を却下することができる。

第13条

前条の規定にかかわらず，要請を受けた国の司法当局又は行政当局は，子の返還に異議を申し立てる個人，施設又は他の機関が次のいずれかのことを証明する場合には，当該子の返還を命ずる義務を負わない。

a 子を監護していた個人，施設又は他の機関が，連れ去り若しくは留置の時に現実に監護の権利を行使していなかったこと，連れ去り若しくは留置の時以前にこれに同意していたこと又は連れ去り若しくは留置の後にこれを黙認したこと。

b 返還することによって子が心身に害悪を受け，又は他の耐え難い状態に置かれることとなる重大な危険があること。

司法当局又は行政当局は，子が返還されることを拒み，かつ，その意見を考慮に入れることが適当である年齢及び成熟度に達していると認める場合には，当該子の返還を命ずることを拒むことができる。

司法当局又は行政当局は，この条に規定する状況について検討するに当たり，子の社会的背景に関する情報であって当該子の常居所の中央当局その他の権限のある当局により提供されるものを考慮に入れる。

第14条

要請を受けた国の司法当局又は行政当局は，第三条の規定の意味において不法な連れ去り又は留置があったか否かを確認するに当たり，子が常居所を有していた国の法令及び司法上又は行政上の決定（当該国において正式に承認されたものであるか否かを問わない。）を，当該法令に関する証明のため又は外国の決定の承認のために適用される特定の手続がある場合においてもこれによることなく，直接に考慮することができる。

第15条

締約国の司法当局又は行政当局は，子の連れ去り又は留置が第三条の規定の意味において不法なものであるとの決定又は判断を申請者が当該子が常居所を有していた国において得ることができる場合には，当該子の返還を命ずる前に，当該申請者に対し当該決定又は判断を得るよう要請することができる。締約国の中央当局は，申請者が当該決定又は判断を得ることをできる限り援助する。

第16条

子が自国に連れ去られ，又は自国において留置されている締約国の司法当局又は行政当局は，当該子が第三条の規定の意味において不法に連れ去られ，又は留置されている旨の通知を受領した後は，この条約に基づいて子が返還されないことが決定されるまで又はこの条約に基づく申請が当該通知を受領した後合理的な期間内に行われない場合を除くほか，監護の権利についての本案の決定を行わない。

第17条

要請を受けた国において監護に関する決定が行われたという事実又は当該国において当該決定が承認され得るという事実のみをもって，この条約に基づく子の返還を拒む根拠としてはならない。もっとも，要請を受けた国の司法当局又は行政当局は，この条約の適用に当たり，当該決定の理由を考慮することができる。

第18条

この章の規定は，司法当局又は行政当局が有するいつでも子の返還を命ずる権限を制限するものではない。

第19条

この条約に基づく子の返還に関する決定は，監護の権利についての本案の判断としてはならない。

第20条

第十二条の規定に基づく子の返還については，要請を受けた国における人権及び基本的自由の保護に関する基本原則により認められないものである場合には，拒むことができる。

第4章　接触の権利

第21条

接触の権利について内容を定め，又は効果的な行使を確保するように取り計らうことを求める申請は，締約国の中央当局に対して，子の返還を求める申請と同様の方法によって行うことができる。

中央当局は，接触の権利が平穏に享受されること及び接触の権利の行使に当たり従うべき条件が満たされることを促進するため，第七条に定める協力の義務を負う。中央当局は，接触の権利の行使に対するあらゆる障害を可能な限り除去するための措置をとる。

中央当局は，接触の権利について内容を定め，又は保護するため及び接触の権利の行使に当たり従うべき条件が尊重されることを確保するため，直接に又は仲介者を通じて，手続を開始し，又はその開始について援助することができる。

第5章　一般規定

第22条

いかなる保証，担保及び供託（その名称のいかんを問わない。）も，この条約の適用を受ける司法上又は行政上の手続に要する費用の支払を保証するために要求してはならない。

第23条

認証その他これに類する手続は，この条約との関係において要求することができない。

第24条

要請を受ける国の中央当局に送付される申請，連絡その他の文書は，原語によるものと

し，当該国の公用語又はこれが実現不可能な場合にはフランス語若しくは英語による翻訳を添付する。

ただし，締約国は，第四十二条の規定に従って留保を付することにより，自国の中央当局に送付される申請，連絡その他の文書におけるフランス語又は英語のいずれか一方の使用を拒むことができる。

第25条

締約国の国民及び締約国に常居所を有する者は，この条約の適用に関係のある事項に関し，他の締約国において，当該他の締約国の国民及び当該他の締約国に常居所を有する者と同一の条件で法律に関する援助及び助言を受けることができる。

第26条

各中央当局は，この条約を適用するに当たり要する自己の費用を負担する。

中央当局その他締約国の公の当局は，この条約に基づいて行われた申請に係るいかなる手数料も徴収してはならない。これらの当局は，特に，手続の費用及び弁護士その他法律に関する助言者が参加した場合にはその参加により生ずる費用の支払を申請者に要求することができない。ただし，これらの当局は，子の返還の実施のために要した費用又は将来要する費用の支払については，要求することができる。

前項の規定にかかわらず，締約国は，第四十二条の規定に従って留保を付することにより，前項に規定する費用であって弁護士その他法律に関する助言者の参加又は裁判所における手続により生ずるものを自国の法律に関する援助及び助言に係る制度によって負担することができる場合を除くほか負担する義務を負わない旨を宣言することができる。

司法当局又は行政当局は，この条約に基づいて子の返還を命じ，又は接触の権利に関する命令を発する際に，適当な場合には，子を連れ去り，若しくは留置した者又は接触の権利の行使を妨げた者に対し，申請者により又は申請者のために支払われた必要な費用（旅費，子の所在を特定するために要した費用又は支払，申請者の法律上の代理人に係る費用及び子の返還に要する費用を含む。）を支払うよう命ずることができる。

第27条

申請がこの条約に定める要件を満たしていないこと又は申請に十分な根拠がないことが明白である場合には，中央当局は，当該申請を受理する義務を負わない。この場合において，中央当局は，その理由を申請者又は当該申請を移送した中央当局に対して直ちに通知する。

第28条

中央当局は，申請者のために行動する権限又は申請者のために行動する代理人を指名する権限を当該中央当局に委任する書面を申請に添付するよう要求することができる。

第29条

この条約は，第三条又は第二十一条の規定の意味における監護の権利又は接触の権利の侵害があったと主張する個人，施設又は他の機関が，締約国の司法当局又は行政当局に直接に申請（この条約に基づくものであるか否かを問わない。）を行うことを妨げるものではない。

第30条

この条約に従い締約国の中央当局に対して又は直接司法当局若しくは行政当局に対して行われた全ての申請は，これに添付され，又はいずれかの中央当局によって提供された文書その他の情報と共に，締約国の裁判所又は行政当局において受理されるものとする。

第31条

子の監護に関して領域内の異なる地域に適用される二以上の法制を有する国に関し，

a 当該国における「常居所」というときは，当該国の領域内のいずれかの地域における常居所をいうものとする。

b 「常居所を有していた国の法令」というときは，当該国の領域内の地域であって子が常居所を有していたものの法令をいうものとする。

第32条

子の監護に関して異なる範疇の者に適用される二以上の法制を有する国に関し，「国の法令」というときは，当該国の法令において特定する法制をいうものとする。

第33条

子の監護に関する法令を領域内の地域ごとに異にする国は，単一の法制を有する国がこの条約を適用する義務を負わない場合には，この条約を適用する義務を負わない。

第34条

この条約及び千九百六十一年十月五日の未成年者の保護に関する当局の権限及び準拠法に関する条約の双方の締約国の間においては，この条約の適用範囲内の事項については，この条約が優先して適用される。この条約は，不法に連れ去られ，若しくは留置された子の返還を得ること又は接触の権利の内容を定めることを目的として，要請を行う国と要請を受ける国との間で効力を有する他の国際文書又は要請を受ける国の他の法令を適用する

ことを制限するものではない。

第35条

この条約は、締約国間において、この条約が当該締約国について効力を生じた後に行われた不法な連れ去り又は留置についてのみ適用する。

第三十九条又は第四十条の規定に基づく宣言が行われた場合には、前項に規定する「締約国」とは、この条約が適用される領域内の地域をいうものとする。

第36条

この条約のいかなる規定も、二以上の締約国が、子の返還に関して受ける制約を限定するため、この条約の規定であってこのような制約を伴い得るものの適用を排除することをこれらの締約国の間において合意することを妨げるものではない。

第6章　最終条項

第37条

この条約は、ハーグ国際私法会議の第十四回会期の時に同会議の構成国であった国による署名のために開放しておく。

この条約は、批准され、受諾され、又は承認されなければならない。批准書、受諾書又は承認書は、オランダ王国外務省に寄託する。

第38条

その他の国は、この条約に加入することができる。

加入書は、オランダ王国外務省に寄託する。

この条約は、これに加入する国については、加入書の寄託の後三番目の月の初日に効力を生ずる。

加入は、加入国とその加入を受け入れる旨を宣言した締約国との間においてのみ効力を有する。いずれかの国の加入の後この条約を批准し、受諾し、又は承認する構成国は、その旨の宣言を行わなければならない。これらの宣言は、オランダ王国外務省に寄託するものとし、同省は、その認証謄本を外交上の経路を通じて各締約国に送付する。

この条約は、加入国とその加入を受け入れる旨を宣言した国との間においては、受け入れる旨の宣言の寄託の後三番目の月の初日に効力を生ずる。

第39条

いずれの国も、署名、批准、受諾、承認又は加入の際に、自国が国際関係について責任

を有する領域の全部又は一部についてこの条約を適用することを宣言することができる。その宣言は，この条約が当該国について効力を生ずる時に効力を生ずる。

この宣言及びその後の適用領域の拡大は，オランダ王国外務省に通告する。

第40条

この条約が対象とする事項に関して異なる法制が適用される二以上の地域をその領域内に有する締約国は，署名，批准，受諾，承認又は加入の際に，この条約を自国の領域内の全ての地域に適用するか又は一若しくは二以上の地域についてのみ適用するかを宣言することができるものとし，別の宣言を行うことによりその後いつでもこの宣言を変更することができる。

これらの宣言は，オランダ王国外務省に通告するものとし，この条約が適用される領域内の地域を明示する。

第41条

締約国が自国内において行政上，司法上及び立法上の権限が中央の当局とその他の当局とに配分された統治体制を有する場合には，当該締約国がこの条約に署名し，これを批准し，受諾し，若しくは承認し，若しくはこれに加入し，又は前条の規定に基づき宣言を行うことは，当該締約国内における権限の配分に何ら影響を及ぼすものではない。

第42条

いずれの国も，批准，受諾，承認若しくは加入の時までに又は第三十九条若しくは第四十条の規定に基づく宣言を行う時に，第二十四条又は第二十六条第三項に規定する留保の一方又は双方を付することができる。その他のいかなる留保も，認められない。

いずれの国も，いつでも，自国が付した留保を撤回することができる。撤回は，オランダ王国外務省に通告する。

留保は，前項の通告の後三番目の月の初日に効力を失う。

第43条

この条約は，第三十七条及び第三十八条に規定する批准書，受諾書，承認書又は加入書のうち三番目に寄託されるものの寄託の後三番目の月の初日に効力を生ずる。

その後は，この条約は，次の日に効力を生ずる。

1 その後にこの条約を批准し，受諾し，若しくは承認し，又はこれに加入する国については，その批准書，受諾書，承認書又は加入書の寄託の後三番目の月の初日

2 第三十九条又は第四十条の規定に従ってこの条約が適用される領域又は領域内の地

域については，これらの規定による通告の後三番目の月の初日

第44条

この条約は，前条第一項の規定に従って効力を生じた日から五年間効力を有する。その日以後にこの条約を批准し，受諾し，若しくは承認し，又はこれに加入する国についても，同様とする。

この条約は，廃棄されない限り，五年ごとに黙示的に更新される。

廃棄は，当該五年の期間が満了する少なくとも六箇月前にオランダ王国外務省に通告する。廃棄は，この条約が適用される領域又は領域内の地域のうち特定のものに限定して行うことができる。

廃棄は，これを通告した国についてのみ効力を生ずるものとし，その他の締約国については，この条約は，引き続き効力を有する。

第45条

オランダ王国外務省は，ハーグ国際私法会議の構成国及び第三十八条の規定に従って加入した国に対し，次の事項を通報する。

1　第三十七条に規定する署名，批准，受諾及び承認
2　第三十八条に規定する加入
3　第四十三条の規定に従ってこの条約が効力を生ずる日
4　第三十九条に規定する適用宣言
5　第三十八条及び第四十条に規定する宣言
6　第二十四条及び第二十六条第三項に規定する留保並びに第四十二条に規定する留保の撤回
7　前条に規定する廃棄

資料 5 CONVENTION ON THE CIVIL ASPECTS OF INTERNATIONAL CHILD ABDUCTION

The States signatory to the present Convention,

Firmly convinced that the interests of children are of paramount importance in matters relating to their custody,

Desiring to protect children internationally from the harmful effects of their wrongful removal or retention and to establish procedures to ensure their prompt return to the State of their habitual residence, as well as to secure protection for rights of access,

Have resolved to conclude a Convention to this effect, and have agreed upon the following provisions -

CHAPTER I - SCOPE OF THE CONVENTION

Article 1

The objects of the present Convention are -

a) to secure the prompt return of children wrongfully removed to or retained in any Contracting State; and

b) to ensure that rights of custody and of access under the law of one Contracting State are effectively respected in the other Contracting States.

Article 2

Contracting States shall take all appropriate measures to secure within their territories the implementation of the objects of the Convention. For this purpose they shall use the most expeditious procedures available.

Article 3

The removal or the retention of a child is to be considered wrongful where -

a) it is in breach of rights of custody attributed to a person, an institution or any other body, either jointly or alone, under the law of the State in which the child was habitually resident immediately before the removal or retention; and

b) at the time of removal or retention those rights were actually exercised, either jointly or alone, or would have been so exercised but for the removal or retention.

The rights of custody mentioned in sub-paragraph a) above, may arise in particular by operation of law or by reason of a judicial or administrative decision, or by reason of an agreement having legal effect under the law of that State.

Article 4

The Convention shall apply to any child who was habitually resident in a Contracting State immediately before any breach of custody or access rights. The Convention shall cease to apply when the child attains the age of 16 years.

Article 5

For the purposes of this Convention -

a) "rights of custody" shall include rights relating to the care of the person of the child and, in particular, the right to determine the child's place of residence;

b) "rights of access" shall include the right to take a child for a limited period of time to a place other than the child's habitual residence.

CHAPTER II - CENTRAL AUTHORITIES

Article 6

A Contracting State shall designate a Central Authority to discharge the duties which are imposed by the Convention upon such authorities.

Federal States, States with more than one system of law or States having autonomous territorial organisations shall be free to appoint more than one Central Authority and to specify the territorial extent of their powers. Where a State has appointed more than one Central Authority, it shall designate the Central Authority to which applications may be addressed for transmission to the appropriate Central Authority within that State.

Article 7

Central Authorities shall co-operate with each other and promote co-operation amongst the competent authorities in their respective States to secure the prompt return of children and to achieve the other objects of this Convention.

In particular, either directly or through any intermediary, they shall take all appropriate measures -

a) to discover the whereabouts of a child who has been wrongfully removed or retained;

b) to prevent further harm to the child or prejudice to interested parties by taking or causing to be taken provisional measures;

c) to secure the voluntary return of the child or to bring about an amicable resolution of the issues;

d) to exchange, where desirable, information relating to the social background of the child;

e) to provide information of a general character as to the law of their State in connection with the application of the Convention;

f) to initiate or facilitate the institution of judicial or administrative proceedings with a view to obtaining the return of the child and, in a proper case, to make arrangements for organising or securing the effective exercise of rights of access;

g) where the circumstances so require, to provide or facilitate the provision of legal aid and advice, including the participation of legal counsel and advisers;

h) to provide such administrative arrangements as may be necessary and appropriate to secure the safe return of the child;

i) to keep each other informed with respect to the operation of this Convention and, as far as possible, to eliminate any obstacles to its application.

CHAPTER III - RETURN OF CHILDREN

Article 8

Any person, institution or other body claiming that a child has been removed or retained in breach of custody rights may apply either to the Central Authority of the child's habitual residence or to the Central Authority of any other Contracting State for assistance in securing the return of the child.

The application shall contain -

a) information concerning the identity of the applicant, of the child and of the person alleged to have removed or retained the child;

b) where available, the date of birth of the child;

c) the grounds on which the applicant's claim for return of the child is based;

d) all available information relating to the whereabouts of the child and the identity of the person with whom the child is presumed to be.

The application may be accompanied or supplemented by -

e)   an authenticated copy of any relevant decision or agreement;

f)   a certificate or an affidavit emanating from a Central Authority, or other competent authority of the State of the child's habitual residence, or from a qualified person, concerning the relevant law of that State;

g)   any other relevant document.

Article 9

If the Central Authority which receives an application referred to in Article 8 has reason to believe that the child is in another Contracting State, it shall directly and without delay transmit the application to the Central Authority of that Contracting State and inform the requesting Central Authority, or the applicant, as the case may be.

Article 10

The Central Authority of the State where the child is shall take or cause to be taken all appropriate measures in order to obtain the voluntary return of the child.

Article 11

The judicial or administrative authorities of Contracting States shall act expeditiously in proceedings for the return of children.

If the judicial or administrative authority concerned has not reached a decision within six weeks from the date of commencement of the proceedings, the applicant or the Central Authority of the requested State, on its own initiative or if asked by the Central Authority of the requesting State, shall have the right to request a statement of the reasons for the delay. If a reply is received by the Central Authority of the requested State, that Authority shall transmit the reply to the Central Authority of the requesting State, or to the applicant, as the case may be.

Article 12

Where a child has been wrongfully removed or retained in terms of Article 3 and, at the date of the commencement of the proceedings before the judicial or administrative authority of the Contracting State where the child is, a period of less than one year has elapsed from the date of the wrongful removal or retention, the authority concerned shall order the return of the child forthwith.

The judicial or administrative authority, even where the proceedings have been commenced after the expiration of the period of one year referred to in the preceding paragraph, shall also order the return of the child, unless it is demonstrated that the child is now settled in its new environment.

Where the judicial or administrative authority in the requested State has reason to believe that the child has been taken to another State, it may stay the proceedings or dismiss the application for the return of the child.

Article 13

Notwithstanding the provisions of the preceding Article, the judicial or administrative authority of the requested State is not bound to order the return of the child if the person, institution or other body which opposes its return establishes that -

a) the person, institution or other body having the care of the person of the child was not actually exercising the custody rights at the time of removal or retention, or had consented to or subsequently acquiesced in the removal or retention; or

b) there is a grave risk that his or her return would expose the child to physical or psychological harm or otherwise place the child in an intolerable situation.

The judicial or administrative authority may also refuse to order the return of the child if it finds that the child objects to being returned and has attained an age and degree of maturity at which it is appropriate to take account of its views.

In considering the circumstances referred to in this Article, the judicial and administrative authorities shall take into account the information relating to the social background of the child provided by the Central Authority or other competent authority of the child's habitual residence.

Article 14

In ascertaining whether there has been a wrongful removal or retention within the meaning of Article 3, the judicial or administrative authorities of the requested State may take notice directly of the law of, and of judicial or administrative decisions, formally recognised or not in the State of the habitual residence of the child, without recourse to the specific procedures for the proof of that law or for the recognition of foreign decisions which would otherwise be applicable.

Article 15

The judicial or administrative authorities of a Contracting State may, prior to the making of an order for the return of the child, request that the applicant obtain from the authorities of the State of the habitual residence of the child a decision or other determination that the removal or retention was wrongful within the meaning of Article 3 of the Convention, where such a decision or determination may be obtained in that State. The Central Authorities of the Contracting States shall so far as practicable assist applicants to obtain such a decision or determination.

Article 16

After receiving notice of a wrongful removal or retention of a child in the sense of Article 3, the judicial or administrative authorities of the Contracting State to which the child has been removed or in which it has been retained shall not decide on the merits of rights of custody until it has been determined that the child is not to be returned under this Convention or unless an application under this Convention is not lodged within a reasonable time following receipt of the notice.

Article 17

The sole fact that a decision relating to custody has been given in or is entitled to recognition in the requested State shall not be a ground for refusing to return a child under this Convention, but the judicial or administrative authorities of the requested State may take account of the reasons for that decision in applying this Convention.

Article 18

The provisions of this Chapter do not limit the power of a judicial or administrative authority to order the return of the child at any time.

Article 19

A decision under this Convention concerning the return of the child shall not be taken to be a determination on the merits of any custody issue.

Article 20

The return of the child under the provisions of Article 12 may be refused if this would not be permitted by the fundamental principles of the requested State relating to the protection of human rights and fundamental freedoms.

CHAPTER IV - RIGHTS OF ACCESS

Article 21

An application to make arrangements for organising or securing the effective exercise of rights of access may be presented to the Central Authorities of the Contracting States in the same way as an application for the return of a child.

The Central Authorities are bound by the obligations of co-operation which are set forth in Article 7 to promote the peaceful enjoyment of access rights and the fulfilment of any conditions to which the exercise of those rights may be subject. The Central Authorities shall take steps to remove, as far as possible, all obstacles to the exercise of such rights.

The Central Authorities, either directly or through intermediaries, may initiate or assist in the institution of proceedings with a view to organising or protecting these rights and securing respect for the conditions to which the exercise of these rights may be subject.

CHAPTER V - GENERAL PROVISIONS

Article 22

No security, bond or deposit, however described, shall be required to guarantee the payment of costs and expenses in the judicial or administrative proceedings falling within the scope of this Convention.

Article 23

No legalisation or similar formality may be required in the context of this Convention.

Article 24

Any application, communication or other document sent to the Central Authority of the requested State shall be in the original language, and shall be accompanied by a translation into the official language or one of the official languages of the requested State or, where that is not feasible, a translation into French or English.

However, a Contracting State may, by making a reservation in accordance with Article 42, object to the use of either French or English, but not both, in any application, communication or other document sent to its Central Authority.

Article 25

Nationals of the Contracting States and persons who are habitually resident within those States shall be entitled in matters concerned with the application of this Convention to legal aid and advice in any other Contracting State on the same conditions as if they themselves were nationals of and habitually resident in that State.

Article 26

Each Central Authority shall bear its own costs in applying this Convention.

Central Authorities and other public services of Contracting States shall not impose any charges in relation to applications submitted under this Convention. In particular, they may not require any payment from the applicant towards the costs and expenses of the proceedings or, where applicable, those arising from the participation of legal counsel or advisers. However, they may require the payment of the expenses incurred or to be incurred in implementing the return of the child.

However, a Contracting State may, by making a reservation in accordance with Article 42, declare that it shall not be bound to assume any costs referred to in the preceding paragraph resulting from the participation of legal counsel or advisers or from court proceedings, except insofar as those costs may be covered by its system of legal aid and advice.

Upon ordering the return of a child or issuing an order concerning rights of access under this Convention, the judicial or administrative authorities may, where appropriate, direct the person who removed or retained the child, or who prevented the exercise of rights of access, to pay necessary expenses incurred by or on behalf of the applicant, including travel expenses, any costs incurred or payments made for locating the child, the costs of legal representation of the applicant, and those of returning the child.

Article 27

When it is manifest that the requirements of this Convention are not fulfilled or that the application is otherwise not well founded, a Central Authority is not bound to accept the application. In that case, the Central Authority shall forthwith inform the applicant or the Central Authority through which the application was submitted, as the case may be, of its reasons.

Article 28

A Central Authority may require that the application be accompanied by a written authorisation empowering it to act on behalf of the applicant, or to designate a representative so to act.

Article 29

This Convention shall not preclude any person, institution or body who claims that there has been a breach of custody or access rights within the meaning of Article 3 or 21 from applying directly to the judicial or administrative authorities of a Contracting State, whether or not under the provisions of this Convention.

Article 30

Any application submitted to the Central Authorities or directly to the judicial or administrative authorities of a Contracting State in accordance with the terms of this Convention, together with documents and any other information appended thereto or provided by a Central Authority, shall be admissible in the courts or administrative authorities of the Contracting States.

Article 31

In relation to a State which in matters of custody of children has two or more systems of law applicable in different territorial units -

a) any reference to habitual residence in that State shall be construed as referring to habitual residence in a territorial unit of that State;

b) any reference to the law of the State of habitual residence shall be construed as referring to the law of the territorial unit in that State where the child habitually resides.

Article 32

In relation to a State which in matters of custody of children has two or more systems of law applicable to different categories of persons, any reference to the law of that State shall be construed as referring to the legal system specified by the law of that State.

Article 33

A State within which different territorial units have their own rules of law in respect of custody of children shall not be bound to apply this Convention where a State with a unified system of law would not be bound to do so.

Article 34

This Convention shall take priority in matters within its scope over the Convention of 5 October 1961 concerning the powers of authorities and the law applicable in respect of the protection of minors, as between Parties to both Conventions. Otherwise the present Convention shall not restrict the application of an international instrument in force between the State of origin and the State addressed or other law of the State addressed for the purposes of obtaining the return of a child who has been wrongfully removed or retained or of organising access rights.

Article 35

This Convention shall apply as between Contracting States only to wrongful removals or retentions occurring after its entry into force in those States.

Where a declaration has been made under Article 39 or 40, the reference in the preceding paragraph to a Contracting State shall be taken to refer to the territorial unit or units in relation to which this Convention applies.

Article 36

Nothing in this Convention shall prevent two or more Contracting States, in order to limit the restrictions to which the return of the child may be subject, from agreeing among themselves to derogate from any provisions of this Convention which may imply such a restriction.

CHAPTER VI - FINAL CLAUSES

Article 37

The Convention shall be open for signature by the States which were Members of the Hague Conference on Private International Law at the time of its Fourteenth Session.

It shall be ratified, accepted or approved and the instruments of ratification, acceptance or approval shall be deposited with the Ministry of Foreign Affairs of the Kingdom of the Netherlands.

Article 38

Any other State may accede to the Convention.

The instrument of accession shall be deposited with the Ministry of Foreign Affairs of the

Kingdom of the Netherlands.

The Convention shall enter into force for a State acceding to it on the first day of the third calendar month after the deposit of its instrument of accession.

The accession will have effect only as regards the relations between the acceding State and such Contracting States as will have declared their acceptance of the accession. Such a declaration will also have to be made by any Member State ratifying, accepting or approving the Convention after an accession. Such declaration shall be deposited at the Ministry of Foreign Affairs of the Kingdom of the Netherlands; this Ministry shall forward, through diplomatic channels, a certified copy to each of the Contracting States.

The Convention will enter into force as between the acceding State and the State that has declared its acceptance of the accession on the first day of the third calendar month after the deposit of the declaration of acceptance.

Article 39

Any State may, at the time of signature, ratification, acceptance, approval or accession, declare that the Convention shall extend to all the territories for the international relations of which it is responsible, or to one or more of them. Such a declaration shall take effect at the time the Convention enters into force for that State.

Such declaration, as well as any subsequent extension, shall be notified to the Ministry of Foreign Affairs of the Kingdom of the Netherlands.

Article 40

If a Contracting State has two or more territorial units in which different systems of law are applicable in relation to matters dealt with in this Convention, it may at the time of signature, ratification, acceptance, approval or accession declare that this Convention shall extend to all its territorial units or only to one or more of them and may modify this declaration by submitting another declaration at any time.

Any such declaration shall be notified to the Ministry of Foreign Affairs of the Kingdom of the Netherlands and shall state expressly the territorial units to which the Convention applies.

Article 41

Where a Contracting State has a system of government under which executive, judicial and legislative powers are distributed between central and other authorities within that State, its signature or ratification, acceptance or approval of, or accession to this Convention, or its making of any declaration in terms of Article 40 shall carry no implication as to the internal distribution of powers within that State.

Article 42

Any State may, not later than the time of ratification, acceptance, approval or accession, or at the time of making a declaration in terms of Article 39 or 40, make one or both of the reservations provided for in Article 24 and Article 26, third paragraph. No other reservation shall be permitted.

Any State may at any time withdraw a reservation it has made. The withdrawal shall be notified to the Ministry of Foreign Affairs of the Kingdom of the Netherlands.

The reservation shall cease to have effect on the first day of the third calendar month after the notification referred to in the preceding paragraph.

Article 43

The Convention shall enter into force on the first day of the third calendar month after the deposit of the third instrument of ratification, acceptance, approval or accession referred to in Articles 37 and 38.

Thereafter the Convention shall enter into force -

(1) for each State ratifying, accepting, approving or acceding to it subsequently, on the first day of the third calendar month after the deposit of its instrument of ratification, acceptance, approval or accession;

(2) for any territory or territorial unit to which the Convention has been extended in conformity with Article 39 or 40, on the first day of the third calendar month after the notification referred to in that Article.

Article 44

The Convention shall remain in force for five years from the date of its entry into force in accordance with the first paragraph of Article 43 even for States which subsequently have ratified, accepted, approved it or acceded to it.

If there has been no denunciation, it shall be renewed tacitly every five years.

Any denunciation shall be notified to the Ministry of Foreign Affairs of the Kingdom of the

資料5　CONVENTION ON THE CIVIL ASPECTS OF INTERNATIONAL CHILD ABDUCTION

Netherlands at least six months before the expiry of the five year period. It may be limited to certain of the territories or territorial units to which the Convention applies.

The denunciation shall have effect only as regards the State which has notified it. The Convention shall remain in force for the other Contracting States.

Article 45

The Ministry of Foreign Affairs of the Kingdom of the Netherlands shall notify the States Members of the Conference, and the States which have acceded in accordance with Article 38, of the following -

(1) the signatures and ratifications, acceptances and approvals referred to in Article 37;

(2) the accessions referred to in Article 38;

(3) the date on which the Convention enters into force in accordance with Article 43;

(4) the extensions referred to in Article 39;

(5) the declarations referred to in Articles 38 and 40;

(6) the reservations referred to in Article 24 and Article 26, third paragraph, and the withdrawals referred to in Article 42;

(7) the denunciations referred to in Article 44.

資料6　国際的な子の奪取の民事上の側面に関する条約の実施に関する法律
（平成 25 年法律第 48 号）

目次

第1章　総則（第一条・第二条）

第2章　子の返還及び子との面会その他の交流に関する援助

  第1節　中央当局の指定（第三条）

  第2節　子の返還に関する援助

    第1款　外国返還援助（第四条—第十条）

    第2款　日本国返還援助（第十一条—第十五条）

  第3節　子との面会その他の交流に関する援助

    第1款　日本国面会交流援助（第十六条—第二十条）

    第2款　外国面会交流援助（第二十一条—第二十五条）

第3章　子の返還に関する事件の手続等

  第1節　返還事由等（第二十六条—第二十八条）

  第2節　子の返還に関する事件の手続の通則（第二十九条—第三十一条）

  第3節　子の返還申立事件の手続

    第1款　総則

      第1目　管轄（第三十二条—第三十七条）

      第2目　裁判所職員の除斥及び忌避（第三十八条—第四十二条）

      第3目　当事者能力及び手続行為能力（第四十三条—第四十六条）

      第4目　参加（第四十七条—第四十九条）

      第5目　手続代理人及び補佐人（第五十条—第五十四条）

      第6目　手続費用（第五十五条—第五十九条）

      第7目　子の返還申立事件の審理等（第六十条—第六十八条）

      第8目　電子情報処理組織による申立て等（第六十九条）

    第2款　第一審裁判所における子の返還申立事件の手続

      第1目　子の返還の申立て（第七十条—第七十二条）

      第2目　子の返還申立事件の手続の期日（第七十三条—第七十六条）

      第3目　事実の調査及び証拠調べ（第七十七条—第八十七条）

      第4目　子の返還申立事件の手続における子の意思の把握等（第八十八条）

第5目　審理の終結等（第八十九条・第九十条）
　　　第6目　裁判（第九十一条—第九十八条）
　　　第7目　裁判によらない子の返還申立事件の終了（第九十九条・第百条）
　　第3款　不服申立て
　　　第1目　終局決定に対する即時抗告（第百一条—第百七条）
　　　第2目　終局決定に対する特別抗告（第百八条—第百十条）
　　　第3目　終局決定に対する許可抗告（第百十一条・第百十二条）
　　　第4目　終局決定以外の裁判に対する不服申立て（第百十三条—第百十六条）
　　第4款　終局決定の変更（第百十七条・第百十八条）
　　第5款　再審（第百十九条・第百二十条）
　第4節　義務の履行状況の調査及び履行の勧告（第百二十一条）
　第5節　出国禁止命令（第百二十二条—第百三十三条）
第4章　子の返還の執行手続に関する民事執行法の特則（第百三十四条—第百四十三条）
第5章　家事事件の手続に関する特則
　第1節　子の返還申立事件に係る家事調停の手続等（第百四十四条—第百四十七条）
　第2節　面会その他の交流についての家事審判及び家事調停の手続等に関する特則（第百四十八条・第百四十九条）
第6章　過料の裁判の執行等（第百五十条）
第7章　雑則（第百五十一条—第百五十三条）
附則

第1章　総則
　（目的）
第1条　この法律は，不法な連れ去り又は不法な留置がされた場合において子をその常居所を有していた国に返還すること等を定めた国際的な子の奪取の民事上の側面に関する条約（以下「条約」という。）の的確な実施を確保するため，我が国における中央当局を指定し，その権限等を定めるとともに，子をその常居所を有していた国に迅速に返還するために必要な裁判手続等を定め，もって子の利益に資することを目的とする。
　（定義）
第2条　この法律において，次の各号に掲げる用語の意義は，当該各号に定めるところに

よる。
一 条約締約国 日本国及び日本国との間で条約が効力を有している条約の締約国(当該締約国が条約第三十九条第一項又は第四十条第一項の規定による宣言をしている場合にあっては,当該宣言により条約が適用される当該締約国の領域の一部又は領域内の地域)をいう。
二 子 父母その他の者に監護される者をいう。
三 連れ去り 子をその常居所を有する国から離脱させることを目的として当該子を当該国から出国させることをいう。
四 留置 子が常居所を有する国からの当該子の出国の後において,当該子の当該国への渡航が妨げられていることをいう。
五 常居所地国 連れ去りの時又は留置の開始の直前に子が常居所を有していた国(当該国が条約の締約国であり,かつ,条約第三十九条第一項又は第四十条第一項の規定による宣言をしている場合にあっては,当該宣言により条約が適用される当該国の領域の一部又は領域内の地域)をいう。
六 不法な連れ去り 常居所地国の法令によれば監護の権利を有する者の当該権利を侵害する連れ去りであって,当該連れ去りの時に当該権利が現実に行使されていたもの又は当該連れ去りがなければ当該権利が現実に行使されていたと認められるものをいう。
七 不法な留置 常居所地国の法令によれば監護の権利を有する者の当該権利を侵害する留置であって,当該留置の開始の時に当該権利が現実に行使されていたもの又は当該留置がなければ当該権利が現実に行使されていたと認められるものをいう。
八 子の返還 子の常居所地国である条約締約国への返還をいう。

第2章 子の返還及び子との面会その他の交流に関する援助
第1節 中央当局の指定
第3条 我が国の条約第六条第一項の中央当局は,外務大臣とする。

第2節 子の返還に関する援助
第1款 外国返還援助
　(外国返還援助申請)

第4条 日本国への連れ去りをされ，又は日本国において留置をされている子であって，その常居所地国が条約締約国であるものについて，当該常居所地国の法令に基づき監護の権利を有する者は，当該連れ去り又は留置によって当該監護の権利が侵害されていると思料する場合には，日本国からの子の返還を実現するための援助（以下「外国返還援助」という。）を外務大臣に申請することができる。

2 　外国返還援助の申請（以下「外国返還援助申請」という。）を行おうとする者は，外務省令で定めるところにより，次に掲げる事項を記載した申請書（日本語又は英語により記載したものに限る。）を外務大臣に提出しなければならない。

　一　外国返還援助申請をする者（以下この款において「申請者」という。）の氏名又は名称及び住所若しくは居所又は事務所（外国返還援助申請において返還を求められている子（以下この款において「申請に係る子」という。）の常居所地国におけるものに限る。第七条第一項第四号において同じ。）の所在地

　二　申請に係る子の氏名，生年月日及び住所又は居所（これらの事項が明らかでないときは，その旨）その他申請に係る子を特定するために必要な事項

　三　申請に係る子の連れ去りをし，又は留置をしていると思料される者の氏名その他当該者を特定するために必要な事項

　四　申請に係る子の常居所地国が条約締約国であることを明らかにするために必要な事項

　五　申請に係る子の常居所地国の法令に基づき申請者が申請に係る子についての監護の権利を有し，かつ，申請に係る子の連れ去り又は留置により当該監護の権利が侵害されていることを明らかにするために必要な事項

　六　申請に係る子と同居していると思料される者の氏名，住所又は居所その他当該者を特定するために必要な事項（これらの事項が明らかでないときは，その旨）

3 　前項の申請書には，同項第五号に掲げる事項を証明する書類その他外務省令で定める書類を添付しなければならない。

4 　外国返還援助申請は，日本国以外の条約締約国の中央当局（条約第六条に規定する中央当局をいう。以下同じ。）を経由してすることができる。この場合において，申請者は，第二項各号に掲げる事項を記載した書面（日本語若しくは英語により記載したもの又は日本語若しくは英語による翻訳文を添付したものに限る。）及び前項に規定する書類を外務大臣に提出しなければならない。

（子の住所等に関する情報の提供の求め等）

第5条 外務大臣は，外国返還援助申請があった場合において，必要と認めるときは，申請に係る子及び申請に係る子と同居している者の氏名及び住所又は居所を特定するため，政令で定めるところにより，次に掲げる機関及び法人（第十五条第一項において「国の行政機関等」という。）の長，地方公共団体の長その他の執行機関並びに申請に係る子及び申請に係る子と同居している者に関する情報を有している者として政令で定める者に対し，その有する当該氏名又は当該住所若しくは居所に関する情報の提供を求めることができる。

一　法律の規定に基づき内閣に置かれる機関（内閣府を除く。）

二　内閣府並びに内閣府設置法（平成十一年法律第八十九号）第四十九条第一項及び第二項に規定する機関

三　国家行政組織法（昭和二十三年法律第百二十号）第三条第二項に規定する機関

四　内閣府設置法第四十条第二項及び第五十六条の特別の機関

五　国家行政組織法第八条の二の施設等機関及び同法第八条の三の特別の機関

六　独立行政法人通則法（平成十一年法律第百三号）第二条第一項に規定する独立行政法人

七　国立大学法人法（平成十五年法律第百十二号）第二条第一項に規定する国立大学法人

2　前項の場合において，同項に規定する情報の提供を求められた者は，遅滞なく，当該情報を外務大臣に提供するものとする。

3　外務大臣は，前項の規定により提供された情報が，申請に係る子が日本国内に所在していることを示すものであるが，申請に係る子及び申請に係る子と同居している者の所在を特定するために十分でない場合には，外務省令で定めるところにより，都道府県警察に対し，当該情報を提供して，これらの者の所在を特定するために必要な措置をとることを求めることができる。

4　前項に規定するもののほか，外務大臣からの第二項の規定により提供された情報及び前項の規定による都道府県警察の措置によって得られた情報の提供は，次に掲げる場合に限り，行うことができる。

一　第二十六条の規定による子の返還の申立て又は子との面会その他の交流の定めをすること若しくはその変更を求める家事審判若しくは家事調停の申立てをするために申

請に係る子と同居している者の氏名を必要とする申請者から当該氏名の開示を求められた場合において，当該氏名を当該申請者に開示するとき。
二　申請に係る子についての第二十九条に規定する子の返還に関する事件若しくは子の返還の強制執行に係る事件が係属している裁判所又は申請に係る子についての子との面会その他の交流に関する事件若しくは子との面会その他の交流の強制執行に係る事件が係属している裁判所から，その手続を行うために申請に係る子及び申請に係る子と同居している者の住所又は居所の確認を求められた場合において，当該住所又は居所をこれらの裁判所に開示するとき。
三　第十条第一項の規定により，市町村，都道府県の設置する福祉事務所（社会福祉法（昭和二十六年法律第四十五号）に規定する福祉に関する事務所をいう。以下この号及び同項において同じ。）又は児童相談所（児童福祉法（昭和二十二年法律第百六十四号）に規定する児童相談所をいう。同号及び同項において同じ。）に対し，申請に係る子が虐待を受けているおそれがあると信ずるに足りる相当な理由がある旨を通告する場合において，申請に係る子及び申請に係る子と同居していると思料される者の氏名及び住所又は居所を当該市町村，都道府県の設置する福祉事務所又は児童相談所に通知するとき。

（外国返還援助の決定及び通知）
第6条　外務大臣は，外国返還援助申請があった場合には，次条第一項の規定によりこれを却下する場合及び第八条第一項の規定により当該外国返還援助申請に係る書類の写しを送付する場合を除き，外国返還援助の決定（以下「外国返還援助決定」という。）をし，遅滞なく，申請者にその旨の通知（申請者が第四条第四項の規定により日本国以外の条約締約国の中央当局を経由して外国返還援助申請をした場合にあっては，当該中央当局を経由してする通知。次条第二項及び第八条第二項において同じ。）をしなければならない。
2　外務大臣は，外国返還援助決定をした場合には，必要に応じ，次に掲げる措置をとるものとする。
一　第九条又は第十条に規定する措置
二　条約の実施のための日本国以外の条約締約国の中央当局との連絡
三　この法律に定める手続その他子の返還又は子との面会その他の交流の実現に関連する日本国の法令に基づく制度に関する情報の申請者への提供

(外国返還援助申請の却下)
第7条　外務大臣は，外国返還援助申請が次の各号のいずれかに該当する場合には，当該外国返還援助申請を却下する。
　一　申請に係る子が十六歳に達していること。
　二　申請に係る子が日本国内に所在していないことが明らかであり，かつ，申請に係る子が所在している国又は地域が明らかでないこと。
　三　申請に係る子が条約締約国以外の国又は地域に所在していることが明らかであること。
　四　申請に係る子の所在地及び申請者の住所又は居所（申請者が法人その他の団体である場合にあっては，事務所の所在地）が同一の条約締約国内にあることが明らかであること。
　五　申請に係る子の連れ去りの時又は留置の開始の時に，申請に係る子の常居所地国が条約締約国でなかったこと。
　六　申請に係る子の常居所地国の法令に基づき申請者が申請に係る子についての監護の権利を有していないことが明らかであり，又は申請に係る子の連れ去り若しくは留置により当該監護の権利が侵害されていないことが明らかであること。
2　外務大臣は，前項の規定により外国返還援助申請を却下した場合には，申請者に直ちにその旨及びその理由の通知をしなければならない。

 (外国返還援助申請に係る書類の写しの条約締約国の中央当局への送付)
第8条　外務大臣は，申請に係る子が日本国以外の条約締約国に所在していることが明らかである場合において，外国返還援助申請が前条第一項第四号に該当しないときは，第四条第二項の申請書（申請者が同条第四項の規定により外国返還援助申請をした場合にあっては，同項に規定する書面）及び同条第三項に規定する書類の写しを当該条約締約国の中央当局に遅滞なく送付しなければならない。
2　外務大臣は，前項の規定による送付をした場合には，申請者にその旨の通知をしなければならない。

 (合意による子の返還等の促進)
第9条　外務大臣は，外国返還援助決定をした場合には，申請に係る子について子の返還又は申請者との面会その他の交流を申請者及び申請に係る子を監護している者の合意により実現するため，これらの者の間の協議のあっせんその他の必要な措置をとることが

できる。

　（子の虐待に係る通告）

第10条　外務大臣は，申請に係る子が日本国内に所在している場合において，虐待を受けているおそれがあると信ずるに足りる相当な理由があるときは，市町村，都道府県の設置する福祉事務所又は児童相談所に対し，その旨を通告しなければならない。

2　前項の規定による通告は，児童虐待の防止等に関する法律（平成十二年法律第八十二号）第六条第一項の規定による通告とみなして，同条第二項及び第三項並びに同法第七条及び第八条の規定を適用する。

第2款　日本国返還援助

　（日本国返還援助申請）

第11条　日本国以外の条約締約国への連れ去りをされ，又は日本国以外の条約締約国において留置をされている子であって，その常居所地国が日本国であるものについて，日本国の法令に基づき監護の権利を有する者は，当該連れ去り又は留置によって当該監護の権利が侵害されていると思料する場合には，日本国への子の返還を実現するための援助（以下「日本国返還援助」という。）を外務大臣に申請することができる。

2　第四条第二項及び第三項の規定は，日本国返還援助の申請（以下「日本国返還援助申請」という。）について準用する。この場合において，同条第二項第一号中「第七条第一項第四号」とあるのは「第十三条第一項第四号」と，同項第四号中「条約締約国」とあり，及び同項第五号中「申請に係る子の常居所地国」とあるのは「日本国」と読み替えるものとする。

　（日本国返還援助の決定及び通知）

第12条　外務大臣は，日本国返還援助申請があった場合には，次条第一項の規定によりこれを却下する場合を除き，日本国返還援助の決定（以下「日本国返還援助決定」という。）をし，遅滞なく，日本国返還援助申請をした者（以下この款において「申請者」という。）にその旨を通知しなければならない。

2　外務大臣は，日本国返還援助決定をした場合には，第十四条に規定する措置をとるものとする。

3　外務大臣は，日本国返還援助決定をした場合には，前項に規定するもののほか，必要に応じ，次に掲げる措置をとるものとする。

一　第十五条に規定する措置
　二　条約の実施のための日本国以外の条約締約国の中央当局との連絡
　（日本国返還援助申請の却下）
第13条　外務大臣は，日本国返還援助申請が次の各号のいずれかに該当する場合には，当該日本国返還援助申請を却下する。
　一　日本国返還援助申請において返還を求められている子（以下この款において「申請に係る子」という。）が十六歳に達していること。
　二　申請に係る子が所在している国又は地域が明らかでないこと。
　三　申請に係る子が日本国又は条約締約国以外の国若しくは地域に所在していることが明らかであること。
　四　申請に係る子の所在地及び申請者の住所又は居所（申請者が法人その他の団体である場合にあっては，事務所の所在地）が同一の条約締約国内にあることが明らかであること。
　五　申請に係る子の常居所地国が日本国でないことが明らかであること。
　六　申請に係る子の連れ去りの時又は留置の開始の時に，申請に係る子が所在していると思料される国又は地域が条約締約国でなかったこと。
　七　日本国の法令に基づき申請者が申請に係る子についての監護の権利を有していないことが明らかであり，又は申請に係る子の連れ去り若しくは留置により当該監護の権利が侵害されていないことが明らかであること。
2　外務大臣は，前項の規定により日本国返還援助申請を却下した場合には，申請者に直ちにその旨及びその理由を通知しなければならない。
　（日本国返還援助申請に係る書類の写しの条約締約国の中央当局への送付）
第14条　外務大臣は，日本国返還援助決定をした場合には，第十一条第二項において準用する第四条第二項の申請書及び同条第三項に規定する書類の写しを申請に係る子が所在している条約締約国の中央当局に遅滞なく送付しなければならない。
2　外務大臣は，前項の規定による送付をした場合には，申請者にその旨の通知をしなければならない。
　（子の社会的背景に関する情報の条約締約国の中央当局への提供）
第15条　外務大臣は，日本国への子の返還に関する事件が日本国以外の条約締約国の裁判所又はその他の審判を行う機関（以下この項及び次項において「外国裁判所等」という。）

に係属しており，当該条約締約国の中央当局から当該子の返還に係る子の日本国内における心身，養育及び就学の状況その他の生活及び取り巻く環境の状況に関する情報の提供を求められた場合において，次の各号のいずれにも該当するときは，当該条約締約国の中央当局に提供するために，政令で定めるところにより，国の行政機関等の長，地方公共団体の長その他の執行機関及び当該子に関する情報を有している者として政令で定める者に対し，その有する当該情報の提供を求めることができる。

一　当該中央当局が，当該外国裁判所等の依頼を受けて当該事件に関する調査を行うために外務大臣に対し当該情報の提供を求めており，かつ，当該調査以外の目的のために当該情報を利用するおそれがないと認められるとき。

二　当該事件に係る外国裁判所等の手続の当事者（当該子が当該手続の当事者である場合にあっては，当該子を除く。）が当該情報を当該中央当局に提供することに同意しているとき。

2　前項の場合において，同項に規定する情報の提供を求められた者は，次の各号のいずれにも該当するときは，遅滞なく，当該情報を外務大臣に提供するものとする。

一　当該情報を前項に規定する中央当局に提供することによって同項に規定する子及び同項に規定する事件に係る外国裁判所等の手続の当事者の権利利益を不当に侵害するおそれがないと認めるとき。

二　当該情報が，前項に規定する子及び同項に規定する事件に係る外国裁判所等の手続の当事者の知り得る状態にあり，かつ，これらの者以外の特定の個人を識別することができる情報を含まないとき。

3　外務大臣は，前項の規定により提供された情報を，第一項に規定する中央当局に対してのみ提供することができる。

第3節　子との面会その他の交流に関する援助

第1款　日本国面会交流援助

（日本国面会交流援助申請）

第16条　日本国内に所在している子であって，面会その他の交流をすることができなくなる直前に常居所を有していた国又は地域が条約締約国であるものについて，当該国又は地域の法令に基づき面会その他の交流をすることができる者（日本国以外の条約締約国に住所又は居所を有しているものに限る。）は，当該子との面会その他の交流が妨げら

れていると思料する場合には，当該子との面会その他の交流を実現するための援助（以下「日本国面会交流援助」という。）を外務大臣に申請することができる。
2　日本国面会交流援助の申請（以下「日本国面会交流援助申請」という。）を行おうとする者は，外務省令で定めるところにより，次に掲げる事項を記載した申請書（日本語又は英語により記載したものに限る。）を外務大臣に提出しなければならない。
　一　日本国面会交流援助申請をする者（以下この款において「申請者」という。）の氏名及び住所又は居所
　二　日本国面会交流援助申請において面会その他の交流を求められている子（以下この款において「申請に係る子」という。）の氏名，生年月日及び住所又は居所（これらの事項が明らかでないときは，その旨）その他申請に係る子を特定するために必要な事項
　三　申請に係る子との面会その他の交流を妨げていると思料される者の氏名その他当該者を特定するために必要な事項
　四　申請者が申請に係る子と面会その他の交流をすることができなくなる直前に申請に係る子が常居所を有していた国又は地域が条約締約国であることを明らかにするために必要な事項
　五　申請者が申請に係る子と面会その他の交流をすることができなくなる直前に申請に係る子が常居所を有していた国又は地域の法令に基づき申請者が申請に係る子と面会その他の交流をすることができ，かつ，申請者の申請に係る子との面会その他の交流が妨げられていることを明らかにするために必要な事項
　六　申請に係る子と同居していると思料される者の氏名，住所又は居所その他当該者を特定するために必要な事項（これらの事項が明らかでないときは，その旨）
3　前項の申請書には，同項第五号に掲げる事項を証明する書類その他外務省令で定める書類を添付しなければならない。
4　日本国面会交流援助申請は，日本国以外の条約締約国の中央当局を経由してすることができる。この場合において，申請者は，第二項各号に掲げる事項を記載した書面（日本語若しくは英語により記載したもの又は日本語若しくは英語による翻訳文を添付したものに限る。）及び前項に規定する書類を外務大臣に提出しなければならない。
　（日本国面会交流援助の決定及び通知）
第17条　外務大臣は，日本国面会交流援助申請があった場合には，次条第一項の規定によ

りこれを却下する場合及び第十九条第一項の規定により当該日本国面会交流援助申請に係る書類の写しを送付する場合を除き，日本国面会交流援助の決定（以下「日本国面会交流援助決定」という。）をし，遅滞なく，申請者にその旨の通知（申請者が前条第四項の規定により日本国以外の条約締約国の中央当局を経由して日本国面会交流援助申請をした場合にあっては，当該中央当局を経由してする通知。次条第二項及び第十九条第二項において同じ。）をしなければならない。

2　外務大臣は，日本国面会交流援助決定をした場合には，必要に応じ，次に掲げる措置をとるものとする。

一　第二十条において準用する第九条又は第十条に規定する措置
二　条約の実施のための日本国以外の条約締約国の中央当局との連絡
三　この法律に定める手続その他子との面会その他の交流の実現に関連する日本国の法令に基づく制度に関する情報の申請者への提供

（日本国面会交流援助申請の却下）

第18条　外務大臣は，日本国面会交流援助申請が次の各号のいずれかに該当する場合には，当該日本国面会交流援助申請を却下する。

一　申請に係る子が十六歳に達していること。
二　申請に係る子が日本国内に所在していないことが明らかであり，かつ，申請に係る子が所在している国又は地域が明らかでないこと。
三　申請に係る子が条約締約国以外の国又は地域に所在していることが明らかであること。
四　申請に係る子の所在地及び申請者の住所又は居所が同一の条約締約国内にあることが明らかであること。
五　申請者が日本国内に住所若しくは居所を有していることが明らかであり，又は日本国以外の条約締約国に住所若しくは居所を有していないことが明らかであること。
六　申請者が申請に係る子と面会その他の交流をすることができなくなる直前に申請に係る子が常居所を有していた国又は地域が条約締約国でないこと。
七　申請者が申請に係る子と面会その他の交流をすることができなくなる直前に申請に係る子が常居所を有していた国若しくは地域の法令に基づき申請者が申請に係る子と面会その他の交流をすることができないことが明らかであり，又は申請者の申請に係る子との面会その他の交流が妨げられていないことが明らかであること。

2　外務大臣は，前項の規定により日本国面会交流援助申請を却下した場合には，申請者に直ちにその旨及びその理由の通知をしなければならない。

（日本国面会交流援助申請に係る書類の写しの条約締約国の中央当局への送付）

第19条　外務大臣は，申請に係る子が日本国以外の条約締約国に所在していることが明らかである場合において，日本国面会交流援助申請が前条第一項第四号に該当しないときは，第十六条第二項の申請書（申請者が同条第四項の規定により日本国面会交流援助申請をした場合にあっては，同項に規定する書面）及び同条第三項に規定する書類の写しを当該条約締約国の中央当局に遅滞なく送付しなければならない。

2　外務大臣は，前項の規定による送付をした場合には，申請者にその旨の通知をしなければならない。

（日本国面会交流援助に関する準用規定）

第20条　第五条，第九条及び第十条の規定は，外務大臣に対し日本国面会交流援助申請があった場合について準用する。この場合において，第五条第四項第一号中「第二十六条の規定による子の返還の申立て又は子との面会その他の交流の定めをすること若しくはその変更を求める家事審判若しくは」とあるのは「子との面会その他の交流の定めをすること又はその変更を求める家事審判又は」と，同項第二号中「第二十九条に規定する子の返還に関する事件若しくは子の返還の強制執行に係る事件が係属している裁判所又は申請に係る子についての子との面会その他の交流に関する事件若しくは」とあるのは「子との面会その他の交流に関する事件又は」と，「これらの」とあるのは「当該」と，第九条中「子の返還又は申請者」とあるのは「申請者」と読み替えるものとする。

第2款　外国面会交流援助

（外国面会交流援助申請）

第21条　日本国以外の条約締約国に所在している子であって，面会その他の交流をすることができなくなる直前に常居所を有していた国又は地域が条約締約国であるものについて，当該国又は地域の法令に基づき面会その他の交流をすることができる者（日本国内に住所又は居所を有しているものに限る。）は，当該子との面会その他の交流が妨げられていると思料する場合には，当該子との面会その他の交流を実現するための援助（以下「外国面会交流援助」という。）を外務大臣に申請することができる。

2　第十六条第二項及び第三項の規定は，外国面会交流援助の申請（以下「外国面会交

援助申請」という。）について準用する。

（外国面会交流援助の決定及び通知）

第22条　外務大臣は，外国面会交流援助申請があった場合には，次条第一項の規定によりこれを却下する場合を除き，外国面会交流援助の決定（以下「外国面会交流援助決定」という。）をし，遅滞なく，外国面会交流援助申請をした者（以下この款において「申請者」という。）にその旨を通知しなければならない。

2　外務大臣は，外国面会交流援助決定をした場合には，第二十四条に規定する措置をとるものとする。

3　外務大臣は，外国面会交流援助決定をした場合には，前項に規定するもののほか，必要に応じ，次に掲げる措置をとるものとする。

一　第二十五条において準用する第十五条に規定する措置

二　条約の実施のための日本国以外の条約締約国の中央当局との連絡

（外国面会交流援助申請の却下）

第23条　外務大臣は，外国面会交流援助申請が次の各号のいずれかに該当する場合には，当該外国面会交流援助申請を却下する。

一　外国面会交流援助申請において面会その他の交流を求められている子（以下この款において「申請に係る子」という。）が十六歳に達していること。

二　申請に係る子が所在している国又は地域が明らかでないこと。

三　申請に係る子が日本国又は条約締約国以外の国若しくは地域に所在していることが明らかであること。

四　申請に係る子の所在地及び申請者の住所又は居所が同一の条約締約国内にあることが明らかであること。

五　申請者が日本国内に住所又は居所を有していないことが明らかであること。

六　申請者が申請に係る子と面会その他の交流をすることができなくなる直前に申請に係る子が常居所を有していた国又は地域が条約締約国でないこと。

七　申請者が申請に係る子と面会その他の交流をすることができなくなる直前に申請に係る子が常居所を有していた国若しくは地域の法令に基づき申請者が申請に係る子と面会その他の交流をすることができないことが明らかであり，又は申請者の申請に係る子との面会その他の交流が妨げられていないことが明らかであること。

2　外務大臣は，前項の規定により外国面会交流援助申請を却下した場合には，申請者に

直ちにその旨及びその理由を通知しなければならない。

（外国面会交流援助申請に係る書類の写しの条約締約国の中央当局への送付）

第24条　外務大臣は，外国面会交流援助決定をした場合には，第二十一条第二項において準用する第十六条第二項の申請書及び同条第三項に規定する書類の写しを申請に係る子が所在している条約締約国の中央当局に遅滞なく送付しなければならない。

2　外務大臣は，前項の規定による送付をした場合には，申請者にその旨を通知しなければならない。

（外国面会交流援助に関する準用規定）

第25条　第十五条の規定は，外務大臣に対し外国面会交流援助申請があった場合について準用する。この場合において，同条第一項中「日本国への子の返還」とあるのは「申請に係る子についての子との面会その他の交流」と，「当該子の返還に係る子」とあるのは「申請に係る子」と読み替えるものとする。

第3章　子の返還に関する事件の手続等

第1節　返還事由等

（条約に基づく子の返還）

第26条　日本国への連れ去り又は日本国における留置により子についての監護の権利を侵害された者は，子を監護している者に対し，この法律の定めるところにより，常居所地国に子を返還することを命ずるよう家庭裁判所に申し立てることができる。

（子の返還事由）

第27条　裁判所は，子の返還の申立てが次の各号に掲げる事由のいずれにも該当すると認めるときは，子の返還を命じなければならない。

一　子が十六歳に達していないこと。

二　子が日本国内に所在していること。

三　常居所地国の法令によれば，当該連れ去り又は留置が申立人の有する子についての監護の権利を侵害するものであること。

四　当該連れ去りの時又は当該留置の開始の時に，常居所地国が条約締約国であったこと。

（子の返還拒否事由等）

第28条　裁判所は，前条の規定にかかわらず，次の各号に掲げる事由のいずれかがあると

認めるときは，子の返還を命じてはならない。ただし，第一号から第三号まで又は第五号に掲げる事由がある場合であっても，一切の事情を考慮して常居所地国に子を返還することが子の利益に資すると認めるときは，子の返還を命ずることができる。
一　子の返還の申立てが当該連れ去りの時又は当該留置の開始の時から一年を経過した後にされたものであり，かつ，子が新たな環境に適応していること。
二　申立人が当該連れ去りの時又は当該留置の開始の時に子に対して現実に監護の権利を行使していなかったこと（当該連れ去り又は留置がなければ申立人が子に対して現実に監護の権利を行使していたと認められる場合を除く。）。
三　申立人が当該連れ去りの前若しくは当該留置の開始の前にこれに同意し，又は当該連れ去りの後若しくは当該留置の開始の後にこれを承諾したこと。
四　常居所地国に子を返還することによって，子の心身に害悪を及ぼすことその他子を耐え難い状況に置くこととなる重大な危険があること。
五　子の年齢及び発達の程度に照らして子の意見を考慮することが適当である場合において，子が常居所地国に返還されることを拒んでいること。
六　常居所地国に子を返還することが日本国における人権及び基本的自由の保護に関する基本原則により認められないものであること。
2　裁判所は，前項第四号に掲げる事由の有無を判断するに当たっては，次に掲げる事情その他の一切の事情を考慮するものとする。
一　常居所地国において子が申立人から身体に対する暴力その他の心身に有害な影響を及ぼす言動（次号において「暴力等」という。）を受けるおそれの有無
二　相手方及び子が常居所地国に入国した場合に相手方が申立人から子に心理的外傷を与えることとなる暴力等を受けるおそれの有無
三　申立人又は相手方が常居所地国において子を監護することが困難な事情の有無
3　裁判所は，日本国において子の監護に関する裁判があったこと又は外国においてされた子の監護に関する裁判が日本国で効力を有する可能性があることのみを理由として，子の返還の申立てを却下する裁判をしてはならない。ただし，これらの子の監護に関する裁判の理由を子の返還の申立てについての裁判において考慮することを妨げない。

第2節　子の返還に関する事件の手続の通則
（子の返還に関する事件の手続）

第29条　子の返還に関する事件（第三十二条第一項に規定する子の返還申立事件，第百二十一条の規定による調査及び勧告の事件並びに第百二十三条第二項に規定する出国禁止命令事件をいう。以下同じ。）の手続については，他の法令に定めるもののほか，この法律の定めるところによる。

（裁判所及び当事者の責務）

第30条　裁判所は，子の返還に関する事件の手続が公正かつ迅速に行われるように努め，当事者は，信義に従い誠実に子の返還に関する事件の手続を追行しなければならない。

（最高裁判所規則）

第31条　この法律に定めるもののほか，子の返還に関する事件の手続に関し必要な事項は，最高裁判所規則で定める。

第3節　子の返還申立事件の手続
第1款　総則
第1目　管轄

（管轄）

第32条　子の返還申立事件（第二十六条の規定による子の返還の申立てに係る事件をいう。以下同じ。）は，次の各号に掲げる場合には，当該各号に定める家庭裁判所の管轄に属する。
　一　子の住所地（日本国内に子の住所がないとき，又は住所が知れないときは，その居所地。次号において同じ。）が東京高等裁判所，名古屋高等裁判所，仙台高等裁判所又は札幌高等裁判所の管轄区域内にある場合　東京家庭裁判所
　二　子の住所地が大阪高等裁判所，広島高等裁判所，福岡高等裁判所又は高松高等裁判所の管轄区域内にある場合　大阪家庭裁判所
2　子の返還申立事件は，日本国内に子の住所がない場合又は住所が知れない場合であって，日本国内に子の居所がないとき又は居所が知れないときは，東京家庭裁判所の管轄に属する。

（併合申立てによる管轄）

第33条　一の申立てにより数人の子についての子の返還を求める場合には，前条の規定により一人の子についての子の返還の申立てについて管轄権を有する家庭裁判所にその申立てをすることができる。

（管轄裁判所の指定）
第34条　管轄裁判所が法律上若しくは事実上裁判権を行うことができないとき，又は裁判所の管轄区域が明確でないため管轄裁判所が定まらないときは，最高裁判所は，申立てにより，管轄裁判所を定める。
　（管轄の標準時）
第35条　裁判所の管轄は，子の返還の申立てがあった時を標準として定める。
　（管轄の合意）
第36条　当事者は，第一審に限り，合意により第三十二条第一項各号に定める家庭裁判所の一を管轄裁判所と定めることができる。
2　前項の合意は，子の返還の申立てに関し，かつ，書面でしなければ，その効力を生じない。
3　第一項の合意がその内容を記録した電磁的記録（電子的方式，磁気的方式その他人の知覚によっては認識することができない方式で作られる記録であって，電子計算機による情報処理の用に供されるものをいう。）によってされたときは，その合意は，書面によってされたものとみなして，前項の規定を適用する。
　（移送等）
第37条　裁判所は，子の返還申立事件がその管轄に属しないと認めるときは，申立てにより又は職権で，これを管轄権を有する家庭裁判所に移送する。
2　家庭裁判所は，前項に規定する場合において，子の返還申立事件を処理するために特に必要があると認めるときは，職権で，当該子の返還申立事件の全部又は一部を管轄権を有する家庭裁判所以外の家庭裁判所（第三十二条第一項各号に定める家庭裁判所に限る。）に移送することができる。
3　第三十二条第一項各号に定める家庭裁判所は，第一項に規定する場合において，子の返還申立事件を処理するために特に必要があると認めるときは，職権で，当該子の返還申立事件の全部又は一部を自ら処理することができる。
4　家庭裁判所は，子の返還申立事件がその管轄に属する場合においても，当該子の返還申立事件を処理するために特に必要があると認めるときは，職権で，当該子の返還申立事件の全部又は一部を他の家庭裁判所（第三十二条第一項各号に定める家庭裁判所に限る。）に移送することができる。
5　第一項，第二項及び前項の規定による移送の裁判並びに第一項の申立てを却下する裁

判に対しては，即時抗告をすることができる。
6　前項の規定による移送の裁判に対する即時抗告は，執行停止の効力を有する。
7　民事訴訟法（平成八年法律第百九号）第二十二条の規定は，子の返還申立事件の移送の裁判について準用する。

第2目　裁判所職員の除斥及び忌避

（裁判官の除斥）

第38条　裁判官は，次に掲げる場合には，その職務の執行から除斥される。ただし，第六号に掲げる場合にあっては，他の裁判所の嘱託により受託裁判官としてその職務を行うことを妨げない。
　一　裁判官又はその配偶者若しくは配偶者であった者が，事件の当事者であるとき，又は当事者となる資格を有する者であるとき。
　二　裁判官が当事者又は子の四親等内の血族，三親等内の姻族若しくは同居の親族であるとき，又はあったとき。
　三　裁判官が当事者又は子の後見人，後見監督人，保佐人，保佐監督人，補助人又は補助監督人であるとき。
　四　裁判官が事件について証人若しくは鑑定人となったとき，又は審問を受けることとなったとき。
　五　裁判官が事件について当事者若しくは子の代理人若しくは補佐人であるとき，又はあったとき。
　六　裁判官が事件について仲裁判断に関与し，又は不服を申し立てられた前審の裁判に関与したとき。
2　前項に規定する除斥の原因があるときは，裁判所は，申立てにより又は職権で，除斥の裁判をする。

（裁判官の忌避）

第39条　裁判官について裁判の公正を妨げる事情があるときは，当事者は，その裁判官を忌避することができる。
2　当事者は，裁判官の面前において事件について陳述をしたときは，その裁判官を忌避することができない。ただし，忌避の原因があることを知らなかったとき，又は忌避の原因がその後に生じたときは，この限りでない。

（除斥又は忌避の裁判及び手続の停止）

第40条 合議体の構成員である裁判官及び家庭裁判所の一人の裁判官の除斥又は忌避については，その裁判官の所属する裁判所が裁判をする。

2　前項の裁判は，合議体でする。

3　裁判官は，その除斥又は忌避についての裁判に関与することができない。

4　除斥又は忌避の申立てがあったときは，その申立てについての裁判が確定するまで子の返還申立事件の手続を停止しなければならない。ただし，急速を要する行為については，この限りでない。

5　次に掲げる事由があるとして忌避の申立てを却下する裁判をするときは，第三項の規定は，適用しない。

一　子の返還申立事件の手続を遅滞させる目的のみでされたことが明らかなとき。

二　前条第二項の規定に違反するとき。

三　最高裁判所規則で定める手続に違反するとき。

6　前項の裁判は，第一項及び第二項の規定にかかわらず，忌避された受命裁判官等（受命裁判官，受託裁判官又は子の返還申立事件を取り扱う家庭裁判所の一人の裁判官をいう。次条第三項ただし書において同じ。）がすることができる。

7　第五項の裁判をした場合には，第四項本文の規定にかかわらず，子の返還申立事件の手続は，停止しない。

8　除斥又は忌避を理由があるとする裁判に対しては，不服を申し立てることができない。

9　除斥又は忌避の申立てを却下する裁判に対しては，即時抗告をすることができる。

（裁判所書記官の除斥及び忌避）

第41条 裁判所書記官の除斥及び忌避については，第三十八条，第三十九条並びに前条第三項，第五項，第八項及び第九項の規定を準用する。

2　裁判所書記官について除斥又は忌避の申立てがあったときは，その裁判所書記官は，その申立てについての裁判が確定するまでその申立てがあった子の返還申立事件に関与することができない。ただし，前項において準用する前条第五項各号に掲げる事由があるとして忌避の申立てを却下する裁判があったときは，この限りでない。

3　裁判所書記官の除斥又は忌避についての裁判は，裁判所書記官の所属する裁判所がする。ただし，前項ただし書の裁判は，受命裁判官等（受命裁判官又は受託裁判官にあっては，当該裁判官の手続に立ち会う裁判所書記官が忌避の申立てを受けたときに限る。）

がすることができる。
　（家庭裁判所調査官の除斥）
第42条　家庭裁判所調査官の除斥については，第三十八条並びに第四十条第二項，第八項及び第九項の規定（忌避に関する部分を除く。）を準用する。
2　家庭裁判所調査官について除斥の申立てがあったときは，その家庭裁判所調査官は，その申立てについての裁判が確定するまでその申立てがあった子の返還申立事件に関与することができない。
3　家庭裁判所調査官の除斥についての裁判は，家庭裁判所調査官の所属する裁判所がする。

第3目　当事者能力及び手続行為能力
　（当事者能力及び手続行為能力の原則等）
第43条　当事者能力，子の返還申立事件の手続における手続上の行為（以下「手続行為」という。）をすることができる能力（以下この項において「手続行為能力」という。），手続行為能力を欠く者の法定代理，手続行為をするのに必要な授権及び法定代理権の消滅については，民事訴訟法第二十八条，第二十九条，第三十三条，第三十四条第一項及び第二項並びに第三十六条第一項の規定を準用する。
2　未成年者及び成年被後見人は，法定代理人の同意を要することなく，又は法定代理人によらずに，自ら手続行為をすることができる。被保佐人又は被補助人について，保佐人若しくは保佐監督人又は補助人若しくは補助監督人の同意がない場合も，同様とする。
3　後見人が他の者がした子の返還の申立て又は抗告について手続行為をするには，後見監督人の同意を要しない。
4　後見人が次に掲げる手続行為をするには，後見監督人の同意がなければならない。
　一　子の返還の申立ての取下げ又は和解
　二　終局決定に対する即時抗告，第百八条第一項の抗告又は第百十一条第二項の申立ての取下げ
　三　第百四十四条の同意
　（未成年者又は成年被後見人の法定代理人）
第44条　親権を行う者又は後見人は，未成年者又は成年被後見人を代理して手続行為をすることができる。

（特別代理人）

第45条　裁判長は，未成年者又は成年被後見人について，法定代理人がない場合又は法定代理人が代理権を行うことができない場合において，子の返還申立事件の手続が遅滞することにより損害が生ずるおそれがあるときは，利害関係人の申立てにより又は職権で，特別代理人を選任することができる。

2　特別代理人の選任の裁判は，疎明に基づいてする。

3　裁判所は，いつでも特別代理人を改任することができる。

4　特別代理人が手続行為をするには，後見人と同一の授権がなければならない。

5　第一項の申立てを却下する裁判に対しては，即時抗告をすることができる。

（法人の代表者等への準用）

第46条　法人の代表者及び法人でない社団又は財団で当事者能力を有するものの代表者又は管理人については，この法律中法定代理及び法定代理人に関する規定を準用する。

第4目　参加

（当事者参加）

第47条　当事者となる資格を有する者は，当事者として子の返還申立事件の手続に参加することができる。

2　裁判所は，相当と認めるときは，当事者の申立てにより又は職権で，他の当事者となる資格を有する者を，当事者として子の返還申立事件の手続に参加させることができる。

3　第一項の規定による参加の申出及び前項の申立ては，参加の趣旨及び理由を記載した書面でしなければならない。

4　第一項の規定による参加の申出を却下する裁判に対しては，即時抗告をすることができる。

（子の参加）

第48条　子の返還申立事件において返還を求められている子は，子の返還申立事件の手続に参加することができる。

2　裁判所は，相当と認めるときは，職権で，返還を求められている子を，子の返還申立事件の手続に参加させることができる。

3　第一項の規定による参加の申出は，書面でしなければならない。

4　裁判所は，子の返還申立事件の手続に参加しようとする子の年齢及び発達の程度その

他一切の事情を考慮して当該子が当該手続に参加することが当該子の利益を害すると認めるときは，第一項の規定による参加の申出を却下しなければならない。
5 　第一項の規定による参加の申出を却下する裁判に対しては，即時抗告をすることができる。
6 　第一項又は第二項の規定により子の返還申立事件の手続に参加した子（以下単に「手続に参加した子」という。）は，当事者がすることができる手続行為（子の返還の申立ての取下げ及び変更並びに裁判に対する不服申立て及び裁判所書記官の処分に対する異議の取下げを除く。）をすることができる。ただし，裁判に対する不服申立て及び裁判所書記官の処分に対する異議の申立てについては，手続に参加した子が不服申立て又は異議の申立てに関するこの法律の他の規定によりすることができる場合に限る。

（手続からの排除）
第49条　裁判所は，当事者となる資格を有しない者及び当事者である資格を喪失した者を子の返還申立事件の手続から排除することができる。
2 　前項の規定による排除の裁判に対しては，即時抗告をすることができる。

第5目　手続代理人及び補佐人

（手続代理人の資格）
第50条　法令により裁判上の行為をすることができる代理人のほか，弁護士でなければ手続代理人となることができない。ただし，家庭裁判所においては，その許可を得て，弁護士でない者を手続代理人とすることができる。
2 　前項ただし書の許可は，いつでも取り消すことができる。

（裁判長による手続代理人の選任等）
第51条　未成年者，成年被後見人，被保佐人及び被補助人（以下この条において「未成年者等」という。）が手続行為をしようとする場合において，必要があると認めるときは，裁判長は，申立てにより，弁護士を手続代理人に選任することができる。
2 　未成年者等が前項の申立てをしない場合においても，裁判長は，弁護士を手続代理人に選任すべき旨を命じ，又は職権で弁護士を手続代理人に選任することができる。
3 　前二項の規定により裁判長が手続代理人に選任した弁護士に対し未成年者等が支払うべき報酬の額は，裁判所が相当と認める額とする。

（手続代理人の代理権の範囲）

第52条　手続代理人は，委任を受けた事件について，参加及び強制執行に関する行為をし，かつ，弁済を受領することができる。

2　手続代理人は，次に掲げる事項については，特別の委任を受けなければならない。

　一　子の返還の申立ての取下げ又は和解

　二　終局決定に対する即時抗告，第百八条第一項の抗告若しくは第百十一条第二項の申立て又はこれらの取下げ

　三　第百二十二条第三項に規定する出国禁止命令の申立て又はその取下げ

　四　第百四十四条の同意

　五　代理人の選任

3　手続代理人の代理権は，制限することができない。ただし，弁護士でない手続代理人については，この限りでない。

4　前三項の規定は，法令により裁判上の行為をすることができる代理人の権限を妨げない。

　（手続代理人及びその代理権に関する民事訴訟法の準用）

第53条　民事訴訟法第三十四条（第三項を除く。），第三十六条第一項及び第五十六条から第五十八条まで（同条第三項を除く。）の規定は，手続代理人及びその代理権について準用する。

　（補佐人）

第54条　子の返還申立事件の手続における補佐人については，民事訴訟法第六十条の規定を準用する。

第6目　手続費用

　（手続費用の負担）

第55条　子の返還申立事件の手続の費用（以下「手続費用」という。）は，各自の負担とする。

2　裁判所は，事情により，前項の規定によれば当事者及び手続に参加した子がそれぞれ負担すべき手続費用の全部又は一部を，その負担すべき者以外の当事者に負担させることができる。

　（手続費用の負担の裁判等）

第56条　裁判所は，事件を完結する裁判において，職権で，その審級における手続費用（裁

判所が第百四十四条の規定により事件を家事調停に付した場合にあっては，家事調停に関する手続の費用を含む。）の全部について，その負担の裁判をしなければならない。ただし，事情により，事件の一部又は中間の争いに関する裁判において，その費用についての負担の裁判をすることができる。
2 　上級の裁判所が本案の裁判を変更する場合には，手続の総費用（裁判所が第百四十四条の規定により事件を家事調停に付した場合にあっては，家事調停に関する手続の費用を含む。）について，その負担の裁判をしなければならない。事件の差戻し又は移送を受けた裁判所がその事件を完結する裁判をする場合も，同様とする。
3 　裁判所が第百四十四条の規定により事件を家事調停に付した場合において，調停が成立し，子の返還申立事件の手続費用の負担について特別の定めをしなかったときは，その費用は，各自が負担する。
　（手続費用の立替え）
第57条　事実の調査，証拠調べ，呼出し，告知その他の子の返還申立事件の手続に必要な行為に要する費用は，国庫において立て替えることができる。
　（手続費用に関する民事訴訟法の準用等）
第58条　民事訴訟法第六十八条から第七十四条までの規定（裁判所書記官の処分に対する異議の申立てについての決定に対する即時抗告に関する部分を除く。）は，手続費用の負担について準用する。この場合において，同法第七十三条第一項中「補助参加の申出の取下げ又は補助参加についての異議」とあるのは「国際的な子の奪取の民事上の側面に関する条約の実施に関する法律（平成二十五年法律第四十八号）第四十七条第一項又は第四十八条第一項の規定による参加の申出」と，同条第二項中「第六十一条から第六十六条まで及び」とあるのは「国際的な子の奪取の民事上の側面に関する条約の実施に関する法律第五十八条第一項において準用する」と読み替えるものとする。
2 　前項において準用する民事訴訟法第六十九条第三項の規定による即時抗告並びに同法第七十一条第四項（前項において準用する同法第七十二条後段において準用する場合を含む。），第七十三条第二項及び第七十四条第二項の異議の申立てについての裁判に対する即時抗告は，執行停止の効力を有する。
　（手続上の救助）
第59条　子の返還申立事件の手続の準備及び追行に必要な費用を支払う資力がない者又はその支払により生活に著しい支障を生ずる者に対しては，裁判所は，申立てにより，手

続上の救助の裁判をすることができる。ただし，救助を求める者が不当な目的で子の返還の申立てその他の手続行為をしていることが明らかなときは，この限りでない。
2　民事訴訟法第八十二条第二項及び第八十三条から第八十六条まで（同法第八十三条第一項第三号を除く。）の規定は，手続上の救助について準用する。この場合において，同法第八十四条中「第八十二条第一項本文」とあるのは，「国際的な子の奪取の民事上の側面に関する条約の実施に関する法律第五十九条第一項本文」と読み替えるものとする。

第7目　子の返還申立事件の審理等

（手続の非公開）
第60条　子の返還申立事件の手続は，公開しない。ただし，裁判所は，相当と認める者の傍聴を許すことができる。

（調書の作成等）
第61条　裁判所書記官は，子の返還申立事件の手続の期日について，調書を作成しなければならない。ただし，証拠調べの期日以外の期日については，裁判長においてその必要がないと認めるときは，その経過の要領を記録上明らかにすることをもって，これに代えることができる。

（記録の閲覧等）
第62条　当事者又は利害関係を疎明した第三者は，裁判所の許可を得て，裁判所書記官に対し，子の返還申立事件の記録の閲覧若しくは謄写，その正本，謄本若しくは抄本の交付（第四項第一号及び第六十九条第二項において「閲覧等」という。）又は子の返還申立事件に関する事項の証明書の交付を請求することができる。
2　前項の規定は，子の返還申立事件の記録中の録音テープ又はビデオテープ（これらに準ずる方法により一定の事項を記録した物を含む。）に関しては，適用しない。この場合において，当事者又は利害関係を疎明した第三者は，裁判所の許可を得て，裁判所書記官に対し，これらの物の複製を請求することができる。
3　裁判所は，当事者から前二項の規定による許可の申立てがあったときは，当該申立てに係る許可をしなければならない。
4　裁判所は，子の返還申立事件の記録中，第五条第四項（第二号に係る部分に限る。）の規定により外務大臣から提供を受けた相手方又は子の住所又は居所が記載され，又は

記録された部分（第一号及び第百四十九条第一項において「住所等表示部分」という。）については、前項の規定にかかわらず、同項の申立てに係る許可をしないものとする。ただし、次の各号のいずれかに該当するときは、この限りでない。

一　住所等表示部分の閲覧等又はその複製についての相手方の同意があるとき。

二　子の返還を命ずる終局決定が確定した後において、子の返還を命ずる終局決定に関する強制執行をするために必要があるとき。

5　裁判所は、子の返還申立事件において返還を求められている子の利益を害するおそれ、当事者若しくは第三者の私生活若しくは業務の平穏を害するおそれ又は当事者若しくは第三者の私生活についての重大な秘密が明らかにされることにより、その者が社会生活を営むのに著しい支障を生じ、若しくはその者の名誉を著しく害するおそれがあると認められるときは、第三項及び前項ただし書の規定にかかわらず、第三項の申立てに係る許可をしないことができる。事件の性質、審理の状況、記録の内容等に照らして当該当事者に同項の申立てに係る許可をすることを不適当とする特別の事情があると認められるときも、同様とする。

6　裁判所は、利害関係を疎明した第三者から第一項又は第二項の規定による許可の申立てがあった場合において、相当と認めるときは、当該申立てに係る許可をすることができる。

7　裁判書の正本、謄本若しくは抄本又は子の返還申立事件に関する事項の証明書については、当事者は、第一項の規定にかかわらず、裁判所の許可を得ないで、裁判所書記官に対し、その交付を請求することができる。

8　子の返還申立事件の記録の閲覧、謄写及び複製の請求は、子の返還申立事件の記録の保存又は裁判所の執務に支障があるときは、することができない。

9　第三項の申立てを却下した裁判に対しては、即時抗告をすることができる。

10　前項の規定による即時抗告が子の返還申立事件の手続を不当に遅滞させることを目的としてされたものであると認められるときは、原裁判所は、その即時抗告を却下しなければならない。

11　前項の規定による裁判に対しては、即時抗告をすることができる。

（期日及び期間）

第63条　子の返還申立事件の手続の期日は、職権で、裁判長が指定する。

2　子の返還申立事件の手続の期日は、やむを得ない場合に限り、日曜日その他の一般の

休日に指定することができる。
3 　子の返還申立事件の手続の期日の変更は，顕著な事由がある場合に限り，することができる。
4 　民事訴訟法第九十四条から第九十七条までの規定は，子の返還申立事件の手続の期日及び期間について準用する。

　（手続の併合等）
第64条　裁判所は，子の返還申立事件の手続を併合し，又は分離することができる。
2 　裁判所は，前項の規定による裁判を取り消すことができる。
3 　裁判所は，当事者を異にする子の返還申立事件についての手続の併合を命じた場合において，その前に尋問をした証人について，尋問の機会がなかった当事者が尋問の申出をしたときは，その尋問をしなければならない。

　（法令により手続を続行すべき者による受継）
第65条　当事者が子の返還申立事件の手続を続行することができない場合（当事者の死亡による場合を除く。）には，法令により手続を続行する資格のある者は，その手続を受け継がなければならない。
2 　法令により手続を続行する資格のある者が前項の規定による受継の申立てをした場合において，その申立てを却下する裁判がされたときは，当該裁判に対し，即時抗告をすることができる。
3 　第一項の場合には，裁判所は，他の当事者の申立てにより又は職権で，法令により手続を続行する資格のある者に子の返還申立事件の手続を受け継がせることができる。

　（他の申立権者等による受継）
第66条　子の返還申立事件の申立人の死亡によってその手続を続行することができない場合には，当該子の返還申立事件において申立人となることができる者は，その手続を受け継ぐことができる。
2 　前項の規定による受継の申立ては，子の返還申立事件の申立人が死亡した日から一月以内にしなければならない。
3 　子の返還申立事件の相手方の死亡によってその手続を続行することができない場合には，裁判所は，申立てにより又は職権で，相手方が死亡した日から三月以内に限り，相手方の死亡後に子を監護している者に，その手続を受け継がせることができる。

　（送達及び手続の中止）

第67条　送達及び子の返還申立事件の手続の中止については，民事訴訟法第一編第五章第四節及び第百三十条から第百三十二条まで（同条第一項を除く。）の規定を準用する。この場合において，同法第百十三条中「その訴訟の目的である請求又は防御の方法」とあるのは，「裁判を求める事項」と読み替えるものとする。

　（裁判所書記官の処分に対する異議）
第68条　裁判所書記官の処分に対する異議の申立てについては，その裁判所書記官の所属する裁判所が裁判をする。
2　前項の裁判に対しては，即時抗告をすることができる。

第8目　電子情報処理組織による申立て等
第69条　子の返還申立事件の手続における申立てその他の申述（次項において「申立て等」という。）については，民事訴訟法第百三十二条の十第一項から第五項までの規定（支払督促に関する部分を除く。）を準用する。
2　前項において準用する民事訴訟法第百三十二条の十第一項本文の規定によりされた申立て等に係る第六十二条第一項の規定による子の返還申立事件の記録の閲覧等は，同法第百三十二条の十第五項の書面をもってするものとする。当該申立て等に係る書類の送達又は送付も，同様とする。

第2款　第一審裁判所における子の返還申立事件の手続
第1目　子の返還の申立て
　（申立ての方式等）
第70条　子の返還の申立ては，申立書（以下「子の返還申立書」という。）を家庭裁判所に提出してしなければならない。
2　子の返還申立書には，次に掲げる事項を記載しなければならない。この場合において，第二号に掲げる申立ての趣旨は，返還を求める子及び子を返還すべき条約締約国を特定して記載しなければならない。
　一　当事者及び法定代理人
　二　申立ての趣旨
　三　子の返還申立事件の手続による旨
3　申立人は，一の申立てにより数人の子についての子の返還を求めることができる。

4　子の返還申立書が第二項の規定に違反する場合には，裁判長は，相当の期間を定め，その期間内に不備を補正すべきことを命じなければならない。民事訴訟費用等に関する法律（昭和四十六年法律第四十号）の規定に従い子の返還の申立ての手数料を納付しない場合も，同様とする。

5　前項の場合において，申立人が不備を補正しないときは，裁判長は，命令で，子の返還申立書を却下しなければならない。

6　前項の命令に対しては，即時抗告をすることができる。

（申立ての変更）

第71条　申立人は，申立ての基礎に変更がない限り，申立ての趣旨を変更することができる。ただし，第八十九条の規定により審理を終結した後は，この限りでない。

2　申立ての趣旨の変更は，子の返還申立事件の手続の期日においてする場合を除き，書面でしなければならない。

3　家庭裁判所は，申立ての趣旨の変更が不適法であるときは，その変更を許さない旨の裁判をしなければならない。

4　申立ての趣旨の変更により子の返還申立事件の手続が著しく遅滞することとなるときは，家庭裁判所は，その変更を許さない旨の裁判をすることができる。

（申立書の写しの送付等）

第72条　子の返還の申立てがあった場合には，家庭裁判所は，申立てが不適法であるとき又は申立てに理由がないことが明らかなときを除き，子の返還申立書の写しを相手方に送付しなければならない。

2　前項の規定による子の返還申立書の写しの送付は，公示送達の方法によっては，することができない。

3　第七十条第四項から第六項までの規定は，第一項の規定による子の返還申立書の写しの送付をすることができない場合について準用する。

4　裁判長は，第一項の規定による子の返還申立書の写しの送付の費用の予納を相当の期間を定めて申立人に命じた場合において，その予納がないときは，命令で，子の返還申立書を却下しなければならない。

5　前項の命令に対しては，即時抗告をすることができる。

第2目　子の返還申立事件の手続の期日

（裁判長の手続指揮権）

第73条 子の返還申立事件の手続の期日においては，裁判長が手続を指揮する。

2　裁判長は，発言を許し，又はその命令に従わない者の発言を禁止することができる。

3　当事者が子の返還申立事件の手続の期日における裁判長の指揮に関する命令に対し異議を述べたときは，家庭裁判所は，その異議について裁判をする。

（受命裁判官による手続）

第74条 家庭裁判所は，受命裁判官に子の返還申立事件の手続の期日における手続を行わせることができる。ただし，事実の調査及び証拠調べについては，第八十二条第三項の規定又は第八十六条第一項において準用する民事訴訟法第二編第四章第一節から第六節までの規定により受命裁判官が事実の調査又は証拠調べをすることができる場合に限る。

2　前項の場合においては，家庭裁判所及び裁判長の職務は，その裁判官が行う。

（音声の送受信による通話の方法による手続）

第75条 家庭裁判所は，当事者が遠隔の地に居住しているときその他相当と認めるときは，当事者の意見を聴いて，最高裁判所規則で定めるところにより，家庭裁判所及び当事者双方が音声の送受信により同時に通話をすることができる方法によって，子の返還申立事件の手続の期日における手続（証拠調べを除く。）を行うことができる。

2　子の返還申立事件の手続の期日に出頭しないで前項の手続に関与した者は，その期日に出頭したものとみなす。

（通訳人の立会い等その他の措置）

第76条 子の返還申立事件の手続の期日における通訳人の立会い等については民事訴訟法第百五十四条の規定を，子の返還申立事件の手続関係を明瞭にするために必要な陳述をすることができない当事者，手続に参加した子，代理人及び補佐人に対する措置については同法第百五十五条の規定を，それぞれ準用する。

第3目　事実の調査及び証拠調べ

（事実の調査及び証拠調べ等）

第77条 家庭裁判所は，職権で事実の調査をし，かつ，申立てにより又は職権で，必要と認める証拠調べをしなければならない。

2　申立人及び相手方は，それぞれ第二十七条に規定する事由（第二十八条第一項第二号

に規定する場合に関する事由を含む。）についての資料及び同項に規定する事由についての資料を提出するほか，事実の調査及び証拠調べに協力するものとする。

（疎明）

第78条　疎明は，即時に取り調べることができる資料によってしなければならない。

（家庭裁判所調査官による事実の調査）

第79条　家庭裁判所は，家庭裁判所調査官に事実の調査をさせることができる。

2　急迫の事情があるときは，裁判長が，家庭裁判所調査官に事実の調査をさせることができる。

3　家庭裁判所調査官は，事実の調査の結果を書面又は口頭で家庭裁判所に報告するものとする。

4　家庭裁判所調査官は，前項の規定による報告に意見を付することができる。

（家庭裁判所調査官の期日への立会い等）

第80条　家庭裁判所は，必要があると認めるときは，子の返還申立事件の手続の期日に家庭裁判所調査官を立ち会わせることができる。

2　家庭裁判所は，必要があると認めるときは，前項の規定により立ち会わせた家庭裁判所調査官に意見を述べさせることができる。

（裁判所技官による診断等）

第81条　家庭裁判所は，必要があると認めるときは，医師である裁判所技官に事件の関係人の心身の状況について診断をさせることができる。

2　第七十九条第二項から第四項までの規定は前項の診断について，前条の規定は裁判所技官の期日への立会い及び意見の陳述について，それぞれ準用する。

（事実の調査の嘱託等）

第82条　家庭裁判所は，他の家庭裁判所に事実の調査を嘱託することができる。

2　前項の規定による嘱託により職務を行う受託裁判官は，他の家庭裁判所において事実の調査をすることを相当と認めるときは，更に事実の調査の嘱託をすることができる。

3　家庭裁判所は，相当と認めるときは，受命裁判官に事実の調査をさせることができる。

4　前三項の規定により受託裁判官又は受命裁判官が事実の調査をする場合には，家庭裁判所及び裁判長の職務は，その裁判官が行う。

（調査の嘱託等）

第83条　家庭裁判所は，必要な調査を外務大臣に嘱託するほか，官庁，公署その他適当と

認める者に嘱託し，又は学校，保育所その他適当と認める者に対し子の心身の状態及び生活の状況その他の事項に関して必要な報告を求めることができる。

（事実の調査の通知）

第84条　家庭裁判所は，事実の調査をしたときは，特に必要がないと認める場合を除き，その旨を当事者及び手続に参加した子に通知しなければならない。

（陳述の聴取）

第85条　家庭裁判所は，子の返還の申立てが不適法であるとき又は申立てに理由がないことが明らかなときを除き，当事者の陳述を聴かなければならない。

2　家庭裁判所が審問の期日を開いて当事者の陳述を聴くことにより事実の調査をするときは，他の当事者は，当該期日に立ち会うことができる。ただし，当該他の当事者が当該期日に立ち会うことにより事実の調査に支障を生ずるおそれがあると認められるときは，この限りでない。

（証拠調べ）

第86条　子の返還申立事件の手続における証拠調べについては，民事訴訟法第二編第四章第一節から第六節までの規定（同法第百七十九条，第百八十二条，第百八十七条から第百八十九条まで及び第二百七条第二項の規定を除く。）を準用する。この場合において，同法第百八十五条第一項中「地方裁判所若しくは簡易裁判所」とあるのは「他の家庭裁判所」と，同条第二項中「地方裁判所又は簡易裁判所」とあるのは「家庭裁判所」と読み替えるものとする。

2　前項において準用する民事訴訟法の規定による即時抗告は，執行停止の効力を有する。

（不法を証する文書の提出）

第87条　家庭裁判所は，申立人が不法な連れ去り又は不法な留置があったことを証する文書を常居所地国において得ることができるときは，申立人に対し，当該文書を提出することを求めることができる。

第4目　子の返還申立事件の手続における子の意思の把握等

第88条　家庭裁判所は，子の返還申立事件の手続においては，子の陳述の聴取，家庭裁判所調査官による調査その他の適切な方法により，子の意思を把握するように努め，終局決定をするに当たり，子の年齢及び発達の程度に応じて，その意思を考慮しなければならない。

第5目　審理の終結等

（審理の終結）

第89条　家庭裁判所は，子の返還申立事件の手続においては，申立てが不適法であるとき又は申立てに理由がないことが明らかなときを除き，相当の猶予期間を置いて，審理を終結する日を定めなければならない。ただし，当事者双方が立ち会うことができる子の返還申立事件の手続の期日においては，直ちに審理を終結する旨を宣言することができる。

（裁判日）

第90条　家庭裁判所は，前条の規定により審理を終結したときは，裁判をする日を定めなければならない。

第6目　裁判

（裁判の方式）

第91条　家庭裁判所は，子の返還申立事件の手続においては，決定で，裁判をする。

（終局決定）

第92条　家庭裁判所は，子の返還申立事件が裁判をするのに熟したときは，終局決定をする。

2　家庭裁判所は，子の返還申立事件の一部が裁判をするのに熟したときは，その一部について終局決定をすることができる。手続の併合を命じた数個の子の返還申立事件中その一が裁判をするのに熟したときも，同様とする。

（終局決定の告知及び効力の発生等）

第93条　終局決定は，当事者及び子に対し，相当と認める方法で告知しなければならない。ただし，子（手続に参加した子を除く。）に対しては，子の年齢及び発達の程度その他一切の事情を考慮して子の利益を害すると認める場合は，この限りでない。

2　終局決定は，当事者に告知することによってその効力を生ずる。ただし，子の返還を命ずる終局決定は，確定しなければその効力を生じない。

3　終局決定は，即時抗告の期間の満了前には確定しないものとする。

4　終局決定の確定は，前項の期間内にした即時抗告の提起により，遮断される。

（終局決定の方式及び裁判書）

第94条　終局決定は，裁判書を作成してしなければならない。
2　終局決定の裁判書には，次に掲げる事項を記載しなければならない。
　一　主文
　二　理由
　三　当事者及び法定代理人
　四　裁判所
　（更正決定）
第95条　終局決定に誤記その他これに類する明白な誤りがあるときは，家庭裁判所は，申立てにより又は職権で，いつでも更正決定をすることができる。
2　更正決定は，裁判書を作成してしなければならない。
3　更正決定に対しては，更正後の終局決定が原決定であるとした場合に即時抗告をすることができる者に限り，即時抗告をすることができる。
4　第一項の申立てを不適法として却下する裁判に対しては，即時抗告をすることができる。
5　終局決定に対し適法な即時抗告があったときは，前二項の即時抗告は，することができない。
　（終局決定に関する民事訴訟法の準用）
第96条　民事訴訟法第二百四十七条，第二百五十六条第一項及び第二百五十八条（第二項後段を除く。）の規定は，終局決定について準用する。この場合において，同法第二百五十六条第一項中「言渡し後」とあるのは，「終局決定が告知を受ける者に最初に告知された日から」と読み替えるものとする。
　（中間決定）
第97条　家庭裁判所は，終局決定の前提となる法律関係の争いその他中間の争いについて，裁判をするのに熟したときは，中間決定をすることができる。
2　中間決定は，裁判書を作成してしなければならない。
　（終局決定以外の裁判）
第98条　終局決定以外の裁判は，これを受ける者に対し，相当と認める方法で告知しなければならない。
2　終局決定以外の裁判については，これを受ける者（数人あるときは，そのうちの一人）に告知することによってその効力を生ずる。

3　第九十二条から第九十六条まで（第九十三条第一項及び第二項並びに第九十四条第一項を除く。）の規定は，前項の裁判について準用する。この場合において，第九十四条第二項第二号中「理由」とあるのは，「理由の要旨」と読み替えるものとする。
4　子の返還申立事件の手続の指揮に関する裁判は，いつでも取り消すことができる。
5　終局決定以外の裁判は，判事補が単独ですることができる。

第7目　裁判によらない子の返還申立事件の終了
（子の返還の申立ての取下げ）
第99条　子の返還の申立ては，終局決定が確定するまで，その全部又は一部を取り下げることができる。ただし，申立ての取下げは，終局決定がされた後にあっては，相手方の同意を得なければ，その効力を生じない。
2　前項ただし書の規定により申立ての取下げについて相手方の同意を要する場合においては，家庭裁判所は，相手方に対し，申立ての取下げがあったことを通知しなければならない。ただし，申立ての取下げが子の返還申立事件の手続の期日において口頭でされた場合において，相手方がその期日に出頭したときは，この限りでない。
3　前項本文の規定による通知を受けた日から二週間以内に相手方が異議を述べないときは，申立ての取下げに同意したものとみなす。同項ただし書の規定による場合において，申立ての取下げがあった日から二週間以内に相手方が異議を述べないときも，同様とする。
4　民事訴訟法第二百六十一条第三項及び第二百六十二条第一項の規定は，申立ての取下げについて準用する。この場合において，同法第二百六十一条第三項ただし書中「口頭弁論，弁論準備手続又は和解の期日（以下この章において「口頭弁論等の期日」という。）」とあるのは，「子の返還申立事件の手続の期日」と読み替えるものとする。

（和解）
第100条　子の返還申立事件における和解については，民事訴訟法第八十九条，第二百六十四条及び第二百六十五条の規定を準用する。この場合において，同法第二百六十四条及び第二百六十五条第三項中「口頭弁論等」とあるのは，「子の返還申立事件の手続」と読み替えるものとする。
2　子の返還申立事件においては，子の監護に関する事項，夫婦間の協力扶助に関する事項及び婚姻費用の分担に関する事項についても，和解をすることができる。

3 次の各号に掲げる事項についての和解を調書に記載したときは，その記載は，当該各号に定める裁判と同一の効力を有する。
　一　子の返還　確定した子の返還を命ずる終局決定
　二　子の監護に関する事項，夫婦間の協力扶助に関する事項及び婚姻費用の分担に関する事項　確定した家事事件手続法（平成二十三年法律第五十二号）第三十九条の規定による審判
　三　その他の事項　確定判決

第3款　不服申立て
第1目　終局決定に対する即時抗告
（即時抗告をすることができる裁判）
第101条　当事者は，終局決定に対し，即時抗告をすることができる。
2　子は，子の返還を命ずる終局決定に対し，即時抗告をすることができる。
3　手続費用の負担の裁判に対しては，独立して即時抗告をすることができない。
（即時抗告期間）
第102条　終局決定に対する即時抗告は，二週間の不変期間内にしなければならない。ただし，その期間前に提起した即時抗告の効力を妨げない。
2　当事者又は手続に参加した子による即時抗告の期間は，即時抗告をする者が終局決定の告知を受けた日から進行する。
3　子（手続に参加した子を除く。）による即時抗告の期間は，当事者が終局決定の告知を受けた日（二以上あるときは，当該日のうち最も遅い日）から進行する。
（即時抗告の提起の方式等）
第103条　即時抗告は，抗告状を原裁判所に提出してしなければならない。
2　抗告状には，次に掲げる事項を記載しなければならない。
　一　当事者及び法定代理人
　二　原決定の表示及びその決定に対して即時抗告をする旨
3　即時抗告が不適法でその不備を補正することができないことが明らかであるときは，原裁判所は，これを却下しなければならない。
4　前項の規定による終局決定に対しては，即時抗告をすることができる。
5　前項の即時抗告は，一週間の不変期間内にしなければならない。ただし，その期間前

に提起した即時抗告の効力を妨げない。

6　第七十条第四項及び第五項の規定は，抗告状が第二項の規定に違反する場合及び民事訴訟費用等に関する法律の規定に従い即時抗告の提起の手数料を納付しない場合について準用する。

（抗告状の写しの送付等）

第104条　終局決定に対する即時抗告があった場合には，抗告裁判所は，即時抗告が不適法であるとき又は即時抗告に理由がないことが明らかなときを除き，原審における当事者及び手続に参加した子（抗告人を除く。）に対し，抗告状の写しを送付しなければならない。

2　裁判長は，前項の規定による抗告状の写しの送付の費用の予納を相当の期間を定めて抗告人に命じた場合において，その予納がないときは，命令で，抗告状を却下しなければならない。

（陳述の聴取）

第105条　抗告裁判所は，即時抗告が不適法であるとき又は即時抗告に理由がないことが明らかなときを除き，原審における当事者（抗告人を除く。）の陳述を聴かなければならない。

（抗告裁判所による裁判）

第106条　抗告裁判所は，即時抗告を理由があると認める場合には，自ら裁判をしなければならない。ただし，次条第三項において準用する民事訴訟法第三百七条又は第三百八条第一項の規定により事件を第一審裁判所に差し戻すときは，この限りでない。

（第一審の手続の規定及び民事訴訟法の準用等）

第107条　終局決定に対する即時抗告及びその抗告審に関する手続については，特別の定めがある場合を除き，前款の規定（第七十条第六項，第七十二条第二項及び第五項，第九十三条第三項及び第四項，第九十五条第三項から第五項まで並びに第九十八条第五項を除く。）を準用する。

2　抗告裁判所は，第百四条第一項の規定による抗告状の写しの送付をすることを要しないときは，前項において準用する第八十九条の規定による審理の終結の手続を経ることなく，即時抗告を却下し，又は棄却することができる。

3　民事訴訟法第二百八十三条，第二百八十四条，第二百九十二条，第二百九十八条第一項，第二百九十九条，第三百二条，第三百三条及び第三百五条から第三百九条までの規

定は，終局決定に対する即時抗告及びその抗告審に関する手続について準用する。この場合において，同法第二百九十二条第二項中「第二百六十一条第三項，第二百六十二条第一項及び第二百六十三条」とあるのは「国際的な子の奪取の民事上の側面に関する条約の実施に関する法律第九十九条第四項」と，同法第二百九十九条第二項中「第六条第一項各号」とあるのは「国際的な子の奪取の民事上の側面に関する条約の実施に関する法律第三十二条第一項各号」と，同法第三百三条第五項中「第百八十九条」とあるのは「国際的な子の奪取の民事上の側面に関する条約の実施に関する法律第百五十条」と読み替えるものとする。

第2目　終局決定に対する特別抗告

（特別抗告をすることができる裁判等）

第108条　高等裁判所の終局決定に対しては，その決定に憲法の解釈の誤りがあることその他憲法の違反があることを理由とするときに，最高裁判所に特に抗告をすることができる。

2　前項の抗告（以下「特別抗告」という。）が係属する抗告裁判所は，抗告状又は抗告理由書に記載された特別抗告の理由についてのみ調査をする。

（原裁判の執行停止）

第109条　特別抗告は，執行停止の効力を有しない。ただし，前条第二項の抗告裁判所又は原裁判所は，申立てにより，担保を立てさせて，又は立てさせないで，特別抗告について裁判があるまで，原裁判の執行の停止その他必要な処分を命ずることができる。

2　前項ただし書の規定により担保を立てる場合において，供託をするには，担保を立てるべきことを命じた裁判所の所在地を管轄する家庭裁判所の管轄区域内の供託所にしなければならない。

3　民事訴訟法第七十六条，第七十七条，第七十九条及び第八十条の規定は，前項の担保について準用する。

（即時抗告の規定及び民事訴訟法の準用）

第110条　第百二条第二項及び第三項，第百三条（第四項及び第五項を除く。），第百四条，第百五条並びに第百七条の規定は，特別抗告及びその抗告審に関する手続について準用する。

2　民事訴訟法第三百十四条第二項，第三百十五条，第三百十六条第一項（第二号に係る

部分に限る。),第三百二十一条第一項,第三百二十二条,第三百二十五条第一項前段,第二項,第三項後段及び第四項,第三百二十六条並びに第三百三十六条第二項の規定は,特別抗告及びその抗告審に関する手続について準用する。この場合において,同法第三百二十四条第二項中「前条において準用する第二百八十八条及び第二百八十九条第二項」とあるのは「国際的な子の奪取の民事上の側面に関する条約の実施に関する法律第百十条第一項において準用する同法第百三条第六項」と,同法第三百二十二条中「前二条」とあるのは「国際的な子の奪取の民事上の側面に関する条約の実施に関する法律第百八条第二項の規定及び同法第百十条第二項において準用する第三百二十一条第一項」と,同法第三百二十五条第一項前段及び第二項中「第三百十二条第一項又は第二項」とあるのは「国際的な子の奪取の民事上の側面に関する条約の実施に関する法律第百八条第一項」と,同条第三項後段中「この場合」とあるのは「差戻し又は移送を受けた裁判所が裁判をする場合」と,同条第四項中「前項」とあるのは「差戻し又は移送を受けた裁判所」と読み替えるものとする。

第3目　終局決定に対する許可抗告

（許可抗告をすることができる裁判等）

第111条　高等裁判所の終局決定（次項の申立てについての決定を除く。）に対しては,第百八条第一項の規定による場合のほか,その高等裁判所が次項の規定により許可したときに限り,最高裁判所に特に抗告をすることができる。

2　前項の高等裁判所は,同項の終局決定について,最高裁判所の判例（これがない場合にあっては,大審院又は上告裁判所若しくは抗告裁判所である高等裁判所の判例）と相反する判断がある場合その他の法令の解釈に関する重要な事項を含むと認められる場合には,申立てにより,抗告を許可しなければならない。

3　前項の申立てにおいては,第百八条第一項に規定する事由を理由とすることはできない。

4　第二項の規定による許可があった場合には,第一項の抗告（以下この条及び次条第一項において「許可抗告」という。）があったものとみなす。

5　許可抗告が係属する抗告裁判所は,第二項の規定による許可の申立書又は同項の申立てに係る理由書に記載された許可抗告の理由についてのみ調査をする。

6　許可抗告が係属する抗告裁判所は,終局決定に影響を及ぼすことが明らかな法令の違

反があるときは，原決定を破棄することができる。

（即時抗告等の規定及び民事訴訟法の準用）

第112条　第百二条第二項及び第三項，第百三条（第四項及び第五項を除く。），第百四条，第百五条，第百七条並びに第百九条の規定は，許可抗告及びその抗告審に関する手続について準用する。この場合において，第百二条第二項及び第三項，第百三条第一項，第二項第二号及び第三項，第百四条第一項並びに第百五条中「即時抗告」とあり，第百三条第六項中「即時抗告の提起」とあり，並びに第百九条第一項本文中「特別抗告」とあるのは「第百十一条第二項の申立て」と，第百三条第一項，第二項及び第六項，第百四条並びに第百七条第二項中「抗告状」とあるのは「第百十一条第二項の規定による許可の申立書」と，同条中「即時抗告」とあり，及び第百九条第一項ただし書中「特別抗告」とあるのは「第百十一条第四項に規定する許可抗告」と読み替えるものとする。

2　民事訴訟法第三百十五条及び第三百三十六条第二項の規定は前条第二項の申立てについて，同法第三百三十八条第三項の規定は前条第二項の規定による許可をする場合について，同法第三百三十八条第四項後段，第三百二十一条第一項，第三百二十二条，第三百二十五条第一項前段，第二項，第三項後段及び第四項並びに第三百二十六条の規定は前条第二項の規定による許可があった場合について，それぞれ準用する。この場合において，同法第三百三十八条第四項後段中「第三百二十条」とあるのは「国際的な子の奪取の民事上の側面に関する条約の実施に関する法律第百十一条第五項」と，同法第三百二十二条中「前二条」とあるのは「国際的な子の奪取の民事上の側面に関する条約の実施に関する法律第百十一条第五項の規定及び同法第百十二条第二項において準用する第三百二十一条第一項」と，同法第三百二十五条第一項前段及び第二項中「第三百十二条第一項又は第二項」とあるのは「国際的な子の奪取の民事上の側面に関する条約の実施に関する法律第百十一条第二項」と，同条第三項後段中「この場合」とあるのは「差戻し又は移送を受けた裁判所が裁判をする場合」と，同条第四項中「前項」とあるのは「差戻し又は移送を受けた裁判所」と読み替えるものとする。

第4目　終局決定以外の裁判に対する不服申立て

（不服申立ての対象）

第113条　終局決定以外の裁判に対しては，特別の定めがある場合に限り，即時抗告をすることができる。

（受命裁判官又は受託裁判官の裁判に対する異議）

第114条　受命裁判官又は受託裁判官の裁判に対して不服がある当事者は、子の返還申立事件が係属している裁判所に異議の申立てをすることができる。ただし、その裁判が家庭裁判所の裁判であるとした場合に即時抗告をすることができるものであるときに限る。

2　前項の異議の申立てについての裁判に対しては、即時抗告をすることができる。

（即時抗告期間等）

第115条　終局決定以外の裁判に対する即時抗告は、一週間の不変期間内にしなければならない。ただし、その期間前に提起した即時抗告の効力を妨げない。

2　前項の即時抗告は、特別の定めがある場合を除き、執行停止の効力を有しない。ただし、抗告裁判所又は原裁判所は、申立てにより、担保を立てさせて、又は立てさせないで、即時抗告について裁判があるまで、原裁判の執行の停止その他必要な処分を命ずることができる。

3　第百九条第二項及び第三項の規定は、前項ただし書の規定により担保を立てる場合における供託及び担保について準用する。

4　原裁判をした裁判所、裁判官又は裁判長は、即時抗告を理由があると認めるときは、その裁判を更正しなければならない。

（終局決定に対する不服申立ての規定の準用等）

第116条　前三目の規定（第百一条第一項及び第二項、第百二条第一項並びに同条第三項、第百四条及び第百五条（これらの規定を第百十二条第一項において準用する場合を含む。）並びに第百十条の規定を除く。）は、裁判所、裁判官又は裁判長がした終局決定以外の裁判に対する不服申立てについて準用する。この場合において、第百八条第一項中「高等裁判所の終局決定」とあるのは「家庭裁判所の終局決定以外の裁判で不服を申し立てることができないもの及び高等裁判所の終局決定以外の裁判」と、第百十一条第一項中「できる」とあるのは「できる。ただし、その決定が家庭裁判所の決定であるとした場合に即時抗告をすることができるものであるときに限る」と読み替えるものとする。

2　第百二条第二項及び第三項、第百三条並びに第百七条の規定は、裁判所、裁判官又は裁判長がした終局決定以外の裁判に対する特別抗告及びその抗告審に関する手続について準用する。この場合において、第百三条第六項中「及び第五項」とあるのは、「から

第六項まで」と読み替えるものとする。
3 　民事訴訟法第三百十四条第二項，第三百十五条，第三百十六条（第一項第一号を除く。），第三百二十一条第一項，第三百二十二条，第三百二十五条第一項前段，第二項，第三項後段及び第四項，第三百二十六条並びに第三百三十六条第二項の規定は，裁判所，裁判官又は裁判長がした終局決定以外の裁判に対する特別抗告及びその抗告審に関する手続について準用する。この場合において，同法第三百十四条第二項中「前条において準用する第二百八十八条及び第二百八十九条第二項」とあるのは「国際的な子の奪取の民事上の側面に関する条約の実施に関する法律第百十六条第二項において読み替えて準用する同法第百三条第六項」と，同法第三百十六条第二項中「対しては」とあるのは「対しては，一週間の不変期間内に」と，同法第三百二十二条中「前二条」とあるのは「国際的な子の奪取の民事上の側面に関する条約の実施に関する法律第百十六条第一項において準用する同法第百八条第二項の規定及び同法第百十六条第三項において準用する第三百二十一条第一項」と，同法第三百二十五条第一項前段及び第二項中「第三百十二条第一項又は第二項」とあるのは「国際的な子の奪取の民事上の側面に関する条約の実施に関する法律第百十六条第一項において読み替えて準用する同法第百八条第一項」と，同条第三項後段中「この場合」とあるのは「差戻し又は移送を受けた裁判所が裁判をする場合」と，同条第四項中「前項」とあるのは「差戻し又は移送を受けた裁判所」と読み替えるものとする。

第4款　終局決定の変更

（終局決定の変更）
第117条　子の返還を命ずる終局決定をした裁判所（その決定に対して即時抗告があった場合において，抗告裁判所が当該即時抗告を棄却する終局決定（第百七条第二項の規定による決定を除く。以下この項において同じ。）をしたときは，当該抗告裁判所）は，子の返還を命ずる終局決定が確定した後に，事情の変更によりその決定を維持することを不当と認めるに至ったときは，当事者の申立てにより，その決定（当該抗告裁判所が当該即時抗告を棄却する終局決定をした場合にあっては，当該終局決定）を変更することができる。ただし，子が常居所地国に返還された後は，この限りでない。
2 　前項の規定による終局決定の変更の申立書には，次に掲げる事項を記載しなければならない。

一　当事者及び法定代理人
二　変更を求める終局決定の表示及びその決定に対して変更を求める旨
三　終局決定の変更を求める理由
3　裁判所は，第一項の規定により終局決定を変更するときは，当事者（同項の申立てをした者を除く。）の陳述を聴かなければならない。
4　第一項の申立てを却下する終局決定に対しては，当該申立てをした者は，即時抗告をすることができる。
5　第一項の規定により終局決定を変更する決定に対しては，即時抗告をすることができる。
6　前各項に規定するもののほか，第一項の規定による終局決定の変更の手続には，その性質に反しない限り，各審級における手続に関する規定を準用する。

（執行停止の裁判）
第118条　裁判所は，前条第一項の申立てがあった場合において，同項の規定による変更の理由として主張した事情が法律上理由があるとみえ，かつ，事実上の点につき疎明があったときは，申立てにより，担保を立てさせて，若しくは立てさせないで強制執行の一時の停止を命じ，又は担保を立てさせて既にした執行処分の取消しを命ずることができる。
2　前項の規定による申立てについての裁判に対しては，不服を申し立てることができない。
3　第百九条第二項及び第三項の規定は，第一項の規定により担保を立てる場合における供託及び担保について準用する。

第5款　再審

（再審）
第119条　確定した終局決定その他の裁判（事件を完結するものに限る。第五項において同じ。）に対しては，再審の申立てをすることができる。
2　再審の手続には，その性質に反しない限り，各審級における手続に関する規定を準用する。
3　民事訴訟法第四編の規定（同法第三百四十一条及び第三百四十九条の規定を除く。）は，第一項の再審の申立て及びこれに関する手続について準用する。この場合において，

同法第三百四十八条第一項中「不服申立ての限度で，本案の審理及び裁判をする」とあるのは，「本案の審理及び裁判をする」と読み替えるものとする。

4　前項において準用する民事訴訟法第三百四十六条第一項の再審開始の決定に対する即時抗告は，執行停止の効力を有する。

5　第三項において準用する民事訴訟法第三百四十八条第二項の規定により終局決定その他の裁判に対する再審の申立てを棄却する決定に対しては，当該終局決定その他の裁判に対し即時抗告をすることができる者に限り，即時抗告をすることができる。

（執行停止の裁判）

第120条　裁判所は，前条第一項の再審の申立てがあった場合において，不服の理由として主張した事情が法律上理由があるとみえ，事実上の点につき疎明があり，かつ，執行により償うことができない損害が生ずるおそれがあることにつき疎明があったときは，申立てにより，担保を立てさせて，若しくは立てさせないで強制執行の一時の停止を命じ，又は担保を立てさせて既にした執行処分の取消しを命ずることができる。

2　前項の規定による申立てについての裁判に対しては，不服を申し立てることができない。

3　第百九条第二項及び第三項の規定は，第一項の規定により担保を立てる場合における供託及び担保について準用する。

第4節　義務の履行状況の調査及び履行の勧告

第121条　子の返還を命ずる終局決定をした家庭裁判所（抗告裁判所が子の返還を命ずる終局決定をした場合にあっては，第一審裁判所である家庭裁判所。以下同じ。）は，権利者の申出があるときは，子の返還の義務の履行状況を調査し，義務者に対し，その義務の履行を勧告することができる。

2　子の返還を命ずる終局決定をした家庭裁判所は，前項の規定による調査及び勧告を他の家庭裁判所に嘱託することができる。

3　子の返還を命ずる終局決定をした家庭裁判所並びに前項の規定により調査及び勧告の嘱託を受けた家庭裁判所（次項及び第五項においてこれらの家庭裁判所を「調査及び勧告をする家庭裁判所」という。）は，家庭裁判所調査官に第一項の規定による調査及び勧告をさせることができる。

4　調査及び勧告をする家庭裁判所は，第一項の規定による調査及び勧告に必要な調査を

外務大臣に嘱託するほか，官庁，公署その他適当と認める者に嘱託し，又は学校，保育所その他適当と認める者に対し子の生活の状況その他の事項に関して必要な報告を求めることができる。

5　調査及び勧告をする家庭裁判所は，第一項の規定による調査及び勧告の事件の関係人から当該事件の記録の閲覧，謄写若しくは複製，その正本，謄本若しくは抄本の交付又は当該事件に関する事項の証明書の交付の請求があった場合において，相当と認めるときは，これを許可することができる。

6　第一項の規定による調査及び勧告の手続には，その性質に反しない限り，前節第一款の規定を準用する。

7　前各項の規定は，和解によって定められた義務の履行について準用する。

第5節　出国禁止命令

（出国禁止命令）

第122条　子の返還申立事件が係属する家庭裁判所は，子の返還申立事件の当事者が子を日本国外に出国させるおそれがあるときは，子の返還申立事件の一方の当事者の申立てにより，他方の当事者に対し，子を出国させてはならないことを命ずることができる。

2　家庭裁判所は，前項の規定による申立てに係る事件の相手方が子が名義人となっている旅券を所持すると認めるときは，申立てにより，同項の規定による裁判において，当該旅券の外務大臣への提出を命じなければならない。

3　子の返還申立事件が高等裁判所に係属する場合には，その高等裁判所が，前二項の規定による裁判（以下「出国禁止命令」という。）をする。

4　出国禁止命令は，子の返還の申立てについての終局決定の確定により，その効力を失う。

（出国禁止命令の申立て等）

第123条　出国禁止命令の申立ては，その趣旨及び出国禁止命令を求める事由を明らかにしてしなければならない。

2　出国禁止命令を求める事由については，出国禁止命令の申立てに係る事件（以下「出国禁止命令事件」という。）の申立人が資料を提出しなければならない。

3　前条第二項の規定による裁判の申立ては，出国禁止命令があるまで，取り下げることができる。

4 民事訴訟法第二百六十一条第三項及び第二百六十二条第一項の規定は，出国禁止命令の申立ての取下げについて準用する。この場合において，同法第二百六十一条第三項ただし書中「口頭弁論，弁論準備手続又は和解の期日（以下この章において「口頭弁論等の期日」という。）」とあるのは，「国際的な子の奪取の民事上の側面に関する条約の実施に関する法律第百二十三条第二項に規定する出国禁止命令事件の手続の期日」と読み替えるものとする。

（陳述の聴取）

第124条 出国禁止命令は，出国禁止命令事件の相手方の陳述を聴かなければ，することができない。ただし，その陳述を聴く手続を経ることにより出国禁止命令の目的を達することができない事情があるときは，この限りでない。

（記録の閲覧等）

第125条 裁判所は，第百三十三条において準用する第六十二条第三項の規定にかかわらず，出国禁止命令事件について，出国禁止命令事件の当事者から同条第一項又は第二項の規定による許可の申立てがあった場合には，出国禁止命令事件の相手方に対し，出国禁止命令事件が係属したことを通知し，又は出国禁止命令を告知するまでは，相当と認めるときに限り，これを許可することができる。

（出国禁止命令の告知及び効力）

第126条 出国禁止命令の申立てについての裁判は，出国禁止命令事件の当事者に対し，相当と認める方法で告知しなければならない。

2 出国禁止命令は，出国禁止命令事件の相手方に告知することによってその効力を生じ，出国禁止命令の申立てを却下する裁判は，出国禁止命令事件の申立人に告知することによってその効力を生ずる。

（即時抗告）

第127条 出国禁止命令事件の当事者は，出国禁止命令の申立てについての裁判に対し，即時抗告をすることができる。

（即時抗告に伴う執行停止）

第128条 前条の規定により即時抗告が提起された場合において，原裁判の取消しの原因となることが明らかな事情及び原裁判の執行により償うことができない損害を生ずるおそれがあることについて疎明があったときは，抗告裁判所は，申立てにより，即時抗告についての裁判が効力を生ずるまでの間，担保を立てさせて，若しくは担保を立てるこ

とを条件として，又は担保を立てさせないで原裁判の執行の停止を命ずることができる。出国禁止命令事件の記録が家庭裁判所に存する間は，家庭裁判所も，この処分を命ずることができる。

2　第百二十三条第二項の規定は前項の申立てについて，第百九条第二項及び第三項の規定は前項の規定により担保を立てる場合における供託及び担保について，それぞれ準用する。

　　（出国禁止命令の取消し）
第129条　第百二十二条第一項の規定による裁判が確定した後に，当該裁判を求める事由の消滅その他の事情の変更があるときは，子の返還申立事件が係属する裁判所は，当該裁判を受けた者の申立てにより，当該裁判の取消しの裁判をすることができる。

2　裁判所が，第百二十二条第一項の規定による裁判を取り消す場合において，同条第二項の規定による裁判がされているときは，裁判所は，当該裁判をも取り消さなければならない。

3　第百二十三条及び前三条の規定は，第一項の申立て及び当該申立てについての裁判について準用する。

　　（調書の作成）
第130条　裁判所書記官は，出国禁止命令事件及び前条第一項の規定による申立てに係る事件（第百三十三条において「出国禁止命令取消事件」という。）の手続の期日について，調書を作成しなければならない。ただし，裁判長においてその必要がないと認めるときは，この限りでない。

　　（外務大臣による旅券の保管）
第131条　外務大臣は，第百二十二条第二項の規定による裁判を受けた者から当該裁判に係る旅券の提出を受けたときは，当該旅券を保管しなければならない。

2　外務大臣は，出国禁止命令が効力を失ったときは，前項の旅券の提出を行った者の求めにより，当該旅券を返還しなければならない。

　　（過料の裁判）
第132条　第百二十二条第二項の規定による裁判を受けた者が当該裁判に従わないときは，裁判所は，二十万円以下の過料に処する。

　　（子の返還申立事件の手続規定の準用）
第133条　出国禁止命令事件及び出国禁止命令取消事件の手続については，特別の定めが

ある場合を除き，第三節第一款から第三款まで及び第五款（第七十二条，第八十四条，第八十五条，第八十七条，第八十九条，第九十条，第九十九条及び第百条を除く。）の規定を準用する。この場合において，第九十四条第二項第二号中「理由」とあるのは，「理由の要旨」と読み替えるものとする。

第4章 子の返還の執行手続に関する民事執行法の特則

（子の返還の強制執行）

第134条 子の返還の強制執行は，民事執行法（昭和五十四年法律第四号）第百七十一条第一項の規定により執行裁判所が第三者に子の返還を実施させる決定をする方法により行うほか，同法第百七十二条第一項に規定する方法により行う。

2 前項の強制執行は，確定した子の返還を命ずる終局決定（確定した子の返還を命ずる終局決定と同一の効力を有するものを含む。）の正本に基づいて実施する。

（子の年齢による子の返還の強制執行の制限）

第135条 子が十六歳に達した場合には，民事執行法第百七十一条第一項の規定による子の返還の強制執行（同項の規定による決定に基づく子の返還の実施を含む。以下「子の返還の代替執行」という。）は，することができない。

2 民事執行法第百七十二条第一項に規定する方法による子の返還の強制執行の手続において，執行裁判所は，子が十六歳に達した日の翌日以降に子を返還しないことを理由として，同項の規定による金銭の支払を命じてはならない。

（間接強制の前置）

第136条 子の返還の代替執行の申立ては，民事執行法第百七十二条第一項の規定による決定が確定した日から二週間を経過した後（当該決定において定められた債務を履行すべき一定の期間の経過がこれより後である場合は，その期間を経過した後）でなければすることができない。

（子の返還の代替執行の申立て）

第137条 子の返還の代替執行の申立ては，債務者に代わって常居所地国に子を返還する者（以下「返還実施者」という。）となるべき者を特定してしなければならない。

（子の返還を実施させる決定）

第138条 第百三十四条第一項の決定は，債務者による子の監護を解くために必要な行為をする者として執行官を指定し，かつ，返還実施者を指定してしなければならない。

（子の返還の代替執行の申立ての却下）

第139条　執行裁判所は，第百三十七条の返還実施者となるべき者を前条の規定により返還実施者として指定することが子の利益に照らして相当でないと認めるときは，第百三十七条の申立てを却下しなければならない。

（執行官の権限）

第140条　執行官は，債務者による子の監護を解くために必要な行為として，債務者に対し説得を行うほか，債務者の住居その他債務者の占有する場所において，次に掲げる行為をすることができる。

一　債務者の住居その他債務者の占有する場所に立ち入り，その場所において子を捜索すること。この場合において，必要があるときは，閉鎖した戸を開くため必要な処分をすること。

二　返還実施者と子を面会させ，又は返還実施者と債務者を面会させること。

三　債務者の住居その他債務者の占有する場所に返還実施者を立ち入らせること。

2　執行官は，前項に規定する場所以外の場所においても，子の心身に及ぼす影響，当該場所及びその周囲の状況その他の事情を考慮して相当と認めるときは，子の監護を解くために必要な行為として，債務者に対し説得を行うほか，当該場所を占有する者の同意を得て，同項各号に掲げる行為をすることができる。

3　前二項の規定による子の監護を解くために必要な行為は，子が債務者と共にいる場合に限り，することができる。

4　執行官は，第一項又は第二項の規定による子の監護を解くために必要な行為をするに際し抵抗を受けるときは，その抵抗を排除するために，威力を用い，又は警察上の援助を求めることができる。

5　執行官は，前項の規定にかかわらず，子に対して威力を用いることはできない。子以外の者に対して威力を用いることが子の心身に有害な影響を及ぼすおそれがある場合においては，当該子以外の者についても，同様とする。

6　執行官は，第一項又は第二項の規定による子の監護を解くために必要な行為をするに際し，返還実施者に対し，必要な指示をすることができる。

（返還実施者の権限）

第141条　返還実施者は，常居所地国に子を返還するために，子の監護その他の必要な行為をすることができる。

2　子の返還の代替執行の手続については，民事執行法第百七十一条第六項の規定は，適用しない。

（外務大臣の協力）
第142条　外務大臣は，子の返還の代替執行に関し，立会いその他の必要な協力をすることができる。

（執行事件の記録の閲覧等）
第143条　子の返還の強制執行に係る事件の記録の閲覧，謄写若しくは複製，その正本，謄本若しくは抄本の交付又は当該事件に関する事項の証明書の交付の請求については，第六十二条の規定を準用する。

第5章　家事事件の手続に関する特則
第1節　子の返還申立事件に係る家事調停の手続等
（付調停）
第144条　家庭裁判所及び高等裁判所は，当事者の同意を得て，いつでも，職権で，子の返還申立事件を家事調停に付することができる。

（家事事件手続法の特則）
第145条　裁判所は，前条の規定により事件を家事調停に付する場合においては，家事調停事件を自ら処理しなければならない。ただし，家事調停事件を処理するために特に必要があると認めるときは，事件を当該裁判所以外の家庭裁判所（第三十二条第一項各号に定める家庭裁判所に限る。）に処理させることができる。

2　第四十三条第二項の規定は，前条の規定により事件を家事調停に付した場合の家事調停事件の手続における手続上の行為をすることができる能力について準用する。

3　前条の規定により事件を家事調停に付した場合において，当事者間に子の返還の合意が成立し，これを調書に記載したときは，調停が成立したものとし，子の返還の合意に係る記載部分は，家事事件手続法第二百六十八条第一項の規定にかかわらず，確定した子の返還を命ずる終局決定と同一の効力を有する。

4　前条の規定により事件を家事調停に付した場合の家事調停事件の手続においてされた家事事件手続法第二百八十四条第一項の規定による審判（同法第二百七十四条第五項の規定により読み替えて適用される同法第二百八十四条第一項の規定による調停に代わる審判に代わる裁判を含む。以下この項及び第百四十七条において「調停に代わる審判」

という．）について，同法第二百八十六条第一項の規定による異議の申立てがないとき，又は異議の申立てを却下する審判（同法第二百七十四条第五項の規定により読み替えて適用される同法第二百八十七条に規定する異議の申立てを却下する審判に代わる裁判を含む．）が確定したときは，当該調停に代わる審判のうち子の返還を命ずる部分は，同法第二百八十七条の規定にかかわらず，確定した子の返還を命ずる終局決定と同一の効力を有する．

（子の返還申立事件の手続の中止）

第146条　裁判所が第百四十四条の規定により事件を家事調停に付したときは，当該裁判所は，家事調停事件が終了するまで子の返還申立事件の手続を中止することができる．

（子の返還の申立ての取下げの擬制）

第147条　裁判所が第百四十四条の規定により事件を家事調停に付した場合において，調停が成立し，又は調停に代わる審判が確定したときは，子の返還申立事件について申立ての取下げがあったものとみなす．

第2節　面会その他の交流についての家事審判及び家事調停の手続等に関する特則

（管轄の特則）

第148条　外国返還援助決定若しくは日本国面会交流援助決定を受けた者又は子の返還の申立てをした者が，子との面会その他の交流の定めをすること又はその変更を求める家事審判又は家事調停の申立てをする場合において，次の各号に掲げるときには，当該各号に定める家庭裁判所にも，これらの申立てをすることができる．

一　子の住所地（日本国内に子の住所がないとき，又は住所が知れないときは，その居所地．次号において同じ．）が東京高等裁判所，名古屋高等裁判所，仙台高等裁判所又は札幌高等裁判所の管轄区域内にあるとき　東京家庭裁判所

二　子の住所地が大阪高等裁判所，広島高等裁判所，福岡高等裁判所又は高松高等裁判所の管轄区域内にあるとき　大阪家庭裁判所

2　前項の申立てに係る審判事件及び調停事件は，日本国内に子の住所がない場合又は住所が知れない場合であって，日本国内に子の居所がないとき又は居所が知れないときは，東京家庭裁判所の管轄に属する．

（記録の閲覧等の特則）

第149条　子との面会その他の交流の定めをすること又はその変更を求める家事審判の申

立てに係る事件の記録中に住所等表示部分がある場合には，裁判所は，当該住所等表示部分については，家事事件手続法第四十七条第三項の規定にかかわらず，同項の申立てに係る許可をしないものとする。ただし，第六十二条第四項各号に掲げる場合のいずれかに該当するときは，この限りでない。

2 　子との面会その他の交流について定め，又はその変更について定める審判書又は調停調書の正本に基づく強制執行の申立てに係る事件の記録中に第五条第四項（第二号に係る部分に限る。）の規定により外務大臣から提供を受けた情報が記載され，又は記録されたものがある場合には，当該事件の記録の閲覧，謄写若しくは複製，その正本，謄本若しくは抄本の交付又は当該事件に関する事項の証明書の交付の請求については，第六十二条の規定を準用する。

第6章　過料の裁判の執行等

第150条　この法律の規定による過料の裁判は，裁判官の命令で執行する。この命令は，執行力のある債務名義と同一の効力を有する。

2 　この法律に規定するもののほか，過料についての裁判に関しては，非訟事件手続法（平成二十三年法律第五十一号）第五編の規定（同法第百十九条及び第百二十一条第一項の規定並びに同法第百二十条及び第百二十二条の規定中検察官に関する部分を除く。）を準用する。

第7章　雑則

（審理の状況についての説明）

第151条　子の返還申立事件の申立人又は外務大臣は，子の返還の申立てから六週間が経過したときは，当該子の返還申立事件が係属している裁判所に対し，審理の状況について説明を求めることができる。

（親権者の指定等についての審判事件の取扱い）

第152条　親権者の指定若しくは変更又は子の監護に関する処分についての審判事件（人事訴訟法（平成十五年法律第百九号）第三十二条第一項に規定する附帯処分についての裁判及び同条第三項の親権者の指定についての裁判に係る事件を含む。以下この条において同じ。）が係属している場合において，当該審判事件が係属している裁判所に対し，当該審判事件に係る子について不法な連れ去り又は不法な留置と主張される連れ去り又

は留置があったことが外務大臣又は当該子についての子の返還申立事件が係属する裁判所から通知されたときは，当該審判事件が係属している裁判所は，当該審判事件について裁判をしてはならない。ただし，子の返還の申立てが相当の期間内にされないとき，又は子の返還の申立てを却下する裁判が確定したときは，この限りでない。

（総合法律支援法の適用に関する特例）

第153条　条約締約国の国民又は条約締約国に常居所を有する者（日本国民又は我が国に住所を有し適法に在留する者を除く。）であって，連れ去り又は留置に係る子についての子の返還，子との面会その他の交流その他条約の適用に関係のある事項について民事裁判等手続（我が国の裁判所における民事事件，家事事件又は行政事件に関する手続をいう。）を利用するものは，当該事項に関する限り，総合法律支援法（平成十六年法律第七十四号）の適用については，同法第三十条第一項第二号に規定する国民等とみなす。

附則

（施行期日）

第1条　この法律は，条約が日本国について効力を生ずる日から施行する。

（経過措置）

第2条　この法律は，この法律の施行前にされた不法な連れ去り又はこの法律の施行前に開始された不法な留置には，適用しない。

（裁判所法の一部改正）

第3条　裁判所法（昭和二十二年法律第五十九号）の一部を次のように改正する。

第六十一条の二第二項中「審理に必要な調査」の下に「その他他の法律において定める事務」を加える。

（住民基本台帳法の一部改正）

第4条　住民基本台帳法（昭和四十二年法律第八十一号）の一部を次のように改正する。

別表第一の四十一の項の次に次のように加える。

| 四十一の二　外務省 | 国際的な子の奪取の民事上の側面に関する条約の実施に関する法律（平成二十五年法律第四十八号）による同法第四条第一項の外国返還援助，同法第十一条第一項の日本国返還援助，同法第十六条第一項の日本国面会交流援助又は同法第二十一条第一項の外国面会交流援助に関する事務であつて総務省令で定めるもの |

（民事訴訟費用等に関する法律の一部改正）
第5条　民事訴訟費用等に関する法律の一部を次のように改正する。

　　第十三条の二第二号中「若しくは家事事件」を「，家事事件若しくは国際的な子の奪取の民事上の側面に関する条約の実施に関する法律（平成二十五年法律第四十八号）第二十九条に規定する子の返還に関する事件」に改める。

　　別表第一の一五の二の項中「審判若しくは」を「審判，」に改め，「調停」の下に「若しくは国際的な子の奪取の民事上の側面に関する条約の実施に関する法律第三十二条第一項に規定する子の返還申立事件」を加え，「同法の」を「これらの法律の」に改める。

　　別表第一の一六の項イ中「その他」を「，国際的な子の奪取の民事上の側面に関する条約の実施に関する法律第百二十二条第一項の規定による申立てその他」に改める。

　　別表第一の一七の項イ（ロ）中「非訟事件手続法」の下に「又は国際的な子の奪取の民事上の側面に関する条約の実施に関する法律」を加え，「同法」を「これらの法律」に改める。

　　別表第一の一八の項中「若しくは家事事件手続法第九十七条第二項」を「，家事事件手続法第九十七条第二項若しくは国際的な子の奪取の民事上の側面に関する条約の実施に関する法律第百十一条第二項」に改める。

　　別表第一の一九の項中「又は家事事件手続法第百三条第一項」を「，家事事件手続法第百三条第一項若しくは国際的な子の奪取の民事上の側面に関する条約の実施に関する法律第百十九条第一項」に改め，「申立て」の下に「又は同法第百十七条第一項の規定による終局決定の変更の申立て」を加える。

（復興庁設置法の一部改正）
第6条　復興庁設置法（平成二十三年法律第百二十五号）の一部を次のように改正する。

　　附則第三条第一項の表に次のように加える。

国際的な子の奪取の民事上の側面に関する条約の実施に関する法律（平成二十五年法律第四十八号）	第五条第一項第一号	内閣府	内閣府及び復興庁
	第五条第一項第二号	機関	機関並びに復興庁

（行政手続における特定の個人を識別するための番号の利用等に関する法律の施行に伴う関係法律の整備等に関する法律の一部改正）
第7条　行政手続における特定の個人を識別するための番号の利用等に関する法律の施行

に伴う関係法律の整備等に関する法律（平成二十五年法律第二十八号）の一部を次のように改正する。
　第十九条のうち住民基本台帳法別表第一の四十一の項の次に次のように加える改正規定中「同表の四十一の項」を「同表の四十一の二の項」に，「四十一の二」を「四十一の三」に，「四十一の三」を「四十一の四」に改める。

資料7 国際的な子の奪取の民事上の側面に関する条約の実施に関する法律に基づく子の住所等及び社会的背景に関する情報の提供の求めに関する政令（平成26年政令第11号）

（子及び子と同居している者に関する情報を有している者）

第1条 国際的な子の奪取の民事上の側面に関する条約の実施に関する法律（以下「法」という。）第五条第一項（法第二十条において準用する場合を含む。次条において同じ。）の政令で定める者は、次に掲げる者とする。

一 学校（学校教育法（昭和二十二年法律第二十六号）第一条に規定する学校（大学を除く。），同法第百二十四条に規定する専修学校又は同法第百三十四条第一項に規定する各種学校をいう。次号において同じ。）の設置者

二 学校及び大学以外の教育施設であって、我が国に居住する外国人を専ら対象とし、かつ、学校教育に類する教育を行うものの設置者

三 児童福祉法（昭和二十二年法律第百六十四号）第五十九条の二第一項に規定する施設の設置者

四 医療法（昭和二十三年法律第二百五号）第一条の五第一項に規定する病院又は同条第二項に規定する診療所の管理者

五 水道法（昭和三十二年法律第百七十七号）第三条第五項に規定する水道事業者

六 電気事業法（昭和三十九年法律第百七十号）第二条第一項第二号に規定する一般電気事業者

七 電気事業法第二条第一項第六号に規定する特定電気事業者

八 児童手当法（昭和四十六年法律第七十三号）第十七条第一項（同法附則第二条第三項において準用する場合を含む。）の表の下欄に掲げる者

九 電気通信事業法（昭和五十九年法律第八十六号）第二条第五号に規定する電気通信事業者

十 配偶者からの暴力の防止及び被害者の保護等に関する法律（平成十三年法律第三十一号）第三条第五項（同法第二十八条の二において準用する場合を含む。）に規定する民間の団体の代表者

（子の住所等に関する情報の提供を求める方法）

第2条 外務大臣は、法第五条第一項の規定により、同項に規定する情報の提供を求める場合には、その求める情報の内容をできる限り具体的に特定し、当該情報を有している

と思料される同項に規定する国の行政機関等の長，地方公共団体の長その他の執行機関及び前条各号に掲げる者に対し，文書により，当該情報を記載した書面の提出を求めるものとする。

(子の社会的背景に関する情報を有している者)

第3条　法第十五条第一項（法第二十五条において準用する場合を含む。次条において同じ。）の政令で定める者は，次に掲げる者とする。

一　第一条第一号から第四号まで又は第十号に掲げる者
二　児童福祉法第七条第一項に規定する児童福祉施設の長
三　警視総監又は道府県警察本部長

(子の社会的背景に関する情報の提供を求める方法)

第4条　外務大臣は，法第十五条第一項の規定により，同項に規定する情報の提供を求める場合には，その求める情報の内容をできる限り具体的に特定し，当該情報を有していると思料される同項に規定する国の行政機関等の長，地方公共団体の長その他の執行機関及び前条に掲げる者に対し，文書により，当該情報を記載した書面の提出を求めるものとする。

附則

この政令は，法の施行の日から施行する。

資料8　国際的な子の奪取の民事上の側面に関する条約の実施に関する法律に基づく外務大臣に対する援助申請に関する省令（平成26年外務省令第1号）

（定義）
第1条　この省令において使用する用語は，国際的な子の奪取の民事上の側面に関する条約の実施に関する法律（以下「法」という。）において使用する用語の例による。

（返還援助申請書の様式）
第2条　法第四条第二項（法第十一条第二項において準用する場合を含む。）の規定により外国返還援助（法第十一条第二項において準用する場合にあっては，日本国返還援助。）の申請を行おうとする者（次条において「申請者」という。）は，外務大臣が定めるところにより，日本語により記載した様式第一による申請書又は英語により記載した様式第二による申請書を外務大臣に提出しなければならない。

（返還援助申請書の添付書類）
第3条　法第四条第三項（法第十一条第二項において準用する場合を含む。）に規定する外務省令で定める書類は，次に掲げるもの（日本語若しくは英語により記載したもの又は日本語若しくは英語による翻訳文を添付したものに限る。）とする。ただし，第二号から第七号まで及び第九号から第十一号までに掲げる書類については，外務大臣は，やむを得ない事由があると認められるときは，その書類の添付を省略させ，又はこれに代わる書類を添付させることができる。

一　申請書に記載されている申請者の氏名又は名称，住所若しくは居所又は事務所（外国返還援助申請（法第十一条第二項において準用する場合にあっては，日本国返還援助申請。）において返還を求められている子（以下この条において「申請に係る子」という。）の常居所地国（法第十一条第二項において準用する場合にあっては，日本国。以下この条において同じ。）におけるものに限る。以下この条において同じ。）の所在地及び生年月日（申請者が法人の場合は生年月日を除く。以下この号において同じ。）と同一の氏名又は名称，住所若しくは居所又は事務所の所在地及び生年月日が記載されている，官公庁，日本国政府の承認した外国政府若しくは権限ある国際機関（以下「官公庁等」という。）から発行され，又は発給された書類その他これに類するもので，申請の日において有効なものの写し

二　申請に係る子の旅券（出入国管理及び難民認定法（昭和二十六年政令第三百十九号）

第二条第五号に規定する旅券をいう。以下同じ。）又は当該子の氏名及び生年月日が記載されている，官公庁等から発行され，若しくは発給された書類その他これに類するものの写し

三　申請書に記載されている申請に係る子の常居所地国に当該子が常居所を有していたことを明らかにする書類の写し

四　申請に係る子の写真

五　申請に係る子の連れ去りをし，若しくは留置をしていると思料される者の旅券の写し又は当該者の氏名及び生年月日が記載されている，官公庁等から発行され，若しくは発給された書類その他これに類するものの写し

六　申請に係る子の連れ去りをし，又は留置をしていると思料される者の写真

七　申請者が申請に係る子についての監護の権利を有している根拠となる申請に係る子の常居所地国の法令の関係条文

八　申請者が申請に係る子についての監護の権利を有していることを証明する官公庁等若しくは法令に基づく権限を有する者から発行された書類又は関係者の合意を証する書面その他これに類するものの写し

九　申請者が有している申請に係る子についての監護の権利が当該子の連れ去り又は留置により侵害されていることを明らかにする書類その他これに類するものの写し

十　申請に係る子と同居していると思料される者の旅券又は当該者の氏名及び生年月日が記載されている，官公庁等から発行され，若しくは発給された書類その他これに類するものの写し

十一　申請に係る子と同居していると思料される者の写真

2　外務大臣は，必要と認めるときは，前項の規定により書面等の写しを提出した申請者に対し，その原本の提示を求めることができる。

（面会交流援助申請書の様式）

第4条　法第十六条第二項（法第二十一条第二項において準用する場合を含む。）の規定により日本国面会交流援助（法第二十一条第二項において準用する場合にあっては，外国面会交流援助。）の申請を行おうとする者（次条において「申請者」という。）は，外務大臣が定めるところにより，日本語により記載した様式第三による申請書又は英語により記載した様式第四による申請書を外務大臣に提出しなければならない。

（面会交流援助申請書の添付書類）

資料8　国際的な子の奪取の民事上の側面に関する条約の実施に関する法律に基づく外務大臣に対する援助申請に関する省令

第5条　法第十六条第三項（法第二十一条第二項において準用する場合を含む。）に規定する外務省令で定める書類は，次に掲げるもの（日本語若しくは英語により記載したもの又は日本語若しくは英語による翻訳文を添付したものに限る。）とする。ただし，第二号から第七号まで及び第九号から第十一号までに掲げる書類については，外務大臣は，やむを得ない事由があると認められるときは，その書類の添付を省略させ，又はこれに代わる書類を添付させることができる。

一　申請書に記載されている申請者の氏名，住所又は居所及び生年月日と同一の氏名，住所又は居所及び生年月日が記載されている，官公庁等から発行され，又は発給された書類その他これに類するもので，申請の日において有効なものの写し

二　日本国面会交流援助申請（法第二十一条第二項において準用する場合にあっては，外国面会交流援助申請。）において面会その他の交流を求められている子（以下この条において「申請に係る子」という。）の旅券又は当該子の氏名及び生年月日が記載されている，官公庁等から発行され，若しくは発給された書類その他これに類するものの写し

三　申請書に記載されている申請者が申請に係る子と面会その他の交流をすることができなくなる直前に申請に係る子が常居所を有していた国又は地域に申請に係る子が常居所を有していたことを明らかにする書類その他これに類するものの写し

四　申請に係る子の写真

五　申請に係る子との面会その他の交流を妨げていると思料される者の旅券の写し又は当該者の氏名及び生年月日が記載されている，官公庁等から発行され，若しくは発給された書類その他これに類するものの写し

六　申請に係る子との面会その他の交流を妨げていると思料される者の写真

七　申請者が申請に係る子と面会その他の交流をすることができたことの根拠となる，申請者が当該子と面会その他の交流をすることができなくなる直前に当該子が常居所を有していた国又は地域の法令の関係条文

八　申請者が申請に係る子と面会その他の交流をすることができたことを証明する官公庁等若しくは法令に基づく権限を有する者から発行された書類又は関係者の合意を証する書面その他これに類するものの写し

九　申請者の申請に係る子との面会その他の交流が妨げられていることを明らかにする書類その他これに類するものの写し

資料 8　国際的な子の奪取の民事上の側面に関する条約の実施に関する法律に基づく
　　　　外務大臣に対する援助申請に関する省令

　十　申請に係る子と同居していると思料される者の旅券又は当該者の氏名及び生年月日
　　が記載されている，官公庁等から発行され，若しくは発給された書類その他これに類
　　するものの写し
　十一　申請に係る子と同居していると思料される者の写真
2　外務大臣は，必要と認めるときは，前項の規定により書面等の写しを提出した申請者
　に対し，その原本の提示を求めることができる。

附則

　（施行期日）

　この省令は，法の施行の日から施行する。

資料 8　国際的な子の奪取の民事上の側面に関する条約の実施に関する法律に基づく外務大臣に対する援助申請に関する省令

様式第一（第二条関係）

返還援助申請書

≪注意事項≫
- 記載前に「返還援助申請の手引き」をお読みの上、同要領の指示に従って記載下さい。
- 可能な限り詳細に記載下さい。
- 様式内の該当する□には、☑を記載下さい。

1. 申請者

氏名又は名称	日本語	フリガナ / 漢字 姓 / 名		
	英語	姓	ミドルネーム（あれば）	名
	その他言語（あれば）	言語名 / 姓	ミドルネーム（あれば）	名

生年月日	年　　月　　日
国籍	職業
子との関係	□ 父　　□ 母　　□ その他（　　　　）
住所若しくは居所又は事務所の所在地	国名 / フリガナ / 住所（日本国外の場合、可能な限り英語及び現地語を併記）
電話番号	＋（ 国番号 ）－(0)　－　　－
携帯電話番号	＋（ 国番号 ）－(0)　－　　－
ファックス番号	＋（ 国番号 ）－(0)　－　　－
電子メールアドレス	＠
身分証明書情報	身分証明書の種類 / 発行国及び発行機関名 / 番号 / 有効期限　年　月　日

弁護士等の情報（本申請に関し弁護士等に依頼している場合のみ）

氏名	日本語	フリガナ / 漢字 姓 / 名
	英語	姓 / ミドルネーム（あれば） / 名

事務所の所在地	国名 / フリガナ / 住所（日本国外の場合、可能な限り英語及び現地語を併記）
電話番号	＋（ 国番号 ）－(0)　－　　－
ファックス番号	＋（ 国番号 ）－(0)　－　　－
電子メールアドレス	＠
資格	国名 / 資格名
中央当局からの連絡先	□ 本欄の弁護士等　　□ 申請者　　□ どちらでも良い

資料8　国際的な子の奪取の民事上の側面に関する条約の実施に関する法律に基づく
　　　　外務大臣に対する援助申請に関する省令

2．申請に係る子							
氏名	日本語	フリガナ					
^	^	漢字　姓			名		
^	英語	姓		ミドルネーム（あれば）		名	
^	その他言語（あれば）	言語名	姓		ミドルネーム（あれば）		名
別名（あれば） || フリガナ						
^		姓			名		
生年月日			年		月		日
国籍				性別	□ 男		□ 女
出生地（日本国籍の場合、本籍地）		国名	住所（日本国外の場合、可能な限り英語及び現地語を併記）				
連れ去り、留置前の常居所		国名	住所（日本国外の場合、可能な限り英語及び現地語を併記）				
^		子が常居所に居住していた期間、その他特記事項があれば記載下さい					
現在の住所又は居所（判明していれば）		国名	住所（日本国外の場合、可能な限り英語及び現地語を併記）				
電話番号		＋（　国番号　）−（0）　−　　　−					
携帯電話番号		＋（　国番号　）−（0）　−　　　−					
ファックス番号		＋（　国番号　）−（0）　−　　　−					
電子メールアドレス		@					
旅券情報（保有する全ての旅券の情報を記載）		発行国		番号		有効期限　年　月　日	
身分証明書情報（旅券情報を記載できない場合のみ）		身分証明書の種類	発行国及び発行機関		番号	有効期限　年　月　日	
身体的特徴		身長	体重		髪の色		目の色
^		その他					
その他、所在を特定するために有用な情報		例：追加的な情報を提供できる可能性のある人物（氏名、住所、電話番号、電子メールアドレス、子との関係）、通っている可能性のある保育所、幼稚園、学校、病院等					

2

資料8　国際的な子の奪取の民事上の側面に関する条約の実施に関する法律に基づく外務大臣に対する援助申請に関する省令

3．子の連れ去りをし、又は留置をしていると思料される者

氏名	日本語	フリガナ 漢字　姓　　　　　　　　　　　　　　名
	英語	姓　　　　　　　ミドルネーム（あれば）　　　　名
	その他言語 （あれば）	言語名　　　姓　　　　ミドルネーム（あれば）　名
別名 （あれば）		フリガナ 姓　　　　　　　　　　　　　　　　　名
生年月日		年　　　　　　月　　　　　　日
国籍		職業
子との関係		□ 父　　□ 母　　□ その他（　　　　　　）
出生地 （日本国籍の場合、本籍地）		国名　　　　住所（日本国外の場合、可能な限り英語及び現地語を併記）
住所又は居所 （判明していれば）		国名　　　　住所（日本国外の場合、可能な限り英語及び現地語を併記）
電話番号		国番号 ＋（　　　　）－(0)　　　　－
携帯電話番号		国番号 ＋（　　　　）－(0)　　　　－
ファックス番号		国番号 ＋（　　　　）－(0)　　　　－
電子メールアドレス		＠
旅券情報 （保有する全ての旅券の情報を記載）		発行国　　　　番号　　　　有効期限 　　　　　　　　　　　　　　年　　月　　日
身体的特徴		身長　　　　体重　　　　髪の色　　　　目の色 その他
ドメスティック・バイオレンス（DV）被害の主張		□ 子の連れ去りをし、若しくは留置をしていると思料される者はDV被害を主張している、又は主張する可能性がある。 □ DV被害を主張しておらず、今後も主張する可能性は無い。
子との同居		□ 子の連れ去りをし、若しくは留置をしていると思料される者は現在も子と同居している、又は同居している可能性がある。 □ 現在は子と同居していない。
その他、所在を特定するために有用な情報		例：追加的な情報を提供できる可能性のある人物（氏名、住所、電話番号、電子メールアドレス、連れ去りをし、又は留置をしていると思料される者との関係）、勤務先等

資料8　国際的な子の奪取の民事上の側面に関する条約の実施に関する法律に基づく
　　　　外務大臣に対する援助申請に関する省令

4．子の常居所地国の法令に基づき申請者が子についての監護の権利を有し、かつ、子の連れ去り又は留置により当該監護の権利が侵害されていることを明らかにするために必要な事項					
子の常居所地国の法令に基づき、申請者が子についての監護の権利を有していることに関する説明	根拠法令　法律名			条文番号	
^	説明				
子が連れ去られ、又は留置された日時、場所及び状況	日時	年		月		日
^	場所：国名		具体的な場所		
^	状況				
監護の権利が侵害されている状況	例：子の連れ去りをし、若しくは留置をしていると思料される者、又は子と同居している者からの連絡の有無、子を返さないという意思表示があったかどうか等				

資料8 国際的な子の奪取の民事上の側面に関する条約の実施に関する法律に基づく
外務大臣に対する援助申請に関する省令

5．子と同居していると思料される者

※ 子の連れ去りをし、又は留置をしていると思料される者（上記3．に記載した者）以外に子と同居している可能性がある者の情報を記載下さい。

氏名	日本語	フリガナ / 漢字 姓 / 名		
	英語	姓	ミドルネーム（あれば）	名
	その他言語（あれば）	言語名 / 姓	ミドルネーム（あれば）	名
別名（あれば）		フリガナ / 姓		名
生年月日		年	月	日
国籍			職業	
子との関係		□ 父　　□ 母　　□ その他（　　　　　　　　　　　　）		
出生地（日本国籍の場合、本籍地）		国名	住所（日本国外の場合、可能な限り英語及び現地語を併記）	
住所又は居所		国名	住所（日本国外の場合、可能な限り英語及び現地語を併記）	
電話番号		国番号 +（　　　）－(0)　　－　　－		
携帯電話番号		国番号 +（　　　）－(0)　　－　　－		
ファックス番号		国番号 +（　　　）－(0)　　－　　－		
電子メールアドレス			@	
旅券情報（保有する全ての旅券の情報を記載下さい）		発行国	番号	有効期限　　年　月　日
身体的特徴		身長 / その他	体重	髪の色 / 目の色
ドメスティック・バイオレンス（DV）被害の主張		□ 子と同居していると思料される者はDV被害を主張している、又は主張する可能性がある。 □ DV被害を主張しておらず、今後も主張する可能性は無い。		
その他、所在を特定するために有用な情報		例：追加的な情報を提供できる可能性のある人物（氏名、住所、電話番号、電子メールアドレス、子と同居していると思料される者との関係）、勤務先等		

資料8　国際的な子の奪取の民事上の側面に関する条約の実施に関する法律に基づく
　　　外務大臣に対する援助申請に関する省令

6．その他				
関連する係争中の民事手続	日本国内	裁判所名		事件番号等
		詳細		
	日本国外	国名	裁判所名	事件番号等
		詳細		
関連する刑事訴追の有無		□ 子の連れ去りをし、又は留置をしていると思料される者、又は子と同居していると思料される者は刑事訴追されている。（該当する場合、詳細を記載） 　　国名 　　詳細 □ 刑事訴追されていない。 □ その他（　　　　　　　　　　　　　　　　　　　　　　　）		
所在の特定		□ 中央当局による子及び子と同居している者の所在の特定を希望する。 □ 中央当局による所在の特定を必要としていない。		
中央当局がとるべき措置（子の日本国からの返還援助申請の場合のみ）		＜複数選択可＞ □① 合意による子の返還の実現を目指すため、中央当局から、子と同居している者に連絡をとり、協議のあっせんその他の必要な措置をとることを希望する。 □② 裁判所への申し立てによる子の返還の実現を目指すため、子及び子と同居している者の所在が特定された際には、子と同居している者の氏名の開示を求める。 （②のみを選択した場合、以下のどちらか一方を選択） 　　□ 所在の特定等に必要な範囲で、中央当局が、子と同居している者と連絡をとっても差し支えない。 　　□ 中央当局が、子と同居している者と接触しないことを希望する。		
その他、中央当局への要望等				

資料 8　国際的な子の奪取の民事上の側面に関する条約の実施に関する法律に基づく
　　　　外務大臣に対する援助申請に関する省令

外　務　大　臣　殿

　　　　　　　　　　　　　　　　　　　　　　　　　　　年　　　月　　　日

　この申請書及び添付書類の記載は事実に相違なく、

（必ずどちらか一方を選択してください）

☐　国際的な子の奪取の民事上の側面に関する条約第八条、及び国際的な子の奪取の民事上の側面に関する条約の実施に関する法律第四条第一項に基づき、日本国から日本国以外の条約締約国への子の返還 を実現するための援助（外国返還援助）を申請します。

☐　国際的な子の奪取の民事上の側面に関する条約第八条、及び国際的な子の奪取の民事上の側面に関する条約の実施に関する法律第十一条第一項に基づき、日本国以外の条約締約国から日本国への子の返還 を実現するための援助（日本国返還援助）を申請します。

　　　　　　　　　　　　申請者署名　　　　　　　　　　　　　　　　　
　　　　　　　　　　　　（署名は必ず申請者本人が、自筆で行ってください。）

資料 8　国際的な子の奪取の民事上の側面に関する条約の実施に関する法律に基づく
外務大臣に対する援助申請に関する省令　　　　　　　　　　　　　　　　487

様式第二（第二条関係）

Application for Assistance in Child's Return

《Note》
- Before completing this form, please read the 'Guide to making an application for assistance in child's return' and follow the instructions.
- Please provide as much information as possible.
- Please indicate ☑ in the appropriate boxes.

1. Applicant

Name	English	Last name	Middle name(if any)		First name	
	Japanese (Chinese character, if possible)	Last name		First name		
	Other Language (if any)	Language name	Last name		Middle name(if any)	First name
Date of birth		Day	Month		Year	
Nationality				Occupation		
Relation with the child		☐ Father　☐ Mother　☐ Other (　　　　　　　　　　　　)				
Domicile, residence or location of office		Country	Address			
Telephone no.		Country code +(　　　) — (0) 　　　—　　　—				
Mobile Telephone no.		Country code +(　　　) — (0) 　　　—　　　—				
Fax no.		Country code +(　　　) — (0) 　　　—　　　—				
E-mail address		@				
Identity card		Type of identity card	Issuing country and organization	No.	Expire date Day　Month　Year 　　/　　　/	

Details of your legal adviser (if you are instructing one in relation to this application)

Name	English	Last name	Middle name(if any)	First name
	Japanese (Chinese character, if possible)	Last name	First name	
Location of office		Country	Address	
Telephone no.		Country code +(　　　) — (0) 　　　—　　　—		
Fax no.		Country code +(　　　) — (0) 　　　—　　　—		
E-mail address		@		
License		Country	Type of license	
Preferred contact person with the Central Authority		☐ This legal adviser　☐ Applicant　☐ Either one will be fine		

資料8　国際的な子の奪取の民事上の側面に関する条約の実施に関する法律に基づく外務大臣に対する援助申請に関する省令

2. Child pertaining to the application

Name	English	Last name	Middle name(if any)		First name	
	Japanese (Chinese character, if possible)	Last name		First name		
	Other Language (if any)	Language name	Last name	Middle name(if any)	First name	
Alias(if any)		Last name		First name		
Date of birth		Day	Month		Year	
Nationality				Sex	☐ Male	☐ Female
Place of birth (if Japanese, registered domicile)		Country	Address			
Habitual residence before removal or retention		Country	Address			
		Length of residence and other relevant information about child's habitual residence				
Current domicile or residence		Country	Address			
Telephone no.		Country code + ( ) — (0) — —				
Mobile Telephone no.		Country code + ( ) — (0) — —				
Fax no.		Country code + ( ) — (0) — —				
E-mail address		@				
Passport (Please provide information of all passport possessed)		Issuing country	No.		Expire date Day Month Year / /	
Identity card (Only if you cannot provide passport information)		Type of identity card	Issuing country and organization	No.	Expire date Day Month Year / /	
Description		Height	Weight	Color of hair	Color of eyes	
		Other				
Other useful information to identify the whereabouts		Ex: Persons who might be able to provide additional information (name, address, telephone no., e-mail address, relation with the child), school, nursery or hospital where child may attend or visit etc.				

3. Person who is considered to have done a removal or retention of the child						
Name	English	Last name		Middle name(if any)		First name
	Japanese (Chinese character, if possible)	Last name		First name		
	Other Language (if any)	Language name	Last name		Middle name(if any)	First name
Alias(if any)		Last name			First name	
Date of birth		Day			Month	Year
Nationality				Occupation		
Relation with the child		☐ Father	☐ Mother		☐ Other ( )	
Place of birth (if Japanese, registered domicile)		Country		Address		
Domicile or residence		Country		Address		
Telephone no. || Country code + ( ) − (0) − −					
Mobile Telephone no. || Country code + ( ) − (0) − −					
Fax no. || Country code + ( ) − (0) − −					
E-mail address				@		
Passport (Please provide information of all passport possessed)		Issuing country		No.	Expire date Day Month Year / /		
Description		Height	Weight		Color of hair	Color of eyes
|| Other					
Claim to victimhood of domestic violence || ☐ This person is claiming or might be possible to claim to victimhood of domestic violence. ☐ This person is not claiming and will not claim to victimhood of domestic violence.					
Live together with the child || ☐ This person lives or may live together with the child. ☐ This person does not live together with the child.					
Other useful information to identify the whereabouts || Ex: Person who might be able to provide additional information (name, address, telephone no., e-mail address, relation with this person) , place of work etc.					

資料8　国際的な子の奪取の民事上の側面に関する条約の実施に関する法律に基づく外務大臣に対する援助申請に関する省令

	4. Necessary matters to clarify that the applicant has the rights of custody with respect to the child under the laws and regulations of the state of habitual residence of the child and that the applicant's rights of custody are breached due to the removal or retention of the child			
Explanation to clarify that the applicant has the rights of custody with respect to the child under the laws and regulations of the state of habitual residence of the child	Legal basis: Name of laws and regulations		Provision no.	
^	Explanation			
Time, place and circumstances of the removal or retention of the child	Time: Day	Month		Year
^	Place: Country	Name of place or address		
^	Circumstances			
Circumstances of the breach of applicant's rights of custody	Ex: Whether the person who is considered to have done a removal or retention of the child or the person who is considered to live together with the child has contacted you, whether he/she has declared his/her intention not to return the child etc.			

資料8　国際的な子の奪取の民事上の側面に関する条約の実施に関する法律に基づく
外務大臣に対する援助申請に関する省令　　　　　　　　　　　　　　491

5. Person who is considered to live together with the child
*Please provide information about a person who have possibility to live together with the child except the person who is considered to have done a removal or retention of the child (indicated in 3)

Name	English	Last name		Middle name(if any)		First name
	Japanese (Chinese character, if possible)	Last name			First name	
	Other Language (if any)	Language name	Last name		Middle name(if any)	First name
Alias(if any)		Last name			First name	
Date of birth		Day		Month		Year
Nationality				Occupation		
Relation with the child		☐ Father　☐ Mother　☐ Other (　　　　　　　　　)				
Place of birth (if Japanese, registered domicile)		Country	Address			
Domicile or residence		Country	Address			
Telephone no.		Country code + (　　　) — (0) 　　— 　　—				
Mobile telephone no.		Country code + (　　　) — (0) 　　— 　　—				
Fax no.		Country code + (　　　) — (0) 　　— 　　—				
E-mail address		@				
Passport (Please provide information of all passport possessed)		Issuing country		No.		Expire date Day　Month　Year / /
Description		Height	Weight		Color of hair	Color of eyes
		Other				
Claim to victimhood of domestic violence		☐ This person is claiming or might be possible to claim to victimhood of domestic violence. ☐ This person is not claiming and will not claim to victimhood of domestic violence				
Other useful information to identify the whereabouts		Ex: Person who might be able to provide additional information (name, address, telephone no., e-mail addresses, relation with this person), place of work etc.				

資料 8　国際的な子の奪取の民事上の側面に関する条約の実施に関する法律に基づく
　　　　外務大臣に対する援助申請に関する省令

6. Other					
Civil court proceeding	In Japan	Name of court		Case no.	
		Detail			
	Outside Japan	Country	Name of court		Case no.
		Detail			
Criminal prosecution		☐ The person who is considered to have done a removal or retention of the child or the person who is considered to live together with the child is criminally prosecuted. (if yes, please provide details)			
		Country			
		Detail			
		☐ No criminal prosecution			
		☐ Other (　　　　　　　　　　　　　　　　　　　　　　　　　　　　)			
Identification of whereabouts		☐ I hope the Central Authority will identify whereabouts of the child and the person who lives together with the child. ☐ I do not need the Central Authority to identify whereabouts of the child and the person who lives together with the child.			
Central Authority's measures to be taken (only when you apply for assistance in child's return from Japan)		<Multiple choice allowed> ☐(1) To realize the return of child based on an agreement, I hope the Central Authority will contact with the person who lives with the child and take necessary measures, such as facilitating the discussion. ☐(2) To realize the return of child through the judicial process, I request the Minister for Foreign Affairs disclose the name of the person who lives together with the child in case whereabouts of them are identified. (if you chose only (2), please indicate either of the following) 　☐ To the extent necessary to identify whereabouts of them, the Central Authority afford to contact with the person who lives with the child. 　☐ I hope the Central Authority will not contact with the person who lives with the child.			
Other request for the Central Authority					

To Minister for Foreign Affairs of Japan

Day   Month   Year

The statement in this application and attached documents is true and correct, and

(Please indicate whether you are applying for return to Foreign State or to Japan)

- ☐ under the provision of Article 8 of the Convention on the Civil Aspects of International Child Abduction and Article 4(1) of the Act for Implementation of the Convention on the Civil Aspects of International Child Abduction, I submit an application for assistance in child's return from Japan to other foreign member state of the Convention (assistance in child's return to foreign state).

- ☐ under the provision of Article 8 of the Convention on the Civil Aspects of International Child Abduction and Article 11(1) of the Act for Implementation of the Convention on the Civil Aspects of International Child Abduction, I submit an application for assistance in child's return from other foreign member state of the Convention to Japan (assistance in child's return to Japan).

Signature of Applicant _____

(Please sign in applicant's own hand)

資料8　国際的な子の奪取の民事上の側面に関する条約の実施に関する法律に基づく
　　　　外務大臣に対する援助申請に関する省令

様式第三（第四条関係）

面会交流援助申請書

≪注意事項≫
- 記載前に「面会交流援助申請の手引き」をお読みの上、同要領の指示に従って記載下さい。
- 可能な限り詳細に記載下さい。
- 様式内の該当する□には、☑を記載下さい。

1．申請者						
氏名	日本語	フリガナ／漢字 姓		名		
	英語	姓	ミドルネーム（あれば）	名		
	その他言語（あれば）	言語名／姓	ミドルネーム（あれば）	名		
生年月日		年	月	日		
国籍			職業			
子との関係	□ 父　□ 母　□ その他（　　　　　　　）					
住所又は居所	国名／フリガナ／住所（日本国外の場合、可能な限り英語及び現地語を併記）					
電話番号	国番号　＋（　　）－(0)　－　　－					
携帯電話番号	国番号　＋（　　）－(0)　－　　－					
ファックス番号	国番号　＋（　　）－(0)　－　　－					
電子メールアドレス	＠					
身分証明書情報	身分証明書の種類／発行国及び発行機関名／番号／有効期限　年　月　日					
弁護士等の情報（本申請に関し弁護士等に依頼している場合のみ）						
氏名	日本語	フリガナ／漢字 姓	名			
	英語	姓	ミドルネーム（あれば）	名		
事務所の所在地	国名／フリガナ／住所（日本国外の場合、可能な限り英語及び現地語を併記）					
電話番号	国番号　＋（　　）－(0)　－　　－					
ファックス番号	国番号　＋（　　）－(0)　－　　－					
電子メールアドレス	＠					
資格	国名／資格名					
中央当局からの連絡先	□ 本欄の弁護士等　□ 申請者　□ どちらでも良い					

資料8 国際的な子の奪取の民事上の側面に関する条約の実施に関する法律に基づく外務大臣に対する援助申請に関する省令

2．申請に係る子

氏名	日本語	フリガナ			
		漢字　姓		名	
	英語	姓	ミドルネーム（あれば）		名
	その他言語（あれば）	言語名	姓	ミドルネーム（あれば）	名
別名（あれば）		フリガナ			
		姓		名	

生年月日	年　　　　　　月　　　　　　日
国籍	性別　　□男　　□女
出生地（日本国籍の場合、本籍地）	国名　　　住所（日本国外の場合、可能な限り英語及び現地語を併記）
面会その他の交流をすることができなくなる直前の常居所	国名　　　住所（日本国外の場合、可能な限り英語及び現地語を併記） 子が常居所に居住していた期間、その他特記事項があれば記載下さい
現在の住所又は居所（判明していれば）	国名　　　住所（日本国外の場合、可能な限り英語及び現地語を併記）
電話番号	＋（国番号　　）－(0)　　－　　－
携帯電話番号	＋（国番号　　）－(0)　　－　　－
ファックス番号	＋（国番号　　）－(0)　　－　　－
電子メールアドレス	＠
旅券情報（保有する全ての旅券の情報を記載）	発行国　　　番号　　　有効期限　　年　　月　　日
身分証明書情報（旅券情報を記載できない場合のみ）	身分証明書の種類　発行国及び発行機関　番号　有効期限　年　月　日
身体的特徴	身長　　体重　　髪の色　　目の色 その他
その他、所在を特定するために有用な情報	例：追加的な情報を提供できる可能性のある人物（氏名、住所、電話番号、電子メールアドレス、子との関係）、通っている可能性のある保育所、幼稚園、学校、病院等

資料8　国際的な子の奪取の民事上の側面に関する条約の実施に関する法律に基づく外務大臣に対する援助申請に関する省令

3．子との面会その他の交流を妨げていると思料される者

氏名	日本語	フリガナ / 漢字 姓 / 名
	英語	姓 / ミドルネーム（あれば） / 名
	その他言語（あれば）	言語名 / 姓 / ミドルネーム（あれば） / 名

別名（あれば）	フリガナ / 姓 / 名
生年月日	年　　月　　日
国籍	職業
子との関係	□ 父　　□ 母　　□ その他（　　　）
出生地（日本国籍の場合、本籍地）	国名 / 住所（日本国外の場合、可能な限り英語及び現地語を併記）
住所又は居所（判明していれば）	国名 / 住所（日本国外の場合、可能な限り英語及び現地語を併記）
電話番号	国番号　＋（　　　）－（0）　－　　　－
携帯電話番号	国番号　＋（　　　）－（0）　－　　　－
ファックス番号	国番号　＋（　　　）－（0）　－　　　－
電子メールアドレス	＠
旅券情報（保有する全ての旅券の情報を記載）	発行国 / 番号 / 有効期限　年　月　日
身体的特徴	身長 / 体重 / 髪の色 / 目の色 / その他
ドメスティック・バイオレンス（DV）被害の主張	□ 子との面会その他の交流を妨げていると思料される者はDV被害を主張している、又は主張する可能性がある。 □ DV被害を主張しておらず、今後も主張する可能性は無い。
子との同居	□ 子との面会その他の交流を妨げていると思料される者は現在も子と同居している、又は同居している可能性がある。 □ 現在は子と同居していない。
その他、所在を特定するために有用な情報	例：追加的な情報を提供できる可能性のある人物（氏名、住所、電話番号、電子メールアドレス、子との面会その他の交流を妨げていると思料される者との関係）、勤務先等

資料8　国際的な子の奪取の民事上の側面に関する条約の実施に関する法律に基づく
　　　　外務大臣に対する援助申請に関する省令　　　　　　　　　　　　　　　　　497

	4．申請者が子と面会その他の交流をすることができなくなる直前に子が常居所を有していた国又は地域の法令に基づき申請者が子と面会その他の交流をすることができ、かつ、申請者の子との面会その他の交流が妨げられていることを明らかにするために必要な事項			
申請者が子と面会その他の交流をすることができなくなる直前に子が常居所を有していた国又は地域の法令に基づき、申請者が子と面会その他の交流をすることができたことに関する説明	根拠法令　法律名		条文番号	
^	説明			
子との面会その他の交流をすることができなくなった日時、場所及び状況	日時	年	月	日
^	場所：国名	具体的な場所		
^	状況			
子との面会その他の交流が妨げられている状況	例：子を連れ去った若しくは留置した者又は子供と同居している者からの連絡の有無、子を返さないという意思表示があったかどうか等			

資料8　国際的な子の奪取の民事上の側面に関する条約の実施に関する法律に基づく
　　　　外務大臣に対する援助申請に関する省令

5．子と同居していると思料される者

※ 子との面会その他の交流を妨げていると思料される者（上記3．に記載した者）以外に子と同居している可能性がある者の情報を記入して下さい。

氏名	日本語	フリガナ／漢字 姓	名		
	英語	姓	ミドルネーム（あれば）	名	
	その他言語（あれば）	言語名／姓	ミドルネーム（あれば）	名	
別名（あれば）		フリガナ／姓	名		
生年月日		年	月	日	
国籍			職業		
子との関係		□ 父　　□ 母　　□ その他（　　　　　　）			
出生地（日本国籍の場合、本籍地）		国名	住所（日本国外の場合、可能な限り英語及び現地語を併記）		
住所又は居所		国名	住所（日本国外の場合、可能な限り英語及び現地語を併記）		
電話番号		国番号　＋（　　　）－(0)　　－　　　－			
携帯電話番号		国番号　＋（　　　）－(0)　　－　　　－			
ファックス番号		国番号　＋（　　　）－(0)　　－　　　－			
電子メールアドレス		＠			
旅券情報（保有する全ての旅券の情報を記載）		発行国	番号	有効期限　年　月　日	
身体的特徴		身長／体重／髪の色／目の色／その他			
ドメスティック・バイオレンス（DV）被害の主張		□ 子と同居していると思料される者はDV被害を主張している、又は主張する可能性がある。 □ DV被害を主張しておらず、今後も主張する可能性は無い。			
その他、所在を特定するために有用な情報		例：追加的な情報を提供できる可能性のある人物（氏名、住所、電話番号、電子メールアドレス、子と同居していると思料される者との関係）、勤務先等			

6. その他

関連する係争中の民事手続	日本国内	裁判所名		事件番号等	
		詳細			
	日本国外	国名	裁判所名		事件番号等
		詳細			

関連する刑事訴追の有無	☐ 子との面会その他の交流を妨げていると思料される者、又は子と同居していると思料される者は刑事訴追されている。（該当する場合、詳細を記載） 　　国名 　　詳細 ☐ 刑事訴追されていない。 ☐ その他（　　　　　　　　　　　　　　　　　　　　　　　　　　　）
所在の特定	☐ 中央当局による子及び子と同居している者の所在の特定を希望する。 ☐ 中央当局による所在の特定を必要としていない。
中央当局がとるべき措置（日本国に所在する子との面会交流申請の場合のみ）	＜複数選択可＞ ☐① 合意による子との面会その他の交流の実現を目指すため、中央当局から、子と同居している者に連絡をとり、協議のあっせんその他の必要な措置をとることを希望する。 ☐② 裁判所への申し立てによる子との面会その他の交流の実現を目指すため、子及び子と同居している者の所在が特定された際には、子と同居している者の氏名の開示を求める。 （②のみを選択した場合、以下のどちらか一方を選択） 　　☐ 所在の特定等に必要な範囲で、中央当局が、子と同居している者と連絡をとっても差し支えない。 　　☐ 中央当局が、子と同居している者と接触しないことを希望する。
その他、中央当局への要望等	

資料8 国際的な子の奪取の民事上の側面に関する条約の実施に関する法律に基づく
外務大臣に対する援助申請に関する省令

外 務 大 臣 殿

　　　　　　　　　　　　　　　　　　　　　　年　　　月　　　日

この申請書及び添付書類の記載は事実に相違なく、

（必ずどちらか一方を選択してください）

☐ 国際的な子の奪取の民事上の側面に関する条約第二十一条、及び国際的な子の奪取の民事上の側面に関する条約の実施に関する法律第十六条第一項に基づき、日本国に所在している子との面会その他の交流を実現するための援助（日本国面会交流援助）を申請します。

☐ 国際的な子の奪取の民事上の側面に関する条約第二十一条、及び国際的な子の奪取の民事上の側面に関する条約の実施に関する法律第二十一条第一項に基づき、日本国以外の条約締約国に所在している子との面会その他の交流を実現するための援助（外国面会交流援助）を申請します。

　　　　　　　　　　　　　　申請者署名　　　　　　　　　　　　　　　　
　　　　　　　　　　　　　　（署名は必ず申請者本人が、自筆で行ってください。）

資料 8　国際的な子の奪取の民事上の側面に関する条約の実施に関する法律に基づく
　　　　外務大臣に対する援助申請に関する省令　　　　　　　　　　　　　　　501

様式第四（第四条関係）

Application for Assistance in Visitation or Contacts with Child

≪Note≫
- Before completing this form, please read the 'Guide to making an application for assistance in visitation or contacts with child' and follow the instructions.
- Please provide as much information as possible.
- Please indicate ☑ in the appropriate boxes.

1. Applicant

Name	English	Last name	Middle name(if any)	First name
	Japanese (Chinese character, if possible)	Last name		First name
	Other Language (if any)	Language name	Last name	Middle name(if any)	First name
Date of birth		Day	Month	Year
Nationality			Occupation	
Relation with the child		☐ Father　☐ Mother　☐ Other (　　　　)
Domicile or residence		Country	Address
Telephone no.		Country code +(　　　) − (0) 　−　　　−
Mobile telephone no.		Country code +(　　　) − (0) 　−　　　−
Fax no.		Country code +(　　　) − (0) 　−　　　−
E-mail address		@
Identity card		Type of identity card	Issuing country and organization	No.	Expire date Day / Month / Year

Details of your legal adviser (if you are instructing one in relation to this application)

Name	English	Last name	Middle name(if any)	First name
	Japanese (Chinese character, if possible)	Last Name		First Name
Location of office		Country	Address
Telephone no.		Country code +(　　　) − (0) 　−　　　−
Fax no.		Country code +(　　　) − (0) 　−　　　−
E-mail address		@
License		Country	Type of license
Preferred contact person with the Central Authority		☐ This legal adviser　☐ Applicant　☐ Either one will be fine

資料8　国際的な子の奪取の民事上の側面に関する条約の実施に関する法律に基づく
　　　　外務大臣に対する援助申請に関する省令

2. Child pertaining to the application						
Name	English	Last name		Middle name(if any)		First name
	Japanese (Chinese character, if possible)	Last name				First name
	Other Language (if any)	Language name	Last name		Middle name(if any)	First name
Alias(if any)		Last name				First name
Date of birth		Day			Month		Year
Nationality				Sex	☐ Male	☐ Female
Place of birth (if Japanese, registered domicile)		Country			Address		
Habitual residence immediately before the visitation or other contacts became unable to be made		Country			Address		
			Length of residence and other relevant information about child's habitual residence			
Current domicile or residence		Country			Address		
Telephone no. || Country Code + (　　　　) － (0)					
Mobile Telephone no. || Country Code + (　　　　) － (0)					
Fax no. || Country Code + (　　　　) － (0)					
E-mail address				@		
Passport (Please provide information of all passport possessed)		Issuing country			No.		Expire date Day　　Month　　Year 　／　　　／
Identity card (Only if you cannot provide passport information)		Type of identity card		Issuing country and organization		No.	Expire date Day　　Month　　Year 　／　　　／
Description		Height		Weight		Color of hair	Color of eyes
|| Other					
Other useful information to identify the location || Ex: Persons who might be able to provide additional information (name, address, telephone no., e-mail address, relation with the child), school, nursery or hospital where child may attend or visit etc.					

2

3. Person who is considered to be interfering with the visitation or contact with the child

Name	English	Last name		Middle name(if any)		First name	
	Japanese (Chinese character, if possible)	Last name			First name		
	Other Language (if any)	Language name	Last name		Middle name(if any)	First name	
Alias(if any)		Last name			First name		
Date of birth		Day		Month		Year	
Nationality				Occupation			
Relation with the child		☐ Father ☐ Mother ☐ Other ( )					
Place of birth (if Japanese, registered domicile)		Country	Address				
Current domicile or residence		Country	Address				
Telephone no.		Country code +( ) — (0) — —					
Mobile Telephone no.		Country code +( ) — (0) — —					
Fax no.		Country code +( ) — (0) — —					
E-mail address		@					
Passport (Please provide information of all passport possessed)		Issuing country		No.		Expire date Day / Month / Year	
Description		Height	Weight		Color of hair	Color of eyes	
		Other					
Claim to victimhood of domestic violence		☐ This person is claiming or might be possible to claim to victimhood of domestic violence. ☐ This person is not claiming and will not claim to victimhood of domestic violence.					
Live together with the child		☐ This person lives or may live together with the child. ☐ This person does not live together with the child.					
Other useful information to identify the location		Ex: Person who might be able to provide additional information (name, address, telephone no., e-mail address, relation with this person), place of work etc.					

	4. Necessary matters to clarify that the applicant is entitled to visitation or other contacts with the child under the laws and regulations of the state or territory where the child held his/her habitual residence immediately before the visitation or other contacts with the child became unable to be made and that the visitation or other contacts with the child by applicant has been interfered			
Explanation to clarify that the applicant is entitled to visitation or other contacts with the child under the laws and regulations of the state or territory where the child held his/her habitual residence immediately before the visitation or other contacts with the child became unable to be made	Legal basis: name of laws and regulations		Provision no.	
:::	Explanation			
Time, place and circumstances that the visitation or other contacts with the child became unable to be made	Time: Day	Month		Year
:::	Place: Country	Name of place or address		
:::	Circumstances			
Circumstances that the visitation or other contacts with the child by applicant has been interfered	Ex: whether the person who is considered to have done a removal or retention of the child or the person who is considered to live together with the child has contacted you, whether he/she has declared his/her intention not to return the child etc.			

5. Person who is considered to live together with the child

*Please provide information about a person who have possibility to live together with the child except the person who is considered to be interfering with the visitation or contacts with the child(indicated in 3)

Name	English	Last name		Middle name(if any)		First name	
	Japanese (Chinese character, if possible)	Last name			First name		
	Other Language (if any)	Language name	Last name		Middle name(if any)		First name
Alias(if any)		Last name			First name		
Date of birth		Day		Month		Year	
Nationality				Occupation			
Relation with the child		☐ Father ☐ Mother ☐ Other (					)
Place of birth (if Japanese, registered domicile)		Country		Address			
Current domicile or residence		Country		Address			
Telephone no.		Country code + ( ) – (0) – –					
Mobile Telephone no.		Country code + ( ) – (0) – –					
Fax no.		Country code + ( ) – (0) – –					
E-mail address		@					
Passport (Please provide information of all passports possessed)		Issuing country		No.		Expire date Day Month Year / /	
Description		Height	Weight		Color of hair		Color of eyes
		Other					
Claim to victimhood of domestic violence		☐ This person is claiming or might be possible to claim to victimhood of domestic violence. ☐ This person is not claiming and will not claim to victimhood of domestic violence.					
Other useful information to identify the location		Ex: Person who might be able to provide additional information (name, address, telephone no., e-mail addresses, relation with the this person), place of work etc.					

資料 8　国際的な子の奪取の民事上の側面に関する条約の実施に関する法律に基づく外務大臣に対する援助申請に関する省令

6. Other					
Civil court proceeding	In Japan	Name of court		Case no.	
		Detail			
	Outside Japan	Country	Name of court		Case no.
		Detail			
Criminal prosecution		☐ The person who is considered to be interfering with the visitation or contact with the child or the person who is considered to live together with the child is criminally prosecuted. (if yes, please provide details)			
		Country			
		Detail			
		☐ No criminal prosecution ☐ Other ( )			
Identification of whereabouts of the child and the person who lives together with the child		☐ I hope the Central Authority will identify whereabouts of the child and the person who lives together with the child. ☐ I do not need the Central Authority to identify whereabouts of the child and the person who lives together with the child.			
Central Authority's measures to be taken (only when you apply for assistance in visitation or other contacts with the child in Japan)		<Multiple choice allowed> ☐(1) To realize the visitation or other contacts with the child based on an agreement, I hope the Central Authority will contact with the person who lives with the child and take necessary measures, such as facilitating the discussion. ☐(2) To realize the visitation or other contacts with the child through the judicial process, I request the Minister for Foreign Affairs disclose the name of the person who lives together with the child in case whereabouts of them are identified. (If you chose only (2), please indicate either of the following) ☐ To the extent necessary to identify their location, the Central Authority affords to contact with the person who lives with the child. ☐ I hope the Central Authority will not contact with the person who lives with the child.			
Other request for the Central Authority					

資料 8　国際的な子の奪取の民事上の側面に関する条約の実施に関する法律に基づく
外務大臣に対する援助申請に関する省令

To Minister for Foreign Affairs of Japan

　　　　　　　　　　　　　　　　　Day　　　　Month　　　　Year

The statement in this application and attached documents is true and correct, and

(Please indicate whether you are applying for return to Foreign State or to Japan)

☐ under the provision of Article 21 of the Convention on the Civil Aspects of International Child Abduction and Article 16(1) of the Act for Implementation of the Convention on the Civil Aspects of International Child Abduction, I file an application for <u>assistance in realizing the visitation or other contacts with the child in Japan</u> (Assistance in Visitation or Contact with Child in Japan).

☐ under the provision of Article 21 of the Convention on the Civil Aspects of International Child Abduction and Article 21(1) of the Act for Implementation of the Convention on the Civil Aspects of International Child Abduction, I file an application for <u>assistance in the visitation or other contacts with the child in a Contracting State other than Japan</u> (Assistance in Visitation or Contact with Child in Foreign State).

　　　　　　　　　　　Signature of Applicant
　　　　　　　　　　　　　　　(Please sign in applicant's own hand)

資料9 国際的な子の奪取の民事上の側面に関する条約の実施に関する法律第五条第三項の規定に基づき外務大臣が都道府県警察に求める措置に関する省令（平成26年外務省令第2号）

（子及び子と同居している者の所在を特定するために求める措置）

第1条 国際的な子の奪取の民事上の側面に関する条約の実施に関する法律（平成二十五年法律第四十八号。第五条第三項（同法第二十条において準用する場合を含む。）の規定に基づき，以下「法」という。）外務大臣が都道府県警察に対し措置をとることを求める場合には，書面により，警察庁長官を経由して，行方不明者発見活動に関する規則（平成二十一年国家公安委員会規則第十三号。以下「規則」という。）による措置を求めるものとする。

（資料の公表等に関し外務大臣が求める措置）

第2条 外務大臣は，前条の場合において，規則第十四条第一項，第二十五条第二項及び第二十六条第一項ただし書の規定による措置をとらないことを求めることができる。

附則

この省令は，法の施行の日から施行する。

資料10 国際的な子の奪取の民事上の側面に関する条約の実施に関する法律による子の返還に関する事件の手続等に関する規則（平成25年最高裁判所規則第5号）

目次

第1章　子の返還に関する事件の手続

　第1節　通則（第1条―第4条）

　第2節　子の返還申立事件の手続

　　第1款　総則

　　　第1目　管轄（第5条―第7条）

　　　第2目　裁判所職員の除斥，忌避及び回避（第8条―第12条）

　　　第3目　当事者能力及び手続行為能力（第13条・第14条）

　　　第4目　参加（第15条・第16条）

　　　第5目　手続代理人（第17条）

　　　第6目　手続費用（第18条・第19条）

　　　第7目　子の返還申立事件の審理等（第20条―第33条）

　　第2款　第一審裁判所における子の返還申立事件の手続

　　　第1目　子の返還の申立て（第34条―第41条）

　　　第2目　子の返還申立事件の手続の期日（第42条・第43条）

　　　第3目　事実の調査及び証拠調べ（第44条―第46条）

　　　第4目　裁判（第47条―第50条）

　　　第5目　裁判によらない子の返還申立事件の終了（第51条―第53条）

　　第3款　不服申立て

　　　第1目　終局決定に対する即時抗告（第54条―第58条）

　　　第2目　終局決定に対する特別抗告（第59条―第67条）

　　　第3目　終局決定に対する許可抗告（第68条）

　　　第4目　終局決定以外の裁判に対する不服申立て（第69条―第71条）

　　第4款　終局決定の変更（第72条・第73条）

　　第5款　再審（第74条・第75条）

　第3節　義務の履行状況の調査及び履行の勧告（第76条）

　第4節　出国禁止命令（第77条―第83条）

資料10　国際的な子の奪取の民事上の側面に関する条約の実施に関する法律による子の返還に関する事件の手続等に関する規則

第2章　子の返還の執行手続に関する民事執行規則の特則（第84条—第91条）
第3章　家事事件の手続に関する特則
　第1節　子の返還申立事件に係る家事調停の手続等（第92条）
　第2節　面会その他の交流についての家事審判及び家事調停の手続等に関する特則（第93条—第95条）
第4章　雑則（第96条・第97条）
附則

第1章　子の返還に関する事件の手続
第1節　通則
（当事者等が裁判所に提出すべき書面の記載事項）
第1条　申立書その他の当事者，子の返還に関する事件の手続に参加した子（以下この条において単に「手続に参加した子」という。）又は代理人が裁判所に提出すべき書面には，次に掲げる事項を記載し，当事者，手続に参加した子又は代理人が記名押印するものとする。
　一　当事者及び手続に参加した子の氏名又は名称及び住所並びに代理人の氏名及び住所
　二　手続代理人の郵便番号及び電話番号（ファクシミリの番号を含む。次項において同じ。）
　三　事件の表示
　四　附属書類の表示
　五　年月日
　六　裁判所の表示
2　前項の規定にかかわらず，当事者，手続に参加した子又は代理人からその住所を記載した同項の書面が提出されているときは，以後裁判所に提出する同項の書面については，これを記載することを要しない。手続代理人からその郵便番号及び電話番号を記載した同項の書面が提出されているときも，同様とする。
（裁判所に提出すべき書面のファクシミリによる提出）
第2条　裁判所に提出すべき書面は，次に掲げるものを除き，ファクシミリを利用して送信することにより提出することができる。
　一　民事訴訟費用等に関する法律（昭和四十六年法律第四十号）の規定により手数料を

納付しなければならない申立てに係る書面
　二　その提出により子の返還に関する事件の手続の開始，続行，停止又は完結をさせる書面（前号に該当する書面を除く。）
　三　法定代理権，子の返還に関する事件の手続における手続上の行為をするのに必要な授権又は手続代理人の権限を証明する書面その他の子の返還に関する事件の手続上重要な事項を証明する書面
　四　特別抗告の抗告理由書又は国際的な子の奪取の民事上の側面に関する条約の実施に関する法律（平成二十五年法律第四十八号。以下「法」という。）第百十一条第二項（法第百十六条第一項（法第百三十三条において準用する場合を含む。）及び第百三十三条において準用する場合を含む。）の申立てに係る理由書
2　ファクシミリを利用して書面が提出されたときは，裁判所が受信した時に，当該書面が裁判所に提出されたものとみなす。
3　裁判所は，前項に規定する場合において，必要があると認めるときは，提出者に対し，送信に使用した書面を提出させることができる。

（裁判所に提出する書面に記載した情報の電磁的方法による提供等）
第3条　裁判所は，書面を裁判所に提出した者又は提出しようとする者が当該書面に記載されている情報の内容を記録した電磁的記録（電子的方式，磁気的方式その他人の知覚によっては認識することができない方式で作られる記録であって，電子計算機による情報処理の用に供されるものをいう。以下この項において同じ。）を有している場合において，必要があると認めるときは，その者に対し，当該電磁的記録に記録された情報を電磁的方法（電子情報処理組織を使用する方法その他の情報通信の技術を利用する方法をいう。）であって裁判所の定めるものにより裁判所に提供することを求めることができる。
2　裁判所は，申立書その他の書面を送付しようとするときその他必要があると認めるときは，当該書面を裁判所に提出した者又は提出しようとする者に対し，その写しを提出することを求めることができる。

（申立てその他の申述の方式等に関する民事訴訟規則の準用）
第4条　民事訴訟規則（平成八年最高裁判所規則第五号）第一条の規定は子の返還に関する事件の手続における申立てその他の申述の方式について，同規則第四条の規定は子の返還に関する事件の手続における催告及び通知について，同規則第五条の規定は子の返

還に関する事件の手続における書類の記載の仕方について準用する。

第2節　子の返還申立事件の手続
第1款　総則
第1目　管轄
（移送の申立ての方式・法第三十七条）

第5条　移送の申立ては、子の返還申立事件の手続の期日においてする場合を除き、書面でしなければならない。

2　前項の申立てをするときは、申立ての理由を明らかにしなければならない。

（移送等における取扱い・法第三十七条）

第6条　家庭裁判所は、法第三十七条第二項又は第四項の規定による移送の裁判をするときは、当事者及び子の返還申立事件の手続に参加した子（以下この節において単に「手続に参加した子」という。）の意見を聴くことができる。

2　家庭裁判所は、法第三十七条第三項の規定による裁判をするときは、当事者及び手続に参加した子の意見を聴かなければならない。

（移送に関する民事訴訟規則の準用・法第三十七条）

第7条　民事訴訟規則第九条の規定は、子の返還申立事件の移送の裁判について準用する。

第2目　裁判所職員の除斥、忌避及び回避
（除斥又は忌避の申立ての方式等・法第三十八条等）

第8条　裁判官に対する除斥又は忌避の申立ては、その原因を明示して、裁判官の所属する裁判所にしなければならない。

2　前項の申立ては、子の返還申立事件の手続の期日においてする場合を除き、書面でしなければならない。

3　除斥又は忌避の原因は、申立てをした日から三日以内に疎明しなければならない。法第三十九条第二項ただし書に規定する事実についても、同様とする。

（除斥又は忌避についての裁判官の意見陳述・法第四十条）

第9条　裁判官は、その除斥又は忌避の申立てについて意見を述べることができる。

（裁判官の回避）

第10条　裁判官は、法第三十八条第一項又は第三十九条第一項に規定する場合には、監督

権を有する裁判所の許可を得て，回避することができる。

（裁判所書記官の除斥等・法第四十一条）

第11条　裁判所書記官の除斥，忌避及び回避については，前三条の規定を準用する。

（家庭裁判所調査官の除斥及び回避・法第四十二条）

第12条　家庭裁判所調査官の除斥及び回避については，第八条から第十条までの規定（忌避に関する部分を除く。）を準用する。

第3目　当事者能力及び手続行為能力

（法人でない社団又は財団の当事者能力の判断資料の提出等・法第四十三条）

第13条　子の返還申立事件の手続における法人でない社団又は財団の当事者能力の判断資料の提出については民事訴訟規則第十四条の規定を，子の返還申立事件の手続における法定代理権及び手続上の行為をするのに必要な授権の証明については同規則第十五条前段の規定を，子の返還申立事件の手続における法定代理権の消滅の届出については同規則第十七条前段の規定を準用する。

（法人の代表者等への準用・法第四十六条）

第14条　法人の代表者及び法人でない社団又は財団で当事者能力を有するものの代表者又は管理人については，この規則中法定代理及び法定代理人に関する規定を準用する。

第4目　参加

（参加の申出の方式等・法第四十七条等）

第15条　法第四十七条第三項の書面には，子の返還申立事件の手続に参加する者が当事者となる資格を有する者であることを明らかにする資料を添付しなければならない。

2　法第四十七条第一項の規定による参加の申出があった場合には，当該申出を却下する裁判があったときを除き，裁判所書記官は，その旨を当事者及び手続に参加した子に通知しなければならない。

3　法第四十七条第二項の規定による参加の裁判があったときは，裁判所書記官は，その旨を当事者及び手続に参加した子に通知しなければならない。

4　第二項の規定は法第四十八条第一項の規定による参加の申出があった場合について，前項の規定は同条第二項の規定による参加の裁判があった場合について準用する。

（手続からの排除の通知・法第四十九条）

第16条　法第四十九条第一項の規定による排除の裁判があったときは，裁判所書記官は，その旨を当事者及び手続に参加した子に通知しなければならない。

第5目　手続代理人
（手続代理人の代理権の証明等・法第五十条等）
第17条　手続代理人の権限の証明及び消滅の届出については，民事訴訟規則第二十三条の規定を準用する。

第6目　手続費用
（手続費用に関する民事訴訟規則の準用・法第五十八条）
第18条　民事訴訟規則第一編第四章第一節の規定は，子の返還申立事件の手続の費用の負担について準用する。この場合において，同規則第二十四条第二項中「第四十七条（書類の送付）第一項」とあるのは，「国際的な子の奪取の民事上の側面に関する条約の実施に関する法律による子の返還に関する事件の手続等に関する規則（平成二十五年最高裁判所規則第五号）第三十三条第一項」と読み替えるものとする。

（手続上の救助の申立ての方式等・法第五十九条）
第19条　手続上の救助の申立ては，書面でしなければならない。
2　手続上の救助の事由は，疎明しなければならない。

第7目　子の返還申立事件の審理等
（受命裁判官の指定及び裁判所の嘱託の手続）
第20条　子の返還申立事件の手続における受命裁判官の指定及び裁判所がする嘱託の手続については，民事訴訟規則第三十一条の規定を準用する。

（期日調書の形式的記載事項・法第六十一条）
第21条　法第六十一条の調書（以下「期日調書」という。）には，次に掲げる事項を記載しなければならない。
　一　事件の表示
　二　裁判官及び裁判所書記官の氏名
　三　出頭した当事者，手続に参加した子，代理人，補佐人，通訳人及びその他の関係人の氏名

資料10　国際的な子の奪取の民事上の側面に関する条約の実施に関する法律による
　　　　子の返還に関する事件の手続等に関する規則　　　　　　　　　　　　　515

　四　期日の日時及び場所
2　期日調書には，裁判所書記官が記名押印し，裁判長が認印しなければならない。
3　前項の場合において，裁判長に支障があるときは，陪席裁判官がその事由を付記して認印しなければならない。裁判官に支障があるときは，裁判所書記官がその旨を記載すれば足りる。

（期日調書の実質的記載事項・法第六十一条）
第22条　期日調書には，手続の要領を記載し，特に，次に掲げる事項を明確にしなければならない。
　一　申立ての趣旨の変更，申立ての取下げ及び和解
　二　証人，当事者本人及び鑑定人の陳述
　三　証人，当事者本人及び鑑定人の宣誓の有無並びに証人及び鑑定人に宣誓をさせなかった理由
　四　検証の結果
　五　裁判長が記載を命じた事項及び当事者の請求により記載を許した事項
　六　書面を作成しないでした裁判
2　前項の規定にかかわらず，子の返還申立事件の手続が裁判によらないで完結した場合には，裁判長の許可を得て，証人，当事者本人及び鑑定人の陳述並びに検証の結果の記載を省略することができる。ただし，当事者が子の返還申立事件の手続の完結を知った日から一週間以内にその記載をすべき旨の申出をしたときは，この限りでない。
3　期日調書には，手続の要領のほか，当事者及び手続に参加した子による書面の提出の予定その他手続の進行に関する事項を記載することができる。

（期日及び期日調書に関する民事訴訟規則の準用・法第六十一条）
第23条　民事訴訟規則第六十八条から第七十七条までの規定は，子の返還申立事件の手続の期日及び期日調書について準用する。この場合において，同規則第六十八条第一項中「前条（口頭弁論調書の実質的記載事項）第一項」とあるのは「国際的な子の奪取の民事上の側面に関する条約の実施に関する法律による子の返還に関する事件の手続等に関する規則第二十二条第一項」と，同規則第七十四条第一項第三号中「上訴の提起又は上告受理」とあるのは「終局決定に対する即時抗告若しくは特別抗告の提起又は国際的な子の奪取の民事上の側面に関する条約の実施に関する法律（平成二十五年法律第四十八号）第百十一条第二項」と，同規則第七十七条中「法廷」とあるのは「子の返還申立事

件の手続の期日」と読み替えるものとする。

（子の返還申立事件の記録の正本等の様式・法第六十二条）

第24条　子の返還申立事件の記録の正本，謄本又は抄本には，正本，謄本又は抄本であることを記載し，裁判所書記官が記名押印しなければならない。

（住所等表示部分の閲覧等又はその複製の許可の申立て・法第六十二条）

第25条　当事者が子の返還申立事件の記録中住所等表示部分（法第六十二条第四項に規定する住所等表示部分をいう。第九十五条第一項において同じ。）の閲覧等（法第六十二条第一項に規定する閲覧等をいう。次条において同じ。）又はその複製の許可の申立てをするときは，同条第四項第一号又は第二号に該当することを明らかにする資料を提出しなければならない。

（子の返還申立事件の記録の閲覧等又はその複製の許可・法第六十二条）

第26条　法第六十二条第三項又は第六項の規定による許可の裁判においては，子の返還申立事件の記録中閲覧等又はその複製を許可する部分を特定しなければならない。

（受命裁判官又は受託裁判官の期日指定・法第六十三条）

第27条　受命裁判官又は受託裁判官が行う子の返還申立事件の手続の期日は，その裁判官が指定する。

（期日変更の制限・法第六十三条）

第28条　子の返還申立事件の手続の期日の変更は，次に掲げる事由に基づいては，してはならない。ただし，やむを得ない事由があるときは，この限りでない。

一　当事者又は手続に参加した子の一人につき手続代理人が数人ある場合において，その一部の代理人について変更の事由が生じたこと。

二　期日指定後にその期日と同じ日時が他の事件の期日に指定されたこと。

（裁判長等が定めた期間の伸縮・法第六十三条）

第29条　裁判長，受命裁判官又は受託裁判官が定めた期間の伸縮については，民事訴訟規則第三十八条の規定を準用する。

（受継の申立ての方式等・法第六十五条等）

第30条　法第六十五条第一項又は第三項の規定による受継の申立ては，書面でしなければならない。

2　前項の書面には，子の返還申立事件の手続を受け継ぐ者が法令により手続を続行する資格のある者であることを明らかにする資料を添付しなければならない。

3　法第六十五条第一項又は第三項の規定による受継があったときは，裁判所書記官は，その旨を当事者及び手続に参加した子に通知しなければならない。

4　第一項及び第二項の規定は法第六十六条第一項又は第三項の規定による受継の申立てについて，前項の規定は同条第一項又は第三項の規定による受継があった場合について準用する。この場合において，第二項中「法令により手続を続行する資格のある者」とあるのは，「当該子の返還申立事件において申立人となることができる者又は相手方の死亡後に子を監護している者」と読み替えるものとする。

（当事者の死亡の届出・法第六十六条）

第31条　当事者が死亡したときは，その手続代理人は，その旨を裁判所に書面で届け出なければならない。

（送達・法第六十七条）

第32条　送達については，民事訴訟規則第一編第五章第四節の規定（同規則第四十一条第二項及び第四十七条の規定を除く。）を準用する。この場合において，同規則第三十九条中「地方裁判所」とあるのは，「家庭裁判所」と読み替えるものとする。

（書類の送付）

第33条　直送（当事者又は手続に参加した子（以下この条及び第四十六条第二項において「当事者等」という。）の他の当事者等に対する直接の送付をいう。以下この条及び同項において同じ。）その他の送付は，送付すべき書類の写しの交付又はその書類のファクシミリを利用しての送信によってする。

2　裁判所が当事者等その他の関係人に対し送付すべき書類の送付に関する事務は，裁判所書記官が取り扱う。

3　裁判所が当事者等の提出に係る書類の他の当事者等への送付をしなければならない場合（送達をしなければならない場合を除く。）において，当事者等がその書類について直送をしたときは，その送付は，することを要しない。

4　当事者等が直送をしなければならない書類について，直送を困難とする事由その他相当とする事由があるときは，当該当事者等は，裁判所に対し，当該書類の他の当事者等への送付を裁判所書記官に行わせるよう申し出ることができる。

第2款　第一審裁判所における子の返還申立事件の手続

第1目　子の返還の申立て

（子の返還申立書の記載事項等・法第七十条等）

第34条 子の返還申立書には，申立ての趣旨及び子の返還申立事件の手続による旨を記載するほか，次に掲げる事項を記載しなければならない。

一　法第二十七条各号に掲げる事由

二　予想される争点及び当該争点に関連する重要な事実

三　第一号に掲げる事由及び予想される争点ごとの証拠

四　返還を求める子について親権者の指定若しくは変更又は子の監護に関する処分についての審判事件（人事訴訟法（平成十五年法律第百九号）第三十二条第一項に規定する附帯処分についての裁判及び同条第三項の親権者の指定についての裁判に係る事件を含む。第四十一条第一項第六号において同じ。）が係属している場合には，当該審判事件が係属している裁判所及び当該審判事件の表示

2　前項第一号に掲げる事由及び予想される争点についての証拠書類があるときは，その写しを子の返還申立書に添付しなければならない。

3　子の返還申立書には，相手方の数と同数の写しを添付しなければならない。

4　家庭裁判所は，子の返還の申立てをした者に対し，前二項の写しのほか，子の返還申立事件の手続の円滑な進行を図るために必要な資料の提出を求めることができる。

（申立ての通知）

第35条 子の返還の申立てがあったときは，裁判所書記官は，速やかに，その旨を外務大臣に通知しなければならない。

（子の返還申立書の補正の促し・法第七十条）

第36条 裁判長は，子の返還申立書の記載について必要な補正を促す場合には，裁判所書記官に命じて行わせることができる。

（子の返還申立書の却下の命令に対する即時抗告・法第七十条等）

第37条 子の返還申立書の却下の命令に対し即時抗告をするときは，抗告状には，却下された子の返還申立書を添付しなければならない。

（参考事項の聴取・法第七十条）

第38条 裁判長は，子の返還の申立てがあったときは，当事者から，子の返還申立事件の手続の進行に関する意見その他手続の進行について参考とすべき事項の聴取をすることができる。

2　裁判長は，前項の聴取をする場合には，裁判所書記官に命じて行わせることができる。

（申立ての変更の通知・法第七十一条）

第39条 申立人が法第七十一条第一項の規定により申立ての趣旨を変更した場合には，同条第三項又は第四項の規定による裁判があったときを除き，裁判所書記官は，その旨を当事者及び手続に参加した子に通知しなければならない。

（答弁書の提出期限）

第40条 法第七十二条第一項の規定により子の返還申立書の写しが相手方に送付されるときは，裁判長は，答弁書の提出をすべき期限を定めなければならない。

（答弁書の提出等）

第41条 相手方は，前条の期限までに，次に掲げる事項を記載した答弁書を提出しなければならない。

一　申立ての趣旨に対する答弁

二　子の返還申立書に記載された事実に対する認否

三　法第二十八条第一項各号に掲げる事由であって答弁を理由付けるもの

四　予想される争点及び当該争点に関連する重要な事実

五　第三号に掲げる事由及び予想される争点ごとの証拠

六　返還を求める子について親権者の指定若しくは変更又は子の監護に関する処分についての審判事件が係属している場合には，当該審判事件が係属している裁判所及び当該審判事件の表示

2　前項第三号に掲げる事由及び予想される争点についての証拠書類があるときは，その写しを答弁書に添付しなければならない。

第2目　子の返還申立事件の手続の期日

（音声の送受信による通話の方法による手続・法第七十五条）

第42条 家庭裁判所及び当事者双方が音声の送受信により同時に通話をすることができる方法によって子の返還申立事件の手続の期日における手続（証拠調べを除く。）を行うときは，家庭裁判所又は受命裁判官は，通話者及び通話先の場所の確認をしなければならない。

2　前項の手続を行ったときは，その旨及び通話先の電話番号を子の返還申立事件の記録上明らかにしなければならない。この場合においては，通話先の電話番号に加えてその場所を明らかにすることができる。

		資料10　国際的な子の奪取の民事上の側面に関する条約の実施に関する法律による子の返還に関する事件の手続等に関する規則

（手続代理人の陳述禁止等の通知・法第七十六条）

第43条　手続代理人の陳述禁止等の通知については，民事訴訟規則第六十五条の規定を準用する。

第3目　事実の調査及び証拠調べ

（事実の調査・法第七十七条等）

第44条　事実の調査は，必要に応じ，事件の関係人の性格，経歴，生活状況，財産状態及び家庭環境その他の環境等について，医学，心理学，社会学，経済学その他の専門的知識を活用して行うように努めなければならない。

2　事実の調査については，裁判所書記官は，その要旨を子の返還申立事件の記録上明らかにしておかなければならない。

（審問の期日の通知・法第八十五条）

第45条　法第八十五条第二項の審問の期日は，当事者及び手続に参加した子に通知しなければならない。ただし，その通知をすることにより事実の調査に支障を生ずるおそれがあると認められるときは，この限りでない。

（証拠調べ・法第八十六条）

第46条　子の返還申立事件の手続における証拠調べについては，民事訴訟規則第二編第三章第一節から第六節までの規定（同規則第九十九条第二項，第百条，第百一条，第百二十一条及び第百三十九条の規定を除く。）を準用する。この場合において，これらの規定中「直送」とあるのは「国際的な子の奪取の民事上の側面に関する条約の実施に関する法律による子の返還に関する事件の手続等に関する規則第三十三条第一項の直送」と，同規則第百四条中「地方裁判所又は簡易裁判所」とあるのは「家庭裁判所」と，同規則第百二十九条の二中「口頭弁論若しくは弁論準備手続の期日又は進行協議期日」とあるのは「子の返還申立事件の手続の期日」と，同規則第百四十条第三項中「第九十九条（証拠の申出）第二項」とあるのは「国際的な子の奪取の民事上の側面に関する条約の実施に関する法律による子の返還に関する事件の手続等に関する規則第四十六条第二項」と読み替えるものとする。

2　当事者等が前項において準用する民事訴訟規則第九十九条第一項の証拠の申出を記載した書面を裁判所に提出する場合には，当該書面について直送をしなければならない。

3　裁判長は，必要があると認めるときは，第一項の証拠調べの期日において家庭裁判所

調査官又は医師である裁判所技官が証人，当事者本人又は鑑定人に対し直接に問いを発することを許すことができる。

第4目　裁判

（終局決定の確定証明書等・法第九十三条等）

第47条　家庭裁判所の裁判所書記官は，法第六十二条第一項又は第七項の規定による請求により，子の返還申立事件の記録に基づいて終局決定の確定についての証明書を交付する。

2　子の返還申立事件がなお抗告審に係属中であるときは，前項の規定にかかわらず，当該子の返還申立事件の記録の存する裁判所の裁判所書記官が，終局決定の確定した部分のみについて同項の証明書を交付する。

3　前二項の規定は，終局決定以外の裁判について準用する。

（終局決定の確定の通知）

第48条　終局決定が確定したときは，裁判所書記官は，速やかに，その旨を外務大臣に通知しなければならない。

（終局決定の方式等・法第九十四条等）

第49条　終局決定の裁判書には，終局決定をした裁判官が記名押印しなければならない。

2　合議体の構成員である裁判官が終局決定の裁判書に記名押印することに支障があるときは，他の裁判官が終局決定の裁判書にその事由を付記して記名押印しなければならない。

3　終局決定の告知がされたときは，裁判所書記官は，その旨及び告知の方法を子の返還申立事件の記録上明らかにしなければならない。

4　前三項の規定は，終局決定以外の裁判について準用する。

（脱漏した手続費用の負担の裁判を求める申立て・法第九十六条）

第50条　手続費用の負担の裁判を脱漏した場合における手続費用の負担の裁判を求める申立てについては，民事訴訟規則第百六十一条の規定を準用する。

第5目　裁判によらない子の返還申立事件の終了

（裁判によらない子の返還申立事件の終了の通知）

第51条　子の返還申立事件が裁判によらないで終了したときは，裁判所書記官は，速やか

に，その旨を外務大臣に通知しなければならない。

（子の返還の申立ての取下げがあった場合等の取扱い・法第九十九条等）

第52条　子の返還の申立ての取下げがあった場合において，相手方の同意を要しないときは，裁判所書記官は，申立ての取下げがあった旨を当事者及び手続に参加した子に通知しなければならない。

2　子の返還の申立ての取下げについて相手方の同意を要する場合において，相手方が申立ての取下げに同意したとき（法第九十九条第三項の規定により同意したものとみなされた場合を含む。）は，裁判所書記官は，その旨を当事者及び手続に参加した子に通知しなければならない。

3　法第百四十七条の規定により子の返還申立事件について申立ての取下げがあったものとみなされたときは，裁判所書記官は，遅滞なく，その旨を手続に参加した子（子の返還申立事件に係る家事調停の手続に参加したものを除く。）に通知しなければならない。

（和解・法第百条）

第53条　子の返還申立事件における和解については，民事訴訟規則第三十二条，第百六十三条及び第百六十四条の規定を準用する。

2　当事者が裁判所において和解をしたときは，裁判所書記官は，遅滞なく，その旨を手続に参加した子に通知しなければならない。

第3款　不服申立て
第1目　終局決定に対する即時抗告

（抗告状の記載事項等・法第百一条等）

第54条　終局決定に対する即時抗告をするときは，抗告状には，原決定の取消し又は変更を求める事由を具体的に記載しなければならない。

2　前項の抗告状には，原審における当事者及び手続に参加した子（抗告人を除く。）の数と同数の写しを添付しなければならない。

（抗告裁判所への事件送付）

第55条　終局決定に対する即時抗告があった場合には，原裁判所は，抗告却下の決定をしたときを除き，遅滞なく，事件を抗告裁判所に送付しなければならない。

2　前項の規定による事件の送付は，原裁判所の裁判所書記官が，抗告裁判所の裁判所書

記官に対し，子の返還申立事件の記録を送付してしなければならない。

（反論書）

第56条 裁判長は，原審における当事者（抗告人を除く。）に対し，相当の期間を定めて，抗告人が主張する原決定の取消し又は変更を求める事由に対する当該当事者の主張を記載した書面の提出を命ずることができる。

（原審の終局決定の裁判書の引用・法第百六条）

第57条 抗告審の終局決定の裁判書における理由の記載は，原審の終局決定の裁判書を引用してすることができる。

（第一審の手続の規定及び民事訴訟規則の準用・法第百七条）

第58条 終局決定に対する即時抗告及びその抗告審に関する手続については，特別の定めがある場合を除き，前款の規定（第三十五条，第三十七条，第四十条，第四十一条及び第五十二条第一項の規定を除く。）を準用する。

2　民事訴訟規則第百七十三条，第百七十七条及び第百八十五条の規定は，終局決定に対する即時抗告及びその抗告審に関する手続について準用する。この場合において，同規則第百七十三条第三項及び第百七十七条第二項中「相手方」とあるのは，「原審における当事者及び手続に参加した子」と読み替えるものとする。

第2目　終局決定に対する特別抗告

（特別抗告をする場合における費用の予納・法第百八条等）

第59条 特別抗告をするときは，抗告状の写しの送付に必要な費用のほか，抗告提起通知書の送達及び送付，抗告理由書の写しの送付，裁判の告知並びに抗告裁判所が子の返還申立事件又は抗告事件の記録の送付を受けた旨の通知に必要な費用の概算額を予納しなければならない。

（特別抗告の抗告提起通知書の送達及び送付・法第百八条等）

第60条 特別抗告があった場合には，原裁判所は，抗告状却下の命令又は法第百十条第一項において準用する法第百三条第三項の規定による抗告却下の決定があったときを除き，抗告提起通知書を，抗告人に送達するとともに，原審における当事者及び手続に参加した子（抗告人を除く。）に送付しなければならない。

（特別抗告の抗告理由書の提出期間・法第百八条等）

第61条 特別抗告の抗告理由書の提出の期間は，抗告人が前条の規定による抗告提起通知

書の送達を受けた日から十四日とする。

（特別抗告の理由を記載した書面の写しの添付・法第百八条等）

第62条 特別抗告の理由を記載した書面には，原審における当事者及び手続に参加した子（抗告人を除く。）の数に六を加えた数の写しを添付しなければならない。

（抗告裁判所への事件送付・法第百八条等）

第63条 特別抗告があった場合には，原裁判所は，抗告状却下の命令又は抗告却下の決定があったときを除き，事件を抗告裁判所に送付しなければならない。この場合において，原裁判所は，抗告人が特別抗告の理由中に示した子の返還申立事件の手続に関する事実の有無について意見を付することができる。

2　前項の規定による事件の送付は，原裁判所の裁判所書記官が，抗告裁判所の裁判所書記官に対し，子の返還申立事件の記録を送付してしなければならない。ただし，原裁判所が子の返還申立事件の記録を送付する必要がないと認めたときは，原裁判所の裁判所書記官は，抗告事件の記録のみを抗告裁判所の裁判所書記官に送付すれば足りる。

3　抗告裁判所の裁判所書記官は，前項の規定による子の返還申立事件又は抗告事件の記録の送付を受けたときは，速やかに，その旨を原審における当事者及び手続に参加した子に通知しなければならない。

4　第二項ただし書の規定により抗告事件の記録のみが送付された場合において，抗告裁判所が同項の子の返還申立事件の記録が必要であると認めたときは，抗告裁判所の裁判所書記官は，速やかに，その送付を原裁判所の裁判所書記官に求めなければならない。

（特別抗告の抗告理由書の写しの送付・法第百八条等）

第64条 抗告裁判所は，原裁判所から事件の送付を受けた場合には，特別抗告が不適法であるとき又は特別抗告に理由がないことが明らかなときを除き，原審における当事者及び手続に参加した子（抗告人を除く。）に対し，特別抗告の抗告理由書の写しを送付しなければならない。

（執行停止の申立ての方式等・法第百九条）

第65条 法第百九条第一項ただし書の申立ては，書面でしなければならない。

2　法第百九条第一項ただし書の規定による裁判があったとき又は当該裁判が効力を失ったときは，裁判所書記官は，速やかに，その旨を外務大臣に通知しなければならない。

（差戻し等の通知）

第66条 法第百十条第二項において準用する民事訴訟法（平成八年法律第百九号）第三百

二十五条第一項前段若しくは第二項又は第三百二十六条の規定による裁判があったときは，裁判所書記官は，速やかに，その旨を外務大臣に通知しなければならない。

（即時抗告の規定及び民事訴訟規則の準用・法第百十条）

第67条 第五十四条第二項，第五十七条及び第五十八条の規定は，特別抗告及びその抗告審に関する手続について準用する。

2 民事訴訟規則第五十条の二，第百九十条第一項，第百九十二条，第百九十三条，第百九十六条及び第二百二条の規定は，特別抗告及びその抗告審に関する手続について準用する。この場合において，同規則第百九十六条第一項中「第百九十四条（上告理由書の提出期間）」とあるのは「国際的な子の奪取の民事上の側面に関する条約の実施に関する法律による子の返還に関する事件の手続等に関する規則第六十一条」と，「第百九十条（法第三百十二条第一項及び第二項の上告理由の記載の方式）又は第百九十一条（法第三百十二条第三項の上告理由の記載の方式）」とあるのは「同規則第六十七条第二項において準用する第百九十条第一項」と読み替えるものとする。

第三目 終局決定に対する許可抗告

（即時抗告等の規定及び民事訴訟規則の準用・法第百十二条）

第68条 第五十四条第二項及び第五十七条から第六十六条までの規定は，許可抗告及びその抗告審に関する手続について準用する。この場合において，第五十四条第二項中「前項の抗告状」とあり，及び第五十九条中「抗告状」とあるのは「法第百十一条第二項の規定による許可の申立書」と，同条，第六十条，第六十二条及び第六十三条第一項中「特別抗告」とあるのは「法第百十一条第二項の申立て」と，第五十九条から第六十一条までの規定中「抗告提起通知書」とあるのは「抗告許可申立て通知書」と，第五十九条中「抗告理由書」とあり，並びに第六十一条及び第六十四条中「特別抗告の抗告理由書」とあるのは「法第百十一条第二項の申立てに係る理由書」と，第六十条及び第六十三条第一項中「抗告状却下」とあるのは「法第百十一条第二項の規定による許可の申立書の却下」と，第六十条中「法第百十条第一項において準用する法第百三条第三項の規定による抗告却下」とあり，及び第六十三条第一項中「抗告却下」とあるのは「法第百十一条第二項の申立ての却下若しくは不許可」と，第六十四条中「特別抗告が不適法であるとき又は特別抗告」とあるのは「法第百十一条第二項の申立てが不適法であるとき又は同項の申立て」と，第六十六条中「第百十条第二項」とあるのは「第百十二条第二項

と読み替えるものとする。

2　民事訴訟規則第百九十二条，第百九十三条，第百九十六条及び第百九十九条第一項の規定は法第百十一条第二項の申立てについて，同規則第二百条の規定は法第百十一条第二項の規定による許可をする場合について，同規則第五十条の二及び第二百二条の規定は許可抗告の抗告審に関する手続について準用する。この場合において，同規則第百九十六条第一項中「第百九十四条（上告理由書の提出期間）」とあるのは「国際的な子の奪取の民事上の側面に関する条約の実施に関する法律による子の返還に関する事件の手続等に関する規則第六十八条第一項において読み替えて準用する同規則第六十一条」と，「第百九十条（法第三百十二条第一項及び第二項の上告理由の記載の方式）又は第百九十一条（法第三百十二条第三項の上告理由の記載の方式）」とあるのは「同規則第六十八条第二項において準用する第百九十九条第一項」と，同条第二項中「法第三百十六条（原裁判所による上告の却下）第一項第二号の規定による上告却下」とあるのは「国際的な子の奪取の民事上の側面に関する条約の実施に関する法律第百十一条第二項の規定による申立ての不許可」と，「法第三百十五条（上告の理由の記載）第二項」とあるのは「国際的な子の奪取の民事上の側面に関する条約の実施に関する法律による子の返還に関する事件の手続等に関する規則第六十八条第二項において準用する第百九十九条第一項」と読み替えるものとする。

第4目　終局決定以外の裁判に対する不服申立て

（即時抗告の提起に係る記録の送付・法第百十三条）

第69条　終局決定以外の裁判に対する即時抗告（第三項の即時抗告を除く。）があった場合において，原裁判所が子の返還申立事件の記録を送付する必要がないと認めたときは，第七十一条において準用する第五十五条第二項の規定にかかわらず，原裁判所の裁判所書記官は，抗告事件の記録のみを抗告裁判所の裁判所書記官に送付すれば足りる。

2　前項の規定により抗告事件の記録が送付された場合において，抗告裁判所が同項の子の返還申立事件の記録が必要であると認めたときは，抗告裁判所の裁判所書記官は，速やかに，その送付を原裁判所の裁判所書記官に求めなければならない。

3　法第六十二条第十一項の規定による即時抗告があったときは，第七十一条において準用する第五十五条第二項の規定にかかわらず，原裁判所の裁判所書記官は，抗告事件の記録のみを抗告裁判所の裁判所書記官に送付するものとする。

4　前項の場合には，同項の記録に，抗告事件についての原裁判所の意見を記載した書面及び抗告事件の審理に参考となる資料を添付しなければならない。

（原裁判所の意見）

第70条　終局決定以外の裁判に対する即時抗告があった場合において，抗告裁判所に事件を送付するときは，原裁判所は，抗告事件についての意見を付さなければならない。

（終局決定に対する不服申立ての規定の準用・法第百十六条）

第71条　裁判所，裁判官又は裁判長がした終局決定以外の裁判に対する不服申立てについては，特別の定めがある場合を除き，前款の規定（第三十五条，第三十七条，第四十条，第四十一条，第四十八条，第五十一条及び第五十二条第一項の規定を除く。）及び前三目の規定（第五十四条第二項及び第五十八条第一項（これらの規定を第六十七条第一項及び第六十八条第一項において準用する場合を含む。）並びに第六十二条，第六十四条，第六十五条第二項及び第六十六条（これらの規定を第六十八条第一項において準用する場合を含む。）の規定を除く。）を準用する。

第4款　終局決定の変更

（終局決定の変更の手続・法第百十七条）

第72条　法第百十七条第一項の規定による終局決定の変更の申立書（次項から第四項までにおいて「終局決定の変更の申立書」という。）には，変更を求める終局決定の裁判書の写しを添付しなければならない。

2　終局決定の変更の申立書に記載すべき終局決定の変更を求める理由は，具体的な事実を含むものでなければならない。

3　前項の具体的な事実についての証拠書類があるときは，その写しを終局決定の変更の申立書に添付しなければならない。

4　終局決定の変更の申立書には，当事者（法第百十七条第一項の申立てをした者を除く。）及び手続に参加した子の数と同数の写しを添付しなければならない。

5　前各項に規定するもののほか，法第百十七条第一項の規定による終局決定の変更の手続については，その性質に反しない限り，各審級における手続に関する規定を準用する。

（法第百十八条第一項の申立て等・法第百十八条）

第73条　法第百十八条第一項の規定による申立てについては第六十五条第一項の規定を，法第百十八条第一項の規定による裁判があった場合又は当該裁判が効力を失った場合に

ついては第六十五条第二項の規定を準用する。

第5款 再審

（再審の手続・法第百十九条）

第74条 再審の申立書には，不服の申立てに係る裁判書の写しを添付しなければならない。

2 前項に規定するもののほか，再審の手続については，その性質に反しない限り，各審級における手続に関する規定を準用する。

（法第百二十条第一項の申立て等・法第百二十条）

第75条 法第百二十条第一項の規定による申立てについては第六十五条第一項の規定を，法第百二十条第一項の規定による裁判があった場合又は当該裁判が効力を失った場合については第六十五条第二項の規定を準用する。

第3節 義務の履行状況の調査及び履行の勧告

（義務の履行状況の調査及び履行の勧告の手続・法第百二十一条）

第76条 法第百二十一条第五項（同条第七項において準用する場合を含む。）の規定による許可があった場合における同条第一項（同条第七項において準用する場合を含む。以下この条において同じ。）の規定による調査及び勧告の事件の記録の閲覧，謄写若しくは複製，その正本，謄本若しくは抄本の交付又は当該事件に関する事項の証明書の交付の請求に関する事務は，裁判所書記官が取り扱う。

2 第二十六条の規定は，法第百二十一条第一項の規定による調査及び勧告の事件の記録の閲覧，謄写若しくは複製又はその正本，謄本若しくは抄本の交付について準用する。

3 法第百二十一条第一項の規定による調査及び勧告の手続については，その性質に反しない限り，前節第一款の規定を準用する。

第4節 出国禁止命令

（申立ての趣旨の記載方法・法第百二十三条）

第77条 法第百二十二条第二項の規定による裁判の申立ての趣旨の記載は，提出を求める旅券をできる限り特定してしなければならない。

（出国禁止命令の申立ての取下げの通知・法第百二十三条）

第78条 出国禁止命令の申立ての取下げがあったとき（出国禁止命令事件の相手方に対し，

資料10 国際的な子の奪取の民事上の側面に関する条約の実施に関する法律による
子の返還に関する事件の手続等に関する規則　　　　　　　　　　　　　529

当該出国禁止命令事件が係属したことの通知及び出国禁止命令の告知がされていないときを除く。）は，裁判所書記官は，その旨を当該出国禁止命令事件の当事者及び当該出国禁止命令事件の手続に参加した子に通知しなければならない。

（出国禁止命令の発効等の通知）

第79条　出国禁止命令が効力を生じたときは，裁判所書記官は，速やかに，その旨を外務大臣に通知しなければならない。当該出国禁止命令の効力発生後に当該出国禁止命令の申立てが取り下げられたときも，同様とする。

（法第百二十八条第一項の申立て等・法第百二十八条等）

第80条　法第百二十八条第一項（法第百二十九条第三項において準用する場合を含む。以下この条において同じ。）の申立てについては第六十五条第一項の規定を，法第百二十八条第一項の規定による裁判があった場合又は当該裁判が効力を失った場合については第六十五条第二項の規定を準用する。

（出国禁止命令取消事件の手続・法第百二十九条）

第81条　出国禁止命令取消事件の申立ての取下げがあった場合については，第七十八条の規定を準用する。

2　出国禁止命令の取消しの裁判が効力を生じた場合については，第七十九条前段の規定を準用する。

3　民事保全規則（平成二年最高裁判所規則第三号）第二十七条第一項の規定は，出国禁止命令取消事件の申立てについて準用する。この場合において，同項中「第九条第二項第二号又は第六号」とあるのは「国際的な子の奪取の民事上の側面に関する条約の実施に関する法律（平成二十五年法律第四十八号）第百三十三条において読み替えて準用する同法第九十四条第二項第二号又は第三号」と，「保全命令」とあるのは「同法第百二十二条第一項の規定による裁判」と読み替えるものとする。

（旅券提出の通知・法第百三十一条）

第82条　外務大臣は，法第百二十二条第二項の規定による裁判を受けた者から当該裁判に係る旅券の提出を受けたときは，その旨を出国禁止命令をした裁判所に通知しなければならない。

（子の返還申立事件の手続規定の準用・法第百三十三条）

第83条　出国禁止命令事件及び出国禁止命令取消事件の手続については，特別の定めがある場合を除き，第二節第一款から第三款まで及び第五款の規定（第三十四条，第三十五

条，第三十八条，第四十条，第四十一条，第四十五条，第四十八条，第五十一条及び第五十三条の規定を除く。）を準用する。この場合において，第二十一条第一項中「第六十一条」とあるのは，「第百三十条」と読み替えるものとする。

第2章 子の返還の執行手続に関する民事執行規則の特則
（子の返還の強制執行の申立書の記載事項及び添付書類・法第百三十四条等）

第84条 子の返還の強制執行（法第百三十四条第一項に規定する子の返還の強制執行をいう。第八十七条第三項及び第九十一条において同じ。）の申立書には，民事執行規則（昭和五十四年最高裁判所規則第五号）第二十一条第一号及び第五号に掲げる事項のほか，次に掲げる事項を記載しなければならない。
一　子の氏名及び生年月日
二　確定した子の返還を命ずる終局決定（確定した子の返還を命ずる終局決定と同一の効力を有するものを含む。次項において同じ。）の表示
三　子の返還の代替執行（法第百三十五条第一項に規定する子の返還の代替執行をいう。次項第二号及び次条第二項において同じ。）を求めるときは，次に掲げる事項
　イ　返還実施者（法第百三十七条に規定する返還実施者をいう。以下同じ。）となるべき者の氏名及び住所
　ロ　返還実施者となるべき者が債権者と異なるときは，返還実施者となるべき者と子との関係その他のその者を返還実施者として指定することの相当性に関する事項
　ハ　子の住所
2　前項の申立書には，確定した子の返還を命ずる終局決定の正本のほか，次に掲げる書類を添付しなければならない。
一　子の生年月日を証する書類の写し
二　子の返還の代替執行を求めるときは，民事執行法（昭和五十四年法律第四号）第百七十二条第一項の規定による決定の謄本及び当該決定の確定についての証明書並びに前項第三号ロに掲げる事項についての証拠書類の写し

（解放実施の申立書の記載事項及び添付書類・法第百四十条等）

第85条　法第百四十条第一項又は第二項に規定する子の監護を解くために必要な行為（以下「解放実施」という。）を求める旨の申立書には，次に掲げる事項を記載しなければならない。

一　債権者及び債務者の氏名又は名称及び住所並びに代理人の氏名及び住所
二　債権者又はその代理人の郵便番号及び電話番号（ファクシミリの番号を含む。）
三　返還実施者の氏名，生年月日，性別及び住所並びに日本国内における居所及び連絡先
四　子の氏名，生年月日，性別及び住所
五　債務者の住居その他債務者の占有する場所において解放実施を求めるときは，当該場所
六　前号に規定する場所以外の場所において解放実施を求めるときは，当該場所，当該場所を占有する者の氏名又は名称及び当該場所において解放実施を行うことを相当とする理由
七　解放実施を希望する期間
2　前項の申立書には，子の返還の代替執行の手続における民事執行法第百七十一条第一項の規定による決定（次条第一項において「子の返還の代替執行の決定」という。）の正本のほか，次に掲げる書類を添付しなければならない。
一　子の生年月日を証する書類の写し
二　債務者及び子の写真その他の執行官が解放実施を行うべき場所においてこれらの者を識別することができる資料
三　債務者及び子の生活状況に関する資料

（子の返還の代替執行に関する通知）
第86条　子の返還の代替執行の決定があったときは，裁判所書記官は，速やかに，その旨を外務大臣に通知しなければならない。
2　解放実施を求める申立てがあったときは，執行官は，速やかに，その旨を外務大臣に通知しなければならない。

（解放実施に関する債権者等の協力等）
第87条　執行官は，解放実施を求める申立てをした債権者及び返還実施者に対し，解放実施を行うべき期日の前後を問わず，債務者及び子の生活状況，解放実施を行うべき場所の状況，解放実施の実現の見込み，子を常居所地国に返還する時期及び方法等についての情報並びに返還実施者を識別することができる情報の提供その他の解放実施に係る手続の円滑な進行のために必要な協力を求めることができる。
2　執行官は，解放実施を行うべき場所における外務大臣の立会いの方法その他の解放実

施に係る手続の円滑な進行のために必要な事項について，あらかじめ外務大臣と協議することができる。

3　子の返還を命ずる終局決定をした家庭裁判所（抗告裁判所が子の返還を命ずる終局決定をした場合にあっては，第一審裁判所である家庭裁判所。次項において同じ。）又は子の返還の強制執行をした裁判所は，解放実施に関し，執行官に対し，子の返還申立事件又は子の返還の強制執行に係る事件に関する情報の提供その他の必要な協力をすることができる。

4　子の返還を命ずる終局決定をした家庭裁判所は，前項の規定による協力をするに際し，必要があると認めるときは，法第七十九条第一項又は第二項の事実の調査をした家庭裁判所調査官及び法第八十一条第一項の診断をした裁判所技官に意見を述べさせることができる。

5　前二項の規定は，家庭裁判所における和解若しくは調停において子の返還の合意を調書に記載した場合の当該家庭裁判所（抗告裁判所における和解又は調停において子の返還の合意を調書に記載した場合にあっては，第一審裁判所である家庭裁判所）又は子の返還を命ずる家事事件手続法（平成二十三年法律第五十二号）第二百八十四条第一項の規定による審判をした家庭裁判所（抗告裁判所が子の返還を命ずる同法第二百七十四条第五項の規定により読み替えて適用される同法第二百八十四条第一項の規定による調停に代わる審判に代わる裁判をした場合にあっては，第一審裁判所である家庭裁判所）について準用する。

6　第二項から前項までの規定に基づく協議又は協力に際して執行官が作成し，又は取得した書類については，その閲覧又はその謄本若しくは抄本の交付の請求をすることができない。

（子の返還の実施の要件等）

第88条　返還実施者は，法第百四十一条第一項に規定する行為をする権限を第三者に委任することができない。

2　解放実施は，返還実施者が解放実施を行うべき場所に出頭したときに限り，行うことができる。

3　返還実施者は，執行官が解放実施によって子の監護を解いたときに限り，法第百四十一条第一項に規定する行為をすることができる。

（解放実施の目的を達することができない場合の解放実施に係る事件の終了）

第89条　次に掲げる場合において，解放実施の目的を達することができないときは，執行官は，解放実施に係る事件を終了させることができる。
一　解放実施を行うべき場所において債務者又は子に出会わないとき。
二　解放実施を行うべき場所において債務者及び子に出会ったにもかかわらず，子の監護を解くことができないとき。
三　返還実施者が法第百四十条第六項の規定による指示に従わないことその他の事情により，執行官が円滑に解放実施を行うことができないおそれがあるとき。
　（解放実施に係る調書の記載事項）
第90条　解放実施を行ったときに作成すべき調書には，民事執行規則第十三条第四項第一号において準用する同条第一項第一号及び第三号から第八号までに掲げる事項のほか，次に掲げる事項を記載しなければならない。
一　解放実施を行った場所
二　解放実施を行った場所が債務者の住居その他債務者の占有する場所以外の場所であり，当該場所における解放実施を相当と認めた場合には，その事由
三　子の表示
　（執行事件の記録の正本等の様式及び閲覧等・法第百四十三条）
第91条　子の返還の強制執行に係る事件の記録の正本，謄本又は抄本の様式及び当該事件の記録の閲覧，謄写若しくは複製又はその正本，謄本若しくは抄本の交付については，第二十四条から第二十六条までの規定を準用する。

第3章　家事事件の手続に関する特則
第1節　子の返還申立事件に係る家事調停の手続等
　（子の返還の申立ての取下げの擬制の通知・法第百四十七条）
第92条　法第百四十七条の規定により子の返還申立事件について申立ての取下げがあったものとみなされたときは，裁判所書記官は，遅滞なく，その旨を当該子の返還申立事件が係属していた裁判所に通知しなければならない。

第2節　面会その他の交流についての家事審判及び家事調停の手続等に関する特則
　（申立書の記載事項の特則）
第93条　法第六条第一項に規定する外国返還援助の決定若しくは法第十七条第一項に規定

する日本国面会交流援助の決定を受けた者又は子の返還の申立てをした者が，子との面会その他の交流の定めをすること又はその変更を求める家事審判又は家事調停の申立てをするときは，当該家事審判又は家事調停の申立書に当該各決定を受けた旨又は子の返還の申立てをした旨を記載しなければならない。

（申立て等の通知）

第94条　前条の家事審判又は家事調停の申立てがあったときは，裁判所書記官は，速やかに，その旨を外務大臣に通知しなければならない。当該申立て（家事事件手続法第二百七十二条第四項又は第二百八十六条第七項の規定により家事審判の申立てがあったものとみなされた場合にあっては，その申立て。以下この条において同じ。）に係る審判（審判に対する即時抗告がされた場合にあっては，同法第九十一条第二項の審判に代わる裁判）が確定したとき又は当該申立てに係る家事審判事件若しくは家事調停事件が裁判によらないで終了したときも，同様とする。

（住所等表示部分の閲覧等に関する規定の準用・法第百四十九条）

第95条　子との面会その他の交流の定めをすること又はその変更を求める家事審判の申立てに係る事件の記録中の住所等表示部分に関する家事事件手続法第四十七条第三項の申立てについては，第二十五条の規定を準用する。

2　子との面会その他の交流について定め，又はその変更について定める審判書又は調停調書の正本に基づく強制執行の申立てに係る事件の記録中に法第五条第四項（第二号に係る部分に限る。）の規定により外務大臣から提供を受けた情報が記載され，又は記録されたものがある場合における当該事件の記録の正本，謄本又は抄本の様式及び当該事件の記録の閲覧，謄写若しくは複製又はその正本，謄本若しくは抄本の交付については，第二十四条から第二十六条までの規定を準用する。

第4章　雑則

（審理の状況についての説明の求めの方式・法第百五十一条）

第96条　法第百五十一条の規定による説明の求めは，書面でしなければならない。

（本案事件が係属する裁判所に対する通知・法第百五十二条）

第97条　子の返還申立事件が係属する裁判所の裁判所書記官は，遅滞なく，子の返還申立事件が係属した旨を当該子の返還申立事件に係る子についての親権者の指定若しくは変更又は子の監護に関する処分についての審判事件（人事訴訟法第三十二条第一項に規定

する附帯処分についての裁判及び同条第三項の親権者の指定についての裁判に係る事件を含む。）が係属する裁判所（当該子の返還申立事件の記録上判明しているものに限る。次項において「本案事件が係属する裁判所」という。）に通知しなければならない。
2 　子の返還申立事件が終了したときは，裁判所書記官は，遅滞なく，その旨を本案事件が係属する裁判所に通知しなければならない。

附則

この規則は，法の施行の日から施行する。

●事項索引

◆ あ行

相手方 ····· Q25, Q41, Q54, Q56, **Q60**, Q65, Q67, Q69, Q71, Q72, Q73, Q76, Q77, Q78, Q82, Q85, Q90, Q91, Q92, Q93, Q94, Q96, Q97, Q98, Q99, Q100, Q102, Q106, Q107, Q108, Q110, Q111, Q114, Q115, Q117, Q122, Q125, Q126, Q127, Q128, Q129, Q130, Q131, Q132, Q135, Q137, Q146, Q147, Q154, Q156, Q170
アンダーテイキング ···························· Q73
意思能力 ·················· Q84, Q85, Q86, Q117
移送 ············ Q37, **Q83**, Q98, Q110, Q118, Q156

◆ か行

外国返還援助 ··· **Q18**, Q25, Q26, Q27, Q31, **Q35**, **Q36**, Q37, **Q38**, Q41, Q42, Q43, Q54, Q91, Q103, Q156
外国面会交流援助 ··· **Q23**, Q31, **Q51**, **Q52**, Q53
解放実施（子の監護を解く）······ Q55, Q140, Q144, **Q147**, **Q148**, Q149, Q150, Q151, Q153, Q170
　　──の申立書 ························· Q140
家事審判 ··· Q2, Q22, Q30, Q41, Q50, Q57, Q79, Q94, Q99, Q103, Q108, Q116, Q117, Q119, Q125, Q138, Q142, Q155, Q156, Q158
家庭裁判所調査官 ········· Q22, Q54, Q74, Q80, Q81, Q82, Q92, Q100, Q101, Q102, Q104, **Q105**, Q107, Q125, Q170
過料 ·································· Q108, Q129, Q133
管轄 ······ Q2, Q5, Q22, Q41, Q50, Q54, **Q81**, Q82, Q83, Q91, Q98, Q101, Q107, Q117, Q140, Q156
　　（──の）集中 ····· Q2, Q5, Q54, **Q82**, Q101
監護の権利 ····· Q1, Q3, Q7, Q11, Q12, **Q14**, Q15, Q17, Q20, Q28, Q34, Q35, Q36, Q44, Q45, Q54, Q59, Q61, Q62, **Q66**, Q85, Q93, Q109, Q113, Q117, Q162, Q164
間接強制 ··········· Q5, Q18, Q24, Q27, Q91, Q125, Q134, **Q139**, **Q140**, Q141, Q142, **Q143**, Q146, Q154
　　──の申立書 ························· Q140

協議のあっせん ······ **Q27**, Q30, Q38, Q42, Q50
許可抗告 ································ Q54, **Q118**
記録の閲覧 ····· Q22, Q25, Q26, Q50, Q85, **Q90**, **Q91**, **Q92**, Q100, Q110, Q118, Q122, Q146, **Q154**, **Q156**
警察 ········ Q4, Q34, **Q39**, Q41, Q47, Q76, **Q148**, Q150
刑事訴追 ··· Q35, Q44, Q48, Q51, Q69, Q72, Q73, Q77
抗告状 ························· Q85, **Q120**, Q121, Q122
抗告審 ····· Q100, Q110, **Q121**, **Q122**, Q124, Q129, Q170
公示送達 ······································ Q97
構成国 ······························· Q9, Q16, **Q166**
考慮事情 ······ Q64, Q68, **Q69**, Q70, Q71, Q72, Q73, Q76
国際裁判管轄 ································ Q10
告知 ··· Q54, Q100, **Q110**, Q111, Q112, Q118, Q122, Q128, Q129, Q135
子の意見（意思）··· Q24, Q54, Q61, Q62, **Q74**, Q80, Q81, Q83, Q84, Q119, Q124, Q141
子の年齢 ······· Q24, Q62, **Q74**, Q80, Q111, Q119, Q132, Q152
子の引渡し ······························ Q6, Q119, **Q142**
子の返還申立事件 ······ Q2, Q7, Q14, Q24, Q25, Q26, Q27, Q38, **Q54**, Q55, Q56, Q57, Q59, Q60, Q61, Q62, Q65, Q66, Q73, Q76, Q77, Q79, Q80, Q81, Q82, Q83, Q84, Q85, Q86, Q87, Q88, Q89, Q90, Q91, Q92, Q93, Q94, Q95, Q96, Q97, Q98, Q99, Q100, Q101, Q102, Q103, Q104, Q105, Q106, Q107, Q108, Q109, Q110, Q111, Q113, Q114, Q115, Q116, Q117, Q118, Q119, Q120, Q122, Q124, Q125, Q126, Q127, Q129, Q130, Q131, Q132, Q134, Q135, Q137, Q138, Q139, Q140, Q142, Q144, Q146, Q147, Q154, Q155, Q156, Q157, Q158, Q170

事項索引　537

子の利益 …… Q1, Q4, Q6, Q7, Q8, **Q10**, Q11, Q14, Q18, Q22, **Q24**, Q26, Q27, Q38, Q50, Q54, Q58, Q62, **Q64**, Q69, Q71, Q74, Q76, Q80, Q85, Q87, Q89, Q90, Q91, Q92, Q93, Q97, Q102, Q111, Q117, Q123, Q139, Q140, Q142, Q143, Q144, Q145, Q148, Q150, Q162, Q163

◆ さ行

在外公館 …… Q6, Q7, Q25, Q29, Q30, **Q34**, Q38, Q76, Q106, Q161
再審 …………………………………… Q118, **Q123**
参加 …… Q24, Q54, Q80, Q83, Q84, **Q85**, Q86, Q93, Q100, Q103, Q111, Q114, Q118, Q122, Q129, Q135, Q170
　　当事者── …………………… **Q85**, Q93, Q170
　　利害関係── …………… Q80, Q84, **Q85**
裁判外紛争解決（ADR） …… **Q27**, Q30, Q31, Q38, Q42, Q50, Q115
裁判費用 ………………………… Q7, **Q88**, Q103
裁判をする日 …………………… **Q100**, Q122
事実の調査 …… Q22, **Q54**, Q55, Q74, Q81, Q85, Q100, Q101, **Q102**, Q104, Q105, Q107, Q117, Q122, Q125
自庁処理 ………………………………………… Q83
執行官 …… Q41, Q55, Q88, Q139, Q140, Q142, Q144, Q147, **Q148**, Q149, Q150, Q151, Q152, Q170
執行抗告 ……………………………… Q140, Q145
（児童）虐待 …… Q5, Q18, Q22, **Q26**, Q30, Q31, Q34, Q38, Q41, Q43, Q50, Q70
児童相談所 …… **Q26**, Q30, Q31, Q38, Q41, Q43, Q50
社会的背景に関する情報 …… Q5, Q25, Q30, Q31, Q32, Q46, **Q47**, Q50, Q53
終局決定 …… Q24, Q27, Q54, Q65, Q80, Q91, Q97, **Q110**, Q111, Q112, Q113, Q114, Q117, **Q118**, Q119, Q122, Q123, Q124, Q125, Q129, Q134, Q135, Q137, Q140, Q146, Q154, Q156
　　──の変更 ……………… Q118, **Q123**, **Q124**
住所 …… Q2, Q10, **Q13**, Q18, Q24, Q25, Q26, Q36, Q37, Q39, Q41, Q45, Q49, Q52, Q55, Q61, Q81, Q88, Q90, Q91, Q92, Q94, Q97, Q98, Q117, Q140, Q146, Q154, Q156, Q159

住所等表示部分 …… Q25, Q26, Q90, **Q91**, Q92, Q146, Q154, Q156
受継 ……………………………………… **Q93**, Q114
出国禁止命令 …… Q30, Q31, Q38, Q54, Q55, Q79, Q87, **Q126**, Q127, Q128, **Q129**, Q130, Q131, Q132, Q133, Q134, Q135, Q136, Q137, Q138, Q170
　　──の取消し ………………… Q129, **Q136**
　　──の申立書 ………………………… Q131
常居所 …… Q1, Q2, Q10, Q11, Q12, **Q13**, Q14, Q15, **Q17**, Q18, Q20, Q21, Q23, Q24, Q25, Q26, Q27, Q30, Q34, Q35, Q36, Q38, Q44, Q45, Q48, Q49, Q50, Q51, Q52, Q54, Q55, Q56, Q57, Q58, Q60, Q61, Q62, Q63, Q64, Q65, Q66, Q67, Q68, Q69, Q70, Q71, Q72, Q73, Q74, Q75, Q76, Q77, Q78, Q80, Q85, Q88, Q89, Q91, Q92, Q96, Q105, Q106, Q108, Q109, Q113, Q116, Q117, Q119, Q123, Q124, Q125, Q126, Q130, Q139, Q142, Q143, Q144, Q150, Q152, Q155, Q158, Q159, Q160, Q161, Q162, Q163, Q164
証拠調べ …… Q55, Q85, Q100, Q102, Q107, **Q108**
条約締約国 …… Q3, **Q16**, Q18, Q19, Q22, Q23, Q30, Q31, Q32, Q35, Q36, Q37, Q38, Q45, Q46, Q47, Q48, Q49, Q50, Q52, Q53, Q54, Q55, Q61, Q69, Q73, Q75, Q82, Q94, Q96, Q109, Q127, Q159, Q160
（所在の）特定 …… Q2, Q5, Q18, Q22, Q24, Q25, Q26, Q30, Q31, Q35, Q38, **Q39**, Q40, Q41, Q48, Q50, Q91, Q97, Q98, Q146, Q151, Q156, Q167
職権探知主義 ………………… Q100, **Q102**, Q108
親権 …… Q6, **Q14**, Q57, Q70, Q84, Q94, Q99, Q116, Q119, Q158, Q162
真実擬制 ……………………………………… Q108
審尋 ………………………………………… Q41, Q140
心身に有害な影響（を及ぼす言動）…… Q24, Q26, Q69, **Q70**, Q71, Q148, Q150
申請書 …… Q19, Q23, Q31, **Q35**, Q36, Q37, **Q44**, Q45, Q46, **Q48**, Q49, **Q51**, Q52, Q53, Q168
迅速 …… Q1, Q11, Q28, Q32, Q36, Q45, Q54, Q57, **Q58**, Q82, Q93, Q94, Q99, Q107, Q110, Q115, Q116, Q117, Q120, Q121, Q131, Q138, Q143, Q157
審問 …… Q80, Q85, Q87, Q100, Q101, Q102, **Q107**
審問期間 ……………………………… Q65, **Q157**
審理の終結 …………………………………… Q100

538　事項索引

成年被後見人 ……………… **Q84**, Q86, Q117
接触の権利 … Q1, Q5, Q11, **Q15**, **Q21**, Q28, Q30, Q49, Q52, Q155, Q161
即時抗告 ……… Q24, Q54, Q80, Q83, Q88, Q90, Q93, Q110, Q111, Q112, Q113, **Q118**, **Q119**, Q120, **Q122**, Q123, Q124, Q129

◆　た行

代替執行（子の返還の代替執行） ……… Q6, Q18, Q24, Q30, Q38, Q55, Q91, Q125, **Q139**, **Q140**, Q141, **Q142**, Q143, Q144, Q145, Q146, Q147, **Q148**, Q150, Q151, **Q152**, **Q153**, Q154, Q170
　——の申立書 ……………………… Q140
逮捕 ……………………… Q68, Q69, Q72, **Q77**
中央当局 …… Q1, Q2, Q3, Q4, Q5, Q6, Q7, Q18, Q19, Q21, Q22, Q23, Q24, Q25, Q26, Q27, **Q28**, **Q29**, **Q30**, **Q31**, Q32, Q33, Q35, Q36, Q37, Q38, Q39, Q40, Q41, Q42, Q43, Q44, Q45, Q46, Q47, Q48, Q49, Q50, Q51, Q52, Q53, Q54, Q55, Q57, Q58, Q59, Q61, Q65, Q82, Q89, Q90, Q91, Q92, Q94, Q95, Q97, Q98, Q103, Q106, Q110, Q114, Q126, Q128, Q129, Q135, Q137, Q140, Q146, Q152, Q153, Q154, Q155, Q156, Q157, Q158, Q167, Q168
中間決定 ……………………… Q110, **Q113**
調査（の）嘱託 ……… Q18, Q25, Q34, Q38, Q54, Q55, Q76, Q102, **Q106**, Q125
調書 ……………… Q100, Q115, Q117, Q156
調停 ……… Q18, Q22, Q27, Q30, Q41, Q50, Q54, Q103, **Q114**, **Q115**, **Q117**, Q118, Q125, Q134, Q138, Q155, Q156, Q158
　——に代わる審判 ……… Q114, Q117, Q125
　——に付する ……………… Q115, **Q117**
　——の成立 ……… Q54, **Q114**, Q118, Q134
陳述の聴取 ……… Q80, Q100, Q102, **Q107**, Q129
通訳人 ……………… Q87, Q95, **Q104**
締約国 …… Q1, Q2, Q4, Q11, Q12, Q15, **Q16**, Q17, Q20, Q21, Q27, Q28, Q29, Q30, Q33, Q36, Q37, Q45, Q49, Q52, Q56, Q58, Q59, Q87, Q88, Q155, Q157, Q159, Q160, Q161, Q162, Q165, Q166, Q167, Q169
手数料 ……… Q87, **Q88**, Q95, **Q167**, Q168, **Q170**

手続からの排除 ………………………… Q85
手続行為能力 ……………… **Q84**, Q86, Q117
手続上の救助 ……… Q7, Q86, Q87, **Q88**, Q95, Q167, Q168
手続代理人 ……… Q80, Q85, **Q86**, Q87, Q88
手続の中止 ……………………………… Q117
手続（の）費用 ……… Q86, **Q87**, Q101, Q103, Q118, Q167, Q168
電話（テレビ）会議システム …… Q79, Q89, **Q101**, Q107
当事者適格 ……………………………… Q93
当事者能力 ……………………………… Q84
当然終了 ……………… Q93, **Q114**, Q134
答弁書 ……………………………… Q94, **Q99**
特別抗告 ……………………… Q54, **Q118**

◆　な行

日本国返還援助 …… **Q19**, Q31, **Q44**, **Q45**, Q46
日本国面会交流援助 …… **Q22**, Q25, Q26, Q31, Q41, **Q48**, **Q49**, **Q50**, Q103, Q156

◆　は行

ハーグ国際私法会議 … Q8, **Q9**, Q13, Q16, Q58, Q82, Q157, Q166
非公開 ……………… Q2, Q22, Q85, **Q89**, Q90
非構成国 ……………………………… Q166
附帯決議 ……………………………… Q6
附帯処分 ……………… Q57, Q94, Q99, Q158
不統一法国 ……………………………… Q164
（不法な）連れ去り … Q1, Q2, Q3, Q4, Q5, Q6, Q7, Q8, Q10, Q11, **Q12**, Q13, Q14, Q16, Q17, Q20, Q21, Q25, Q27, Q30, Q31, Q34, Q35, Q36, Q38, Q41, Q44, Q45, Q47, Q54, Q57, Q58, Q59, Q60, Q61, Q62, Q65, Q66, Q67, Q82, Q94, Q99, Q109, Q113, Q132, Q138, Q142, Q157, Q158, Q161, Q163, Q165
（不法な）留置 …… Q1, Q7, Q10, Q11, **Q12**, Q14, Q17, Q20, Q21, Q30, Q35, Q36, Q39, Q41, Q44, Q45, Q54, Q56, Q57, Q58, Q59, Q61, Q62, Q65, Q66, Q67, Q78, Q94, Q99, Q109, Q113, Q158, Q161
併合 ……………… Q81, Q93, Q96, Q156

事項索引　539

返還拒否事由 ……… Q2, Q5, Q6, Q7, Q18, Q24, Q25, Q26, Q54, Q55, Q58, Q60, Q61, **Q62**, Q63, Q64, Q65, Q66, Q67, Q68, Q69, Q70, Q71, Q72, Q73, Q74, Q75, Q76, Q77, Q78, Q80, Q81, Q94, Q96, Q97, Q99, Q102, Q105, Q106, Q120
返還実施者 ……… Q55, Q139, Q140, Q142, **Q144**, Q145, Q147, Q148, **Q152**, Q153
返還事由 …… Q2, Q5, Q14, Q18, Q24, Q54, **Q61**, Q66, Q67, Q94, Q96, Q102, Q109, Q120
傍聴 …………………………………… Q89
法定代理 ……… Q54, Q80, **Q84**, Q86, Q94, Q119, Q120
法テラス ………………… Q30, Q103, **Q160**
暴力（DV）… Q5, Q6, Q7, **Q25**, Q26, Q30, Q34, Q38, Q41, Q43, Q68, Q69, Q70, Q71, Q73, **Q76**, Q78, Q91, Q92, Q100, Q106, **Q107**
補正命令 …………………… Q94, Q95, Q98
本案 ………… Q10, Q34, Q110, **Q158**, Q163
翻訳 ……… Q18, Q22, Q30, Q33, Q38, Q50, **Q103**, Q168

◆ ま行

身柄（を）拘束 ………………… Q72, **Q77**
未成年者 ………………… **Q84**, Q86, Q88, Q117
民事法律扶助 … Q7, Q30, Q31, Q38, Q50, Q87, **Q88**, Q103, **Q159**, **Q160**, Q167, Q168
面会交流 ……… Q1, Q2, Q5, Q14, **Q15**, Q22, Q23, Q25, Q26, Q27, Q30, Q31, Q32, Q41, Q42, Q47, Q48, Q49, Q50, Q51, Q52, Q53, Q103, Q114, Q116, Q138, **Q155**, **Q156**, Q159, Q160, Q161
面会交流支援機関 ……………… Q42, **Q50**
申立書 …… Q41, Q54, Q87, Q88, Q91, **Q94**, Q95, Q97, Q98, Q99, Q100, Q131, Q140, Q144, Q156
　――却下命令 ………………………… Q95
　――の写しの送付 ……… Q97, Q98, Q100

申立人 …… Q25, Q26, Q41, Q54, Q56, **Q59**, Q61, Q62, Q66, Q67, Q68, Q69, Q70, Q71, Q72, Q73, Q76, Q77, Q78, Q82, Q84, Q85, Q87, Q91, Q92, Q93, Q94, Q95, Q96, Q97, Q98, Q99, Q100, Q102, Q106, Q107, Q108, Q109, Q110, Q113, Q114, Q115, Q124, Q125, Q126, Q128, Q129, Q130, Q131, Q132, Q135, Q140, Q144, Q146, Q154, Q156, Q157, Q170
申立ての取下げ … Q54, Q85, **Q114**, Q117, Q129, Q134, **Q135**, Q158
申立ての変更 ……………………… Q85, **Q96**

◆ や行

友好的な解決 … Q5, **Q27**, Q30, Q42, Q54, Q117, Q134

◆ ら行

履行状況の調査 ……………… Q27, Q79, **Q125**
履行の勧告 ……………… Q27, Q79, **Q125**, Q134
留保 ……………… Q33, Q87, Q167, **Q168**
旅券提出命令 … Q18, Q30, Q31, Q38, Q55, Q126, Q127, **Q128**, Q129, Q131, Q133, Q135, Q136, Q137
旅券の（を）保管 …… Q18, Q30, Q31, Q38, Q55, Q129, Q135, **Q137**

◆ わ行

和解 …… Q18, Q27, Q42, Q54, Q114, **Q115**, **Q116**, Q118, Q125, Q134, Q158

● 条文索引

[条約]
第1条 ········ Q1, Q15, Q21, Q36, Q45, Q49, Q52
第2条 ·· Q11, Q58
第3条 ······ Q12, Q13, Q14, Q36, Q45, Q61, Q66, Q109
第4条 ······ Q13, Q36, Q45, Q49, Q52, Q61, Q127, Q141
第5条 ································ Q14, Q15, Q155
第6条 ··· Q28
第7条 ······ Q21, Q27, Q28, Q30, Q39, Q47, Q106, Q110, Q115, Q117, Q126, Q137, Q153, Q156
第8条 ································· Q19, Q36, Q45, Q59
第9条 ·· Q18, Q37
第11条 ······································ Q58, Q157
第12条 ································· Q30, Q61, Q62, Q65
第13条 ····· Q32, Q62, Q63, Q64, Q66, Q67, Q68, Q69, Q74, Q80, Q119
第15条 ·· Q109
第16条 ································ Q57, Q78, Q158
第17条 ··· Q78
第20条 ································· Q62, Q64, Q75
第21条 ································ Q21, Q23, Q155
第24条 ································· Q33, Q168
第25条 ································ Q88, Q159, Q160
第26条 ································ Q87, Q167, Q168
第27条 ································· Q36, Q45, Q49, Q52
第29条 ································· Q19, Q23, Q32
第31条 ·· Q164
第33条 ·· Q165
第35条 ······· Q16, Q20, Q36, Q45, Q161
第37条 ································· Q16, Q166
第38条 ································· Q16, Q166
第39条 ································· Q16, Q17
第40条 ································· Q16, Q17
第42条 ································· Q87, Q167
第44条 ·· Q169

[実施法]
第1条 ·· Q2, Q24
第2条 ········ Q2, Q12, Q14, Q16, Q20, Q36, Q45

第3条 ·· Q2
第4条 ··············· Q2, Q18, Q35, Q44, Q54, Q91
第5条 ······· Q2, Q15, Q18, Q22, Q24, Q25, Q26, Q38, Q39, Q40, Q41, Q50, Q55, Q91, Q94, Q97, Q98, Q146, Q154, Q156
第6条 ································· Q18, Q36, Q38
第7条 ································· Q18, Q36, Q37
第8条 ································· Q18, Q36, Q37
第9条 ································· Q27, Q38, Q42, Q50
第10条 ······ Q26, Q30, Q31, Q38, Q41, Q43, Q50
第11条 ································· Q2, Q19, Q44
第12条 ································· Q19, Q45, Q46
第13条 ··· Q45
第14条 ································· Q19, Q46
第15条 ······ Q19, Q23, Q30, Q31, Q32, Q46, Q47, Q53
第16条 ································· Q2, Q22, Q48, Q51, Q110
第17条 ································· Q22, Q49, Q50
第18条 ································· Q22, Q49
第19条 ································· Q22, Q49
第20条 ································· Q22, Q50, Q156
第21条 ································· Q2, Q23, Q51
第22条 ································· Q23, Q52, Q53
第23条 ··· Q52
第24条 ································· Q23, Q53
第25条 ································· Q30, Q31, Q32, Q47
第26条 ································· Q18, Q54, Q56, Q59, Q60
第27条 ······· Q2, Q14, Q18, Q24, Q54, Q61, Q94, Q102, Q109, Q126, Q127
第28条 ······· Q2, Q18, Q24, Q61, Q102
 第1項 ································· Q62, Q64, Q75, Q99
 第1号 ··· Q62, Q64, Q65, Q80, Q105, Q106
 第2号 ································· Q62, Q66
 第3号 ································· Q61, Q62, Q67
 第4号 ······· Q7, Q25, Q26, Q55, Q62, Q63, Q64, Q68, Q69, Q70, Q71, Q72, Q73, Q76, Q77, Q80, Q97, Q106
 第5号 ·········· Q62, Q74, Q80, Q97, Q105
 第6号 ································· Q62, Q64, Q75
 第2項 ································· Q63, Q68, Q69, Q73, Q76

第1号	Q26, Q69, Q70, Q71	第88条	Q24, Q80, Q119, Q124
第2号	Q7, Q69, Q71, Q76	第89条	Q100, Q122
第3号	Q7, Q69, Q72, Q76, Q77	第90条	Q100, Q122
第3項	Q78	第92条	Q54
第29条	Q79	第93条	Q54, Q110, Q111, Q112
第31条	Q79	第94条	Q113
第32条	Q2, Q41, Q54, Q81, Q82, Q91	第97条	Q113
第33条	Q81	第98条	Q100, Q110, Q113, Q122
第36条	Q81	第99条	Q96, Q114, Q135, Q158
第37条	Q83, Q118	第100条	Q18, Q27, Q116, Q158
第40条	Q79	第101条	Q24, Q54, Q80, Q111, Q118, Q119, Q124
第42条	Q168	第102条	Q110, Q111, Q118
第43条	Q84, Q86, Q117	第103条	Q120
第44条	Q84	第104条	Q85, Q121, Q122
第47条	Q85, Q93, Q118	第105条	Q122
第48条	Q24, Q54, Q80, Q85, Q118, Q122	第107条	Q122
第49条	Q85	第108条	Q54, Q118
第51条	Q80, Q85, Q86, Q88	第111条	Q54, Q118
第55条	Q86, Q87, Q103	第113条	Q113, Q118
第56条	Q86	第114条	Q118
第58条	Q118	第115条	Q118
第59条	Q7, Q86, Q88, Q103	第116条	Q118
第60条	Q2, Q85, Q89	第117条	Q118, Q123, Q124
第61条	Q100	第119条	Q118, Q123
第62条	Q24, Q25, Q26, Q41, Q85, Q90, Q91, Q92, Q100, Q118, Q146, Q154, Q156	第121条	Q27, Q125, Q134
		第122条	Q2, Q55, Q126, Q128, Q129, Q131, Q132, Q133, Q134, Q135, Q136, Q137
第63条	Q111	第123条	Q128, Q129, Q131, Q135
第64条	Q93, Q95, Q96	第124条	Q129
第65条	Q93	第126条	Q129
第66条	Q93	第127条	Q129
第67条	Q97	第129条	Q128, Q129, Q136
第70条	Q2, Q54, Q94, Q95, Q98, Q131	第131条	Q30, Q31, Q38, Q55, Q135, Q137
第71条	Q96	第132条	Q129, Q133
第72条	Q41, Q91, Q94, Q97, Q98, Q100	第133条	Q24, Q25, Q26, Q41, Q131
第75条	Q79, Q89, Q101, Q107	第134条	Q2, Q18, Q139, Q140
第76条	Q88, Q104	第135条	Q141
第77条	Q54, Q55, Q85, Q100, Q102, Q117	第136条	Q24, Q27, Q125, Q134, Q139, Q143
第79条	Q54, Q74, Q102, Q104, Q105	第137条	Q144
第83条	Q38, Q54, Q55, Q102, Q106	第138条	Q144, Q147, Q148
第84条	Q85, Q100, Q122	第139条	Q144, Q145
第85条	Q85, Q100, Q102, Q107	第140条	Q24, Q148, Q149, Q150, Q152
第86条	Q99, Q102, Q107, Q108, Q118		
第87条	Q109		

第141条 ……………………………………… Q152
第142条 ……… Q24, Q30, Q38, Q55, Q110, Q152, Q153
第143条 ……… Q24, Q25, Q26, Q41, Q146, Q154
第144条 ………………… Q2, Q18, Q27, Q115, Q117
第145条 ……………………………………… Q117
第146条 ……………………………………… Q117
第147条 ………………………… Q114, Q117, Q158
第148条 ………………………… Q41, Q50, Q156
第149条 ……… Q24, Q25, Q26, Q41, Q50, Q156
第151条 ……………………………………… Q157
第152条 ………… Q57, Q78, Q94, Q99, Q158
第153条 ……………………………………… Q88, Q159
附則第2条 ……………………………… Q20, Q161
附則第3条 ……………………………………… Q170
附則第4条 ……………………………………… Q170
附則第5条 ……………………………………… Q170
附則第6条 ……………………………………… Q170
附則第7条 ……………………………………… Q170

[規則]
第1条 ………………………………………… Q94
第6条 ………………………………………… Q83
第8条 ………………………………………… Q79
第25条 …………………………………… Q91, Q146
第34条 ……………………… Q54, Q94, Q99, Q131
第35条 ………………………………………… Q55
第38条 ………………………………………… Q95

第40条 ………………………………………… Q99
第41条 ………………………………………… Q99
第42条 ………………………………………… Q79
第45条 ………………………………………… Q107
第48条 ……………………………… Q55, Q110, Q134
第51条 ……………………………… Q55, Q114, Q134
第52条 ………………………………………… Q114
第53条 ………………………………………… Q114
第54条 ……………………………………… Q120, Q121
第56条 ………………………………………… Q121
第77条 …………………………………… Q129, Q131
第78条 …………………………………… Q129, Q135
第79条 ……………………………… Q55, Q129, Q135
第81条 ……………………………… Q55, Q129, Q136
第82条 ……………………………………… Q55, Q129
第84条 ……………………………… Q139, Q140, Q144
第85条 ………………………………………… Q140
第86条 ………………………………………… Q55
第87条 ………………………………………… Q140
第89条 ………………………………………… Q151
第90条 ………………………………………… Q151
第91条 ………………………………………… Q139
第93条 ………………………………………… Q156
第94条 ………………………………………… Q156
第96条 ………………………………………… Q157
第97条 ……………………………… Q94, Q99, Q158
附則 …………………………………………… Q79

一問一答 国際的な子の連れ去りへの制度的対応
——ハーグ条約及び関連法規の解説

2015年9月20日　初版第1刷発行

編集代表	金　子　　　修	
編著者	勝　亦　孝　彦	堂　薗　幹一郎
	中　田　昌　宏	西　岡　達　史
	福　田　千恵子	孫　崎　　　馨
	和　波　宏　典	

発行者　塚　原　秀　夫

発行所　株式会社　商事法務

〒103-0025 東京都中央区日本橋茅場町 3-9-10
TEL 03-5614-5643・FAX 03-3664-8844〔営業部〕
TEL 03-5614-5649〔書籍出版部〕
http://www.shojihomu.co.jp/

落丁・乱丁本はお取り替えいたします。
© 2015 Osamu Kaneko

印刷／広研印刷㈱
Printed in Japan

Shojihomu Co., Ltd.
ISBN978-4-7857-2324-8
＊定価はカバーに表示してあります。